KB203113

고난과 하나님의 전능
― 신정론의 물음과 신학적 답변

고난과 하나님의 전능
— 신정론의 물음과 신학적 답변 〈개정증보판〉

2012년 8월 16일 초판 1쇄 발행
2019년 7월 10일 개정증보판 1쇄 발행

지은이   박영식
펴낸이   김영호
펴낸곳   도서출판 동연
등록   제1-1383호(1992. 6. 12)
주소   서울시 마포구 월드컵로 163-3
전화   (02)335-2630
전송   (02)335-2640
이메일   h-4321@daum.net
블로그   https://blog.naver.com/dong-yeon-press

Copyright ⓒ박영식, 2019

이 책은 저작권법에 따라 보호받는 저작물이므로
무단 전재와 복제를 금합니다.

ISBN 978-89-6447-515-7 93230

이 저서는 2008년 정부(교육과학기술부)의 재원으로
한국학술진흥재단의 지원을 받아 수행된 연구임(KRF-2008-812-A00315)

〈개정증보판〉

고난과 하나님의 전능

신정론의 물음과 신학적 답변

박영식 지음

동연

　이해를 추구하는 신앙(fides quaerens intellectum). 신학은 신앙의 이해
라고 할 수 있다. 신앙은 오늘날 더 이상 자명하게 이해되지 않을 뿐 아니
라, 본래 신앙은 이해를 추구하는 과정 속에서 질문의 어두운 터널을 통
과해야만 한다. 따라서 신학은 신앙의 이해라는 본연의 과정 속에서 신
앙 자신을 의문시하는 자기비판의 모험을 감행하게 된다. 신앙의 이해라
는 신학의 본연적 과정 속에서 신학자는 무엇보다도 하나님을 묻고 하나
님을 추구한다.

　하나님이 마치 더 이상 논의의 대상조차 되지 못하는 듯 보이는 시대
에도 여전히 하나님은 은밀하게 그러나 치열하게 질문되고 있다. 나는
우리 시대에 가장 치열하게 하나님 질문이 제기되는 그 장소가 바로 고
난이라고 생각한다. 고통 중에서 우리는 하나님을 찾으며 의문을 던진다.
은밀하게 제기되는 하나님 질문은 삶의 의미와 가치에 대한 질문으로,
자기 존재에 대한 질문으로, 자기를 둘러싼 세계와 우주의 의미에 대한
질문으로 제기된다. 신학자는 우리 시대의 감춰진 질문들 안에서 하나님
이 누구인지를 묻는다. 제1부에서 나는 고난과 관련하여 이러한 내용을
서술하고 있다. 하지만 고난의 자리에서 제기되는 하나님 질문은 지금까
지 대답되어진 전통적인 하나님 사유에 만족할 수 없었다. 전통적인 신
학의 답변들을 나는 합리적 신정론 또는 고전적 신정론이라는 이름으로
정리했다. 제2부의 내용은 이와 관련된 것들이다. 기존의 신정론은 마치
고난이 아무렇지도 않은 듯이 하나님의 정당성을 천연덕스럽게 옹호하
는 답변을 쏟아내고 있는데, 이는 마치 하나님이 없는 것처럼 살아야 하
는 우리 시대엔 오히려 시대착오적인 대답일 뿐 아니라 성서적으로도 타
당하지 않다고 생각한다. 더구나 정작 옹호되고 구출되어야 할 대상은

하나님이 아니라 깊은 고난의 수렁에 빠져 신음하고 있는 사람이 아니던가.

전통적인 신정론에 대한 비판과 더불어 새롭게 사유되어야 할 신학의 주제는 무엇보다도 전능하신 하나님이다. 기독교 신앙은 오래 전부터 하나님의 전능을 자명하게 고백해 왔다. 하지만 과연 일반적으로 생각되는 전능의 개념이 기독교 신앙의 하나님에게도 해당되는가? 현대 신학자들은 오히려 하나님의 무능에 대해 말하지 않는가? 하지만 하나님의 무능은 인간의 무기력처럼 아무것도 할 수 없는 것을 의미하는가? 제3부는 하나님의 무능과 전능에 대한 현대 신학자들의 생각을 정리하고 고난이 제기하는 하나님 질문과 연관해서 하나님의 전능을 어떻게 이해할 수 있으며, 또 전능하신 하나님 자신을 어떻게 이해할 수 있는지를 묻고자 했다.

이 글을 쓰는 동안에도 차마 눈뜨고 볼 수 없는 끔찍한 재난과 불행, 도무지 수용하기 힘든 고통스런 사건들이 매스컴을 통해 보도되었다. 개인적으로는 몇 달 전, 갑작스럽게 세상을 떠난 큰 자형과 그로 인해 비탄에 빠질 수밖에 없었던 누나로 인해 심히 괴로웠다. 또한 이 글을 쓰는 동안 나는 이십 년 전 세상을 떠나신 어머니를 생각했다. 사랑하는 가족들의 갑작스런 부재는 실로 혼돈이며 암흑이다. 우리는 그리고 나는 도대체 어떻게, 출구가 보이지 않는 기나긴 고난의 터널을 여전히 걸어갈 수 있을까? 여기에 삶과 신앙의 신비가 놓여 있다고 믿는다. 제4부의 마지막 단원에서 나는 이것을 신학적 언어를 빌려 말하고자 했다.

이 책은 신정론의 문제를 다루지만 답변으로서의 신정론을 제시하지 않는다. 다만 신정론의 질문에 귀를 기울이고자 했다. 신학은 우리 시대가 제기하는 질문에 대한 최종적인 답변이 아니라, 오히려 이 시대의 질문과 함께 그리고 어쩌면 시대에 앞서 하나님 질문을 제기하는 모험의 여정이다. 신학의 답변은 모든 의문을 차단하기 위한 것이 아니라 또 다른 의문을 위해 주어지며, 무엇보다도 유일한 대답처럼 보이던 우리 시대의 현실을 의문시하며, 아직 드러나지 않은 미래적 현실의 길을 예비하는 작업이리라.

틸리히의 생각과 유사하게 그러나 또한 분명히 다르게, 나는 하나님은 대답이 아니라 질문으로 찾아오신다고 믿는다. 하나님은 기존의 현실을 의심스럽게 꿰뚫는 질문으로 닫혀 있는 현실에 틈을 만드신다. 그리고 이 작은 틈새를 통해 새로운 가능성의 삶을 암시하신다. 이렇게 하나님은 질문하시는 하나님이다. 신학은 질문하시는 하나님과 함께 떠나는 모험이라 믿는다. 질문하시는 하나님은 자신의 질문을 통해 하나님에 대한 끊임없는 질문인 신학을 가능하게 하신다.

지나고 보니 여러 가지 한계로 인해 아쉬운 점이 한두 가지가 아니다. 앞으로 계속되기를 바라는 모험적인 신학연구들을 통해 부족한 점은 채워나가고자 한다. 이러한 신학적 모험이 가능하도록 프로젝트를 선정하고 후원해 준 학술진흥재단(한국연구재단)에 깊이 감사드린다. 부족한 제자의 글을 기대하며 독려해 주신 서울신학대학교의 이신건 교수님과 최인식 교수님께도 감사드린다. 둔탁하고 서투른 글과 생각이지만 세미나를 통해 함께 논의에 참여해 준 서울신학대학교와 계명대학교 신대원의 석-박사 과정의 학생들, 목사님들께도 깊이 감사드린다. 또한 어려운 출판업계의 사정에도 출판을 담당해 주신 동연출판사의 김영호 사장님과 편집부에 감사의 말을 전한다. 무엇보다도 부족한 남편을 굳건히 지지해 준 사랑하는 아내, 오르가니스트 이명신과 늘 잔잔한 기쁨과 자랑이 되는 아들, 동인에게 사랑한다는 말을 전하고 싶다. 끝으로 하나님 품에 계신 부모님을 비롯하여 나의 사랑하는 가족들, 아내와 아들, 형과 형수님, 누나와 자형 그리고 아름다운 섬 제주의 식구들에게 이 책을 바친다. 가족들로 인해 나는 행복하며, 그들의 사랑에 늘 빚진 자임을 고백한다.

2012년 7월 1일 맥추감사주일에
舞鶴山 아래에서 **박영식**

고난이란 주제가 그렇게 유쾌하진 않지만 우리의 일상과 아주 밀접한 주제이기에, 구체적이고 현실적이고자 하는 신학은 이 주제를 붙잡을 수밖에 없다. 더구나 세월호 참사와 같은 안타까운 사건을 목도한 우리는 고난이란 주제를 회피할 수도 없거니와, 이와 관련해서 제2, 제3의 해석들이 야기하는 또 다른 고통도 경험하지 않았던가. 애석하게도 허무맹랑하게 들리는 고난의 해석들이 간헐적으로 교회의 목회자를 통해 등장하지만, 이것이 문헌적으로 보면 전혀 근거가 없는 낭설이 아니라, 되레 신학사에 탄탄하게 뿌리를 두고 오랫동안 우려먹어 왔던 논리였다는 사실을 부인할 수 없다. 그렇다면 오늘날 신학을 한다는 것이 신학의 고전이나 외국신학자의 말과 글을 단순히 우리말로 반복 재생하는 일로 그쳐서는 안 될 것이다. 단순히 과거의 위대한 신학자들의 목소리를 디지털로 옮겨놓는 일을 한다고 해서 '오늘날'의 신학이 될 수는 없다. 진정 오늘날의 신학이고자 하는 모든 신학은 과거와의 논쟁을 두려워해서는 안 되며, 동시에 오늘날의 현실과 미래를 향한 기획을 감행할 마음을 단단히 먹지 않으면 안 된다.

본 저서는 고난에 대한 기존의 신학적 해석들을 비판적으로 검토하고 시대 적합한 해석을 제안하고자 했다. 물론 고난에 대해 해석을 한다고 해서 고난이 해결되거나 사라지는 것은 아니다. 널리 알려진 마르크스의 말처럼 '해석이 아니라 변혁'이 중요하다. 하지만 동시에 세상에 대한 해석 없이 세상을 변혁시킬 수 없다는 주장도 무시할 수 없다. 인간의 삶에서 고통의 문제는 불가피하다. 하지만 고통과 고난에 대한 잘못된 해석으로 인한 제2, 제3의 무용한 고통에서는 벗어나야 되지 않을까. 더구나 그러한 오용이 신앙 자체를 오염시킨다면 말이다.

처음 이 책이 출간되었을 때, 간헐적이지만 생면부지의 사람들로부터 전화나 문자를 받은 기억이 난다. 주로 고통이나 신정론의 문제를 학위 논문으로 준비하는 분들이었다. 또한 학부 학생들로부터도 예기치 않은 피드백을 받기도 했다. 감사하고 고마운 일이었다. 이후 수년이 지났고, 개인적으로는 그 사이에 고난의 문제와 관련해서 대중적이지만 신학적 깊이를 담은 책을 한 권 더 출간했다. 그러던 중에 몇몇 사람들은 앞서 출간된 본 저서의 품절을 아쉬워했다.

이 책의 양적, 질적 무게감 때문에 품절된 서적을 개정증보판으로 출간하는 일은 작금의 독서시장이 겪고 있는 어려움을 생각할 때 현실적으로 무척 힘겨운 일이다. 하지만 한국 신학계에 이 책의 학문적인 기여가 여전히 더 널리 알려져야 한다는 판단 아래 출간을 선뜻 제안해 주신 김영호 대표님께 뭐라고 감사의 말씀을 드려야 할지 모르겠다.

여러 가지로 미흡한 부분을 바로잡으려고 애썼지만, 여전히 개운치 못한 점들이 발견될 것이다. 본인의 게으름 때문인지 신정론에 대해 이 책이 다루는 범위에서 많이 벗어난 현대적 논의는 아직 눈에 띄지 않는다. 따라서 이전에 바로 잡지 못한 오타와 오기만 수정했을 뿐, 내용상으로는 크게 달라진 점이 없다. 그나마 부록으로 부족한 부분을 조금 더 보완하고자 했다. 아무쪼록 독자의 우정 어린 비판과 가르침을 기대하며, 이 책의 재출간이 한국 신학계에 작은 도움과 도전이 되기를 간절히 바란다.

서울신학대학교 100주년 기념관 연구실에서
2019년 6월 박영식

차례

제1부

신정론의
질문과 신학

제1장
고통과 악 그리고 고전적 신정론

고통과 악의 질문에 대해 서구의 신학사와 철학사에서 제시된 답변을 흔히 신정론이라고 부른다. **신정론**(theodicy)이란 개념은 라이프니츠(G. W. Leibniz)가 제일 먼저 고안하여 사용한 용어다. 이는 그리스어의 신(神)을 의미하는 $\theta\varepsilon o\varsigma$(theos)와 의(義)를 뜻하는 $\delta\iota\kappa\eta$(dikē)의 합성어이며 한자로 神正論으로 표기되기도 하고, 神政論으로 표기되기도 한다. 앞엣것이 신의 정당성을 변호한다면, 뒤엣것은 신의 다스림, 즉 섭리를 옹호한다고 할 수 있다.

또 어떤 이는 고통과 악의 질문에 대한 신학적, 철학적 답변을 변신론(辯神論)이라고 부르기도 한다. 어떻게 표기하느냐에 따라 그 개념 안에 함축된 문제의 내용은 강조점을 조금씩 달리하지만, 신정론 또는 변신론이란 개념 아래 논의되는 사안은 대개 다음의 질문들과 연관된다.

왜 내가 고통을 당해야 하는가? 고통과 악은 어디서 유래했는가? 악이 무엇인가? 신은 악에 대해 아무런 책임이 없는가? 악에 직면하여 신은 과연 전능하며 선한가? 악의 현존과 관련하여 신의 예지와 섭리는 정당한가?

이와 같이 인간의 고통 또는 악의 문제 앞에서 신의 존재와 신의 속성(선함과 전능)을 합리적으로 변증하려는 시도들을 우리는 고전적 신정론 또는 합리적 신정론이라고 부른다.[1]

---

[1] Perry Schmidt-Leukel, *Grundkurs Fundamentaltheologie* (München: Don Bosco Verlag, 1999), 111에 따르면, 신정론은 "신의 정당성(Rechtfertigung Gottes)이 아니

고전 유신론[2])에 따르면, 신은 전능하고 전적으로 선한 존재다. 전능한 신은 악을 제거할 수 있으며, 전적으로 선하신 신은 악을 원하지 않으실 것이다. 그런데 현실에는 악이 존재한다. 그렇다면 왜 신은 악을 허용했을까? 이러한 신정론의 문제 상황 속에서 신은 악의 현실로 인해 **이성의 법정**[3])에 고소당한 피고(被告)의 신분으로 서게 되며, 고난 또는 고통

라, 고통과 악에 직면하여 전능하며 선한 신의 존재에 대한 신앙의 합리적인 정당성"을 중심 논제로 다룬다.

2) 이 책에서 고전 유신론은 신의 불변성, 자존성, 전능성을 기본적 특성을 갖는, 플라톤과 아리스토텔레스의 형이상학에 의존하는 서구의 신학사와 철학사에 나타난 유신론을 아우르는 말로 사용한다. 고전 유신론은 열린 유신론(Open Theism)과 과정 유신론(Process Theism) 또는 신(新)고전 유신론(Neo-classical Theism)과는 구분되는 개념이다. 또한 고전 유신론의 기본적 특성은 초기 그리스의 형이상학에서 유래했으며 형이상학적 성격을 담지하고 있기에, 고전 유신론의 신을 이 책에서는 '형이상학의 신', '철학자의 신'으로 표현하기도 한다; 존 쿠퍼/김재영 옮김, 『철학자들의 신과 성서의 하나님』(서울: 새물결플러스, 2011), 25: "서방의 고전적 유신론은 하나님 자신이 - 절대적으로 자충족적이며, 영원하며, 불변하며, 전능하며, 전지하며, 완전히 활동적이며, 모든 면에서 탁월하신 - 최대 존재자(maximal Being)라고 주장한다." 이 책에서 쿠퍼는 고전 유신론에 대한 비판적 대안으로 전개된 만유 재신론의 역사를 살피면서 이에 대해 비판적인 입장을 밝힌다. 특히 쿠퍼는 고전 유신론이 "철학자의 신"이라고 명명되는 것과 관련해 만유 재신론도 역시 "철학자들의 다른 신"(29)이라고 주장한다. 이와 관련해 다음과 같이 말해 두는 것이 필요하다. 고전 유신론은 분명 철학자의 신, 형이상학의 신이지만, 모든 철학자의 신이 고전 유신론에 해당되진 않는다.

3) W. Oelmüller (Hrsg.), *Theodizee - Gott vor Gericht* (München: Fink, 1990); 가이어 (C. F. Geyer)에 따르면 신정론의 문제는 신을 신앙의 법정이 아니라 이성의 법정에 세워 둔다: C. F. Geyer, *Die Theodizee. Diskurs, Dokumentation, Transformation* (Stuttgart: Steiner Franz Verlag, 1992), 70; 김용성, 『하나님 이성의 법정에 서다』(서울: 한들, 2010); 이와 관련해 칸트(Kant) 역시, 신정론을 "세계 통치자의 최고의 지혜에 대해 세계 내의 반목적적인 것에서 이성이 제기되는 고발에 맞서 변호"하는 것으로 이해했다: Immanuel Kant, "Über das Mißlingen aller philosophischen Versuche in der Theodizee"(1791), in: *Akademische Ausgabe von Immanuel Kants Gesammelten*

중에 있는 사람은 원고(原告)로, 고전 유신론의 옹호자는 신의 옳음 또는 정당성을 주장하는 변호사 역할을 떠맡게 된 셈이다. 과연 이 법정의 판결은 어떻게 내려질 것인가?

먼저 이성의 법정에서 고통과 악의 원인을 규명하여 신의 정당성을 성공적으로 변호할 수 있다고 가정해 보자. 죄와 고통의 현실을 염두에 두고 신을 이성의 법정에 고발한 자에게 신이 왜 악을 허용했는지, 악의 현실적 경험을 통해 신이 의도하는 바가 무엇인지를 합리적으로 변증했다고 하더라도, 깊은 고통의 수렁에 빠진 자에게 실제로 어떤 위안을 줄 수 있을지 여전히 의문이다. 왜냐하면 신정론의 질문을 제기하는 자들이 지니고 살아가는 고통의 흔적은 단순히 합리적인 대답을 통해 해소되거나 치유될 수 없기 때문이다. 즉 논리적이고 합리적인 신정론과 현실적인 고통의 극복은 직접적인 연관성을 갖지 않는 듯 보인다.

다른 한편 이성의 법정에서 신은 우리의 예상과는 달리 전능하지도 않으며 전적으로 선하지도 않을 뿐 아니라, 아예 존재하지도 않는다는 최종 판결을 얻었다고 가정해 보자. 신정론의 질문이 무신론으로 답변되어졌다고 하더라도, 깊은 고통의 수렁에 빠져 있는 자들에게 실제로 어떤 위안을 줄 수 있을지는 여전히 의문이다. 고통스런 상황 속에서 우리를 구원할 신조차 존재하지 않는다면, 과연 우리는 어디에 희망을 걸어야 할 것인가? 신이 존재하지 않는다면, 도대체 선은 어디서 나오며, 구원은 어떻게 가능하단 말인가?

또 다른 측면에서는 이런 반론도 제기된다. 신을 이성의 법정에 끌고 나온 자체가 이미 신에 대한 모독이며 전적으로 부당하고 불가능한 처사다. 다시 말하면 인간이 신을 이성의 법정에 세우는 자체가 이미 무례하기 짝이 없는 일이며, 신 자신과는 무관한 인간 자신의 사변적 놀이에 지

Werken, Bd. VIII. Abhandlungen nach 1781, Berlin 1900ff, 251~271, 255.

나지 않는다고 주장할 수 있다. 도대체 우리가 누구인데, 신을 심판할 수 있단 말인가? 우리에겐 그럴 권한조차 없지 않은가.[4]

그렇다면 신의 절대권위 앞에 묵묵히 고통을 감내한다고 해서 고통당하고 있는 당사자에 고통을 이겨낼 그 어떤 힘이라도 주어진단 말인가? 고통에 직면한 당사자는 대답을 알 수 없는 고통의 심연 속에서 그나마 합리적인 대답 한 조각도 얻지 못한 채 아무 말도 하지 말아야 한단 말인가? 더구나 고통의 원인과 이유를 알 수 없는 고난의 심연에 빠진 사람이 신에게조차 항변할 수 없다면 도대체 어디에 항변해야 한단 말인가?

하지만 고통과 악의 문제와 관련하여 신의 정당성을 합리적으로 논증한다는 것은 무엇을 의미하는가? 일차적인 과제는 고통을 제거한다거나 치유하는 일은 아닐 것이다.[5] 그러나 논리적이고 합리적인 신정론의 답

---

4) 아마 신의 전능성 앞에 선 인간의 무력함을 루터만큼 웅변적으로 표현한 사람도 드물 것이다: "바울은 그들을 침묵시키고 하나님의 의지와 권능의 위엄을 존경하도록 촉구하면서 그들을 꾸짖는다. 그런데 저 의지와 권능에 대해 우리는 아무런 권리도 갖지 못한다. (…) 하나님이 탐구하라고 명하신(요 5:39) 성서를 연구할 때 우리는 시종일관 존경하는 태도를 가져야만 하지만 하나님의 신비와 인간이 판단할 수 없는 하나님의 심판을 캐어물으려고 하는 것은 비길 데 없이 부적절하고 경솔한 태도를 취하는 것이다. 우리는 탐구하라는 명령을 받은 것에 대해서는 탐구하지 않고 탐구하지 말라고 금지하신 것에 대해서는 불경한 태도는 말할 것도 없이 끝이 없이 대담하게 탐구한다." 루터/지원용 편역, "노예의지론"(1525),『루터선집』제6권 (서울: 컨콜디아사, 1982), 31~321, 213.

5) 존 캅(John Cobb)은 오늘날 교구 주민들이 더 이상 질병의 치료를 위해서가 아니라 고통의 의미에 대한 물음 때문에 목회자를 찾는다고 진단했다. Stephen T. Davis (ed.), *Encountering evil: live options in theodicy* (Atlanta: John Knox Press, 1981), 167. 플란팅가(A. Plantinga)에 따르면 자신이 주장하는 자유의지 신정론이나 자유의지 변론이 고통의 당사자에게 위로와 도움을 주기 위해 고안된 것이 아니며, 또한 목회상담의 수단도 아니라고 한다. 또한 그 무엇도 어쩌면 악에 직면하여 그 자신과 그리고 하나님과 함께 평안을 찾도록 할 수는 없다고 한다. Alvin Plantinga, *God, freedom, and evil* (Grand Rapids: Eerdmans, 1974), 29. 더 강력하게 Kenneth Surin,

변은 고통을 당하고 있는 당사자에게 그가 당면한 고통의 의미를 포착할 수 있는 해석의 틀을 제공할 순 있을 듯하다. 즉 고통과 악의 부조리성과 무의미가 논리적이고 합리적인 신정론의 답변 속에서 유의미한 것으로 자리매김할 수도 있다. 그리고 이렇게 해석된 고통과 악의 유의미성은 고통을 극복할 수 있는 간접적인 길을 열어줄 수 있을지도 모른다.

하지만 제3자에 의해 해석된 고통의 의미가 과연 고통을 당하고 있는 당사자에게 무슨 의미가 있겠는가 하는 문제가 남아 있다. 왜냐하면 고통은 지극히 개인적이며 공유할 수 없는 것이기 때문이다. 따라서 고통이 제기하는 질문에 대한 답변도 철저히 **개인적** 그리고 **실존적**으로만 의미 있게 수용될 수 있기 때문이다. 그러므로 고통과 악을 일반적인 범주 안에서 다루는 신정론의 논리적이고 합리적인 답변은 일반화될 수 없는 자기만의 고유한 고통의 깊이에서 신음하는 자에겐 난센스나 강요된 해석의 폭력이 될 수도 있다.

고통의 특정한 해석은 때로는 다른 사람에게도 유의미할 수 있으나 전혀 그렇지 않을 경우가 많다. 고통의 특정한 해석을 모든 고통당하는 자에게 천편일률적으로 적용하는 것은 잔인하고 가혹한 행위다.[6)]

Theology and the problem of evil (New York: Basil Blackwell, 1986)은 악의 문제에 대한 논리적 이론적 해답은 거의 위로가 되지 않을 뿐 아니라 오히려 세상에 악을 더할 뿐이라고 말한다.

6) 손봉호, 『고통받는 인간』(서울: 서울대학교출판부, 2008), 201~204 참조. 또한 우리는 아도르노의 지적을 정당하게 수용할 수 있을 것이다. 그에 따르면 아우슈비츠 수용소의 박해자들은 "내일이면 너는 연기가 되어 이 굴뚝 밖으로 나가 하늘에 서려 있을 것이다"라는 말로 자신의 폭력과 희생자들의 희생을 정당화시켜 버렸다고 한다. 이런 식으로 개개인의 고통을 천편일률적인 해석의 틀 속에서 짜 넣어 버리는 일은 또 하나의 범죄일 수 있다. 테오도르 아도르노/홍승용 옮김, 『부정변증법』(서울: 한길사, 1999), 469에서 인용.

제2장

고통과 악의 다양한 측면

전통 서구 신학에서 악(malum)은 인간의 범죄와 그 부정적인 결과 그리고 피조세계에 발생하는 질병과 재난을 포괄하는 파괴적인 사태를 지칭하는 용어로 사용되었다. 오늘날 사람들은 악이라는 형이상학적 개념보다는 고통이라는 말을 더 흔히 사용하는 듯하다. 그러나 악은 인간이 당하는 실제적인 고통과 분리되지 않는다. 여기서 말하는 고통은 무엇인가?

저 머나먼 우주에서 일어나는 별들의 충돌이 비록 부정적인 사태라고 하더라도, 그것이 인간 사회에 어떤 파장도 야기하지 않을 때, 우리는 그것을 고통이라고 말하지 않는다. 우리는 자연계의 고통에 대해서도 말할 수 있다. 폭우에 꺾인 나무나 양육강식의 정글법칙에 희생당하는 동물의 고통에 대해 말할 수도 있다. 그러나 고통을 단순한 육체적인 아픔[痛]과 정신적인 괴로움[苦]으로 구분하고, 아픔뿐 아니라 정신적 괴로움까지를 통합하는 고통에 대해 말할 때 고통은 정신적 존재인 인간에게만 해당된다고 할 수 있다.[1]

인간은 고통에 둘러싸여 있다. 홍수나 가뭄, 쓰나미, 폭염, 태풍 등으

---

1) 아픔과 괴로움의 구분과 연관성에 대해서 손봉호, 『고통받는 인간』, 26~32 참조: "정신작용이 가능한 인간에게는 고통이 다른 짐승과는 달리 새로운 차원과 새로운 의의를 가진다. 사람은 짐승들과 같이 단순히 '아파'[痛] 할 뿐 아니라 짐승들과는 달리 '괴로워'[苦]하도록 결정되어 있다. 짐승들이 아파서 비명을 지르는 것은 관찰할 수 있으나 양심의 가책 때문에 괴로워하는 것 같지는 않다. 괴로워하는 것은 역시 사람에게만 국한된 것임을 충분히 짐작할 수 있다"(26~27).

로 거주지를 잃거나 가족을 잃어 말할 수 없는 고통을 겪어야 하는 사람들이 있는가 하면, 알 수 없는 질병 때문에 긴 세월을 고통 속에 살아가야 하는 이들도 있다. 뿐만 아니라 살인, 강간, 방화, 절도, 폭력, 전쟁 등으로 인해 남에게 씻을 수 없는 고통의 상처를 안겨 주는 이들도 있고, 이로 인해 고통을 당하는 이들도 있다. 나의 의도와는 상관없이 내게 닥친 고통이 있는가 하면, 내가 남에게 가하는 고통이 있다.[2]

또한 고통을 가하는 주체가 분명할 때도 있고, 그 주체가 불명확할 때도 있다. 갑자기 삶이 무의미해지거나 불안에 휩싸여 알 수 없는 고통에 빠져들기도 한다. 때로는 나 아닌 다른 존재의 고통으로 인해 내가 유익을 얻기도 하고, 나의 기쁨이 다른 존재에 의도하지 않은 고통을 가하기도 한다. 고통으로 인해 더 큰 유익을 얻기도 하고, 더 큰 유익을 위해 아픔을 참아야 할 때도 있다. 고통 없이 살아가는 사람은 없고, 아무에게도 고통을 주지 않으며 살아가는 사람도 없다.

이처럼 인간의 삶은 고통의 주고받음 속에 놓여 있으며, 또한 의도하지 않은, 출처를 알 수 없는 고통의 올가미에 묶여 있는 듯하다. 선천성 무통각증으로 아픔을 느끼지 못해 고통스러운 사람이 있는가 하면 환각지통으로 고통당할 신체가 없음에도 그 부위에 고통을 느끼는 사람이 있다. 이처럼 고통은 인간 존재의 가장 근원적인 사태다.[3]

---

2) 폴 리꾀르는 "저지른 악"과 "당하는 악"을 구분하여 저지른 악에 대해서는 도덕적 책임을 물으며 비난할 수 있지만, "당하는 악"은 타인이 내게 가하는 것뿐 아니라 질병과 죽음, 자연재해를 포함하는 것으로 한과 슬픔을 가져온다고 분석했다: 강영안, "악에 대한 형이상학적 성찰 - <악의 형이상학>은 어떻게 가능한가?", 한국정신문화연구원 철학 종교 연구실 편,『악이란 무엇인가』(서울: 창, 1992), 35~63, 35에서 재참조

3) 손봉호,『고통받는 인간』, 35. 손봉호는 데카르트가 사유를 자기존재의 확실성에 근거로 둔 것에 빗대어 다음과 같이 말한다. "자신의 존재, 자신의 활동에 대한 인식이 있기 전에 고통을 경험하고, 고통을 통하여 자신의 몸과 자신의 존재를 인식한다. '나는

의학에서 **고통**이라는 말을 사용한다면, 신학에선 **고난**이라는 용어를 즐겨 사용했다. 고난과 고통은 어떻게 구분되는가? 고통이 아픔과 괴로움을 당하는 주관적인 측면과 연관된다면, 고난은 이런 고통의 객관적인 상황을 지시한다고 할 수 있다. 하지만 고통과 고난은 엄밀하게 분리될 수 없다. 고난이라는 난관 속에 처한 자는 고통을 겪게 되며, 고통당하는 자가 처해 있는 상태는 고난이 아닐 수 없다. 이런 점에서 고통과 고난은 동전의 양면과 같다.[4]

이처럼 고통에는 다양한 차원이 있다. 고통은 지극히 개인적이며 다른 사람과 공유될 수 없는 것이지만, 그렇다고 고통의 문제가 단순히 개인적인 차원에 국한되는 것만은 아닌 경우도 있다. 예컨대 위안부 문제는 당사자 개인의 고통이지만, 동시에 일제의 폭력 앞에 벌거벗기는 수치를 당해야 했던 민족 전체의 아픔으로 다가온다. 제주 4·3사건이나 4·19민주화운동, 5·18광주민주화운동 등 우리 근현대사의 비극들은 그 희생자와 유가족 개인의 고통일 뿐만 아니라, 이 시대를 살아가는 많은 사람들이 함께 기억하고 아파하는 역사적·사회적 차원의 고통을 함유하고 있다.

물론 개개인이 겪는 고통의 강도와 빛깔은 각기 다를 수가 있지만, 하나의 공통된 사건에 함축된 비극적 고통이 개인의 차원을 넘어서 역사적이고 사회적 차원을 가진다는 것은 부인할 수 없을 것이다. 고통이 지니는 개인적·역사적·사회적 차원을 넘어 고통이 발생하는 최종적 근원과 이유, 그 목적을 묻게 될 때 고통에 대한 형이상학적 차원이 전개된다.

서구의 신학사와 철학사에서는 고통의 시원을 묻는 방식으로 소위 악

생각한다. 그러므로 나는 존재한다'(Cogito ergo sum)보다 더 기본적인 것은 '나는 아파한다. 그러므로 나는 존재한다'(Doleo ergo sum)라야 할 것이다."

4) 이 글에서는 아픔, 고통 그리고 고난을 뚜렷한 구분 없이 섞어 사용할 것이다. 하지만 이 용어들은 모두 단순히 신체적인 아픔만이 아니라, 정신적 아픔을 포괄하는 의미로 사용된다.

의 형이상학을 전개해 나갔다. 인간은 개별적인 고통과 고난의 측면을 넘어 고통과 고난의 본질을 물으며, 그 시원적인 출처가 무엇인지를 묻게 된다. 예컨대 우리는 어떤 한 사람이 죽게 된 원인이 무엇인지를 의학적으로 물을 수도 있다. 또한 우리는 사랑하는 사람의 죽음 앞에서 도대체 죽음이란 무엇이며, 왜, 무엇 때문에 인간에게 주어져야 하는지도 묻게 된다.

이처럼 개별 인간이 당면하게 되는 고통과 고난의 보편적인 의미와 본질, 시원적 출처에 대한 질문은 **도대체 악이란 무엇인가**라는 형이상학적 질문으로 제기되어 왔다.[5]

---

5) 강영안, "악에 대한 형이상학적 성찰 - <악의 형이상학>은 어떻게 가능한가?", 한국 정신문화연구원 철학 종교 연구실 편,『악이란 무엇인가』(서울: 창, 1992), 35~63을 참조

제3장
이유 없는 고통과 악

서구 사상사에서는 악을 **물리적**(또는 자연적) **악과 도덕적 악**으로 구분하곤 했다. 즉 고통과 삶의 부정성을 총체적으로 악이라고 표기하고, 고통 또는 불행을 물리적 악(malum physicum)으로, 인간이 행한 죄를 도덕적 악(malum morale)이라고 규정하기도 하며, 더 나아가 피조세계의 불완전성을 **형이상학적 악**(malum metaphysicum)으로 규정하기도 한다.[1)

또한 이런 악의 분류를 그 행위주체의 유무와 연결시켜 정당화하기도 한다. 곧 도덕적 악은 "인간에 의해 의도되어 일어난 모든 나쁜 상태"이며 또한 "그런 의도된 행위 또는 태만에 의해 구성된 나쁜 상태"를 의미하며, 자연적 악은 "인간에 의해 의도되지 않은 모든 나쁜 상태"를 의미한다.[2)] 그러나 이처럼 고통이 무엇에 의해 유발되느냐를 두고 분류할 때

---

1) 라이프니츠는 존재론적 불완전성을 형이상학적 악이라고 하며, 죄를 도덕적 악으로, 고통을 물리적 악으로 구분하였다. 이는 인간 행위자에 의해 야기되었는지의 유무에 따라 구분한 것이라 볼 수 있다: G. W. Leibniz, *Die Theodicee*, übers. von A. Buchenau, in: *Philosophische Werke* Bd. 4 (Philosophische Bibliothek Bd. 71) (Leipzig: Verlag von Felix Meiner, 1925) 제1부 21절.

2) Richard Swinburne, *Providence and the Problem of Evil* (Oxford: Clarendon Press, 1998), 4 이하; 존 힉(John Hick)도 악의 작용인이 무엇인가에 따라 "도덕적 악"과 "비도덕적 악"으로 구분한다. 그에게 "도덕적 악은 우리 인간 존재들"에게서 기원한 악이며, 비도덕적 악인 자연 악은 "인간의 행위와는 별개의 악"으로 정리되며, 또한 그는 "형이상학적 악"도 언급한다: 존 힉/김장생 옮김, 『신과 인간 그리고 악의 종교철학적 이해』 (파주: 열린책들, 2007), 27.

도덕적 악과 자연적 악 사이의 구분이 명확하지 않을 때가 있다.

예컨대 홍수나 산사태로 많은 사람이 고통을 겪을 경우, 이를 단순히 자연재해라고 하지 않고 종종 짐작 가능한 재난을 대비하지 못한 인간의 도덕적 태만에 근거한 인재(人災)로 판단할 수도 있기 때문이다. 또한 오늘날 수많은 환경재난이 그동안 인간이 자연에 대해 저지른 잘못의 결과가 아니라고 말하기도 어려울 것이다. 폭풍이나 폭우가 인간에 의해 의도적으로 유발된 것은 아니지만, 그동안 인간이 자연에 대해 무책임하게 대한 태도들의 결과가 아니라고 말하기 어렵지 않겠는가?

이처럼 고통과 악이 무엇에 의해 유발되었는지를 통해 자연적 악과 도덕적 악의 경계를 명백하게 나누려는 시도는 성공하기 어려울 것이다. 어쨌든 여기서 한 걸음 더 나아가 도덕적 악이 사회적이고 집단적이고 구조적인 차원에서 전개될 때, 우리는 이를 **사회악**이라고 부를 수도 있을 것이다.3) 따라서 오늘날 악의 규정과 그 분류는 서구의 근대 철학이 규정했던 것보다 훨씬 더 복잡하고 난해하며 포괄적이라고 할 수 있다.4)

---

3) 아도르노에 따르면, 자연적 재난보다도 사회적 파국이 더 치명적이다. "리스본의 지진은 볼테르를 라이프니츠의 변신론으로부터 치유하는 데 충분했다. 그런데 일차적 자연의 조망 가능한 파국은 이차적 자연의 파국, 곧 사회적 파국과 비교하면 사소한 것이었다. 이 사회적 파국은 인간적 악으로부터 실제의 지옥을 만들어냄으로써 인간의 상상을 초월하고 있는 것이다." 테오도르 아도르노/홍승용 옮김, 『부정변증법』(서울: 한길사, 1999), 468; 또한 남경희는 질병, 죽음, 기아, 자연적 재난 등 인간의 의지와 무관한 것으로 자연적 악이라고 불리는 것들과 관련해서 이런 것들이 인간과 연관해서 악이라는 도덕적 판단을 적용받는 것이지, 그 자체로는 악이라고 해서는 안 된다고 말한다. 더 나아가 선과 악에 대한 도덕적 판단은 사회적 합의에 의해 주어진 것이라고 한다: 남경희, "악에 대한 사회철학적 이해 - 선과 악의 사회성", 한국정신문화연구원 철학 종교 연구실 편, 『악이란 무엇인가?』(서울: 도서출판 창, 1992), 67~83.

4) Ingolf U. Dalferth, *Leiden und Böses. Vom schwierigen Umgang mit Widersinnigem* (Leipzig: Evangelische Verlagsanstalt, 2006), 17. "악은 고통과 개개인의 행위에 초점을 둔 근대성의 전통적인 구분이 제시하는 것보다 훨씬 더 포괄적이고 불가피하며 이해

물리적 악이든 도덕적 악이든 전통적인 악의 규정에 따르면, 악은 기존의 질서체계에 대해 파괴적이고 부정적이며 인간에게 고통을 가한다. 그러나 모든 파괴적인 것이 항상 부정적인 것은 아니다. 현대물리학에서 주장하듯 빅뱅을 통해 우주가 시작되었다면 파괴적인 폭발이 반드시 부정적인 것은 아니다. 또한 악이 고통을 가져다준다고 할 수 있지만 고통이 필연적으로 악은 아니다. 치료를 위한 수술의 고통이나 해산의 고통은 보다 넓은 맥락 속에서 악이라고 단정 지을 수 없으며 대개의 경우 도리어 선으로 수용될 수도 있다.

그렇다면 고통은 언제 어떻게 악이 되는가? 모든 고통이 악이라고 말하긴 어렵다. 악은 고통당하는 당사자의 가치판단에 속하는 개념이기도 하다. 고통당하는 당사자에게 어떤 고통은 악이기도 하고 선이기도 하다. 그렇다면 특정한 가치판단 이전의 엄연한 객관적인 현실과 결부되어 있는 그런 악은 과연 없는가? 악은 단순히 주관적인 가치판단의 결과물인가?

비록 서구의 신학사와 철학사에서 전개된 악에 대한 정의가 명확하고 일의적인 것은 아니지만, 앞으로 전개될 우리의 논의와 관련해서 우리는 일상적인 고통으로서의 악과 신학적 문제를 불러일으키는 치명적인 악을 다음과 같이 구분하고자 한다.

어떤 고통과 고난에 **정당한 이유와 목적이 부가될 수 없을 때** 우리는 이를 악이라고 규정하며, 이런 악이야말로 진정 삶의 의미를 의심케 하며, 기독교 신학에 치명적인 질문의 가시를 제공한다고 본다.

우리는 삶의 현실 속에서 **부조리하고 무의미한 고통, 그 어떤 의미를 찾을 수 없는, 그저 고통을 위한 고통을 경험**하게 된다. 우리의 삶에는 자기 자신뿐 아니라 **그 누구에게도 추천하고 권할 수 없는 고난**이 있다. 이처럼 어떤 선한 이유도 목적도 찾을 수 없는 고난의 현실을 우리는 악이라고 규정할

하기 어렵다."

수 있다. 결코 정당화될 수 없으며 누군가에게 추천할 수도 없는, 철저히 부조리하고 무의미하기만 한 고난으로서의 악이 있음을 우리는 부정하지 않는다.

따라서 신의 문제와 관련해서 가장 치명적인 가시는 단순한 고통의 문제가 아니다. 다름 아닌 부조리하고 무의미한 고통으로서의 악의 현실에 함축된 질문이다. 치료의 고통이나 해산의 고통처럼 그 고통이 처한 맥락을 볼 때, 어느 정도 의미를 지니는 고통이 있다. 물론 그 고통의 아픔 자체가 환영받을 것이나 선호될 것은 아니지만 이러한 고통은 고통의 당사자로 하여금 기꺼이 감내하며 수용할 만한 이유와 목적을 동반한다. 고통 그 자체는 부정적이라고 하더라도 이런 고통의 상황이 무의미한 것은 아니다. 하지만 좀 더 넓은 맥락을 보더라도 이유와 목적을 알 수 없는 부조리하고 무의미한 고통이 있다.

예컨대 사랑하는 자녀가 유괴되어 살해되었을 때, 그 아이가 죽음에 직면하여 당하는 고통은 말할 것도 없거니와 사랑하는 아이를 잃어버린 그 부모가 감당해야 할 고통도 이루 헤아릴 수 없다.[5] 자식을 잃은 고통이 갖는 특별한 차원은 왜 이런 끔찍한 일이 내게 벌어졌는지 도무지 설명할 수 없으며, 그 고통을 정당화시킬 이유와 목적을 전혀 찾을 수 없다는 데 있다.[6] 이처럼 무고한 어린아이의 죽음은 어떤 식으로도 결코 보

---

5) 이와 관련해서 어린아이의 고통의 문제를 신학적 주제로 삼아, "학대받는 어린이에게 하나님은 누구신지?"를 묻는 이신건,『어린이신학』(서울: 한들, 1998)도 참조 바람.

6) 등반 사고로 아들을 잃은 철학자 월터스토프는 아들의 죽음과 관련해서 죽음을 정당화하려는 모든 위로의 말을 거절한다. 월터스토프/권수경 옮김,『아버지의 통곡』(서울: 양무리 서원, 1992), 40~41, 57, 70을 참조 바람. 그에게 "죽음은 샬롬의 적, 철천지 원수"이며 "마귀적이다"(70). 또한 박완서,『한 말씀만 하소서』(서울: 솔, 1994)를 참조 바람. 소설가 박완서는 자신의 벌로 인해 아들이 죽었다는 생각을 하다가 신에게 이렇게 질문을 던진다. "내가 받은 벌은 내 그런 교만의 대가였을까. (…) 내가 교만의 대가로 이렇듯 비참해지고 고통받는 것은 당연하다고 치자. 그럼 내 아들은 뭔가. 창

상될 수 없으며, 어떤 논리로도 정당화될 수 없는 악이다.[7]

설령 자신이 고통받는 원인이 누군가에 의해 어떤 식으로든 설명된다고 하더라도, 그 고통의 상황은 설명하는 사람 자신에게조차도 결코 환영받을 수 없으며, 다른 그 누구에게 추천할 수도 없는 일이다. 부조리하고 무의미한 고통의 심연에 빠져 도무지 헤쳐 나올 수 없는 상황에서 우리는 모든 선한 목적과 신의 섭리에 정면으로 도전하는 악을 경험하게 된다. 어떤 합목적적인 이유와 근거도 가질 수 없는 고통의 심연에서 우리는 존재의 질서와 그에 부합하는 합목적적 가치체계에 대해 철저히 부정하는 악을 경험하게 된다.[8]

창한 나이에 죽임을 당하는 건 가장 잔인한 최악의 벌이거늘 그 애가 무슨 죄가 있다고 그런 벌을 받는단 말인가. (…) 하느님이란 그럴 수도 있는 분인가. 사랑 그 자체란 하느님이 그것밖에 안 되는 분이라니. 차라리 없는 게 낫다. 아니 없는 것과 마찬가지다"(25~26).

7) 우리는 도스토예프스키/김학수 옮김, 『카라마조프네의 형제들』제1권 (서울: 삼성출판사, 13판, 1986)에서 무고한 어린아이의 죽음에 대한 어떠한 보상도 무의미할 뿐이라는 이반의 단호한 판단에 동의한다: "나는 고상한 조화 같은 건 깨끗이 포기하겠어. 왜냐하면, 그따위 조화는 구린내 나는 감옥에 갇혀 조그만 자기 가슴을 두드리며, 보상받을 길 없는 눈물을 흘리면서 <하느님>께 기도를 드린 그 불쌍한 어린애의 눈물 한 방울만한 가치도 없기 때문이지. 왜 그만한 가치도 없느냐, 그건 이 눈물이 영원히 보상받지 못한 채 버려지기 때문이야. 그 눈물은 마땅히 보상받아야만 해. 그렇지 못하면 조화라는 건 있을 수 없는 거야. 그러나 무엇으로, 무엇을 가지고 그것을 보상한다는 거냐? 과연 그것이 가능한 일일까? 눈물로써 복수를 한다 - 과연 이게 보상이랄 수 있을까? 그러나 나는 그따위 복수 같은 건 필요하지 않아. 학대자를 위한 지옥 같은 건 소용없어. 이미 죄 없는 자가 고통을 받은 후에 지옥 같은 게 무슨 도움이 된다는 거야!"(345). "만일 어린애들의 고뇌가 진리의 보상에 필요한 만큼 꼭 필요하다고 한다면, 나는 미리 단언해 두겠어 - 모든 진리도 그만한 가치는 없다고"(346).

8) 현대 철학자 엠마누엘 레비나스(Emmanuel Levinas)는 그의 글, "Useless Suffering", trans. Michael B. Smith and Barbara Harshav, in *Entre nous: Thinking-of-the-Other* (New York: Columbia University Press, 1998), 91~101에서 고통에 대한 심오하고 특

때로는 고통이 보약이 될 수도 있고 교훈이 될 수도 있을지 모르지만, 신학에 근본적인 문제를 제기하는 것은 정당성과 근거를 찾을 수 없는, 그렇기 때문에 더욱 치명적 고통을 동반하는 악이다. 악은 인간의 삶을 무의미와 절망의 심연으로 송두리째 내던지는 가공할 힘으로 체험된다는 점에서 성서가 증언하는 창조와 생명의 하나님과 대결적 구도에 놓인다.

신학적 의미에서 볼 때, 삶을 무의미하게 만드는 치명적 악은 죽음과 파괴의 힘으로 경험되고, 하나님의 창조와 구원을 의심케 하며, 더 나아가 창조와 구원으로서의 하나님의 존재를 부정하게 한다. 하지만 또한 악은 하나님을 의심케 하면서 하나님 질문을 야기한다. 이런 점에서 기독교 신학은 고통과 악의 질문을 결코 회피할 수 없다.

이한 관점을 보여주고 있는데, 그에 따르면, "고통은 그 현상에 있어서 본질적으로 쓸모없다"(93). 우리는 레비나스의 고통에 대한 통찰에 동의하면서도 일상생활에서 어떤 고통의 상황은 쉽게 수긍되고 수용한다는 사실을 염두에 둔다. 그러나 다른 한편 레비나스의 통찰처럼 무익한 고통, 어떤 의미도 갖지 않는 고통이 있다는 사실에 주목하고자 한다. 우리는 레비나스가 단순히 모든 고통이 무의미하다고 주장하고자 한 것이 아니라 기술적, 도구적, 목적론적 관점에서 고통을 정당화하려는 기존의 철학적·신학적 시도에 대해 근본적인 비판을 가하고 있다고 생각한다. 고통에 대한 레비나스의 입장에 대해서는 박원빈, 『레비나스와 기독교』 (서울: 북코리아, 2010) 3장과 4장 그리고 강영안, 『타인의 얼굴 - 레비나스의 철학』 (서울: 문학과지성사, 2005) 제6장 (207~237)을 참조 바람.

제4장
고통과 악의 질문: 신은 존재하는가

이제 우리는 앞에서 언급한 서구 정신사에 나타나는 악의 형이상학이 신의 존재를 어떻게 위협하는지를 살펴보고자 한다. 서구 정신사에서는 전통적으로 악의 형이상학을 구성할 때 존재하는 모든 것은 다 선하다는 명제를 전제로 했다. 존재하는 모든 것은 선하다는 명제로 인해 악은 존재의 범주 밖에 놓이게 된다. 즉 한편에서는 존재와 선함이 결합되고, 다른 한편에서는 비존재와 악이 결합된다. 이로써 존재의 근원이신 하나님은 악의 창조자라는 비난을 받을 이유가 없게 된다.

모든 것이 신으로부터 유래하지만, 악은 존재하는 모든 것에 속하지 않으며, 따라서 악은 신의 피조물이 아니다. 그렇다면 악은 허상이란 말인가? 우리가 당하는 고통은 한갓 착각에 불과하다는 것인가? 물론 아니다. 이 문제에 대해서는 제2부에서 전개되는 고전적 신정론에서 좀 더 자세히 살펴보기로 하겠다.

어쨌든 악이 존재의 범주에 들지 않는다면, 존재의 근원인 신의 창조물은 아니라는 말이다. 이로써 악의 문제는 신의 존재를 위협하지 못하는 듯 보인다. 하지만 문제는 그렇게 간단히 끝나지 않는다. 설령 신이 악을 창조하지 않았다고 하더라도 악은 여러 가지 형태로 경험되고 있지 않은가? 그렇다면 악의 다양한 현존과 관련해서 악은 다시금 신의 존재에 대한 의문을 제기한다.

우리가 경험하는 악을 신은 제거할 수 있어야 하지 않겠는가? 신은 악을 제거할 수 없는 것인가? 아니면 제거하고자 원치 않는 것인가? 세상이 신의 선한 창조물라면 도대체 악은 어디에서 왔는가? 선한 신의 창조 세계 속에서 우리는 도대체 어떻게 해서 악을 경험하게 되는 것일까?

우리가 경험할 수 있는 악의 엄연한 현존에 주목하게 되면 신의 전능과 선함 그리고 악의 현존은 동시에 양립할 수 없는 듯 보인다. 오늘날 합리적 신정론에서 설정하는 **트릴레마의 문제**는 에피쿠로스(Epikuros, 대략 B.C. 341~270)에게로 소급된다.

신은 악을 제거하시기를 원하지만 그렇게 할 수 없든지, 아니면 그렇게 할 수 있는데 하기를 원하지 않든지, 그것도 아니면 신은 악을 제거하실 수 없으며 그렇게 하기를 원하시지도 않든지, 아니면 그는 그렇게 할 수도 있으며 하시기를 원한다. 만약 그가 원하지만 할 수 없다면, 그는 약해서 신에 적합하지가 않다. 만약 그가 할 수 있고 하기를 원치 않는다면, 그는 질투하는 것이며 이는 또한 신에게 낯선 것이다. 만약 그가 원하지 않고 할 수도 없다면, 그는 질투하면서도 약하고 그래서 또한 신이 아니다. 하지만 만약 그가 신에게만 적합한 것을 원하고 할 수 있다면, 도대체 악은 어디서 오며 그는 왜 악을 제거하지 않는가?[1]

락탄티우스(Lactantius, 240~320)가 전한 에피쿠로스의 진술에 따르면,

---

[1] Lactantius, *De ira Dei*, 13, 20: Deus aut vult tollere mala et non potest aut potest et non vult aut neque vult neque potest aut et vult et potest. si vult et non potest, inbecillus est, quod in deum non cadit; si potest et non vult, invidus, quod aeque alienum est a deo; si neque vult neque potest, et invidus et inbecillus est ideoque nec deus; sie et vult et potest, quod solum deo convenit, unde ergo sunt mala aut cur illa non tollit; Jan Bauke-Ruegg, "Gottes Gerechtigkeit? Hinweise zur Theodizeeproblematik," in: *Zeitschrift für Theologie und Kirche*, 102 (2005), 333~351, 336에서 재인용.

악의 현존 앞에서 신의 전능과 선함은 모순에 빠지게 된다. 신이 악을 제거하거나 막을 능력이 없다면, 그는 전능하지 않을 것이다. 그러나 그가 그럴 수 있음에도 불구하고, 그렇게 하기를 원치 않았다면, 선하다고 말할 수 없다.

위의 진술에 담긴 내용에 따르면, 신의 전능과 선함을 전제하고 있는 전통적인 유신론은 악과 고통의 현실과는 양립할 수 없다. 그렇다면 신의 전능과 선함을 고수하고자 악과 고통의 현실을 부정할 수 있을까? 설령 나와 무관한 듯 보이는 세상의 악에 대해서는 부정할 수 있다고 하더라도 내가 직접 겪는 고통을 부정할 수는 없을 것이다.[2]

그렇다면 신의 전능과 선함과 악과 고통의 현실이라는 트릴레마의 해결책은 무엇일까? 아마 다음의 가능성이 제시될 수 있을 것이다:

① 전능의 의미를 변용하거나 포기한다.
② 선함의 의미를 변용하거나 포기한다.
③ 전능과 선함에 양립하도록 악과 고통의 의미를 변용한다.

앞으로 우리가 살펴보게 될 전통적인 신정론의 답변뿐 아니라 모든 신정론 해답은 이러한 트릴레마에 대해 어느 정도 논리적으로 일관성 있는 답변을 주기 위해 위의 세 가지 중 적어도 하나를 시행해야만 한다.[3]

---

2) 이에 대한 고전적인 언설은 다음과 같다. "불완전함을 지워버려. 그러면 너희는 신만을 제시하겠지. 스피노자가 그렇게 했었지. 사람들이 악은 부정할 수 있지만, 고통은 그렇게 할 수 없어. 이성만이 신을 증명할 수 있을 뿐, 감정은 그것에 반대하여 격분하지. 아낙사고라스 잘 들어둬. '내가 왜 고통을 당하지?' 이것이 바로 무신론의 초석 (der Fels des Atheismus)일세." - Georg Büchner, *Dantons Tod* (Stuttgart: Reclam, 1997), 48.
3) 우리는 이에 대해 제2부 제7장 "신정론의 유형"에서 자세하게 다룰 것이다. 여기서는

악의 문제는 신의 속성에 대한 심각한 의문을 제기한다. 그러나 다른 한편에서 이러한 의문은 전능과 지선(至善)을 속성으로 전제하고 있는 그런 신이 과연 존재하느냐에 대한 치명적인 의문을 야기한다. 악의 경험은 신이 존재한다는 유신론적 관점보다 무신론적 관점이 더 합리적이고 논리적이라는 사실을 보여주는 듯하다.[4] 그렇다고 신의 속성인 전능과 지선 중 적어도 하나를 포기 또는 변용함으로써 이 문제를 해결하려고 하는 것도 타당하지 않은 듯하다. 왜냐하면 이런 방식, 즉 위의 해답 가능성 중 ①과 ②는 전통적인 의미의 유신론에 대한 포기를 의미하기 때문이다.

이처럼 신적 존재를 부정하는 무신론의 가장 강력한 무기 중 하나가 바로 악의 문제를 앞세운 무신론 논증이다.[5] 악의 문제를 통해 전통적인

먼저 위의 세 가지 가능성 외에 "신적 신비로의 환원"(reductio in mysterium)의 가능성이 있다는 점을 지적한다. 그러나 이 경우엔 세 명제의 논리적 모순에 직면하여 어느 정도 논리적으로 일관성 있는 답변을 제시하는 것이 아니라 오히려 이를 포기한 것으로 평가될 수 있다.

4) 크라이너(A. Kreiner)는 신정론의 문제를 논리적 모순의 문제로 보면서, 악의 문제와 하나님 신앙 사이에 논리적 모순 제기를 두 가지로 구분했다. 1) "연역적 논증"으로 이름 붙인 문제 제기에서는 악과 고난의 경험이 신의 존재에 대한 신앙과 모순된다는 것이고, 이에 반해 2) "귀납적 논증"은 악과 고난의 경험이 신적 존재에 대한 가정을 거의 불가능하게 만든다는 것이다. 이러한 귀납적 논증에서는 악과 고난에 의존하여 신적 존재를 결정적으로 부정할 수는 없다고 하더라도 신에 대해 신앙하지 않는 것이 더 이성적이라고 논증한다. 크라이너의 분석에 따르면, 무신론자들에게 악의 현실은 신적 존재에 대한 신앙을 결정적으로 부정하게 하든지, 아니면 매우 불확실한 것으로 만드는 토대가 된다. A. Kreiner, *Gott im Leiden. Zur Stichhaltigkeit der Theodizee-Argumente* (Freiburg/Basel/Wien: Herder, 2005), 17~19.

5) 악의 문제가 신의 존재를 위협한다는 오늘날의 무신론 논증과는 달리, 우리가 앞으로 살펴보게 될 고전적 신정론의 답변들(제2부)에서 악의 문제는 아직 신적 존재에 대한 위협으로 이해되지 않았다. 특히 중세시대의 유신론자들에게 신적 존재는 악의 문제에도 전적으로 자명했다. 문제는 악의 문제와 신적 존재의 속성이 어떻게 양립 가능한지를 논증하는 것이었다. 예컨대 아우구스티누스와 아퀴나스에게 악의 문제는 아직

유신론을 부정하는 대표자 중 하나인 맥키(J. L. Mackie)는 전통적인 신 존재 증명에 대한 철학자들의 비판보다 악의 문제에 의한 전통적 유신론 비판이야말로 신학적 교리들이 가지는 논리적 불일치를 가장 적나라하게 드러낼 것이라고 단언한다.[6]

우리가 앞서 언급했듯이 맥키도 다음의 세 명제가 동시에 긍정될 수 없다고 본다.

① 신은 전능하다.
② 신은 전적으로 선하다.
③ 그럼에도 악이 존재한다.

신의 존재를 위협하는 문제가 아니었다. 다만 전능하고 지선한 존재에게 악은 무엇이며, 그가 왜 악을 허용하는가 하는 관점에서 물음이 제기될 뿐이었다. 악의 문제는 신적 실재에 대한 물음이 아니라 악의 본질에 대한 물음으로 세계 내의 악을 다루는 신적 섭리의 방식에 대한 이해의 문제로 전개되었다. 이러한 관점은 라이프니츠에게도 계속된다.

6) J. L. Mackie, "Evil and Omnipotence", in William L. Rowe (ed.), *God and the Problem of Evil* (Malden/Oxford: Blackwell Publishers, 2001), 77~90, 77: "신의 존재에 대한 전통적인 논증들은 꽤 철저히 철학자들에게 비판되었다. 그러나 신학자는 그가 원한다면, 이러한 비판을 수용할 수도 있다. 그는 신의 존재에 대한 합리적인 증거가 가능하지 않다는 사실을 인정할 수도 있다. 그리고 그는, 신의 존재는 어떤 다른, 합리적이지 않은(non-rational) 방식으로 알려진다고 주장함으로써 자신의 입장에 본질적인 것 모두를 여전히 유지할 수도 있다. 하지만 나는 더욱 강력한 비판이 악에 대한 전통적인 문제를 통해 만들어질 수 있다고 생각한다. 종교적 신념들은 합리적 지원이 부족한 것이 아니라, 그것들은 실제로 불합리(irrational)해서 본질적인 신학적 교리의 많은 부분들은 다른 것과 논리적으로 일치하지 않으며, 따라서 신학자는 다만 이전보다 더 극단적으로 이성을 거부함으로써만 자신의 입장 전체를 유지할 수 있다는 사실이 여기서 드러나게 될 것이다." - 맥키의 논문은 원래 *Mind* 64 (1955), 200~212에 실렸다.

맥키에 따르면, 신학자는 이 세 가지를 모두 고수해야 하지만, 논리적으로는 그럴 수 없다. 즉 악의 문제를 해결하기 위해서는 적어도 하나는 변용되거나 포기해야 한다. 그러나 악의 의미를 변용해 온 해법에 대해서는 적합하지 못한 논증이라고 꼬집는다. 왜냐하면 맥키가 볼 때, "선은 악에 대립된다."[7] 만약 선과 악의 이런 절대적 대립이 희미해지거나 예컨대 악을 덜 선한 것으로, 즉 선과 악을 정도의 차이로 이해되면, 선도 덜 악한 것으로 이해될 수밖에 없다. 따라서 유신론에서 주장하는 신의 전적 선함을 위해서도 선과 악은 대립되어야 한다.

맥키가 논리적인 관점에서 현실적 악의 문제가 무신론으로 귀결된다고 보았다면, 역시 동일하게 논리적 관점에서 이를 방어하려는 사람이 알빈 플란팅가(Alvin Plantinga)다.

논리적 문제에 대해 알빈 플란팅가는 위의 세 명제 자체만으로는 모순이 성립되지 않는다고 한다. 이 명제들이 형식적으로 모순에 도달하기 위해서는 몇 가지 명제들이 추가되어야 한다고 말한다.[8] 즉 아직까지 선, 악 또는 전능성과 같은 개념들이 명확하게 정의되지 않았고, 이들 상

---

7) J. L. Mackie, "Evil and Omnipotence", 79: 세 가지 명제가 서로 양립할 수 없다는 맥키의 주장에는 선과 악은 배타적으로 대립한다는 전제가 깔려 있다. 즉 실재가 아닌 가상으로서의 악, 선에 포함되거나 선에 기여하는 악, 선의 결핍으로 정의됨으로써 적극적인 의미를 담지 못하는 악이 아니라, 적극적으로 선과 대립하는 악을 상정한다(78~79). 맥키는 선에 대립하는 악을 상정할 경우에, 전통적인 유신론의 핵심에 해당되는 신적 속성들 중 최소한 하나가 변용되지 않고서는 이 문제에 대한 적합한 해결책이 없다고 결론짓는다(89~90).

8) 알빈 플란팅가/이태하 옮김, 『신과 타자의 정신들』(서울: 살림, 2004), 123~124. 여기서 플란팅가는 위의 세 가지 명제가 아니라, 다섯 개의 명제를 헨리 에이킨(Henry Aiken)의 논문("God and Evil", *Philosophical Quartely*, X (1960))에서 가져온다. 1) 신은 존재한다. 2) 신은 전능하다. 3) 신은 전지하다. 4) 신은 전적으로 선하다. 5) 악은 존재한다.

호간의 관계가 명확하게 규명되지 않았기 때문에 이를 분명히 해야만 형식논리적인 모순관계를 따져 볼 수 있다고 한다. 따라서 그는 "전능자가 할 수 있는 것에는 어떠한 비논리적인 제한도 존재하지 않는다."고 전능에 대해 규정한다.9)

이는 전능자의 행위는 논리적으로 가능한 범위 안에서 모든 가능한 것을 할 수 있다는 의미를 뜻한다. 예컨대 전능이 네모난 삼각형을 만든다든가, 어떤 무엇에 의해서도 뚫리지 않는 방패와 모든 것을 다 뚫는 창을 동시에 만든다는 것을 의미하지는 않는다는 것이다.10) 그러나 무엇보다도 플란팅가가 맥키에 맞서 주장하는 것은, 맥키가 악의 문제를 통해 유신론의 불합리성을 폭로하겠다며 상정했던 전제, 즉 선은 악에 대립된다는 그 전제에 대한 부정이다.

플란팅가에 따르면, 악은 선과 대립한다고 할 수 없다. 예컨대 고통을 악이라고 한다면, 완치를 위해 수반되는 치료과정에서 파생하는 고통도 악이라고 해야 하는가 하는 문제가 제기될 수 있다. 이런 경우 비록 수술 시의 고통을 악이라고 하더라도, 이러한 악은 "보다 더 큰 선"(건강의 회복)을 위한 일종의 필요조건으로 이해될 수 있기 때문에, 이때 악은 선과 전적으로 대립하지 않고, 오히려 "보다 더 큰 선"에 함의된다고 할 수 있다.11) 따라서 플란팅가는 선험적으로 선과 악을 대립시킴으로써 이를

---

9) 알빈 플란팅가/이태하 옮김, 『신과 타자의 정신들』, 125; G. Ebeling, *Dogmatik des christlichen Glaubens*, Bd. 1 (Tübingen: J.C.B. Mohr, 3. Aufl., 1987), 172: "모순율에서 신의 전능은 한계를 만난다."

10) 전능의 의미에 대한 논리적인 제한은 C. S. 루이스/이종태 옮김, 『고통의 문제』 (서울: 홍성사, 2002)에도 거론된다. 그는 전능의 개념을 "내재적으로 가능한 일이라면 무엇이든 하실 수 있는 능력"(44)으로 정의한다. 이 말은 신에게도 불가능한 일이 있다는 말이다. 내재적으로 불가능한 일, 곧 신 스스로에게 부합하지 않는 일을 신 자신도 할 수 없다고 말한다. 루이스는 "자연법칙"과 "자유의지"를 제거하는 것은 신 자신에게 부합하지 않는 일이라고 설명한다(45).

통해 악과 신적 존재를 형식논리상의 모순으로 이끌려는 주장을 "선천적인 반신학적 논증"이라고 부른다.[12]

그러나 플란팅가에 따르면, 악은 선과 필연적으로 대립되지 않으며 선에 포함될 수 있다.[13] 오히려 악의 문제와 관련된 무신론적 논증이 성공하기 위해서는 "정당화되지 않는 악의 존재"가 입증되어야 하는데, 정당화되지 않는 악이란 어떤 식으로도 선에 기여할 수 없으며 어떤 선에 포함될 수도 없는 악을 의미한다.[14] 정당화되지 않은 악은 아무런 정당한 이유를 갖지 않는 무의미한 악을 뜻하며 그리핀의 용어로 하면 "순수 악"에 해당된다.[15] 그러나 이런 악이 존재하는지에 대한 논증은 선험적으로 해결될 수 없으며 "악으로부터의 후천적인 논증"을 요구한다.

"악으로부터의 후천적인 논증"이란 현실적인 경험을 토대로 한 논증을 의미한다. 예를 들면 보다 더 큰 선에 기여하는 고통이나 그 역으로 어떠한 선에도 전혀 기여할 수 없는 악에 대한 현실적 경험을 논증의 토대로 삼는 것이다.[16] 그러나 플란팅가에 따르면, 이러한 후천적인 논증은 고

---

11) 알빈 플란팅가/이태하 옮김,『신과 타자의 정신들』, 125 이하 참조.

12) 알빈 플란팅가/이태하 옮김,『신과 타자의 정신들』, 136.

13) 알빈 플란팅가/이태하 옮김,『신과 타자의 정신들』, 132: "반신학자는 먼저 어떤 사태가 악이라면 그것이 선한 사태의 논리적 필요조건일 수 없다고 주장하려 할 것이다. 그러나 이것은 전혀 참이 아니며 필연적으로도 참이 아니다."

14) 알빈 플란팅가/이태하 옮김,『신과 타자의 정신들』, 131. 플란팅가에 따르면, 정당화되지 않는 악의 존재에 대해 어떤 무신론자도 증명하지 못했으며, 증명하려고 시도조차 하지 않았다고 한다.

15) 플란팅가의 '정당되지 않는 악'과 유사한 의미의 다양한 악의 규정에 대해서는 데이빗 그리핀/이세형 옮김,『과정신론』(서울: 이문출판사, 2007), 313 이하, 특히 315 참조. 그리핀은 순수 악이 무엇인지 구체적으로 언급하지 않지만, 개념적으로 "순수 악이란 그것이 없었더라면 우주가 더 좋았을 어떤 것, 그렇게 생각되는 총체"라고 정의한다(20). 더 나아가, 그리핀은 순수 악의 존재를 거부하는 것은 유대-기독교 신앙에 타당하지 않다고 주장한다(22).

통을 경험하고 판단하는 이성적 인격체의 주관적이고 도덕적인 판단에 따라 상이한 결과가 상정될 수밖에 없기 때문에, 악의 문제를 통해 전통적인 유신론에 선험적이며 논리적 반론을 제기하려는 시도는 성공할 수가 없다.

플란팅가는 신의 전능과 선함 그리고 악의 존재라는 세 명제 중에서 특히 악의 의미가 선험적으로 고정될 수 없다는 점을 들어 신정론의 논리적 해법이 반드시 부정될 필요는 없다고 본 것이다.[17]

앞에서 살펴본 대로 플란팅가의 결론에 따르면, 고전 유신론이 주장하는 신의 속성과 악의 현존 사이에는 논리적인 모순이 필연적이지 않다. 특히 선험적 분석으로는 악의 존재가 전능하고 선한 신의 존재와 모순될 이유가 없다. 다만 선을 집어삼키는 악의 현존을 가정할 때는 논리적인 문제가 생길 수 있지만, 이는 도덕적 판단에 따라 달리 생각될 수 있는 문제다. 무신론자의 경우 선보다 더 큰 악을 생각하지만, 유신론자들은 선을 집어삼키는 악의 현실을 인정하지 않는다고 보았다.

신정론의 문제와 관련해서 플란팅가의 전략은 적극적인 의미에서 신의 정당성을 주장하기보다는 다만 무신론자들의 논증 자체가 성공적일 수 없음을 밝히는 일종의 방어 전략이라고 할 수 있다.[18]

---

16) 알빈 플란팅가/이태하 옮김, 『신과 타자의 정신들』, 136: "어떠한 선한 사태도 그러한 고통의 사례를 능가하지 못한다는 것이 사실이라면, 그러한 고통의 경우에는 선한 사태가 악한 사태를 함의하고 있는 것이 아니며, 따라서 그러한 악한 사태는 정당화되지 못한다. 따라서 정당화되지 않는 악이 발생한다는 사실로부터 전능하고 전지하며 지선한 존재란 없다는 것이 도출된다."

17) 알빈 플란팅가/이태하 옮김, 『신과 타자의 정신들』, 137~138.

18) 믿지 않는 자들과의 논쟁에서 신앙 조항에 대한 적극적인 변증이 아니라 방어가 갖는 의미에 대해 흥미롭게도 토마스 아퀴나스가 다음과 같이 밝힌 바 있다. "나는 먼저, 신앙의 조항을 믿지 않는 자들과 토론을 할 때 신앙을 필연적 근거들로써 증명하려는 노력을 하지는 말아야 한다고 그대에게 주의를 주고자 한다. 이러한 노력은 신

그렇다면 정말 정당화되지 않는 악이란 존재하지 않는가? 전통적으로 유신론자들에게 악은 어떤 식으로든 선에 기여하거나 선의 수단으로 허용되는 반면에, 유신론의 반대자는 악을 선의 수단이 아니라 또 다른 악의 수단으로, 더 큰 악을 양산하는 것으로 판단한다.[19] 선이 악의 수단이 되는 것인지, 아니면 악이 선의 수단이 되는 것인지에 대한 판단은 선험적으로 판명될 수 없다는 플란팅가의 지적에 충분히 공감할 수 있다. 더구나 기독교 신앙에 의하면 악은 궁극적으로 선에 의해 극복될 것이다. 즉 최후의 승리는 악이 아니라 선이라는 것이 기독교 신앙의 확신이다.

하지만 그럼에도 불구하고, 현실세계 내에서 정당화되지 않는, 그리고 정당화될 수 없는, 또한 정당화되어서는 안 되는 악이 분명히 있다는 사실을 부정해서는 안 될 것이다. 신이 창조한 선한 피조세계에 있어서는 안 되는 부정적인 그 무엇이 있다는 사실을 부정해서는 안 된다. 기존의 유신론적 체계에서는 결코 용납될 수 없는, 신과 신의 피조세계에 부정적이며 적대적인 것이 있다는 사실에 우리는 직면할 수밖에 없다.

더 나아가 신학적 견지에서 이런 악의 현존을 인정하는 것은 대단히 중요하다. 선에 의한 악의 승리는 단순히 악이 선에 편입된다는 의미일 수 없다. 기독교 신앙은 선이 악을 이길 것을 희망한다. 더구나 선에 편입될 수 없는 악의 엄연한 현실은 참으로 선하신 하나님으로 인해 밝히 드

앙의 고귀함을 깎아 내리게 될 것인 바, 신앙의 진리는 인간의 정신뿐 아니라 천사들의 정신도 넘어서는 것이기 때문이다. 우리는 신앙의 진리를 하느님 자신에 의해 계시된 것으로서 믿는다. (…) 그러므로 신앙의 조항에 있어 그리스도인 토론자의 의도는 신앙의 증명이 아니라 신앙의 방어를 향해야 한다." 토마스 아퀴나스/김율 옮김, 『신앙의 근거들』(서울: 철학과현실사, 2005), 제7항(23쪽).

19) J. L. Mackie, "Evil and Omnipotence", 84. 맥키는 악이 선의 수단이 된다는 논증에 반대하여 우리의 일상생활 속에서는 타인의 고통을 고소하게 여기거나 이를 모방해서 더 큰 악을 양산할 수 있음을 언급한다.

러날 것이다. 즉 형체를 알 수 없는 그 무엇이 빛으로 인해 드러나듯이, 선하신 하나님으로 인해 참으로 악한 현실이 드러나야지, 선과 악의 모호한 경계선 상에 머물게 할 수만은 없다.

우리는 앞에서 고통과 악에 대해 언급하면서 그 이유와 목적을 알 수 없는 부조리하고 무의미한 고통을 악이라고 일컬었다. 바로 부조리하고 무의미한 고통으로서의 악은 여기서 논의되고 있는 정당화되지 않으며 정당화될 수도 없으며 정당화되어서도 안 되는 악과 동일하다. 만약 우리가 모든 악을 선의 수단으로 판단한다면, 우리는 굳이 악이라는 단어를 사용할 필요가 없을 것이다. 악을 선에 손쉽게 편입시키려는 사고는 모든 악에 대한 정당화를 가능케 할 것이며, 악과 선의 경계를 모호하게 할 뿐이다.

선의 궁극적 승리에 대한 신앙과 악이 선에 기여하거나 선에 편입된다는 생각은 기본적으로 다른 것이다. 악에 대한 선의 궁극적 승리에 대한 신앙은 어떤 악이 선에 기여한다든가, 보다 더 큰 선의 수단으로 작용한다는 것이 아니라 정당화되지 않는 악의 궁극적 폐기를 의미한다. 즉 어떤 악은 선에 편입될 것이 아니라 **극복**되어야 한다.[20]

---

20) 이와 관련해서 우리는 신학자 칼 바르트의 특이한 입장을 신중하게 고려해 보아야 한다. 그는 전통적으로 사용되던 악(das Böse)이라는 용어 대신에 특이한 개념인 das Nichtige - 적절한 번역어를 찾기가 어려운데, 여기서는 '아닌 것'으로 번역했다 - 를 사용한다. 그에 따르면, das Nichtige는 전통적인 개념으로서의 악, 곧 선에 편입되는 악도 아니고 존재의 반대개념으로서의 무(Nichts)도 아니다. Das Nichtige는 신과 대립적인 것으로 이해된다. Karl Barth, *Kirchliche Dogmatik* III/3, (Zürich: TVZ, 3. Aufl., 1979), §50. Gott und das Nichtige를 참조 바람: "신의 세계 통치에 반하는 모순과 반항이 있다. 이것은 심지어 세계사 안에 있는 요소들의 전체적인 어두움 체계와 연관되는데, 지금까지 서술했던 의미의 신의 섭리에 포괄되지 않으면서, 또한 피조세계의 사건처럼 신의 전능한 활동을 통해 그렇게 유지되는 것도 그렇게 동반하는 것도 그렇게 통치되는 것도 아닌 요소가 있다. (…) 우리는 이런 모순과 반항, 이런

이미 앞서 언급했듯이 고통이 보약이나 교훈이 될 수도 있지만, 아우슈비츠나 광주 학살과 같은 비극을 초래한 행위와 그러한 사태는 결코 정당화될 수 없으며, 정당화되어서도 안 된다. 물론 어떤 이는 이를 통해 역사의 값진 교훈을 얻을 수도 있을 것이다. 하지만 그럼에도 불구하고, 역사의 값진 교훈을 위해 이러한 악이 필수조건(sine qua non)이 될 정당한 이유는 없을 것이다. 또한 어린아이들의 무고한 희생도 정당화될 수 없는 악이다. 어른들의 탐욕 때문에 목숨을 잃거나 삶에 치명적인 상처를 안고 살아야 하는 아이들의 비극은 그 자체로 악이며, 그 무엇으로도 보상될 수 없다.

그리핀은 순수 악의 존재를 인정하면서 순수 악이 차라리 없었더라면 역사와 우주는 더 아름다웠을 것이라고 말한다. 물론 이러한 가정은 논리적으로 증명할 수도 없으며 경험적으로 입증할 수도 없다. 그럼에도 그리핀이 정의하는 순수 악의 존재를 포기한다면 더 많은 혼란이 야기될

방해적 요소, 이런 낯선 것(Fremdkörper)을 - 더 나은 설명이 있을 것이라 생각하면서 - 아닌 것(das Nichtige)이라고 표시한다"(327). 그러나 바르트가 말하는 '아닌 것'은 고전 유신론의 비존재와는 다르다. "진정으로 그리고 참으로 존재하는 것은 하나님과 그의 피조물일 뿐이다. 아닌 것은 하나님도 아니고 하나님의 피조물도 아니다. 따라서 그것은 하나님과 그의 피조물이 있듯이 그렇게 있을 수는 없다. 그로 인해 그것을 무(das Nichts)라고 하는 것, 곧 존재하지 않는다고 하는 것은 실로 너무 섣부른, 경솔히 여긴 결과일 것이다. 하나님은 그것을 예상하며 그것에 관여하며 그에 대항해서 싸우며 그것을 견디며 극복한다"(402). 바르트의 '아닌 것'(das Nichtige)의 개념은 기존의 유신론적 관점에서는 포착될 수 없는 악의 정당화될 수 없는 특징을 묘사하고 있다고 생각된다. 물론 바르트는 이러한 위협적인 '아닌 것'을 그리스도 안에서 또한 이미 극복된 것으로, 따라서 더 이상 아무것도 아닌 것으로 취급한다. 우리는 이러한 바르트의 생각이 강한 신앙적 확신에 속하는 것이지만, 그렇다고 이것이 현존하는 악을 간과하게 만드는 것은 아니라고 본다. 바르트의 das Nichtige와 관련된 국내의 최근 논문으로는 최종호, "악의 문제와 그 극복을 위한 신학적 고찰", 「한국조직신학논총」 28 (2010), 281~309를 참조 바람.

것이다. 따라서 우리는 하나님과 선함에 전적으로 대립되는 악을 전제하고자 한다.

물론 플란팅가의 지적대로 고통이나 고난, 위협, 재난, 죽음과 같은 것들이 전적으로 선과 대립되는 악인지 아니면 선에 포함될 수 있는 악인지를 판단하는 것은, 논리적인 문제를 넘어 이에 대한 구체적인 경험과 해석의 문제라는 사실도 염두에 두어야 한다. 모든 고통이 순수 악일 수는 없다. 순수 악이 존재한다고 가정하더라도, 또 다른 일상의 수많은 고통과 불행은 여전히 선과 악 사이를 바장이고 있다고 해야 할 것이다.

분명 어떤 순간에는 악이었는데, 시간이 지나 전화위복이 되는 경우 우리는 악으로 경험했던 것을 다시 선의 범주에 집어넣을 수도 있다. 물론 정당화될 수 없는 악과 더불어 치유, 회복이 가능한 고통도 있다.

아우슈비츠에서의 학살과 희생은 그 자체로 악이지만, 아우슈비츠의 아픈 기억을 가슴에 담고 살아가야 하는 생존자들과 가해자의 고통은 새로운 삶의 용기를 통해 치유와 회복에 개방될 수도 있다. 하지만 이들의 고통이 극복된다고 하더라도, 아우슈비츠에서 일어난 사건은 여전히 악이라고 말해야 한다. 그것은 그 누구에게도, 그리고 그 어떤 선을 위해서도 추천하고 권할 수 있는 그런 사건이 아니다.

이처럼 살인과 폭력, 유괴와 고문, 거짓과 불의 등은 그 자체로 악이다. 이러한 악의 가해자나 희생자가 짊어져야 할 고통도 물론 악이다. 설령 고통은 새로운 삶의 빛 안에서 치유되고 회복될 수 있다고 하더라도 그 사태 자체는 여전히 악으로 남는다. 뿐만 아니라 이로 인한 고통이 새롭게 치유되고 회복되지 않을 때, 이것 역시도 치명적인 악으로 남게 된다.

악과 고통은 긴밀하게 결합되어 있지만, 동일시될 수는 없다. 하지만 분명한 것은 악은 폐기되고 고통은 치료되어야 한다는 것이다. 고통과 악은 극복되어야 한다. 이때 고통의 문제는 단순히 논리적인 문제를 넘어, 의미 있는 삶을 위해 현실의 부조리한 경험들을 어떻게 **해석**해야 할 것이냐 하는 문제와 연관된다. 즉 우리는 삶의 위기를 극복하기 위해 일상의 고통의 경험들을 어떻게 해석해 나가야 하는지를 고려하지 않을 수 없다. 기독교 신앙의 관점에서 삶의 위기와 극복의 문제는 하나님 신앙의 문제이기도 하다. 고통과 악의 문제에 직면하여 과연 어떤 하나님에 대한 신앙이 삶의 위기를 극복하게 할 수 있는지를 묻게 된다.

앞으로 살펴보게 될 전통적인 신정론의 해법 속에서 악의 문제와 직면한 유신론의 냉정한 논리적이고 합리적인 변증만이 아니라 그 속에 담겨 있는 삶의 오리엔테이션에도 관심을 기울여야 할 것이다. 달리 표현하면 고통에 직면한 사람들을 위한 전문적 상담이라는 관점에서 신정론의 답변들을 살펴볼 필요도 있다.

고통의 문제는 고통에 대한 문제가 아니며, 악의 문제는 악에 대한 문제가 아니다. 고통과 악의 문제는 고통당하는 자의 **삶의 의미**에 대한 문제이며, 삶의 의미를 부여할 **신적 존재**에 대한 물음이다. 이런 점에서 우리는 합리적 신정론의 문제 제기를 단순히 논리적인 문제, 즉 고통과 악의 문제를 신의 전능과 선함과 같은 속성과 연관시켜 논리적인 양립 가능성만을 타진하는 것으로 한정할 것이 아니라, 고통당하는 주체로서의 당사자 자신과 그가 고통당하는 자신의 삶을 신과의 연관성 속에서 어떻게 해석해 나가야 하는지에 대한 삶의 해석학으로 확장시켜야 할 것이다.

신정론의 문제는 고통의 당사자에겐 삶의 문제이며, 이와 연관된 하나님 신앙의 문제로 이해해야 할 것이다. 이런 점에서 악의 현존에 직면하여 위기에 내몰린 신의 존재와 삶의 의미는 한 배를 타고 있는 셈이다. 적어도 그리스도인에게 신의 존재는 삶의 의미를 부여하는 궁극적인 근거가 되기 때문이다.

제5장
고통과 악의 질문: 신은 전능한가

"나는 전능하신 하나님을 믿습니다." 이것은 가장 오래된 기독교 신앙
고백 중 하나다. 신과 전능자는 동의어로 여겨졌고, 전능은 그 자체로 신
의 속성으로 받아들여졌다. 과연 신이 전능하다는 것은 무엇을 의미하는
가? 아우구스티누스는 무로부터의 창조를 신의 전능과 연결시킴으로써
마니교의 이원론에서 벗어날 뿐 아니라, 플라톤의 데미우르고스와 기독
교의 창조주를 구분했다. 무로부터 세계를 창조하는 신의 힘은 무제약적
이다. 다만 내적으로 불가능한 것을 제외하고는 그 무엇도 신의 힘에 제
약을 가할 수 없다.[1]

힘의 행사가 논리적으로 모순되는 일이 아니라면 신은 모든 것을 다

---

1) 신의 전능에 대한 고전적 정의에 따르면 신이 원할 수 있는 것은 무엇이든 할 수 있다
는 의미를 뜻한다. 그러나 신의 전능은 내적으로 불가능한 것을 배제한다. 이에 대해
서는 J. Stöhr, Art. "Allmacht (Omnipotenz) Gottes", in: Ritter Joachim (Hrsg.),
Historisches Wörterbuch der Philosophie, Bd. 1 (Basel/Stuttgart: Schwabe&Co
Verlag, 1971), 193을 참조했다. 고전적인 전능에 대한 개념은 Augustinus, *Enchiridion*
95. MPL 40, 275; Augustinus, *De symbol. ad cat.* 1, 1에서 엿볼 수 있다. 또한 신의
무한한 힘과 관련해서 가장 오래된 성서적 신명은 엘 샤다이(El shaddaj)로, 70인역에
서는 pantokrator로 번역되었고, 불가타에서는 omnipotens로 번역되었다. 전통적으로
신의 전능에는 신의 예지와 예정도 포함된다. 모든 것을 미리 알고 모든 것을 결정하
는 힘이 고전 유신론의 전능이다. 또한 Thomas Aquinas, *Summa Theologicae* I, qu.
25, art. 1~4에 따르면 아퀴나스도 신의 전능을 논리적으로 할 수 있는 것은 무엇이든
지 다 할 수 있다는 의미로 이해한다.

할 수 있다. 또한 전통적인 의미의 전능은 홀로 모든 힘을 소유했음을 의미한다. 왜냐하면 신의 전능에 비하면 다른 힘들은 아무런 저항을 할 수 없기 때문이다. 이런 신의 전능에 대한 전통적인 관념은 현대 신학에서는 "모든 것을 규정하는 실재"[2]로 표현되며 신 개념에서 결코 포기될 수 없는 것으로 이해된다.[3]

하지만 오늘날 **신의 전능**은 좋은 평판을 받지 못한다. 자명하게 여겨졌던 신의 전능은 의심스러우며 논란거리가 된다. 무엇보다도 우리 자신으로부터 야기되지 않은 고통과 악에 직면할 때 신의 전능을 언급하는 일은 이해될 수 없을 뿐 아니라, 실제로 무용지물처럼 보이며, 더욱 화나는 일이 될 수도 있다.

신은 전능한가? 그렇다면 악을 제거해야 한다. 그런데 악은 지속적으로 존재한다. 왜 신은 악을 제거하거나 미리 예방하지 않았는가? 이에 대해 전능을 예지와 선함과 연관 지어 변호할 수 있다. 즉 신은 악을 제거하거나 예방할 수 있지만 그의 예지에 따라, 보다 더 큰 선을 위해 이를 허용한다는 것이다. 따라서 보다 더 큰 선을 위해 선한 신은 악을 미리 예방하거나 당장 악을 제거할 수 있는 전능의 행사를 접어둔다고 가정할 수 있다.

달리 표현하면 신은 악을 미리 예방하거나 제거할 힘을 가지고 있지

---

2) Wolfhart Pannenberg, *Wissenschaftstheorie und Theologie* (Frankfurt: Suhrkamp, 1973), 302; Rudolf Bultmann, "Welchen Sinn hat es, von Gott zu reden?", in: Ders., *Glauben und Verstehen* Bd. 1 (Tübingen: J.C.B. Mohr, 9. Aufl., 1993), 26~37에서 "신은 전능자, 곧 모든 것을 규정하는 실재"(26)이며 "신은 우리의 실존을 규정하는 실재"(29)로 언급된다.

3) Rudolf Bultmann, "Die Frage der natürlichen Offenbarung", in: Ders., *Glauben und Verstehen* Bd. 2 (Tübingen: J.C.B. Mohr, 6. Aufl., 1993), 79~104: "신 개념 그 자체에 전능의 사상이 속해 있다"(81).

만, 그의 예지에 따라 이 악을 미리 예방하거나 제거하지 말아야 할 충분한 이유를 보았기에, 악을 예방하거나 제거할 수 있는 전능을 행사하지 않는다고 가정할 수 있다.[4]

이처럼 인격적 존재로서의 신을 가정하고 있는 전통적인 유신론에서 전능성은 아무런 이유 없이 제멋대로 힘을 행사한다는 의미를 지니지 않는다. 전통적인 의미의 유신론에서 신의 전능은 또한 선함에 위배되지 않는 범위에서 힘을 행사하는 것으로 상정된다. 즉 신의 전능성은 신을 악한 폭군으로 만들지 않으며 신의 전능도 그런 폭군적 힘의 행사와는 무관하다.

신은 궁극적으로 선을 위해 힘을 행사해야 한다. 이때 신의 전능성은 아무런 제약을 받지 않는 일방적인 힘과는 무관하다. 오히려 신의 전능성은 논리성과 합리성, 선함의 제약 속에 놓여 있다. 그럼에도 불구하고 신의 전능성을 주장할 수 있는 것은 세상의 모든 것이 신의 규정하는 힘 안에 놓여 있기 때문이다. 즉 신은 모든 것을 규정하는 힘으로서 신의 의지와는 무관하게 일어나는 일은 없다는 것이다.

그렇다면 우리가 문제 삼고 있는 부조리하고 무의미한 고통과 악도 역시 신의 의지와 결합될 수밖에 없지 않은가? 다시 말하면 이러한 신의 전능성과 선함에도 불구하고, 이와는 전적으로 배치되는 악의 현실에 직면하게 될 때 우리는 전통적인 전능의 의미를 의심하게 된다. 앞서 언급했듯이 대다수의 유신론자들은 신의 전능성과 선함을 옹호하면서 악을 선의 수단이나 더 큰 선에 편입되는 것으로 이해하고자 한다. 하지만 선에 편입될 수 없는 악이 분명 존재한다.

---

4) 이러한 논리는 신정론의 해법들에 항상 내재해 있는데, 특히 라이프니츠는 충족 이유의 원리를 이용하여 이를 가장 두드러지게 변증하고 있다. 라이프니츠에 대해서는 제2부를 참조 바람.

과정 신학자 그리핀은 이를 순수 악이라고 부르며, 이와 관련해서 신의 전능성과 선함을 주장하면서도 순수 악을 부정하지 않는 유신론자로 캐나다의 유대인 종교철학자 파켄하임(Emil Fackenheim, 1916~2003)을 거론한다.[5] 파켄하임에게 아우슈비츠로 상징되는 유대인의 고난의 역사는 그 존재의 충분한 이유를 찾을 수 없으며, 하나님의 선함에 전적으로 배치되는 순수 악이다.[6]

이러한 순수 악의 존재는 하나님의 선한 창조세계에 논리적으로 병존할 수 있는 것이 아니라 오히려 모순적이다. 그러나 파켄하임은 유대인에 대한 나치의 잔혹한 대학살이라는 악의 문제 앞에서 신의 전능성을 부정하지 않는다. 하나님의 전능과 섭리를 포기하는 것은 유대교의 종말을 의미할 뿐 아니라 히틀러로 하여금 사후에 승리자가 되도록 하는 것이라고 주장한다.

물론 신의 전능과 지선 그리고 순수 악의 존재 사이에는 어떤 논리적 일관성이나 타당성도 성립되지 않지만, 그는 신의 전능을 포기하지 않았다. 순수 악에 직면하여 신의 전능을 그대로 주장하는 것은 신정론의 논리적인 해법을 포기하게 되는 셈이다.[7]

---

5) 데이빗 그리핀/이세형 옮김, 『과정신정론』, 269~273.
6) 유대인 철학자 레비나스도 역시 "히틀러의 통치 아래 유대인들이 경험한 홀로코스트"를 "악이 악마적 공포로 나타난 쓸데없는 인간 고통의 전형"으로 간주한다. "고통과 모든 신정론 사이의 불일치는 아우슈비츠에서 눈부신 분명한 명료성을 지니고 드러난다. 이러한 가능성은 수천 년 지속된 전통적 신앙에 의문을 제기한다." Emmanuel Levinas, "Useless Suffering", 97.
7) 일반적으로 신의 전능에 대한 규정은 신 자체에 대한 유신론적 규정과 같이 "모든 것을 결정하는 힘"으로 주장되었다. 일방적으로 모든 것을 결정하는 힘으로서의 신의 전능이 악의 문제를 해결하지 못하고 있다는 점에서 이 개념은 일관성이 없으며, 관념론적이다. 이를 그리핀은 "I 전능"이라고 부른다: 데이빗 그리핀/이세형 옮김, 『과정신정론』, 340: "전능한 존재가 사건들의 어떤 상태에 일방적으로 영향을 줄 수 있다는

하지만 이와는 달리 그리핀은 신의 전능을 변용하여 신정론의 논리적인 해법을 제시하고자 한다.[8] 그는 기존의 전능 개념이 가지고 있는 일방성을 포기하고 신의 힘은 대상과의 연관성 속에서 상대적일 수밖에 없으며,[9] 폭력적이거나 강제적이 아니라 설득적이라고 주장한다.[10]

과연 정당화될 수 없는 악, 부조리하고 무의미한 고통에 직면하여 현실적인 모든 것을 통제하는 신의 전능은 전적으로 포기되어야 할 것인가? 전능하지 않은 신의 개념은 합리적이고 논리적인 신정론을 제공할수는 있겠지만, 과연 고통으로부터 우리를 구원할 수 있겠는가? 신조차부조리하고 무의미한 고통의 수렁에서 인간에게 극복할 힘을 제공하지않는다면, 인간의 현실은 더욱 비참한 것이 아닐까? 개개인의 현재적 고통이 과정사상에서 말하듯이 신의 기억 속에서 보존되고 이상화되어 다시 세계 속에 활용되는 창조적 미래를 향한 요소로 활용된다고 하더라도 고통받는 개개인의 아픔과 괴로움은 여전히 치유되지 못한 채 남겨진 것이 아닐까?

정당화될 수 없는 악의 문제와 연관해서 우리를 고통에서 구원할 하나님은 과연 누구인지를 되묻지 않을 수 없다. 이 하나님 질문은 **기존의 유신론적 전통과의 대결**을 불가피하게 만든다. 왜냐하면 기존의 유신론적 전

전통 교리를 지칭하기 위해서는 'I 전능'이라는 말을 사용할 수 있다. 여기서 'I'는 '일관성이 없는'(incoherent) 혹은 '관념론적인'(idealistic)이라는 말의 앞 글자 I에서 따온 것이다."

8) "일관된"(coherent) 또는 "창조론적인"(creationistic)의 앞 글자인 C를 따서 "C 전능"을 주장한다. 데이빗 그리핀/이세형 옮김, 『과정신정론』, 340.

9) 데이빗 그리핀/이세형 옮김, 『과정신정론』, 334: "힘을 행사하는 것은 언제나 그 무엇이 자신일지라도 무언가에 힘을 행사하는 것이다. 그러므로 완전한 힘을 가진 존재가 무엇을 할 수 있는가에 대한 의미를 묻기 전에, 먼저 힘이 행사되어져야 하는 존재들의 본성이 고려되어야 한다."

10) 데이빗 그리핀/이세형 옮김, 『과정신정론』, 349.

통에서 기인한 악의 문제에 대한 답변들은 신정론이라는 체계 속에서 제공되었는데, 이때 제시된 답변들 속에 악은 그렇게 치명적인 것으로 인식되지 못했기 때문이다. 즉 고통과 악은 이렇게 저렇게 변명될 수 있는, 선의 범주에 편입될 수 있는 것으로 간주되었기 때문이다.

그러나 오늘날 고통과 악은 결코 선의 범주 안에 편입될 수 없으며 기존의 가치체계와 질서에 대한 반역으로 경험된다고 할 때, 기존의 신정론적 답변들은 무너지게 된다. 더 나아가 이러한 고통과 악의 경험은 기존의 하나님 신앙에 대한 강력한 도전과 도발일 것이다. 예컨대 무고한 어린아이의 고통과 사랑하는 자식을 잃어버린 고통은 이 세계 내에서 어떻게든 보상될 수 없는 악으로서, 모든 것을 예지하고 예정하시며 모든 것을 결정하시는 신의 전능성에 대한 가장 강력한 저항이 될 것이다.

따라서 우리는 악의 문제에 직면하여 다음과 같은 물음을 던지게 된다. 과연 전능한 신은 우리를 구원할 수 있는가? 신의 전능은 어떻게 이해되어야 하는가? 우리를 악으로부터 구원할 신은 과연 전능한가?

제6장
고통과 악의 질문: 하나님은 누구인가

우리는 앞에서 고통과 악의 문제와 연관된 몇 가지 논리적인 문제와 문제 설정을 대략 언급했다. 불교에서도 인간이 고통당하는 현실은 무척이나 자명하고 중요한 교리적 출발점으로 설정되어 있지만, 앞서 살펴봤던 신정론의 논리적인 문제가 결코 제기되지 않는 것은 불교에서는 신에 대한 물음이 생략되어 있기 때문이다. 불교에서는 고난당하는 인간이 신을 향해 질문하는 것으로 보지 않는다. 불교의 형이상학에 따르면, 모든 고통은 무명과 무지에서 시작되고, 무명과 무지로 말미암아 거짓 자아에 대한 애착이 일어난다. 따라서 고통의 소멸은 거짓된 자아의 소멸로만 가능하다.

이와는 달리 기독교 신앙에서는 고통과 악의 질문이 신의 존재와 신의 속성에 대한 치명적인 당혹감을 던져 주지만, 고통과 악의 문제를 신에 대한 질문과 더불어 해결하고자 한다. 왜냐하면 기독교 신앙에서 하나님은 창조의 주님이시고 모든 죄와 악으로부터 세상을 구원하시며, 창조의 세상을 완성하는 분이시기 때문이다.

따라서 기독교 신앙에서는 고통과 악에 직면한 인간의 부르짖음과 절규를 외면하지 않으면서도 불교와는 달리 고통과 악의 문제를 신의 창조와 구원, 종말의 관점에서 해명하고자 한다. 따라서 고통과 악의 위협 속에 내동댕이쳐진 실존과 역사의 구원 여부는 곧 하나님 자신의 성공과 실패를 뜻한다. 기독교의 하나님은 그저 존재의 궁극자를 의미하는 것이 아니라 구체적인 실존과 역사의 상황에서 구원의 힘을 발휘하는 하나님이 아닐 수 없기 때문이다.

그렇다면 과연 기존의 신정론이 고통과 악에 직면한 실존과 역사를 구원하는 하나님을 제대로 그려냈다고 할 수 있을까? 고통과 악이 제기하는 질문 앞에서 신을 변호하려는 기존의 변신론적 시도들은 신을 이성의 법정에서 변호하는 데는 어쩌면 성공했을지 모르지만, 고통받고 있는 당사자가 납득할 수 없는 언어적·논리적 폭력만을 행사했던 것은 아닐까?

등반하다 추락한 아들의 죽음을 슬퍼하며 철학자 월터스토프는 다음과 같이 말한다.

> 나는 설명할 수가 없다. 이 가장 깊고 가장 고통스러운 비밀에 직면하여 그저 견디고 있을 뿐이다. 나는 천지를 창조하시고 예수 그리스도를 다시 살리신 전능하신 하나님 아버지를 믿는다. 그리고 내 아들의 생명이 그 정점에서 꺾여버렸다는 것도 믿는다. 이 둘을 하나로 끼워 맞출 수가 없다. 어떻게 해 볼 도리가 없다. 사람을 대하시는 하나님의 방법을 정당화하려고 만들어 낸 신정론을 읽어 보았다. 별로 설득력이 없었다. 내가 제기한 질문 중 가장 고통스러운 것에 대해서는 답을 얻을 수가 없었다. 나는 하나님께서 왜 그가 떨어지는 것을 보고만 계셨는지 알 수가 없다. 그가 상하는 것을 왜 보고만 계셨는지 모른다. 짐작조차도 할 수 없다.[1]

월터스토프의 고백은 고통과 악의 구체적이며 개인적인 경험은 **무신론의 초석**이며, 여기서 모든 합리적인 신정론은 붕괴되고 만다는 사실을 다시 한 번 확인시켜 준다.[2] 그러나 다른 한편 그 고통의 참담함과 해명 불

---

1) 월터스토프/권수경 옮김, 『아버지의 통곡』, 76.
2) 물론 월터스토프는 독실한 기독교인으로 남는다. 하지만 그는 신앙의 이름으로 죽음

가능 속에서, 가장 깊고 가장 고통스러운 비밀에 직면하여, 그로 하여금 말하게끔 하는 것은 무엇인가?

고통당하는 자는 침묵하고 있을 수 없으며, 고통의 침묵이 고통의 극복은 아니다. 고통당하는 자는 자신의 고통을 호소하며 보이지 않는 고통의 의미를 향해 절규한다. 기존의 질서와 합목적적인 세상이 부조리하고 무의미한 고통에 직면하여 붕괴되었지만, 고통당하는 자는 무너진 폐허 속에 그대로 머물러 있을 수만은 없다. 그만큼 고통은 대답할 수 없는 질문으로 자신의 참담함을 표현할 수밖에 없다. 왜 하필이면 내가 이렇게 어처구니없는 고통의 수렁에 빠져야만 하는가를 묻지 않을 수 없다.

고통당하는 당사자가 자신의 고통이 과연 정당하게 주어진 것인지를 묻는 저 신정론적 질문은 기독교 신앙의 핵심을 건드린다. 왜냐하면 기독교 신앙의 표본인 나사렛 예수께서도 이 질문을 제기하고 있기 때문이다.

성서가 전하는 바에 따르면, 나사렛 예수는 십자가 위에서 이렇게 부르짖는다. "나의 하나님, 나의 하나님. 어찌하여 나를 버리시나이까?"(마가 15장 34절). 이 절규는 오랜 신앙의 전승에 속하는 기도로 여겨질 수도 있다(시편 22편). 그러나 십자가 위에서의 이 고통스러운 절규는 경건한 신앙의 조용한 기도일 수만은 없을 것이다. 비록 그 내용이 전통적인 기도에 속하는 것이라고 하더라도, 자신의 죽음을 고통 속에서 감내하고 있는 나사렛 예수에게 이 질문은 자신의 삶 전체와 더불어 자신의 하나님 신앙의 정당성을 요구하는 절체절명의 부르짖음이 아닐 수 없다.

이런 점에서 십자가에 달린 예수가 내뱉고 있는 신정론적 부르짖음은

을 정당화하려는 시도들을 철저히 반대한다. "바울은 죽음을 가리켜 맨 나중에 멸망 받을 원수라고 부르고 있다. 하나님은 죽음을 혐오하신다. (…) 나는 <하나님께서 하셨다>고 하거나 <하나님도 그 죽음을 어떻게 하실 수 없었다>는 식으로 모든 것을 합리화시키지는 못하겠다. 난 이 일을 도무지 이해할 수가 없다. 그저 욥처럼 견딜 수 있을 뿐이다." 월터스토프/권수경 옮김, 『아버지의 통곡』, 75.

구약성서와 신약성서를 꿰뚫고 나아가 기독교 신앙의 심장에 박힌다. 이 질문과 더불어 기독교 신앙은 시작되었고, 이 질문과 더불어 기독교 신앙은 오늘날 위기에 직면하게 된다. 나사렛 예수의 이 질문은 인간과 이 세계 속에 있는 고통과 악을 정직하게 대면하지 않고서는 신의 본질을, 적어도 기독교 신앙의 하나님을 파악할 수 없으며, 고난과 고통 속에서 하나님의 본질을 묻지 않고서는 기독교 신앙에 입문할 수 없다는 사실을 암시하는 듯하다.

따라서 고통과 악의 질문 앞에서 우리는 단지 제3자처럼 신정론의 고전적인 트릴레마에 대한 합리적인 답변만을 제시하는 것으로 만족할 수는 없다. 실제로 신정론의 문제를 형성하는 시원적인 질문은 고통당하는 자의 절규라는 사실을 잊어서는 안 된다. 즉 "나의 하나님, 나의 하나님. 어찌하여 나를 버리시나이까?"라는 1인칭 시점의 고통스런 절규가 빚어내는 하나님 질문은 기독교의 하나님 사유의 출발점이다.

고통 안에서 부르짖는 자는 자신이 고통받고 있다는 사실과 더불어 자기 고통의 정당성을 따져 묻고 있다. 고통의 정당성을 묻는 자는 동시에 자신의 **삶의 의미**를 묻고 있다. 이처럼 혹독하고 부조리하고 근거를 알 수 없는 고통과 악의 현실 속에서도 과연 삶이라는 것이 의미가 있는지를 묻고 있다. 삶의 의미를 묻는 자는 진정 삶을 의미 있게 창조하실 **하나님은 누구인지**를 묻고 있는 셈이다.

고통과 악의 질문에 직면하여 오늘날 하나님 사유는 논리적이고 합리적인 신정론의 구성을 목적으로 하지 않으며, 오히려 부조리하고 무의미한 고통과 악에 직면한 인간의 삶에 진정한 위로와 용기를 줄 수 있는 하나님 이해를 추구해야 할 것이다.[3)]

---

3) 이처럼 악의 질문에 직면하여 신학의 대답은 악의 유래와 본질에 대한 형이상학적 해명에 있는 것은 아니다. 오히려 신학의 과제는 악을 극복하고 삶의 무의미성을 극복하

우리는 이 글을 통해 소위 새로운 신정론을 구상하고 제시하려는 것이 아니다. 기존의 신정론이 고통과 악의 가시를 제거하고, 고통과 악의 문제를 하나님의 전능과 선함 아래 통제 가능한 것으로 받아들였다면, 오히려 우리는 고통과 악의 가시 돋친 질문에 직면하여 고전 유신론의 한계를 지적하고, 현대 신학 내에서 일어나는 새로운 신학 모형들을 적극 수용하여 기독 신앙의 하나님 이해를 새롭게 구성하고자 한다. 따라서 우리의 질문은 이것이다.

정당화될 수 없는 고통과 악에 직면하여 우리는 여전히 하나님을 신앙할 수 있는가? 이러한 상황 속에서도 하나님을 신앙할 수 있다면, 이때 하나님은 과연 전능하신 분으로 사유될 수 있는가? 하나님을 전능하신 분으로 사유할 수 있다면, 이때 하나님의 전능은 과연 어떻게 이해될 수 있는가?

게 하는 창조와 구원의 하나님을 새롭게 추구하는 데 있다고 본다. 우리는 가이어(C.-F. Geyer)의 다음 말에 주목한다: "악은 어디에서 오는가(unde malum?) 하는 질문은 신의 <최종적 근거>에 대한 질문을 포함하는 것이기에 이 질문을 이단적인 것으로 철회시켰던 초기 기독교 신학은 이로 인해 악의 해명이 아니라, 악의 극복이 악에 대한 신학적 사유의 주제라는 결론에 도달했다." Carl-Friedrich Geyer, "Das Übel und die Allmacht Gottes", in Michael Nüchtern (Hg.), *Warum läßt Gott das zu? Kritik der Allmacht Gottes in Religion und Philosophie* (Frankfurt: Otto Lembeck, 1995), 36~61, 42~43.

제2부

고전적 신정론의
답변과 한계

우리는 앞으로 고전적 신정론의 답변들을 살펴보고자 한다. 이들을 특별히 **고전적 신정론**이라고 이름붙인 것은 나름의 이유가 있다.

첫째는 향후 전개되는 다양한 신정론에 전형적인 모델을 제공하고 있기 때문이다. 누군가가 고통과 악의 문제와 연관해서 신의 정당성을 옹호하고자 답변을 시도한다면, 그리고 이들의 답변이 전통적인 의미의 신의 전능과 선함을 유지하는 한 고전적 신정론의 틀에서 벗어나지 못할 것이다.

둘째, 이들은 고전적 유신론의 개념을 그대로 따르고 있다. 이들의 신정론적 답변의 한 축을 구성하고 있는 신에 대한 개념은 고전적 유신론에서 조금도 벗어남이 없다. 즉 영원불변한 절대자인 신은 전능하시며, 선하며, 모든 시간적 흐름 안에 일어나는 일들을 예지하고, 섭리하신다는 것이다. 이 신은 인간과 세상의 일에 관여하지만, 그 자신은 불변하는 존재로 피조물로부터 아무런 영향을 받지 않는다.

대부분의 고전적 신정론은 우리가 앞에서 제기한 신정론의 합리적이고 논리적인 문제를 합리성과 논리성의 선상에서 해명하려고 한다. 즉 신의 전능과 선하심 그리고 악의 문제 사이에는 어떠한 논리적인 모순도 없음을 이성적으로 변호함으로써 신의 정당성을 옹호하고자 한다. 이렇게 볼 때, 루터의 신정론적 답변은 분명 기존의 합리적인 고전적 신정론과는 다른 길을 보여준다. 왜냐하면 루터의 경우에는 앞으로 살펴볼 아우구스티누스나 아퀴나스, 라이프니츠와는 달리, 합리적이고 논리적인 답변을 신앙의 답변과 대립시키며, 신의 전능과 절대권위를 강조하는 일종의 신앙주의적 신정론을 앞세우기 때문이다.

바로 이런 점에서 루터의 신정론은 대다수의 고전적 신정론이 앞세우는 합리성과 논리성과는 다른 길을 제시하는 고전적 신정론의 또 다른 한 축을 구성한다. 루터의 신정론은 합리적이고 논리적인 답변이 불가능하다는 점을 인식한다. 따라서 루터는 인간의 어떠한 이성적·논리적 시도로도 메울 수 없는 신과 인간 사이의 거대한 간격을 인지할 뿐 아니라, 신앙 전통에 따라 신의 전능과 절대적 권위 앞에 인간이 그저 경청하고 복종해야 함을 역설한다. 이런 특징은 개신교 신학에서 자주 볼 수 있으며, 신적 신비를 강조하는 가톨릭 신학에서도 유사한 점을 발견할 수 있다.

고전적 신정론은 신의 전능과 선하심 그리고 악의 문제가 야기하는 트릴레마에 대한 논리적이고 합리적인 답변을 제공하는 유형과 신의 절대주권을 강조하며 트릴레마의 문제를 해소하려는 유형으로 나눌 수 있다. 전자는 신학과 철학의 역사 속에 지속되어 온 합리주의적 유형이라고 한다면, 후자는 이와는 별도로 진행되어 온 신앙주의적 유형이라고 할 수 있다. 그러나 이 두 유형 모두 고전적 유신론을 그대로 유지하고 있다는 점에서 고전적 신정론이라고 할 수 있다.

제1장
아우구스티누스: 거의 모든 해법의 원천

1. 들어가는 말

아우구스티누스(Aurelius Augustinus, 354~430)는 신정론이란 용어를 사용하지 않았다. 그는 우리가 앞서 문제 제기를 했듯이 악의 문제가 신의 존재를 위협한다고 생각하지는 않았다. 그러나 그가 고대의 철학적 신학의 전통에 따라 신화적 표상과 세계 이해를 비판하고 신학의 계시적 내용을 합리적인 토대 위에 두려고 했을 때, 신의 전능하심과 선하심과는 모순되는 듯 보이는 악의 문제에 대해 정당한 해명을 제시할 필요가 있었다.

우리는 철학적 신학을 기독교 신학의 내적인 특징으로 표방하고 있는 아우구스티누스가 위의 트릴레마를 어떻게 합리적으로 해명하고 있는지 살펴보고자 한다. 비록 아우구스티누스는 악의 문제를 단일한 주제로 삼아 책을 저술한 적은 없지만, 그의 다양한 저술들 속에는 악의 문제와 기독교 신앙의 양립 가능성을 주장하는 대목이 여러 차례 등장한다.

악의 문제와 관련된 아우구스티누스의 해답은 향후 기독교 신학과 서구 철학사에서 다양한 형태로 변형되어 전개되는 신정론의 출발점이자 이들에게서 나타나는 거의 모든 해법들의 원천이라 할 수 있다.

2. 아우구스티누스의 출발점: 철학적 신학

아우구스티누스는 『신국론』[1]에서 기독교 신학이 태동하기 이전에 있었던 세 가지 신학을 바로(Varro)가 정리한 틀 속에서 소개한다. 이것은 신화적 표현들 속에 등장하는 신에 대한 언급인 시적 신학과 국가적 안정을 위해 숭배하던 수호신들에 대한 정치적 신학 그리고 신적 존재의 본질을 추구했던 철학적 신학으로 정리된다.

이러한 소개를 통해 아우구스티누스는 철학적 신학 또는 자연신학의 과제였던 신의 본질 규명을 기독교 신학의 핵심 과제와 연관시킨다. 즉 기독교 신학은 신에 대한 잡담으로 구성되는 것이 아니라, 참된 신의 본질을 제시하고 해명하는 과제를 안고 있다고 보았다. 이런 의미에서 그는 신학을 "신성에 관한 사유 내지 강화"(de divinitate ratio sive servo)라고 말한다.[2]

기독교 신학이 비록 성서적 계시에 근거하여 신의 본질을 말하지만, 성서의 권위에 의존한 신학은 내재적으로 철학적이며 합리적인 사유와 연관되어 그 자신을 해명할 수밖에 없음을 아우구스티누스는 인지한다. 따라서 그는 신앙과 이성의 관계 설정을 염두에 두지 않을 수 없었다. 그에 따르면, 신앙과 이성의 관계 설정에서 분명 신앙이 우위에 있다. 참된 진리에 도달 가능한 길은 계시적 권위와 신앙에 주어져 있다.

그러나 이러한 관계 설정이 신앙과 순수이성에 의한 인식의 관계를 파괴하지 않는다. 오히려 신앙은 인식을 가져온다. 이해를 추구하는 아우구스티누스의 신학은 신앙으로 인식할 수 있는 바를 이성적으로 정초시

---

1) *De civitate Dei* 6.5: 우리말로는 성염 역주, 『신국론』 (왜관: 분도출판사, 2004), 655. (우리말 번역본은 총3권으로 출간되었다. 출간 일자와 쪽수가 연결되기 때문에 여기서는 권수는 생략하고 쪽수로 표시한다.)
2) *De civitate Dei* 8: 성염 역주, 『신국론』, 1811.

키려고 하며, 이성적으로 정초된 것은 신앙과 다르지 않음을 보여주고자
했다. 따라서 그는 다음과 같이 말한다.

> 인간 구원의 중추가 되는 가르침이 하나 있으니 철학, 즉 예지에 대한 사랑
> 이 다르고 종교가 다르고 하지 않음을 우리는 믿고 가르친다.[3]

특히 악의 문제와 연관해서 아우구스티누스는 마니교의 이원론적 주
장에서 해답을 발견했다. 그러나 플로티누스(Plotinus, 대략 204~270)의 저
서를 통해 그는 서서히 마니교적 이원론에서 탈피하여 존재에 대한 일원
론적인 관점을 수용하게 되었다. 형이상학적 일원론의 수용은 기독교의
창조신앙과 자연스럽게 접목되었다.

플로티누스의 유출설과는 달리 기독교 신앙의 창조론에 따라, 아우구
스티누스는 존재하는 모든 것은 전능하고 선한 신적 존재에 의해 창조되
었으며 신의 피조물로서의 모든 존재자들은 선하다는 결론에 도달한다.
하지만 이로써 마니교적 이원론으로 쉽게 답변되던 악의 문제는, 전능하
고 지선한 유일신에 대한 신앙을 고백하는 기독교 신학에는 당혹감을 던
져 주는 난제가 된 셈이다.

3. 악의 본질: 악은 무엇인가

아우구스티누스는 하나님의 선하고 아름다운 창조를 긍정한다. 전적
으로 선하신 하나님에게는 오직 선한 것만이 유래할 수 있다. 이 세상이
선하신 하나님의 창조라는 점에서 온 우주는 질서 잡혀 있으며 아름답다.

---

3) *De vera religione* V 8: 성염 역주,『참된 종교』(왜관: 분도출판사, 1989), 41.

그렇다면 악이란 무엇인가?

악의 본질에 대한 질문은 그에게 만물의 기원에 대한 질문과 분리되지 않는다. 아우구스티누스는 만물의 창조주이신 하나님에 대한 신앙 때문에 악이 하나님의 선한 창조물 중 하나가 될 수 없음을 분명히 한다. 그렇다면 악은 여타의 피조물과 같은 어떤 실체라고 말할 수 없다. 그는『신앙요강』(*Enchiridion*)에서 다음과 같이 말한다:

> 소위 악이란 선의 결핍(privatio boni) 외에 무엇이란 말인가? 마치 생물체의 신체에 병과 상처에 해당되는 것이 건강의 결핍과 다름이 없는 것처럼, (그래서 치료하려고 할 경우 거기에 있는 악, 즉 병과 상처의 악은 어떤 다른 곳으로 피하지 않고 사라져버린다. 병과 상처는 실체가 아니라 육체적인 실체의 결함이다. 왜냐하면 육체는 실체 자체이며 또한 선한 것이지만, 저 악은 거기에 첨부되며, 곧 건강이라고 불리는 선의 결핍이기 때문이다.) 영혼의 모든 결핍도 치료하려고 할 때 어떤 다른 곳으로 옮길 수 없고, 오히려 거기에 있었던 것이 건강하게 될 때는 더 이상 없게 되며 어디에도 없게 되는 자연적 선의 결핍이다.[4]

아우구스티누스는 악을 **선의 결핍**으로 규정함으로써, 그는 존재하는 모든 것은 선한 하나님의 선한 피조물이라는 사실을 긍정한다. 즉 악은 존재론적 실체가 아니며 하나님으로부터 유래한 것이 아니다. 따라서 악의 발생에 대해 하나님에게 책임을 물어서는 안 된다. 존재의 근원이신 하나님은 존재의 범주 안에 있는 모든 것의 창조주이시지만, 존재의 범주 안에 들어올 수 없는 것은 하나님으로부터 유래한 것이 아니다.

그렇다고 아우구스티누스가 하나님의 선한 창조만을 긍정하고 악의

---

4) *Enchiridion* 11; Walter Sparn, *Leiden- Erfahrung und Denken. Materialien zum Theodizeeproblem* (München: Chr. Kaiser Verlag, 1980), 184에서 재인용.

현존에 대해서는 완전히 무관심했다는 말은 아니다. 그는 악을 경험할 수 없다고 생각하지도 않았으며, 악이 우리의 현실과는 아무런 상관이 없다고 말하지 않았다. 오히려 악은 부패하는 것으로 선에 기생하고 있으며, 그런 점에서 선한 피조세계에 저항하며 현존한다. 비록 악이 선에 기생함으로써 존재하지만 그렇다고 실체는 아니다. 비유하자면 악은 선이라는 실체로 인해 발생하는 그림자와 같다고 할 수 있다. 따라서 아우구스티누스에게 분명한 것은 선한 실체가 존재론적으로 우선이며, 악은 선한 실체에 덧붙여지는 것에 불과하다는 사실이다.

악은 선의 결핍이라는 아우구스티누스의 생각은 낙관론적 성격을 강하게 띠고 있으며, 존재에 대한 강한 긍정을 담고 있다. 악보다는 선한 존재를 우위에 두는 낙관적인 존재 이해는 아우구스티누스 이후의 신정론에서도 지속적으로 등장한다.[5]

아우구스티누스의 낙관론적 존재 이해는 다음과 같은 특징을 지닌다.

① 악은 결코 선을 이길 수 없다. 만약 악이 선에 대해 승리한다면, 이것은 자연의 완전한 부패, 즉 소멸을 뜻하게 될 것이다. 그렇다면 이것은 동시에 악 자체의 존재 근거의 소멸이기 때문에 악도 소멸되게 된다. 따라서 자연이 존재하는 한, 악은 결코 승리할 수 없다.[6]

---

5) Armin Kreiner, *Gott im Leid. Zur Stichhaltigkeit der Theodizee-Argumente* (Freiburg/Basel/Wien: Herder, 2005), 125에 따르면, 선의 결핍이라는 개념은 아우구스티누스에게서 아퀴나스 그리고 라이프니츠 등 서구 신정론의 역사 속에서 지속적으로 등장한다.

6) *Enchiridion* 12: "따라서 모든 사물은 선하다. 그것이 상함을 받지 않는다면 위대한 것이다. 상하게 될 수 있다면 작은 것이다. 다만 어리석은 자와 미숙한 자만이 그럼에도 선함이 있다는 사실을 부인할 수 있다. 그러나 사물이 상함을 통해 전적으로 소멸된다면, 사물이 더 이상 있을 수 있는 곳에 존속하지 않기 때문에, 상함 자체도 남아 있지 않을 것이다." Walter Sparn, *Leiden- Erfahrung und Denken. Materialien zum*

② 이로써 선과 악의 팽팽한 대립과 긴장 대신에 선한 존재 안에 기생할 수밖에 없는 악의 초라함이 놓여 있다. 악은 선한 존재로 인해서만 비로소 현존할 수 있기 때문이다.

③ 기독교 신앙이 담지하고 있는 희망을 철학적 논증으로 뒷받침하고자 하는 그는 세상의 물질은 악하다는 마니교적 비관주의를 극복하고, 하나님의 선한 창조와 선의 궁극적 승리에 대한 희망을 주장할 수 있었다.[7]

4. 악의 기원: 악은 어디서 오는가

아우구스티누스는 존재하는 모든 것은 선하며, 존재하는 모든 것은 최고선이신 하나님으로부터 왔다고 말한다.[8] 아우구스티누스는 하나님에 대해 다음과 같이 말한다:

Theodizeeproblem (1980), 185에서 재인용; *Enchiridion* 13: "따라서 다음과 같은 결론이 나온다. 선이 없다면 악이라고 하는 것도 없다. 선이 그러한 악으로부터 자유로운 것일 때, 전적으로 선하다. 악한 어떤 것이 내재하고 있는 선은 물론 결핍이 있거나 부족한 선이다. 그러나 결코 선이 없는 곳에서는 악한 것이 있을 수 없다." Walter Sparn, *Leiden- Erfahrung und Denken. Materialien zum Theodizeeproblem* (1980), 185에서 재인용.

7) 헤링(Hermann Häring)은 아우구스티누스의 존재론이 합리적인 진술을 넘어 희망의 진술을 하고 있다고 평가한다. H. Häring, *Das Problem des Bösen in der Theologie* (Darmstadt: WBG, 1985), 72.

8) 플로티누스의 유출설과는 달리, 아우구스티누스는 창조설을 주장한다. 유출설에 따르면 존재의 출현은 필연성에 근거한 것이지만, 창조설에 따르면, 존재는 창조주의 자유로운 결정과 행위에 근거하고 창조되었다. 아우구스티누스의 창조론에 대해서는, 선한용, 『시간과 영원. 성 어거스틴에 있어서』(서울: 대한기독교서회, 2002), 제3장을 참조

최고의 유가 존재하는 모든 것을 존재하게 만드시고, 바로 그런 이유에서 유라고 불리신다.9)

존재형이상학과 창조신앙에 의거하여 그는 마니교와는 달리 물질 자체는 악이 아니며, 악한 사물과 선한 사물이 구분되어 있는 것도 아님을 분명히 한다.10)

이를 기반으로 이제 아우구스티누스는 악의 발생은 자유로운 존재가 물질을 사용하는 방식에 따라 이루어진다고 말한다. 또한 이와 더불어 그는 형이상학적인 존재 질서를 구성하여 존재의 범주 밖에 있는 것들, 예컨대 죽음과 무는 하나님으로부터 유래하지 않았다고 확정짓는다. 모든 존재는 최고의 존재이신 하나님의 존재에 참여하며, 그분의 존재를 분유(分有) 받으며, 바로 그런 점에서 이들은 선하다. 또한 존재를 분유 받는 정도에 따라 존재의 보편적인 질서 속에 자리매김한다.

하나님의 존재에 참여하는 정도에 따라 생명에 가까워질 수도 있고 허

---

9) *De vera religione* XI 22: 성염 역주,『참된 종교』, 61.

10) *De libero arbitrio* 제1권 XVI.33: 성염 역주,『자유의지론』(왜관: 분도출판사, 1998), 141, 143: "똑같은 사물을 누구는 악하게 사용하고 누구는 선하게 사용한다. 악하게 사용하는 사람은 그런 사물에 정을 두고 애착하고 매달리며, 그러다 보니까 자기한테 종속시켜야 마땅할 사물들에 도리어 자기가 종속되고 만다. 그 재산들을 제대로 조정하고 선하게 다룸으로써, 본인이 그 재산들에 어떤 선이 되어주어야 마땅할 터인데 오히려 그 재산들이 자기한테 선이 되는 것처럼 행동한다. 그 대신 사물을 올바로 사용하는 사람은 그것들이 자기한테 선이 되는 것이 아니고 - 그 재산이 당사자를 착하게 만들거나 전보다 더 착하게 만들지 않는다 - 오히려 재산이 자기의 손에 선하게 된다는 것을 보여준다. (…) 사정이 그러한데 탐욕스러운 사람들 때문에 은이든 금이든 욕먹을 것으로 생각해야 하겠으며, 탐식가들 때문에 음식을 욕하고, 주정꾼들 때문에 술을 욕하고, 호색한들과 간통자들 때문에 여자의 용모를 욕해야만 한다고 생각하는가? 그대가 알다시피 의사는 불도 선하게 사용하고 독살자는 빵마저 범죄에 악용하는 법이다."

무에 가까워질 수도 있는데, 하나님의 피조물 중에서 자유로운 선택의 의지를 가진 천사와 인간 존재는 사물들을 어떻게 사용하느냐에 따라 존재론적으로 질서 지워진 자신의 좌표에서 떨어져 나가 허무에로 기울어 질 수가 있다.

아우구스티누스는 **존재론적 좌표** 또는 자릿값에서 이탈됨을 죄악이라고 본다. 아우구스티누스의 존재형이상학에서 존재와 죽음 또는 무는 양극단을 이룬다.[11] 덜 존재하게 됨은 곧 존재론적 좌표에서 점차 이탈함을 의미하고 이는 존재를 잃는 것이기에 악이다.[12] 완전한 존재이신 하나님과 연관해서 생각할 때, 죄(peccatum), 사악(nequitia), 악(malum)이란 존재 자체이신 하나님에게서 멀어져서 허무(nihilium)로 빠져 들어가는 것을 의미한다. 악이란 존재론적 질서를 왜곡하며, 자신의 존재론적 가치와 힘을 상실하는 것이다.

이처럼 아우구스티누스는 존재는 선하고 아름답다는 대전제하에 **존재론적 피라미드**를 구성하는 존재 질서에 대한 형이상학을 구축한다. 최고의 본질 존재이신 하나님은 만물의 근원으로서 이 피라미드의 제일 위쪽에 놓인다. 여타의 피조물들은 만물의 근원인 존재 자체에 참여하는 현실 존재로서, 그 아래에 각각의 위치에 놓인다. 피조물들은 존재론적 피라미드의 제일 밑바닥 또는 존재론적 피라미드 밖의 영역에 놓여 있는 비존재, 곧 허무로 기울어질 경향성을 갖고 있다.

---

11) *De vera religione* XI 22: 성염 역주,『참된 종교』, 63: "간단히 말하자면, 덜 존재하는 그만큼 더 죽는다. (…) 생명 또한 육체의 향유에 탐닉하고 하느님을 등한시하는 경우에는 허무에로 기울며, 바로 이것이 사악이다."

12) *De vera religione* XIII 26: 성염 역주,『참된 종교』, 67, 69: "그전에 있던 것보다 덜한 존재는 곧 악이다. 그 이유는 그것이 존재한다는 점에서가 아니라 (본래 갖추어야 할 존재보다) 덜한 존재라는 점에서다. 그리고 전에 있던 것보다 덜한 존재라는 이유에서 그것은 죽음을 향하게 된다."

인간이 최고의 선이며 최고 존재이신 하나님 대신에 존재론적 질서에서 하위 등급에 속하는 피조물을 마치 영원한 존재인양 향유(frui)하는 것은 존재의 질서에 대한 파괴요, 창조에 대한 반역이다. 즉 피조물에 대한 욕망과 사랑은 단지 하나님 자신에게로 가기 위한 수단임에도 불구하고, 피조물 그 자체를 궁극적 목적과 사랑의 대상으로 삼는 것은 곧 존재의 질서를 설립한 하나님에 대한 범죄다.[13]

그런데 이때 최고 존재로부터 유래된 존재의 질서를 뒤바꾸는 것이 악이라면, 이러한 악은 도대체 어디에서 유래한 것일까? 하나님으로부터인가 아니면 하나님 외의 또 다른 어떤 신적 존재로 부터인가? 이와 같은 질문에 대해 아우구스티누스는 『자유토론집』에서 다음과 같은 논리적인 전개를 시도한다:

물음 4. 인간이 악하게 되는 그 원인은 무엇인가?

인간이 더 악해지는 원인은 그 자신 안에 있든지, 아니면 어떤 다른 것에 있든지, 아니면 무에 있든지 할 것이다. 만약 무에 있다고 한다면, 원인이 없는 셈이다. …… 만일 다른 것에 원인이 있다면, 그 원인은 하나님에게 있든지 아니면 다른 인간에게 있거나 하나님도 아니고 인간도 아닌 다른 존재에게 있을 것이다. 그런데 하나님은 다만 모든 선한 것의 원인이기에 결코 하나님이 원인일 수는 없다. 따라서 원인이 인간에게 있다면 이때 인간은 자신을 어떤 힘과 나쁜 충고에 지배당하게 내버려 둔 것이다. 만일 어떤 힘이라고 하면 이것은 하나님보다 더 힘이 센 것이어야 할 것이다. 그런데 인간은 하나님에 의해 아주 선하게 창조되었기 때문에 그가 그렇게 머

---

13) 아우구스티누스는 존재론적 질서를 전제하고서 범죄 이후의 뒤틀린 질서에 대해 서술한다. 이것에 대해서는 *De civitate Dei* 11.16: 성염 역주, 『신국론』, 1181 이하를 참조 바람.

물고자 한다면 어떤 다른 저항에 의해 방해받을 수 없을 것이다. 그러나 사람은 충고에 의해 유혹받을 수 있다는 가정 아래, (악의) 원인으로 다른 사람의 악한 충고를 든다면, 새로운 질문이 발생한다. 즉 유혹하는 자 자신은 누구에 의해 악하게 되었는가. 왜냐하면 그를 악하게 만든 자는 그 자신이 악해야만 되기 때문이다. 나는 하나님과 인간이 아니면서, 힘을 행사하거나 설득할 수 있는 그 무엇이 또 있는지 모르겠다. 힘과 관련해서는 이미 우리가 힘에 대해 이야기한 것이 타당할 것이다. 그러나 설득에 대해 생각한다면, 그것이 무엇이든 간에 다음과 같이 말해야만 한다: 곧 설득은 인간의 의지에 반하여서는 누구도 강요할 수 없다. 다시 말하면 인간이 더 악하게 되는 최종적인 근거는 이 인간의 의지로 소급된다. 그가 충고자에 의해 유혹을 받든 그렇지 않든 간에 말이다.[14]

아우구스티누스는 가정적(假定的)으로 **악의 원인**은 ⓐ 하나님이든지, ⓑ 인간이든지, ⓒ 신도 인간도 아닌 어떤 존재이든지, ⓓ 무이든지 해야 한다고 보았다.

여기서 하나님은 모든 선의 창조자이시기에 제외되며, 무는 그 자체로 무이기에 제외된다. 또한 신도 인간도 아닌 어떤 존재가 인간을 압도할 수 있다고 생각할 수는 없다. 다만 어떤 존재자의 유혹에 대해 말할 수 있는데, 유혹도 결국엔 유혹당하는 당사자의 의지적인 수용을 통해서만 실행될 수 있기 때문에 악의 최종적인 근원은 의지 자체라고 결론짓는다.

자유로운 선택의 의지를 지닌 인간의 악한 행실로 악이 발생한다는 아우구스티누스의 최종적인 결론에 대해 집요하게 "그렇다면 과연 인간 의

---

14) *De Diversis Quaestionibus Octoginta Tribus*의 4번째 질문은 Carl Johann Perl (Hg.), *Aurelius Augustinus: Dreiundachtzig verschiedene Fragen - De Diversis Quaestionibus Octoginta Tribus* (Paderborn: Schöningh, 1972), 8쪽 이하에서 재인용했다.

지의 근원이 무엇일까?"라는 물음을 제기할 수 있을 텐데, 이에 대해 아우구스티누스는 다음과 같이 답변한다:

악한 행위의 작용인은 악한 의지이지만 악한 의지의 작용인은 무다.[15]

그러므로 아무도 악한 자유의지의 작용인을 찾아서는 안 된다. 거기에는 작용인(causa efficiens)이 존재하지 않고 결함인(causa deficiens)이 존재한다. 그것이 작용이 아니고 결함이기 때문이다.[16]

썩지 않고 변하지 않을 지성적이고 영적인 진리 대신에 허무하게 되고 가변적인 찰나의 감각적 사물에 집착하는 의지적 행위야말로 바로 존재론적 위계질서를 파괴하는 행위며, 존재의 본성에 반하는 행위다.[17] 이처럼 아우구스티누스에게 악은 행위로서 파악되며,[18] 이러한 악행은 자유로운 존재의 의지에서 기인한다. 비록 외부로부터 유혹이 온다고 하더라도, 결국 의지적 행위는 의지의 소산일 뿐이다.

---

15) *De civitate Dei* 12.6: 성염 역주,『신국론』, 1257.

16) *De civitate Dei* 12.7: 성염 역주,『신국론』, 1263.

17) *De vera religione* XX 38: 성염 역주,『참된 종교』, 85: "이성적 영혼의 첫째가는 부패는 의지가 가장 높고 가장 내밀한 진리가 금하는 바를 행하려고 하는 것이다."

18) "인간은 인간이기 때문에 선하다. 인간은 행실이 나쁘기(iniquus) 때문에 악하다.": *Enchiridion* 13; Walter Sparn, *Leiden-Erfahrung und Denken. Materialien zum Theodizeeproblem* (München: Chr. Kaiser Verlag, 1980)에서 185에서 재인용.

5. 고전적 신정론의 전형과 문제점

1) 자유의지 신정론과 예지의 문제

앞에서 보았듯이 아우구스티누스는 악의 본질을 존재의 결핍이라고 보는 한편, 악은 자유의지의 왜곡에서 발생한다고 보았다. 즉 "의지에 의해서 죄를 짓는다."[19] 이로 인해 아우구스티누스의 신정론을 소위 자유의지 신정론(free will theodicy)이라고 부른다.

악의 기원과 책임은 하나님께 있는 것이 아니라, 자유의지를 지닌 인간 자신에게 있다는 것이다. 하나님은 선하고 고통 없는 세상과 더불어, 천사와 인간처럼 자유로운 존재를 창조하셨다. 그러나 자유로운 존재의 죄악으로 말미암아 고통과 악이 발생했다. 또한 자유로운 존재가 의지를 왜곡하고 남용할 경우 정의로운 응징으로서 하나님의 징벌이 내려진다. 자유의지 신정론에서는 이 세상에서의 도덕적 악의 원인과 책임은 자유로운 피조물에게 있으며, 소위 물리적 악은 도덕적 악에 대한 하나님의 정의로운 징벌로 이해된다.[20]

그러나 우리는 여기서 또 다음과 같이 물을 수 있을 것이다. 자유의지로 인해 죄를 짓고 악이 발생한다면, 왜 하나님은 자유의지를 주셨단 말인가? 하나님은 자유의지로 악이 발생할 줄을 모르고 계셨는가? 모르고 계셨다면 모든 것을 예지하시는 하나님이라고 할 수 있는가? 알고 계셨다면 알고도 악을 허용하신 하나님은 선하다고 할 수 있는가? 자유의지로 발생한 악에 대해 하나님의 전능하심과 선하심을 어떻게 변호할 수 있는가?

---

19) *De vera religione* XIV 27: 성염 역주, 『참된 종교』, 69.

20) 선한용은 *Contra Adimantum Manichaeum* XXVI에 근거하여 "도덕악은 인간 의지의 왜곡이요, 자연악은 그 결과이다. 전자는 죄요, 후자는 죄에 대한 징벌"이라고 말한다. 선한용, 『시간과 영원』(서울: 대한기독교서회, 2002), 166.

이제 우리는 악의 문제와 하나님의 전능하심과 선하심이 양립 가능한 지에 대한 신정론의 트릴레마에 더 가까이 접근하고 있다. 앞에서 살펴 보았듯이 악의 기원은 하나님이 아니라는 점에서 악의 문제와 하나님의 선하심은 양립 가능한 듯 보인다. 그러나 악이 발생할 줄 알면서 악을 허용하셨다는 사실은 다시금 하나님의 선하심을 의심스럽게 한다. 또한 인간의 자유의지가 항상 선함을 택하도록 하지 못했다는 점에서 하나님의 전능하심도 의심스럽게 된다. 또한 피조물의 자유로움은 자신의 힘에 어떤 제약도 두지 않는 하나님의 전능에 대한 부정을 뜻하지 않느냐고 물어볼 수도 있다.[21]

아우구스티누스는 에보디우스의 질문, "제발 부탁합니다. 하느님이 악의 장본인이 아니신지 내게 말씀해 주십시오."[22]를 첫 문장으로 시작하는 그의 저서 『자유의지론』에서 이러한 질문과 연관된 신학적 답변들을 전개하고 있다. 무엇보다도 그는 하나님이 악의 장본인이 아니라 악을 행한 사람 자신이 악의 장본인임을 다시 한 번 분명히 한다.[23] 그리고 앞서 살펴보았듯이 의지의 근원은 의지 외에 다른 것일 수 없음도 다시 천명한다:

> 이토록 위대하고 이토록 참다운 선을 우리가 향유하느냐, 아니면 결손되느냐는 우리 의지에 놓여 있음을 알리라. 의지에 (가장 직접적으로 현존하는) 것이라면 의지 말고 무엇이겠는가?[24]

---

21) J. L. Mackie, "Evil and Omnipotence", in William L. Rowe (ed.), *God and the Problem of Evil* (Malden/Oxford: Blackwell Publishers, 2001), 77~90을 참조; 원래 이 논문은 *Mind* 64 (1955), 200~212에 실렸다.

22) *De libero arbitrio* 제1권 I.1: 성염 역주, 『자유의지론』, 71.

23) *De libero arbitrio* 제1권 I.1: 성염 역주, 『자유의지론』, 73: "어느 한 사람이 (모든 악의 장본인은) 아니고 모든 악인은 자기 악행의 장본인이다."

하나님이 주신 자유의지는 선한 것인데 어떻게 해서 악이 나오며, 악을 행하는 것도 역시 의지라면 의지는 악한 것이 아닌가라는 질문에 대해 아우구스티누스는 의지 자체는 선하지만, 그 의지를 어떻게 사용하느냐에 따라 악이 파생할 수 있다고 주장한다. 이는 마니교의 이원론을 반박할 때처럼 물질 자체가 악이 아니라고 말하는 것과 같은 논리다.

그렇다면 자유의지 자체는 선하다고 하더라도 결국은 자유의지로 인해 악이 발생한다는 사실은 하나님께서 자유의지를 주지 않으셨다면 죄를 범하지 않았을 것이라는 추론을 낳게 한다. 하나님은 자유의지를 지닌 존재를 창조했어야만 하는가? 자유의지를 주신 하나님의 궁극적인 목적은 무엇인가?

이에 대한 아우구스티누스의 대답은 다음과 같다:

> 만일 인간이 하나의 선(善)이라면, 그리고 본인이 원하지 않는 한 올바르게 행동하지 못한다면, 인간은 자유로운 의지를 지니고 있어야 한다. 그것 없이는 올바르게 행동하지 못할 것이다. 그렇지만 하느님이 인간에게 자유로운 의지를 주신 것은 또한 (그것을 통해서) 범죄도 저지르게 하려고 주신 것으로 믿어서는 안 된다. (자유의지) 없이는 사람이 올바르게 살 수 없다는 사실만으로도 그분이 왜 그것을 주셨어야 하느냐는 충분한 이유가 된다.[25]

---

24) *De libero arbitrio* 제1권 XII.26: 성염 역주, 『자유의지론』, 125.

25) *De libero arbitrio* 제2권 I.3: 성염 역주, 『자유의지론』, 153. 앞서 아우구스티누스는 자유의지를 하나님이 주신 목적이 자유의지의 남용과 무관함을 분명히 한다: "그러므로 이제 범죄하는 사람을 하느님이 벌하신다고 할 때는, <왜 너는 자유로운 의지를 내가 너에게 그것을 준 목적대로 쓰지 않았느냐?>고 하시는 말씀 아니고 무엇이라고 여기는가?"

자유의지로 인해 범죄를 저질렀다고 해서 하나님을 탓할 수는 없다는 말이다. 왜냐하면 하나님께서 자유의지를 주신 목적은 선을 행함에 있지, 악을 행함에 있지 않기 때문이다. 그러나 선을 행하라고 주신 자유의지로 인간이 악을 행할 것을 하나님은 이미 **예지**하지 않으셨는가? 만약 하나님이 예지하셨다면 인간은 필연적으로 죄를 범할 수밖에 없지 않은가? 그렇다면 과연 자유의지로 범한 잘못의 책임이 인간에게만 있고 하나님에겐 없다고 할 수 있는가? 또한 이미 어떻게 행할지 하나님의 예지 안에 있는 인간의 의지적 결정을 과연 자유롭다고 할 수 있는가?

따라서 에보디우스는 다음과 같이 질문한다:

> 내가 하는 말은, 하느님이 인간을 만드시지 말아야 했다는 것이 아니라, 인
> 간이 죄를 범하리라는 것을 예지하신 이상 하느님이 예지하시는 바가 이
> 루어짐은 필연적이라는 것입니다. 그토록 불가피한 필연성이 등장하는 때
> 에 무슨 수로 자유로운 의지가 존재한다는 말입니까?[26]

이처럼 하나님의 예지와 인간의 자유의지의 병존은 일견 모순처럼 보인다. 하지만 아우구스티누스에 따르면, 하나님의 예지와 인간의 자유는 논리적으로 병존 가능하며 모순관계에 있지 않다. 그에 따르면, 비록 우리가 하나님께서 예지하신 바로 그것을 행하지만, 그 행함을 촉발하는 의지는 하나님이 아니라 우리 자신의 의지이기 때문이다.[27]

> 그대가 장차 행복해지는 것은 (그대가 싫은데) 억지로 되는 일이 아니라 그대
> 가 원해서 행복해지리라는 말이다. 그래서 하느님이 그대의 행복을 예지

---

26) *De libero arbitrio* 제3권 II.4: 성염 역주, 『자유의지론』, 277.

27) *De libero arbitrio* 제3권 III.7: 성염 역주, 『자유의지론』, 285.

하신다고 해서—물론 그분이 예지하신 바와 달리 무엇이 이루어질 수는 결코 없다. 그렇지 않으면 예지라는 것이 아예 없다—그대가 행복하게 느끼도록 강요를 받는다는 말은 아니다. …… 그와 마찬가지로 하느님이 (그대의 의지가) 장차 탓할 짓을 하리라고 예지하신다고 해서 그것 때문에 (자유로운) 의지가 아닌 것은 아니다.[28]

아우구스티누스에 따르면, 신의 예지는 결코 의지에 낯선 것을 강요하거나 의지를 강제하지 않는다. 따라서 인간의 행위는 의지에 의해 일어나며, 신의 예지는 단지 이를 미리 알고 있을 뿐이라고 말한다. 미래사를 예지하시는 하나님은 전능하시지만, 그분은 인간의 자유로운 의지에 무엇을 강요하시는 분은 아니라는 말이다.

누가 죄를 범하리라고 그대가 미리 안다고 해서 곧 그가 죄를 범하게 그대가 강요하는 것은 아니다. (그대가 확실히) 미리 안다면 그는 틀림없이 죄를 범할 것이지만—그렇지 않다면 그렇게 되리라고 예지하는 것이 못 된다—그대의 예지가 그를 죄를 범하도록 강요하는 것은 아니다. 다른 사람이 자기 의지로 무엇을 행할지 그대의 예지로 그대가 (미리) 안다고 해서 이 둘이 상충되는 것은 아니듯이, 하느님께서도 아무도 죄짓도록 강제하지 않으신 채로 인간들이 자기 의지로 죄를 범하리라는 것을 예지하시는 것이다.[29]

아우구스티누스의 자유의지 신정론을 요약하자면 다음과 같다.

---

28) *De libero arbitrio* 제3권 III.7: 성염 역주,『자유의지론』, 285.
29) *De libero arbitrio* 제3권 III.10: 성염 역주,『자유의지론』, 291.

① 하나님은 인간에게 자유의지를 주셨다. 이는 선한 것이다.

② 하나님은 인간에게 자유의지를 선용하라고 주신 것이다. 이는 선한 것이다.

③ 그러나 인간은 이를 악용했다. 의지의 근원은 결국 자신의 의지뿐이기 때문에 악의 발생에 대한 책임은 전적으로 인간 자신이 져야 하며, 하나님에게 책임을 돌릴 수 없다.

④ 전능하신 하나님은 예지를 통해 인간이 죄를 범할 줄 아셨지만, 죄를 범하도록 강요하신 것은 아니다. 알고 있었다는 것과 강제하는 것은 다르다. 즉 하나님의 예지와 인간의 행위는 원인과 결과의 절대적 필연성에 묶여 있지 않다.

⑤ 하나님은 전능하시며 인간의 범죄를 예지하셨지만 동시에 선하시다.[30]

하지만 우리는 다음과 같이 의문을 제기할 수밖에 없다. 하나님의 예지는 미래에 대한 인간의 예측과는 다르다. 인간도 미래를 예측할 수 있다. 그러나 그 예측한 것이 그대로 일어나지 않을 수도 있다. 예측과 결과는 필연성의 관계에 놓여 있지 않다. 하지만 하나님이 예지하신 사건은 반드시 일어날 수밖에 없다는 필연성을 지니고 있다.

---

30) 우리는 여기서 자유의지와 예지의 관계에 주목하고 있다. 그러나 아우구스티누스는 범죄 이후에 주어질 은총의 승리라는 관점에서 인간의 범죄를 예지하신 하나님을 변호한다. *De civitate Dei* 14.26: 성염 역주, 『신국론』, 1535: "그렇다면 인간들이 죄를 지으리라고 하느님이 예지했다고 하더라도 왜 그들을 창조하지 않았겠는가? 그들 안에서, 또 그들에게서 그들의 잘못이 과연 무엇인가를 보여줌과 동시에 당신의 은총이 무엇을 베풀었던가도 보여줄 수 있었을 텐데. 저 위대한 창조주요 섭리자인 하느님 밑에서는 죄를 짓는 인간들의 뒤틀린 무질서가 사물의 올바른 질서를 전복시키지 못할 것이었다."

하나님께서 어떤 특정한 시점과 장소에 어떤 특정한 일이 일어날 것을 예지하고 계신다면, 그 시점과 그 장소에서 반드시 그 일이 일어나야 한다. 여기에는 예지하신 그 일 외에 다른 어떤 일이 발생할 선택의 여지가 존재하지 않는다. 그렇지 않다면 예지라고 할 수가 없을 것이다.

아우구스티누스에게 하나님의 예지적 섭리는 인간이 의지의 자유를 행사할 수 있는 단순한 조건들과 연관될 뿐 아니라, 심지어 자유의지 자체의 결정과 연관되어 있기 때문에, 현실적으로 예지와 연관된 의지에는 선택의 자유가 없다고 말할 수밖에 없다.

2) 역사적-종말론적 신정론과 불의한 현실의 문제

아우구스티누스의 신학에는 형이상학적 질문이 자리 잡고 있다. 즉 존재하는 것들은 어디에서 왔는가를 추구하는 존재의 유래와 기원, 근거에 대한 물음이 기본적인 틀을 형성하고 있다.

형이상학적인 틀 안에서 존재하는 모든 것은 하나님께로부터 왔다는 그의 답변은 악을 존재자의 범주 밖으로 밀어낼 수밖에 없었다. 악은 존재하는 어떤 것이 아니면서도 존재에 근거하여 기생하는 것으로 묘사될 수밖에 없었다. 또한 악의 유래에 대한 질문과 관련해서도 악을 모든 존재하는 것들의 근원이 되시는 하나님께 돌릴 수 없었기 때문에, 악을 자유의지의 왜곡에 기인하는 것으로 정리했다.

따라서 인간은 자신의 죄에 대해 책임을 피할 수 없게 되었다. 인간은 자신의 행실에 대해 마땅히 책임을 져야 하는 존재로 자리매김하는 반면, 하나님은 인간이 책임져야 할 사건에 상응하는 **상**과 **벌**을 내리시는 분으로 자리매김한다.

이처럼 아우구스티누스의 형이상학적, 철학적 신학은 근원에 대한 질문과 관련해서 의지의 근원을 의지 자체에 두며, 인간의 주체적 책임을 강조한다.[31] 이때 아우구스티누스는 인간의 주체적 책임성과 더불어 인간의 행위에 대해 상과 벌을 수여하는 신의 행위에 대해 언급한다. 하지만 우리가 살아가는 현실을 직시할 때, 인간의 행위에 대한 정당한 보상이 주어지지 않는 것이 사실이다. 이때 인간사에 상벌을 주관하는 신의 책임성에 대한 의문이 제기될 수밖에 없다.

이런 문제에 대해 아우구스티누스는 인간의 행위에 상응하는 신의 보상을 종말론적인 관점에서 변호하고 있다. 그는 일종의 종말론적 신정론을 전개함으로써 이 세상에 일어나는 불의와 악의 문제에 대해 하나님의 정의가 종말론적으로 실현된다는 논리를 전개한다.

그런데 지금은 선인들이 악에 시달리고 악인들이 선을 향유하고 있을 뿐 아니라(그건 응당 불의하게 보인다) 또한 악인들에게 악이 닥치기도 하고 선인들에게 선이 도래하기도 한다. …… 그러다가 우리가 하느님의 심판의 날에 당도하면, 그때를 이미 각별한 의미에서 '심판의 날'이라고 일컫고 때로는 '주님의 날'이라고도 부른 그날이 오면, 그때는 모든 것이 확연하게 심판을 받을 뿐 아니라 또한 태초부터 현재까지 심판받은 모든 것, 그 당시까지 아직 심판받아야 할 모든 것이 극히 정의롭게 처리되었음이 드러날 것이다. 그러고 나면 얼마나 정의로운 하느님의 심판으로 그 모든 일이 이루어지는지도 드러날 것이다.[32]

---

31) 이 점에서 아우구스티누스는 주체철학의 선구자라 할 수 있다. 그의 인식론적 회의와 자기존재의 발견은 향후 근대 철학의 시조인 데카르트의 코기토(cogito)에서 재발견된다고 할 수 있다. A. Augustinus, *De vera religione* XXXIX 73: 성염 역주,『참된 종교』, 147과 *De civitate Dei* 11.26: 성염 역주,『신국론』, 1211: "만일 내가 속는다면, 나는 존재하는 것이다."

32) 일종의 종말론적 신정론은 *De civitate Dei* 20.1: 성염 역주,『신국론』, 2261 이하에서 최후의 심판과 연관하여 서술된다.

이처럼 아우구스티누스에 따르면, 우리가 살아가는 현실 속에서 확인되기 어려운 신적 책임성이 이제 피안과 미래의 지평에서 옹호된다. 그러나 실상 이러한 종말론적 신정론은 현재의 경험 속에서 확증될 수 없기에 이성적으로 확증할 수 있는 것이 아니다. 이는 다만 종말론적 희망으로 **신앙**의 주장에 속할 뿐이다.33)

3) 미학적 신정론과 추악한 고통

앞서 언급했던 기독교화된 존재형이상학의 틀에서 아우구스티누스는 악의 기능을 미학적으로 파악한다. 그에 따르면, 모든 존재자의 조화와 아름다움의 근원이신 하나님은 악조차도 전체적인 아름다움을 위한 구성요소로 활용하신다. 따라서 악은 신이나 선에 대한 치명적인 대립점이 아니라 신적 섭리 안에서 아름다움을 구성하는 요소에 불과한 것으로 자리매김한다. 이처럼 아우구스티누스는 일종의 미학적 신정론을 전개한다.34)

---

33) 종말론적 신정론은 헤겔에 의해 역사적 신정론으로 전개된다. 헤겔은 역사 자체를 신의 심판으로 이해한다. 그러나 신적 미래를 역사 안으로 끌어들인 헤겔의 시도는 역사에 대한 지나친 낙관론에 지나지 않는다. 훗날 데이비드 흄(David Hume)은 현세에서 상벌을 수여하지 못하는 신이 미래에 그런 일을 하리라고 어떻게 신뢰할 수 있겠는가 묻는다. 하나님의 정의에 대한 종말론적 희망은 이성적으로나 경험적으로 확정될 수 있는 것이 아니며, 그런 점에서 그 어디에도 근거할 수 없는 순수 신앙의 영역에 속한다. 종말론적 신정론은 자신의 주장을 이성적으로 근거 짓는 모든 철학적 시도에서 벗어나 있는 것으로 아우구스티누스의 신정론적 답변이 자연신학적 또는 철학적 신학의 영역에서 벗어나 있음을 시사한다.

34) 아우구스티누스의 미학적 신정론이 최초로 전개된 작품은 386년 11월에서 387년 3월 사이에 쓴 *De ordine* <질서에 관하여>이다. 아우구스티누스의 미학적 신정론에 대해서는 손호현, 『아름다움과 악. 2권 - 아우구스티누스의 미학과 신정론』(서울: 한들출판사, 2009)을 참조

악을 존재의 결핍으로 보면서 선함과 존재의 존재론적 우위를 강조했던 아우구스티누스의 의향이 미학적 신정론에서 절정에 달한다. 그에게 선한 하나님의 창조는 아름답고 질서 있는 세계의 창조다. 선한 질서에 의해 조화를 이루고 있는 하나님의 창조세계는 악에 의해서도 그 아름다움이 훼손되지 않는다. 오히려 세계 내에 발생하는 악의 문제는 이제 아름다운 질서 속에 **편입**되어 새로운 자리를 얻게 된다.

코스모스로서의 세계는 아름답게 조화되어 있으며, 창조주의 조화로운 배열을 통해 악은 아름다움 안에 편입되어 극복된다.

> 모든 자연 사물들은 하느님이 만드셨는데, 덕성과 정의에 항구할 사물들만 아니라 또한 죄를 범할 사물들도 만드셨다. 다만 (죄를 범할 사물들을 만드신 것은) 죄지으라고 만드셨다기보다는 그것이 죄짓기 원하든 죄짓기 원하지 않든 간에 (나름대로) 우주를 장식하도록 만드셨다.35)

아우구스티누스에게 하나님은 최상의 선이며 최고의 아름다움이다.36) 최고의 아름다움이신 하나님은 또한 아름다운 세상을 만드신다.

---

35) *De libero arbitrio* 제3권 11.32: 성염 역주,『자유의지론』, 339.
36) 아우구스티누스에게 세상의 아름다움은 하나님의 단순성의 아름다움에서 유래한 것이다. 따라서 진정으로 아름다움을 추구하는 자는 감각적 아름다움에서 지성적 아름다움으로, 시간적 사물의 아름다움에서 시간의 창조자이신 하나님의 아름다움에까지 나아가야 한다. 그렇지 않을 경우 이는 실체가 아닌 그림자만을 사랑하는 죄를 범하는 것이다: *De vera religione* XX 40과 XXII 42: 성염 역주,『참된 종교』, 87, 89와 93. 이 점에서 아우구스티누스는 스토아적인 조화와 비례의 미학뿐 아니라, 신플라톤주의적인 단순성의 미학을 강조하고 있다. 이에 대해, 손호현도 역시 아우구스티누스의 미학이론이 한편에서는 "절제 있는 한도와 질서로서의 아름다움"이라는 고대 그리스인들의 미학론을 수용하면서도, 다른 한편에서는 플로티누스의 영향하에 "태양의 빛과 같이 단순하면서 부분을 갖지 않는 것들이 아름다울 수 있다는 단순

이때 악도 전체적 아름다움에 기여하는 자릿값을 가지게 된다. 개별적으로 볼 때 분명히 악이지만, 전체적으로 볼 때 악은 창조세계의 아름다움을 장식하는 역할을 맡게 된다. 따라서 악은 선에 기여한다.

아우구스티누스는 인간이 당면한 고통의 문제를 이처럼 조화와 아름다움의 형이상학이라는 시각에서 다루고 있다. 이것은 개개인이 당면한 치명적인 고통을 철저히 제3자의 입장 그리고 전체론적인 입장에서 담담하게 서술하고 있을 뿐이다. 즉 아우구스티누스는 악의 문제를 논하면서 전체로서의 아름다움을 이야기하며, 시간의 한 조각을 살아가는 인생은 그에게 일어난 수고와 역경이 전체에 어떤 조화를 가져다주는지를 생각해야 한다고 충고한다.

이런 **전체론적인 관점**은 곧 창조주의 관점에서 개별적인 것들을 바라봄을 의미한다. 창조주의 관점에서 볼 때, 개별적인 고통들은 전체의 환희에 기여함으로써 극복된다.[37]

성의 미학 혹은 빛의 미학"을 전개한다고 보았다: 손호현, 『아름다움과 악. 2권 - 아우구스티누스의 미학과 신정론』, 32, 33.

37) *De vera religione* XXII 43: 성염 역주, 『참된 종교』, 93, 95: "우리 인간은 시가(詩歌)의 한 조각이 아니라, 세기(世紀)들의 한 부분을 이루도록 단죄받은 몸들이다. 한 편의 시가는 우리의 평(評)을 받으면서 낭송이 되지만, 이 세기들은 우리의 수고로 엮어져 나가야만 한다. 패한 자에게는 경기장의 경기가 재미있을 턱이 없다. 그러나 (그의) 실패가 경기 (자체의) 성공을 장식하는 법이다. (…) 그래도 그런 영혼들의 비참이 있기는 해도, 지상에서 이미 승리를 거두는 그 많은 영혼에게나 천국에서 이미 위험이 없어져 이를 관망하는 영혼들에게 (이러한 조건과 경륜이) 마음에 들 것이다. 의로운 사람에게는 의로운 일이 마음에 들지 않을 리가 없다." 또한 *De civitate Dei* 12.4: 성염 역주, 『신국론』, 1251: "이런 질서의 아름다움이 우리를 기쁘게 하지 못하는 데는 까닭이 있다. 그것은 우리가 사멸하는 인간 조건으로 우주의 한 부분에 수놓아져 있으므로 우주 전체를 한눈에 감상할 능력이 없기 때문이다. 우리의 마음에 들지 않는 분자들마저 우주 전체에 제격으로 아름답게 조화를 이루고 있는데도 우리는 그 전체를 감상할 수가 없다. 우리는 창조주의 섭리를 관조하기에 적합한 존재가 못

하지만 이처럼 형이상학적으로 수놓아진 미학적 신정론은, 고통당하는 당사자에겐 자신의 고통이 결코 원하는 것도 아름다운 것도 아니라는 사실을 망각하고 있다. 순전히 당하는 입장에서 볼 때,[38] 미학적 신정론은 더욱 잔인할 뿐이다. 추악한 고통의 수렁에서 탈출을 원하는 이들에게 미학적 신정론은 위로를 줄 수 없으며, 오히려 이들의 아픔을 얄밉게 비웃는 듯하다. 뿐만 아니라 이로 인해 세상 속에서 경험되는 치명적이고 잔악한 악의 문제를 극복하기보다는 오히려 미화하고 방치할 위험이 있다.

더구나 미학적 신정론은 경험이나 이성을 통해 정초되거나 확인될 수도 없다. 미학적 신정론은 아름답지 않다. 미학적 신정론은 가학적 신정론이 된다.

4) 신정론의 붕괴와 징벌로서의 삶

신정론의 문제는 어떤 의미에서는 하나님을 이성의 법정 앞에 세워 두는 것처럼 보인다. 특히 인간의 무고한 고통과 악의 문제 앞에서 하나님의 정당성을 의심하기 때문이다.

하지만 아우구스티누스에 따르면, 인간이 당하는 고통 때문에 하나님의 정당성을 의심하는 것은 애초에 불가능하다. 왜냐하면 모든 인간은 아담 안에서 죄를 범했기 때문에 그 누구도 자신이 당하는 고통에 대해 무고한 고통이라고 할 수 없기 때문이다. 이 땅에서 일어나는 모든 일들은 죄에 대한 정당한 처벌이며 하나님이 실현하는 정의이기 때문이다.

되므로 차라리 그 섭리를 믿으라는 계명이 우리에게 내려졌다. 그것은 인간적 만용의 허구에 사로잡혀 저토록 위대한 장인의 업적을 시비하는 일을 막으려는 것이다."

38) 레비나스는 우리가 고통을 당한다고 했을 때, 이것은 결코 주체적인 수용이 아님을 분명히 직시한다. "고통은 순전히 당함이다." Emmanuel Levinas, "Useless Suffering", 92.

현생에서는 아무 죄벌도 받지 않은 채 사후에만 그런 벌을 받는 사람은 아주 드물다. 단지 호호백발의 노년까지도 극히 가벼운 미열도 느끼지 않고 편안한 삶을 영위한 사람들이 있는데 그것은 우리도 직접 알고 또 들은 바 있다. 하지만 실제로 사멸할 인간들의 삶 자체는 오직 형벌일 뿐이다. 성서에 '땅 위에서 살아가는 인생은 한낱 시험이 아니더이까?'라고 단언하는 어조로 적혀 있듯이, 인생은 오로지 시험이다.39)

즉 시간 속에 살아가는 인생들에게 고통과 수고는 당연한 것이며, 이 생에서의 삶은 단지 영원의 삶을 향한 노정에 불과한 것이다. 이런 점에서 아우구스티누스의 형이상학은 플라톤적 영원과 시간의 이원론적 구조를 보여주고 있다. 전체의 형이상학이라는 관점에서는 존재와 선의 승리라는 낙관론을 제시하지만, 현세의 삶에 대해서는 다소 비관적이며 우울한 정서를 내비치고 있다.

그러나 과연 이 땅에서 일어나는 모든 일들을 단지 인간으로서 겪어야 하는 당연한 수고로 수용해야 할 것인가? 20세기 최대의 악이라고 할 수 있는 아우슈비츠도 죄인에 대한 하나님의 징벌로서 수용해야 하는가? 쓰촨 성과 아이티의 대지진은 인간의 죄악을 징벌하시는 하나님의 정의로운 심판으로 수용되어야 할 것인가? 이 땅에서의 삶은 단지 저 피안적인 세계를 위한 시험무대에 불과한 것인가?

한편에서 아우구스티누스는 피조세계의 아름다움을 긍정하면서 이를 미학적 신정론으로 승화시키는가 하면, 다른 한편에서는 인간의 범죄와 신의 징벌과 연관해서는 현실세계로부터의 도피를 말하는 모순을 보이고 있다. 우리의 삶이 **오직 형벌일 뿐**이라면, 이 형벌의 삶을 허용하는 하나님께 어떻게 감사와 찬양을 드릴 수 있으며, 징벌의 삶을 통과하게 하

---

39) *De civitate Dei* 21.14: 성염 역주, 『신국론』, 2483, 2485.

시는 하나님을 어떻게 선하다고 할 수 있을까?

아니, 어쩌면 아우구스티누스에겐 이런 질문 자체가 무익하다. 형벌로서의 삶이라는 논리 속에서 이제 신정론의 날카로운 질문은 무의미하고 어리석은 질문으로 취급될 뿐이기 때문이다. 그러나 이런 피안 지향적이며 현실 도피적인 논조는 악의 현실에 저항할 수 없게 만들며 하나님의 정의에 대한 갈망도 폐기해버리는 것이 아닌가?

결국 종교는 현실세계의 불의를 직시하지 못하게 하며 저 피안의 보상만을 바라게 만드는 일종의 마약이 되어버리는 것은 아닐까? 현실 속에서 숱하게 경험하는 무고한 자의 고난과 억울한 죽음, 위협적인 악에 대한 민감성을 상실할 때, 신학은 현실 유지의 이데올로기로 전락할 수밖에 없을 것이다.

6. 나가는 말

이 글을 시작하면서 우리는 아우구스티누스의 신학은 존재형이상학의 틀 안에서 전개되고 있는 철학적 신학의 성격을 지닌다고 말했다. 앞에서 살펴보았듯이 아우구스티누스는 신플라톤주의의 존재론적 틀 안에서 악의 현실과 신적 존재 사이의 모순을 적극 해명해 나갔다. 그러나 악의 문제와 연관해서 신앙의 인식을 이성적으로 해명하고 설득하려는 그의 시도는 성공적이라고 보기 어렵다.

자유의지 신정론은 신의 예지와 인간의 자유로운 결정이 양립 가능한지에 대한 치명적인 의문을 남겨두었고, 역사적-종말론적 신정론 또한 신앙과 희망의 문법 안에서 이해되며, 현실과 연관해서는 그 타당성에 대한 진리실험을 거치는 과정 속에 있다고 할 수 있을 뿐, 그 정당성을 경험적으로나 이성적으로 확증하는 것이 불가능하다.

뿐만 아니라 아우구스티누스의 **미학적 신정론**도 개인의 고통에 대해서는 아무런 위안이나 치료의 대안을 제시하지 못하고 이를 전체의 조화와 아름다움이라는 전체론적인, 제3자의 냉담한 시선 안으로 밀쳐놓았을 뿐이다. 원죄론에 근거하여 삶 자체를 죄벌과 시험의 장으로 파악한 아우구스티누스의 논지는 신정론의 문제를 극복하기보다는 아예 와해시킬 뿐 아니라, 현실을 숙명론적으로 수용하게 함으로써, 보다 더 정의롭고 아름다운 세계를 구현하려는 시도들을 무의미하게 만들 여지가 농후하다.

그렇다면 이유를 찾을 수 없는 고통과 악의 문제 앞에서 신학은 어떤 말을 할 수 있을까? 고통의 문제에 대해 신학이 정당한 말을 찾기 위해, 우선 아우구스티누스의 신정론과 그의 신학이 정초하고 있는 형이상학에 대한 근본적인 신학적 반성이 필요한 것이 아닐까?

형이상학은 자신의 존재 사유를 통해 존재하는 모든 것을 포괄하려고 한다. 아우구스티누스의 존재형이상학은 신플라톤주의에 깊은 영향을 받고 있다. 신플라톤주의는 선과 악의 이원론적 대립을 극복하고 일자로부터의 다자의 유출이라는 조화와 질서, 존재의 아름다움에 근거한 형이상학을 구성한다.

아우구스티누스는 플로티누스의 일원론적 존재형이상학과 성서의 창조 이해를 나름대로 결합시켜 하나의 기독교화된 형이상학의 틀을 구성하고, 그 안에서 존재의 범주에 들지 않는, 그래서 존재의 결핍으로밖에 파악되지 않는 악의 문제를 논하고 있는 셈이다. 이런 관점에서 그는 엄연히 현존하는 개개인의 개별적이며 구체적인 고통 문제에 대해서는 침묵하며, 오히려 개별적인 악이 전체의 아름다움에 기여한다는 주장을 전개한다. 조화와 질서, 존재의 아름다움을 강조한 형이상학은 엄연한 현실로서의 구체적 악의 치명성을 직시하지 못하고 있다.

하지만 고통과 악의 경험으로 인해 야기되는 신정론적 **질문**은 실제로는 이러한 조화와 질서, 존재의 아름다움에 대한 형이상학적 전제가 더 이상 타당성을 가질 수 없다는 당혹감에서 터져 나오는 일종의 비명이다. 즉 신정론적 질문은 그 철저한 진지함 속에서는 고전적인 존재형이상학의 찢김을 의미한다.

형이상학적 실재관은 부조리하고 어처구니없는 고통의 경험에 부딪혀 이리저리 봉합되어야 할 것이 아니다. 오히려 기존의 형이상학은 치명적이고 파괴적인 악의 경험을 통해 해체되어야 한다. 고통과 악의 경험 속에서 내지른 비명을 기독교화된 형이상학의 논리로 틀어막으려는 것은 불가능할 뿐 아니라, 악으로부터의 구원을 갈망하는 성서적 요구를 진지하게 대면하지 못한 것이 아닐까? 성서의 구원적 현실은 형이상학적 논리체계 속에서 구원을 향한 현실적 질문의 입을 틀어막는 것이 아니라, 오히려 "부르짖어라!" 하지 않는가?

특히 성서가 증언하는 의인의 고통, 하나님의 아들의 십자가형은 오히려 존재론적 상승의 미학을 통해 모든 존재하는 것들의 존재와 질서를 긍정하고자 했던 존재형이상학의 죽음을 의미하지 않는가? 우리의 경험적 현실세계는 조화와 질서, 존재의 아름다움이 보증받고 지배되는 세상이 아니라, 이러한 형이상학이 붕괴된 세상임을 증언하고 있지 않은가? 우리는 현실 속에서 유일하신 아름다움의 일자로부터 다자가 유출되는 코스모스가 아니라, 선과 악이 대립하고 상쟁하는 카오스적인 세상을 경험하고 있지 않은가?

신정론의 질문을 형이상학적 틀 안에서 대답하려는 시도들은 이미 신정론적 질문이 품고 있는 치명적인 급진성을 망각하고 있는 셈이다. 물론 기독교화된 형이상학이 일상적인 고통의 경험에 위로와 위안을 줄 수 있다는 점을 전적으로 부인할 수는 없다. 그러나 아우슈비츠와 같은 정당화될 수 없는 고통의 현실과 그 당사자 앞에서, 형이상학은 아무런 삶의 의미를 제공하지 못한다. 왜냐하면 여기서는 이미 형이상학적 대답을 몰라서가 아니라, 오히려 그러한 형이상학이 더 이상 아무것도 줄 수 없다는 사실을 경험하고서 고통과 악의 문제를 제기하고 있기 때문이다. 부조리한 고통의 당사자들에게 이 세계의 형이상학은 붕괴되고 만다. 형이상적으로 붕괴된 세계 경험은 더 이상 현실세계를 무한히 긍정하는 물리적 세계의 연장선상에 있는 형이상학을 요구하지 않는다.

그렇다면 기독교 신학자의 최우선 **과제**는 부조리한 고통과 악의 문제에 직면하여 기독교화된 형이상학이나 형이상학화된 신학을 구성하는 것에 있지 않으며, 형이상학적 질문의 방향을 따라 악의 기원과 본질에 대한 해명이나 형이상학을 통해 고통에 의미를 부여하는 것에 초점을 맞출 것이 아니라, 오히려 형이상학을 해체시켜 그 속에서 숨죽이고 있던 고통의 희생자들이 그들의 고통을 더 크게 부르짖을 수 있도록 해야 하지 않을까?

기독교 신학은 더 이상 형이상학적 신학이나 철학적 신학이 아니라, 고통의 절규와 함께 현실 안으로 깊숙이 침투해 오시는 하나님의 구원에 대한 탈(脫)형이상학적인 증언의 성격으로 전개되어야 할 것이다. 즉 형이상학으로의 복귀나 재건이 아니라 기존의 형이상학으로부터의 탈출의 여정 속에서 새로운 신학의 가능성을 모색해야 한다는 말이다.

하나님은 더 이상 형이상학의 근원이나 정점이 아니라, 새로운 현실의 가능성을 열어줄 창조와 구원의 하나님으로 사유되어야 할 것이다.

제2장
아퀴나스: 보다 세밀한 합리적 해명의 시도

1. 들어가는 말

우리가 앞에서 다룬 아우구스티누스의 신정론은 신플라톤적 형이상학의 틀 안에 기초해 있었다. 여기서 하나님을 모든 존재와 선의 근원으로 상정한 그의 형이상학적 신관은 인간의 삶과 세계 내의 고난이 신의 존재와 속성에 대해 제기하는 의문의 치명성을 깊이 인식하지 못하고 신적 전능과 선함 그리고 신적 섭리의 정당화를 위해 이 땅에서 제기되는 아픔을 도리어 의심하는 꼴이 되어버렸다.

인간으로부터 제기되는 고통과 고난의 신음과 그 부조리의 외침은 궁극적으로는 죄악의 결과로 인해 당연히 감내해야 한다는 그의 결론은 인간이 처한 부조리의 상황을 형이상학적 답변으로 덮어버린다.

이런 아우구스티누스의 신정론적 해법은 향후 다양한 스펙트럼으로 전개되는 서구 철학사의 신정론 속에서 여러 가지 변형을 거쳐 다양하게 전개된다. 하지만 향후 전개되는 이러한 존재형이상학의 틀 안에 머물러 있는 신정론에서 신적 전능과 선함 그리고 신적 섭리에 대한 근원적인 새로운 이해와 해석을 찾아보긴 쉽지 않다. 기존의 형이상학적 신관이 그대로 유지되면서, 다만 신과 세계의 관련성 내지는 신의 섭리를 정당화하기 위한 변형된 논리들이 등장할 뿐이다.

토마스 아퀴나스(Thomas Aquinas, 1225~1274)도 큰 틀에서는 아우구스티누스가 수용하고 전개해 온 고전 유신론을 그대로 유지한다.[1] 그러나 그는 아우구스티누스의 신플라톤적 존재형이상학을 아리스토텔레스의 철학적 관점에서 재구성한다. 토마스 아퀴나스는 보다 적극적으로 하나님을 존재 자체로 규정할 뿐 아니라, 제1원인으로서 모든 존재자들의 근원(principium)이며 모든 존재자들이 귀향해야 할 목적(finis)으로 규정한다.[2] 신과 피조세계의 관계는 단순히 수직하강의 구조에서 다뤄지기보다는 가능태에서 현실태로의 운동이라는 구조 안에서 재해석된다.

아우구스티누스의 무시간적 존재론과 지상의 왕국과 천상의 왕국이 대비되는 이원론은 아리스토텔레스의 목적론적 형이상학의 관점에서 해체되고 재구성된다. 상하수직적인 영혼의 운동 대신에 모든 존재자에 내재된 자기실현의 과정이 중시되며 자기실현의 장(場)인 역사적 세계가 주목된다.[3]

2. 시대적 정황과 아퀴나스의 신학적 특징

서로마제국이 멸망하자 이방 철학과 기독교의 가르침 사이의 대립은

---

1) 힉(John Hick)이 토마스 아퀴나스의 신정론을 아우구스티누스적 신정론의 유형으로 분류하고, 아우구스티누스의 사상을 보다 정교하게 전개한 것으로 파악한 것은 전적으로 타당하다. 존 힉/김장생 옮김,『신과 인간 그리고 악의 종교철학적 이해』(파주: 열린책들, 2007), 108~112.

2) 신은 모든 존재의 선함의 근원이면서 모든 사물의 최종 목적이 된다: *Summa Theologiae* I q. 6. art. 3. 토마스 아퀴나스의 *Summa Theologiae*는 약자로 *St*로 표기한다. 번역은 별다른 표시가 없을 때는 라틴-한글 대역본으로 출판된 정의채 신부의 번역(『신학대전』, 서울: 바오로딸, 1985ff.)을 그대로 따랐고, 본문에 인용할 때는 해당 권과 쪽수를 각주에 표시했다.

3) Walter Sparn, *Leiden - Erfahrung und Denken* (München: Chr. Kaiser Verlag, 1980), 196-197.

더욱 첨예화되면서 당시의 교육 담당 기관이었던 교회는 이방 철학과 교회의 가르침 사이를 중재해야 하는 과제를 떠안게 되었다. 이미 529년에 동로마제국의 황제 유스티니아누스는 아테네에 설립되어 있던 플라톤의 아카데미아를 폐쇄시켰다. 이때 베네딕투스는 몬테카시노 수도원을 설립하여 서방 수도원의 종교적·사회적 영향력을 확대시켜 나갔다.

800년에 칼 대제가 신성로마제국의 황제로 등극하면서, 아우구스티누스가 그의 역사신학에서 서술했던 성스러운 하나님의 도성과 세속적인 왕국의 첨예한 대립은 붕괴되었고, 신성로마제국은 하나님 나라의 세속적 형태로 이해되었다. 그럼에도 정치권력과 사제직 사이의 연관성은 황제와 교황 사이의 세력 다툼의 문제를 야기했고, 이러한 논쟁은 하나의 세계에 대한 공동의 신앙을 반영하고 있는 셈이었다.

하나의 세계에 대한 신앙은 철학과 신학의 대립 대신에 이방 전통과 기독교 전통의 중재를 요구하며, 신적 존재에 대한 증명과 더불어 기독교 교리의 이성적 근거를 묻는 질문들로 전개되었다. 이러한 시대적 정황 속에서 아퀴나스는 기독교 전통에 이르는 전(前) 단계(praeambula fidei)로서 자연적 이성을 긍정하며, 자연의 빛을 통해 신적 존재의 확실성에 도달할 수 있다고 주장한다. 또한 그는 이전의 아우구스티누스와 신플라톤주의의 전통뿐 아니라 아리스토텔레스의 철학을 신학적 사유에 수용하여 신학적 논증에 활용한다.[4]

중세 철학의 연구자인 질송(E. Gilson)도 중세의 사상적 흐름을 신앙과 이성의 대립과 조화라는 측면에서 정리하면서, 아퀴나스를 신앙과 이성의 조화를 일궈낸 인물로 평가한다.[5] 그에 따르면, 13세기는 신학주의와

---

4) Walter Sparn, *Leiden - Erfahrung und Denken*, 193~195.
5) 에띠엔느 질송/강영계 옮김,『중세철학입문』(서울: 서광사, 1983), 71; 또한 신앙과 이성의 대립과 조화라는 측면에서 중세 스콜라 철학을 서술한 요셉 피퍼/김진태 옮김, 『중세 스콜라 철학 - 신앙과 이성 사이의 조화와 갈등』(서울: 가톨릭대학교출판부,

합리주의가 극단적으로 대립하고 있었다. 신학주의란 계시의 모든 내용은 이해 가능하다고 보는 입장이며, 합리주의는 계시의 어떤 부분도 이해될 수 없다는 입장이다. 아퀴나스는 이러한 양자의 대립에 질서를 부여하고, 각각의 위치를 정해 준 인물이다.

질송이 말한 신학주의는 자신의 책,『중세철학입문』제1부 신앙의 우위에서 설명된다. 여기서는 중세 철학의 획기적인 사유의 물꼬를 터놓은 아우구스티누스의 사유가 서술된다. 아우구스티누스는 이성을 통해 진리에 도달할 수 있다는 초기의 확신에서 벗어나 계시로부터 이성에 이르는 길을 추구한다. 그에게 이성적 통찰이란 계시된 신적 진리에 대한 이해를 추구하는 것이었다. 이런 입장은 아우구스티누스의 유명한 명제가 지시하는 바대로, 믿기 위해 먼저 이해해야 하는 것이 아니라 이해하기 위해 먼저 믿어야 한다는 것으로 요약된다.[6]

이에 반해 중세의 합리주의는 아베로에스(Averroes, 1126~1198)의 사상에 영향을 받은 것이다.[7] 아베로에스는 다음과 같이 주장했다. "철학적인 삶보다 더 높은 삶은 없다." "세상에는 철학자의 지혜 이외에는 아무런 지혜도 없다." "오로지 자명하거나 아니면 자명한 것으로부터 연역될 수 있는 것 이외에는 믿을 것이 없다." 여기서 더 나아가 그는 다음과 같이 말한다. "기독교 계시는 배움에 대한 장애물이다." "신학을 앎으로써

2003)을 참조 바람. 특히 피퍼는 토마스 아퀴나스를 괴롭힌 인물들로 파리 대학과 옥스퍼드 대학 교수였으며 나중에 캔터베리의 대주교가 된 존 페캄(John Peckham)과 브라방의 시제(Sigerius de Brabantia)를 든다. 페캄이 신앙을 앞세워 자연적 이성의 가능성에 불만을 품고 있었다면, 브라방의 시제는 아리스토텔레스의 철학을 끌고 와 암묵적으로 신학의 가능성을 부정한다(176~188).

6) 에띠엔느 질송/강영계 옮김,『중세철학입문』, 13~48.
7) 에띠엔느 질송/강영계 옮김,『중세철학입문』, 49~70의 제2부 "이성의 우위"에서 아베로에스를 다루고 있다.

아는 것은 아무것도 없다." "신학은 우화를 바탕으로 삼는다." 아베로에스의 사상에서 연루한 중세의 합리주의는 신앙에 대한 이성의 우위를 주장하며, 절대적인 진리는 이성을 통해서만 판명된다고 여겼다.[8]

그러나 아퀴나스는 신앙과 앎, 계시와 이성 사이에 적당한 질서를 부여하고, 계시적 진리와 이성적 진리가 어떻게 구분되는지를 명확히 했다. 이성적 진리의 가능성을 부정한 것이 아니라 이성적 진리의 한계를 설정해 주었으며, 이를 통해 계시적 진리를 이성적 진리 속에 함몰되지 않도록 한다.

어떤 것은 이성을 통해 알 수 있지만 어떤 것은 계시를 통해서만 알 수 있다. 계시를 통해 알려진 내용은 이성을 통해 증명되어야 할 것이 아니라 우선 신앙되어야 한다. 만약 계시된 진리를 이성을 통해 증명하려고 한다면 신앙과 이성의 명백한 질서를 혼란시키는 일이며, 만약 그러한 증명 시도들이 제대로 되지 않을 경우엔 그 결과로 신적 진리가 비웃음을 당할 수도 있다.

토마스 아퀴나스는 신앙과 앎, 계시와 이성의 명확한 경계선을 분명하게 제시함으로써 중세 초기의 신학과는 다른 궤도를 그렸다고 평가된다.[9]

---

8) 에띠엔느 질송/강영계 옮김, 『중세철학입문』, 68~69에서 재인용.

9) 에띠엔느 질송/강영계 옮김, 『중세철학입문』, 71~95의 제3부 "이성과 계시의 조화"를 참조; 요셉 피퍼(Josef Pieper)는 중세 후기(1277년)에 토마스 아퀴나스의 신학 명제들이 단죄당하고 있음에 주목한다. 이는 토마스의 신학적 사유가 사후(死後)에도 기존의 신학과 논쟁관계에 있었음을 보여주는 대목이다. 요셉 피퍼/김진태 옮김, 『중세 스콜라 철학 - 신앙과 이성 사이의 조화와 갈등』, 189쪽 이하를 참조 바람.

3. 아퀴나스의 신정론

아퀴나스의 신학은 신앙적 전통과 이성적 사유 사이에 균형 잡기를 시도한다. 그가 비록 계시의 우위성을 강조했음에도 이성적으로 해명 가능한 것은 이성적으로 이해하려고 했다. 그에게 악의 문제는 이성적으로 해명될 수 있는 문제였다. 이제 우리는 악의 문제와 관련해서 아퀴나스의 신학적, 철학적 논증이 어떻게 전개되고 있는지를 살펴볼 것이다.

1) 존재의 결핍으로서의 악

아우구스티누스와 마찬가지로 토마스 아퀴나스는 모든 존재자는 존재자인 한에서 선하다고 말한다.[10] 이러한 생각은 하나님이 최고선이라는 기독교 신앙의 내용과 일맥상통한다고 보았다. 모든 피조물이 선하다고 생각하지 않는다면, 기독교 신앙은 선한 신과 악한 신으로 대비되는 우주론적 이원론에 빠질 수밖에 없다. 토마스 아퀴나스에 따르면, 존재하는 것은 모두 선하다. 이들은 그들의 고유한 선성(善性)을 지니고 있으면서, 동시에 제1원인인 신의 존재와 선성에 근거하여 선이라고 불린다.[11]

앞에서 살펴본 아우구스티누스 이외의 여타의 기독교 신학자들도 이와 같은 생각에서 예외는 아니었다. 전통적 기독교의 가르침에 따르면, 영원부터 존속하고 있던 악이라는 개념은 존재하지 않으며, 단 하나의 존재자도 그 자체로 악하지는 않다. 오리게네스는 선과 악, 존재와 비존재를 대비시키면서 신은 존재이자 선이며, 나쁨과 악은 비존재임을 주장한다. 이미 오리게네스도 나쁨을 선의 결핍으로 보았다.[12]

---

10) *St* I. q. 5. art. 3.

11) *St* I. q. 6. art. 4.

12) 레오 엘더스/박승찬 옮김, 『토마스 아퀴나스의 형이상학』(서울: 가톨릭출판사, 2003), 204~205.

악에 대한 이러한 이해는 아타나시우스의 글 속에서도 분명히 나타난다.

몇몇 그리스 사상가들은 바른 길에서 벗어났다. 그들은 그리스도를 알지 못했기 때문에 악이 실체로서 존속한다고 주장했다. 이에 동의하면서 그들은 두 가지 방식으로 오류를 범했다. 그들 중의 일부는 조물주가 모든 사물의 원인이라는 사실을 부인했다. 만일 악이 마치 그들이 생각하듯이 그 자체로 한 실체를 소유하고 있다면, 조물주는 실제로 모든 것의 주인이 아닐 것이다. 또는 그가 모든 사물의 원인이라고 말할 수 있기 위해서는 그들은 필연적으로 그가 또한 악의 원인이었다는 사실을 인정해야만 했다.[13]

이처럼 토마스 아퀴나스가 아리스토텔레스에게서 많은 것을 배웠지만 악을 결핍과 연관시킨 것은 그리스 철학에서 유래한 것이 아니라, 이전의 기독교 신학 전통에 잇닿아 있는 것이다. 하지만 무엇보다도 아퀴나스는 플로티누스와 같은 신플라톤주의에 영향을 받은 아우구스티누스의 영향 아래 있다.

선한 창조주가 존재하는 모든 것을 창조했다면, 악은 창조된 것이 아니다. 창조된 것이 아니라면, 악은 존재하는 그 무엇이 아니어야 한다. 모든 존재하는 것은 존재의 근원이신 하나님으로부터 나왔기 때문이다. 그렇다면 악은 존재하지 않는 것인가? 이에 대해 아퀴나스는 아우구스티누스와 동일한 의미에서 악은 "존재가 결여되는 한 악"이라고 말한다.[14]

어둠이 빛에 의해 알려지는 것처럼 대립하는 양자 중 하나는 다른 것에 의

---

13) 레오 엘더스/박승찬 옮김, 『토마스 아퀴나스의 형이상학』, 205에서 재인용.

14) *St* I. q. 5. art. 3. ad. 2. 토마스 아퀴나스/정의채 옮김, 『신학대전 6』(서울: 바오로딸, 1999), 285.

해 알려진다. 그러므로 악이 무엇인가는 선의 특질에서 이해되어야 한다. 그런데 우리는 위에서 선은 욕구(희구)될 수 있는 모든 것이라고 했다. 이렇게 모든 본성은 자기존재와 완전을 욕구하는 것이니 그 어떤 본성이든 그것의 존재와 완전은 선의 특질을 갖는다고 필연적으로 말해야 한다. 그러므로 악은 어떤 존재이거나 어떤 형상 내지는 본성을 표시하는 것일 수 없다. 따라서 악의 명사로써는 어떤 선의 부재가 표시된다는 귀결이 남게 된다. 이런 이유로 해서 '악은 존재하는 것, 즉 존재자도 아니고 선도 아니다'라고 한다. 사실 유는 그것이 유인 한에 선이기 때문에 (유이건 선이건) 둘 중 어느 것을 제거하든 마찬가지다.[15]

아퀴나스에 따르면, 존재하는 것들은 형상을 가지고 있으며, 이들은 본성상 존재의 완전을 추구한다. 이런 점에서 그들은 선하다.[16] 또한 존재하는 것들, 즉 피조물의 다양성은 신의 선함이 풍요롭다는 것을 표현하고 있다. 따라서 피조물 전체가 신의 선함을 표현하며, 신의 선함에 참여하고 있다.[17] 그러나 악은 이런 존재론의 구도 속에서 자기존재의 위상을 가질 수 없다. 악은 존재와 완전을 추구하는 것이 아니라, 오히려 이를 파괴하는 특징을 갖기 때문이다.[18]

존재하는 것들은 그것이 영적인 것이든 물질적인 것이든 양태(modus)

---

15) *St* I. q. 48. art. 1. res. 토마스 아퀴나스/정의채 옮김, 『신학대전 6』, 229. 위 본문에서 인용된 정의채 신부의 번역 "악의 명사로써"는 '악이라는 이름으로'로 고치는 것이 좋을 듯하다.

16) *St* I. q. 44. art. 4에 따르면, 만물은 선을 욕구하며, 궁극적으로 선의 근원이신 하나님을 추구한다. 또한 하나님은 능동인, 모범인, 목적인(causa efficiens, causa exemplaris, causa finalis)이다: q. 44. art. 4. ad 4.

17) *St* I. q. 47. art. 1.

18) *St* I. q. 48. art. 3. res. "악은 선의 제거를 내포한다." 정의채 옮김, 『신학대전 6』, 245.

와 종(species)과 질서(ordo)를 부여받고 있다. 이에 따라 존재하는 것들은 구별되고, 그 완전성과 선함에 있어 차별이 발생한다. 그런데 악은 존재하는 것에서 바로 이것들을 제거해버린다. 존재하는 것에서 이런 것들을 제거한다는 것은 더 이상 그것이 존재하지 않음을 의미한다. 마치 시각(봄)의 존재에 부여된 양태, 종, 질서를 제거함으로써 시각의 존재가 결여되는 것과 같다.[19] 이처럼 악은 존재의 결핍이다.

그렇다고 악이 존재하지 않는 허상이라고 말하고 있는 것도 아니다. 악은 경험될 수 있다. 그러나 악은 여타의 피조물이 존재하는 것처럼 그렇게 존재하는 것이 아니라, 오히려 존재에 근거해서만 말해질 수 있는 존재의 부재를 의미한다. 악은 결핍이며, 결핍은 어떤 존재를 가정한다. 따라서 악은 존재에 기초해서만 말해질 수 있다. 아퀴나스는 어둠이 빛에 의해 알려지듯이 악은 선에 의해 알려진다고 말한다.

일반 사물의 존재와는 다른 특성을 지닌 악의 현존에 대해 이해하기 위해 우리는 허버트 맥케이브(Herbert McCabe)의 적절한 표현을 인용할 필요가 있다.

> 양말에 구멍이 났다면 구멍은 전혀 없는 것이 아니다. 그것은 양모나 면 또는 그 무엇의 부재(不在)일 뿐이다. 그러나 그것은 내 양말에 완전히 실재하는 구멍이다. '양말의 구멍들은 실재가 아니고 환상이다. 왜냐하면 구멍은 어떤 것으로 만들어진 것이 아니라 순전히 부재일 뿐이기 때문이다'라고 말하는 것은 부조리할 것이다.[20]

---

19) *St* I. q. 5. art. 5. ad. 3.
20) Herbert McCabe, *God Matters* (London, 1987), 29: Brian Davies, *The Thought of Thomas Aquinas* (Oxford: Clarendon Press, 1992), 91에서 재인용.

악이 선의 부재라고 할 때, 이것은 우리가 전혀 경험할 수도 없는 가상을 의미하는 것이 아니라, 마땅히 있어야 할 그 무엇이 없음을 의미한다. 그렇다면 모든 결여가 곧바로 악은 아니다. 마땅히 있어야 할 그 무엇의 결여야말로 악이며, 이런 점에서 악은 마땅히 있어야 할 존재, 곧 선의 결여인 것이다.[21]

이런 점에서 아퀴나스는 존재의 부재 또는 제거를 ① 부정적(negative)으로 이해할 수도 있고, ② 결여적(privative)으로도 이해할 수가 있다고 말한다. 예컨대 ① 사람에게 노루의 빠름이나 사자의 강력한 체력이 없을 경우는 부재를 부정적으로 이해한 경우로 이때의 부재는 악이 아니다. 그러나 ② 부재가 결여적으로 이해된 경우, 예컨대 시력의 결여, 곧 맹목(盲目)은 악이라고 한다.

이처럼 결여로서의 악은 단순히 무엇이 없다는 의미보다는 특정 존재의 완전성에서 무엇이 결여된 상태, 마땅히 있어야 할 선의 결여(privatio boni)를 의미한다. 따라서 악은 존재의 결여일 뿐 아니라 선의 결여를 뜻한다.[22]

결여는 가능태를 함유하고 있는 존재에서 발생하기 때문에 순수 현실태(actus purus)인 신을 제외한 여타의 존재에서 발생하며,[23] 선의 결여인 악의 원인은 존재인 선일 수밖에 없으며, 악은 선한 존재에 근거하여

---

21) *St* I. q. 48. art. 5 ad. 1: non omnis defectus boni est malum, sed defectus boni quod natum est et debet haberi. Defectus enim visionis non est malum in lapide, sed in animali: quia contra rationem lapidis est, quod visum habeat. (모든 선의 결함이 악은 아니다. 오히려 본유적인 선과 마땅히 가져야 할 선의 결함이 악이다. 예컨대 시력의 결함이 돌에게는 악이 아니지만 동물에겐 악이다. 왜냐하면 시력을 가지는 것은 돌의 본성(ratio)에 반하는 것이기 때문이다.)

22) *St* I. q. 48. art. 3. res.

23) *St* I. q. 49. art. 3. ad. 2.

우유적(偶有的)으로 발생한다.[24]

2) 선과 악: 선의 우위성

모든 존재가 하나님으로부터 창조되었다면, 모든 존재는 선하다. 앞서 보았듯이 아우구스티누스와 마찬가지로, 토마스 아퀴나스에게 악은 사물이 아니며, 사물의 본성에 속하는 것이 아니다. 그러나 악은 선한 존재인 사물에 근거하여 발생한다.[25]

그러나 아퀴나스는 여기서 한 걸음 더 나아가 악은 피조세계의 존속을 위해 불가피하게 발생해야만 하는 것으로 이해한다.

> 만일 하느님이 어떠한 악도 존재하는 것을 허용하지 않는다면 많은 선이 제거될 것이다. 사실 공기가 소실되지 않고는 불이 발생하지 않을 것이며 당나귀가 살해되지 않으면 사자의 생명도 보존될 수 없을 것이다. 또한 부정(不正)이 없다면 배상을 요구하는 정의와 그것을 견디어 내는 인내가 칭송될 수 없을 것이다.[26]

마땅히 있어야 할 존재의 부재로서의 악은 때로는 마땅히 있어야 할 존재가 존속되고 보존되기 위한 수단으로 발생한다. 비록 악이 개념적으로는 존재와 선의 부정이라고 하더라도 실질적으로는 존재와 선에 기여할 수 있다는 토마스 아퀴나스의 생각은 악에 대한 선의 우위성을 드러내는 부분이다. 그 자신의 표현대로 하자면, 악은 선을 감퇴시킬 수는 있지만, 제거하진 못한다. 악은 선을 빼앗지만, 전적으로 소멸시킬 수는 없다.[27]

---

24) *St* I. q. 49. art. 1.

25) *St* I. q. 48. art. 1. ad. 4.

26) *St* I. q. 48. art. 2. ad. 3. 정의채 옮김, 『신학대전 6』, 243.

27) *St* I. q. 48. art. 4. res.

최고악이란 존재할 수 없다. …… 악이 항상 선을 감소시킬지라도 결코 선을 전면적으로 소멸시킬 수는 없으며 또 이렇게 선이 항상 남아 있는 이상 어떤 것이 온전하며 완전한 악일 수는 없기 때문이다. …… 모든 선이 파괴된다면 선을 주체로 하는 악 그 자체도 제거될 것이기 때문이다.[28]

이처럼 악은 선에 근거하여 발생하며, 또한 더 나은 선의 세계를 구성하기 위한 필수불가결한 요소로 자리매김한다. 이런 점에서 악은 그 자체로 자명하거나 일의적이기보다는 이중적이다. 악은 악이기도 하고 선이기도 하다. 예컨대 사자에게 당나귀가 잡아먹히는 상황에서, 이러한 경우 당나귀에게 악인 것이 사자에겐 선이다. 이처럼 악은 한편에서는 선을 양산한다.

뿐만 아니라 개별적 악들은 그 특수한 결과에 따라서만 판단될 것이 아니라, 개별적인 원인들이 근거하고 있는 **보편적 질서와 원인**에서 판단할 때, 개별적 악도 보편적 질서 안에서 이루어지고 있음이 드러난다. 즉 개별자의 관점에서는 악이라고 하더라도, 전체적이고 보편적인 관점에서 볼 때 이는 존재 세계를 유지하게 하는 선에 근거한다. 예컨대 불이 가난한 사람의 집을 태웠을 때, 개별적 관점에서는 불의 본성이 마치 악한 것처럼 보이지만 보편적 관점에서 보면 불은 보편적인 질서 안에 놓여 있는 그 본성에 부합한 일을 했을 뿐이다.

이처럼 개별적인 원인들은 궁극적으로는 하나의 공통된 제1원인에 도달하게 된다. 따라서 개별적 관점에서 악인 것도 보편적 관점에서 보면 선의 일부라고 할 수 있다.[29] 이처럼 아우구스티누스의 미학적 신정론

---

28) *St* I. q. 49. art. 3. res. 정의채 옮김, 『신학대전 6』, 291, 293; 마찬가지로 토마스 아퀴나스/박승찬 옮김, 『신학요강』 (파주: 나남, 2008), 210: "악이 마땅히 있어야 할 완전성의 결핍이라는 사실을 토대로, 이미 악이 선의 결핍이라는 측면에서 선을 어떻게 파괴하는가 하는 것은 명백해졌다. (…) 그럼에도 악은 선 전체를 파괴하지 않는다."

과 마찬가지로 토마스 아퀴나스도 개별적 악들은 선의 질서에 기여한다고 보며, 악에 대한 선의 존재론적 우위성을 주장한다.

3) 악의 구분: 벌과 죄과

토마스 아퀴나스에게 악은 선의 결핍이며, 선은 현실태 안에 성립된다. 그런데 토마스 아퀴나스는 현실태를 제1현실태와 제2현실태로 구분하고, 제1현실태는 사물의 형상과 온전함이고, 제2현실태는 작용이라고 한다. 이에 따라 토마스 아퀴나스는 악을 형상의 결핍, 즉 온전성의 결손으로서의 벌(poena)과 작용의 결손으로서의 죄과(culpa)로 나눈다.

의지와 상관없이 주어지는 맹목이나 지체의 결손은 벌에 해당되며, 자유의지로 인한 작용의 결손은 죄과에 해당된다.[30] 또한 비의지적 행위들로 인해 발생하는 결함에 대해선 죄악이라고 부르지 않는다. 이는 단순한 잘못(peccatum tantum)일 뿐이다. 다만 의지적인 행위들로 발생한 결함에 대해서만 죄과라고 부르며, 이에 대해서는 비난과 벌이 따라야 마땅하다고 판단한다.[31]

벌로서의 악은 "죄과를 피하기 위해" 도입된 하나님의 지혜의 결과다.[32] 따라서 벌로서의 악은 죄과로서의 악이라는 더 큰 악을 피하기 위해 도입된 "더 작은 악"에 해당되며, 실제로는 "죄악의 치료제"(medicina culpe) 역할을 한다.[33] 이에 반해 죄과는 "벌보다는 더 많은 악의 성격"을

---

29) *St* I. q. 49. art. 3. res. 이에 대해서는 3.5. 하나님의 섭리와 악의 문제를 참조 바람.

30) *St* I. q. 48. art. 5. res; 데이비스(Davies)는 여기서 토마스가 언급한 벌과 죄과라는 범주를 모든 악을 포괄하는 것으로 이해할 뿐 아니라, 벌은 자연악으로, 죄과는 도덕악이라고 규정한다. Brian Davies, *The Thought of Thomas Aquinas* (Oxford: Clarendon Press, 1992), 92.

31) 토마스 아퀴나스/박승찬 옮김, 『신학요강』, 214~215.

32) *St* I. q. 48. art. 6. ad. 1.

갖는다.[34]

벌은 당하는 입장에서는 고통이지만, 죄악의 치료제라는 측면에서 선의 성격을 가진다면, 죄과는 선을 수반하지 않는다. 여기에는 전적으로 부정적인 의미만 있을 뿐이다. 벌로서의 악은 하나님에 의해 주어지는 것이지만, 죄과로서의 악은 전적으로 자유의지를 가진 피조물에 의해서 야기된다.

4) 악의 원인과 발생

이제 우리는 악의 원인에 대해 묻고자 한다. 토마스 아퀴나스에게 악은 아우구스티누스와 마찬가지로 선의 결핍으로 정의되었다. 신이 창조한 피조세계에 어떻게 선의 결핍이 발생할 수 있을까?

존재하는 것만이 무엇의 원인이 될 수 있다. 그렇다면 악의 원인도 존재에 있다. 그런데 토마스 아퀴나스에 따르면, 모든 존재는 현실태이거나 가능태 또는 이 둘의 합성체다. 그런데 모든 현실태는 선이며, 가능태도 현실태가 되려고 한다는 점에서 선함을 가진다. 합성체도 역시 현실태의 분유(分有)로서 선함을 분유하고 있다. 그렇다면 어떤 존재도 "그 자체로 악이 아니라는 사실이 남게 된다."[35]

따라서 악은 실체 또는 본성, 유, 존재라고 말해질 수 없으며 악은 존재가 아니기 때문에, 악 그 자체에 의해서가 아니라 존재인 선을 기반으로 해서 발생한다고 해야 옳을 것이다. 마치 맹목(盲目)이 시각을 전제할 때에만 발생할 수 있듯이, 악은 선을 기반으로 한다. 심지어 토마스 아퀴나스에 따르면, "선이 악의 원인이다."[36] 토마스 아퀴나스에게 선은 존

---

33) 토마스 아퀴나스/박승찬 옮김, 『신학요강』, 215.

34) St I. q. 48. art. 6. res.

35) 토마스 아퀴나스/박승찬 옮김, 『신학요강』, 207.

36) St I. q. 49. art. 1. res.

재론적으로 악보다 더 근원적이다.

그러나 피조물들이 어떻게 본성적으로 주어진 선함을 결여할 수 있는 가? 토마스 아퀴나스는 아우구스티누스와 마찬가지로 마니교적 이원론을 거부하며 악을 선의 결핍이라고 주장한다. 하지만 토마스 아퀴나스는 결핍의 발생을 설명할 때 아리스토텔레스의 엔텔레케이아(entelecheia) 개념을 활용하여 아우구스티누스보다 더 세밀하게 설명하고자 한다.

토마스 아퀴나스에 따르면, 순수 현실태인 신을 제외한 모든 존재는 현실태에서 가능태로, 가능태에서 현실태로 운동을 하게 되는데, 가능태와 현실태가 결합된 합성적 실체들이 현실화되는 과정에서 결함이 발생하기도 하고, 그 결과로 인해 결함이 발생하기도 한다. 예를 들면 불은 자신을 현실화하는 과정 속에서 공기의 탈취나 물의 형상의 탈취를 수반한다. 또한 불의 뜨거움이라는 그 결과에서 화재를 발생시킬 수도 있다. 불이 불태우는 작용이나 뜨거움이라고 하는 결과 자체가 악은 아니지만, 그로 인해 의도하지 않은 악이 발생하게 된다.

이처럼 악의 발생은 개별 존재자들의 자기 현실화라는 선한 질서에 근거하고 있으며, 존재자들의 자기 현실화의 과정 속에서 목적론적으로 정향되지 않은 우연적인 것이 발생한 것이다.[37] 이처럼 선에서 악이 발생하는 양태를 토마스 아퀴나스는 **우유적인 양태**라고 표현하고 모든 악은 선을 기반으로 하며, 우유적인 양태에서 발생한다고 보았다.

> 그러므로 악은 우유적인 형태로써가 아니면 어떠한 양태로써도 원인을 갖지 않는다는 것이 참인 것이다. 이렇게 선은 악의 원인이다.[38]

---

37) *St* I. q. 49. art. 1. res.
38) *St* I. q. 49. art. 1. res. 정의채 옮김, 『신학대전 6』, 277.

악이 우유적으로(per accidens) 발생한다는 것은 악은 그 자체로 목적이 될 수는 없다는 것을 의미한다. 그러나 모든 악이 의도된 것과는 무관한 것일까? 의지적 행위들 안에서 일어나는 의도한 악도 우유적이라고 할 수 있을까?

토마스 아퀴나스의 대답은 "그렇다."다. 물론 범죄 행위 자체가 우연이라는 의미는 아니다. 오히려 범죄 행위를 가능케 한 의지적 선택, 즉 자유의지의 선택과 그 결과가 우연히 발생했다는 것이다. 왜냐하면 자유의지는 그 자체로는 선하기 때문이다. 그러나 자유의지의 실행에 있어 자유의지는 이성을 따라야 하는데 이성보다는 감각을 따를 때 인간은 악을 범하게 된다.[39] 물론 자유의지 그 자체는 선하다. 또한 자유의지가 따라야 하는 이성은 단순히 오류 가능성이 있는 인간의 이성이 아니라 영원한 법, 곧 하나님의 계명을 의미한다.[40]

부언하자면 의지가 궁극적인 목적인 최고선을 지향하지 않고 자신들의 비궁극적인 선에 만족할 때 의지적 행위에는 결함이 발생한다.[41] 예컨대 도둑이 도둑질하고자 하는 의욕은 그가 욕구해야만 하는 완전성과 선한 목적에 기초하여 발생한다고 할 수 있다. 그러나 그의 의욕은 참된 이성을 추구하지 못하고 감각적인 것에 만족함으로써 선한 의지적 욕구에 결핍을 가져오게 된다.[42]

토마스 아퀴나스에 따르면, 악은 그 원인에 따라 도덕악과 자연악으로 구분될 수 있다. 이때 도덕악은 의지의 자유로 인해 주어지는 결과인 반면, 자연악은 모든 피조된 존재들이 무로부터 창조되었다는 점에서 **제1질료**를 내포하며 변화에 종속되어 있기 때문에 변화와 발생과 소멸 속에

---

39) *St* I. q. 49. art. 3. ad. 5.
40) *St* II-1. q. 19. art. 6. ad. 2.
41) 토마스 아퀴나스/박승찬 옮김, 『신학요강』, 206.
42) *St* I. q. 49. art. 3. ad. 5.

놓여 있다.

이로 인해 악은 **우연히** 발생한다고 할 수 있다. 물론 이러한 과정 자체는 목적론적으로 규정된 질서 속에 배치되어 있기 때문에 여기서 발생한 악은 더 큰 선의 질서에 기여하게 된다.[43]

5) 하나님의 섭리와 악의 문제

이제 악의 문제와 하나님의 섭리의 관련성에 대해 묻고자 한다. 악은 선에 근거해서 발생한다는 점에서 선이 악의 원인이라면, 모든 존재의 선함이 참여하고 있는 최고선이신 하나님이 악의 궁극적인 원인이 아닐까? 악이 비록 우연히 발생한다고 하더라도 모든 것이 전능하신 하나님의 섭리 안에 있다면, 악을 제거하거나 예방하지 못한 책임은 제1원인으로서의 신에게 돌려져야 마땅하지 않을까?

이와 관련된 질문들에 답하기 위해 토마스 아퀴나스가 제1원인과 제2원인들을 구분하고 있다는 점을 주목해야 할 것이다. 토마스 아퀴나스에게 신은 제1원인이며, 피조물들은 제2원인이다. 제1원인으로서의 신은 순수 현실태로 가능태가 없으며, 운동이나 변화가 없기에 어떤 결함이 있을 수 없다.

우연히 발생하는 악은 오직 제2원인들의 결함과 더불어 일어난다.[44] 이를 통해 토마스 아퀴나스는 제2원인의 존재성은 제1원인인 하나님께 기인하지만, 결함 있는 작용은 제2원인에서 유래한다고 결론짓는다.[45] 즉 현실태로서의 존재들은 선하지만 현실태에 내재되어 있는 가능태의 현실화의 과정으로 인해 결함이 발생한다.[46]

---

43) 레오 엘더스/박승찬 옮김, 『토마스 아퀴나스의 형이상학』 (서울: 가톨릭출판사, 2003), 217~220.

44) 토마스 아퀴나스/박승찬 옮김, 『신학요강』, 247.

45) *St* I. q. 49. art. 2. ad. 2.

뿐만 아니라 토마스 아퀴나스는 하나님의 직접적 섭리와 제2원인들을 통한 간접적(매개적) 섭리를 구분한다. 이때 하나님의 섭리는 넓은 의미에서 사물들의 존재론적 질서 자체를 의미한다.

각각의 사물들은 존재론적 질서에 따라 상위의 존재에 종속되어 있다. 각각의 사물들이 이런 **존재론적 질서**에 따라 배열되고 상위의 존재에 종속됨으로써 자신의 존재를 가지는 것이 하나님의 섭리에 참여함을 의미한다. 하나님의 직접적 섭리는 사물들이 하나님이 마련한 영원한 질서에 종속되어 있음을 의미한다.

> 하느님의 섭리는 …… 사물들의 목적에 대한 질서의 이념 이외에 다른 어떤 것도 아니기 때문에 모든 것이 존재를 분유(참여)하는 한에, 그런 한에 하느님의 섭리에 종속된다는 것은 필연적이다.[47]

예컨대 장기를 둘 때 장기 말들은 장기의 규칙에 따라서 움직여져야 한다. 즉 장기의 규칙에 장기 말들이 참여하고 종속되는 것은 필연적이다. 토마스 아퀴나스에게 신의 섭리는 존재자들의 운동이 근거하고 있는 질서라는 점에서 개별 존재자들은 거기에 종속되어 있다.

그러나 다른 한편 토마스 아퀴나스에게 섭리는 질서의 이념에 따라 사물들이 움직여지도록 실질적으로 **통치**함을 의미한다. 이때 신은 제2원인들을 통해 간접적으로 통치한다. 마치 장기 말로 상대의 말을 잡듯이, 신은 제2원인들을 통해 자신의 뜻을 관철시킨다.

토마스 아퀴나스는 두 가지 섭리에 대해 구분한다. 즉 질서의 이념은 영원한 반면, 질서의 실현(executio ordinis)으로서의 통치(gubernatio)는 시간

---

46) 토마스 아퀴나스/김율 옮김,『자연의 원리들』(서울: 철학과현실사, 2005), 23~35.
47) *St* I. q. 22. art. 2. res. 정의채 옮김,『신학대전 3』(서울: 바오로딸, 2000), 133.

적이다.[48] 그리고 이러한 두 가지 섭리의 방식 자체가 이미 하나님의 질서에 속한다. 하나님은 상위의 것을 통해 하위의 것을 통치하게 하신다.

> 하느님의 섭리에 대해 어떤 매개들이 존재한다. 그것은 하느님이 더 하위의 것들을 더 상위의 것들을 통해 통치하기 때문이다. 그것은 하느님의 능력의 결핍 때문이 아니라 원인성의 품위를 피조물들에게도 나누어주기(전달하기) 위한 그의 신성의 풍요로움 때문이다.[49]

그러나 하나님의 간접적 또는 매개적 섭리는 하나님의 직접적이며 이념적인 섭리와 배치되지 않는다. 왜냐하면 간접적 또는 매개적 섭리도 궁극적으로는 하나님의 질서의 이념 안에 놓여 있기 때문이다. 즉 제2원인들에 의한 간접적 섭리도 하나님의 섭리질서 안에 배치되어 있기 때문에 직접적 섭리와 완전히 분리되지 않는다.

직접적이거나 매개적인 하나님의 섭리에도 불구하고, 왜 하나님은 악을 저지하지 못하는가? 혹시 하나님의 섭리에 구멍이라도 있단 말인가?

토마스 아퀴나스는 스스로에게 제기한 위의 질문에 대해 개별적인 관점과 전체적인 관점을 구분하고, 개별적인 관점을 전체적인 관점 속에 편입시킨다. 토마스 아퀴나스에 따르면, 왜 하나님은 악을 저지하지 못하는지를 묻는 질문은 개별적인 관점에서만 제기될 수 있다. 악은 개별적인 관점에서 보면 무방비 상태로 발생한 것처럼 보이지만, 전체적인 관점에서 보면 신의 질서 안에 놓여 있다. 개별적 악들은 거시적인 관점에서 하나님의 보편적인 질서 속에 편입된다는 전체주의적 관점이 여기서도 발견된다. 개별적 관점에서 우연적인 것 역시 보편적인 관점에서는

---

48) *St* I. q. 22. art. 1. ad. 1.
49) *St* Ⅰ. q. 22. art. 3. res. 정의채 옮김, 『신학대전 3』 (서울: 바오로딸, 2000), 145.

섭리 안에 있다.[50]

간접적 섭리와 관련해서 토마스 아퀴나스는 **허용**이라는 용어를 사용한다. 하나님은 제2원인들의 결함을 허용하시며, 자유의지로 행하는 것을 허용하신다.[51] 그럼에도 개별적인 악의 허용이 결코 전체의 선을 방해하지 못하며, 자연적 재난과 손실은 허용되지만 보편적인 자연의 질서에 위배되는 것은 아니라고 판단한다.

허용은 자유와 우연을 가능케 하지만, 이 모든 것은 보다 근원적인 신적 질서의 섭리를 이루어 가는 도구적 수단에 불과하다.

> 한 사물의 결함은 다른 사물의 선에 혹은 전 우주의 선에 양보하는 것이다. 한 사물의 멸망은 다른 사물의 산출이 되는데 이런 산출을 통해 종이 보존된다. 그런데 하느님은 유(有) 전체의 보편적 섭리자이기 때문에 우주의 완전한 선이 방해를 받지 않기 위해 어떤 개별적 사물들 안에 어떤 결함들이 있는 것을 허락하게 되는데 이것은 하느님의 섭리에 속한다.[52]

토마스 아퀴나스는 악의 현존을 부정하지 않으면서, 전체적인 질서의 이념 안에 악을 자리매김한다. 이로 인해 이미 우리가 아우구스티누스에게서 보았던 것과 같이 악은 결코 치명적이거나 위협적이지 못하며, 선

---

50) *St* I. q. 22. art. 2.

51) 종교개혁 이후 개신교회의 대표적인 신앙고백서인 웨스트민스터 신앙고백(1647)도 토마스 아퀴나스의 견해와 연결된다. "모든 일을 미리 파악하신 하나님의 계획(제1원인)에 따라 모든 사건이 한 치의 오차도 없이 발생합니다. 그러나 하나님께서는 그의 섭리에 따라 제2원인으로서의 피조물들이 야기시키는 사건은 자유로움, 혹은 우연성을 허락하여 주셨습니다." 손달익, 조용석 편역, 『웨스트민스터 신앙고백 1647』 (서울: 한들, 2010), 51.

52) *St* I. q. 22. art. 2. ad. 2. 정의채 옮김, 『신학대전 3』, 137.

의 질서에 편입되어 있으며, 우주의 완전한 선에 오히려 기여하게 된다. 자연적 악이든 도덕적 악이든 형이상학적으로 짜여진, 신이 계획해 놓은 피조세계의 질서 안에 놓여 있다.

토마스 아퀴나스의 하나님은 오케스트라의 악장처럼 비록 개별 연주자의 연주가 최상이 아니라 하더라도, 전체 연주가 최상의 연주가 되도록 하신다. 즉 하나님은 전체의 조화, 질서, 균형을 조율하신다.

6) 하나님의 예지와 악의 문제

앞에서 보았듯이 토마스 아퀴나스는 악의 문제를 다루는 아우구스티누스의 생각과 큰 틀에서 별반 다를 바가 없다. 다만 그는 아리스토텔레스의 철학에 힘입어 더 명료하고 세밀하게 설명하고자 했다. 이때 그가 사용한 허용이나 자유, 우연, 매개적 섭리의 개념은 새로운 것이다. 이제 그는 이러한 개념들과 신의 예지를 논리적으로 조화시키려고 한다.

토마스 아퀴나스는 한편에서는 신적 예정이 인간 행위에 어떤 필연성도 부과하지 않는다고 말하면서, 또 다른 한편에서는 인간의 행위와 사건이 신적 예지와 질서 아래 놓여 있다고 말한다.[53] 그러나 우리가 모든 것이 하나님의 섭리 안에 있다는 토마스 아퀴나스의 주장을 집요하게 추적해 나간다면, 그가 상정해 놓은 피조세계의 자유와 우연은 하나님의 예지와 논리적으로 병존할 수 없는 것으로 보인다.

이 문제를 해결하기 위해 토마스 아퀴나스는 하나님의 영원성과 시간성의 관계를 선분 위에 있는 한 점과 선분, 원의 중심과 원주로 비유한다. 선분 위의 한 점은 선분에 포괄되듯이 하나님의 영원성은 개별적인 시간성을 포괄한다. 물론 그 역은 불가능하다. 또한 원의 중심은 원주와의 관계에서 언제나 동등한 입장에 서 있듯이 하나님은 모든 시간의 경과에

---

53) 토마스 아퀴나스/김율 옮김, 『신앙의 근거들』(서울: 철학과현실사, 2005), 206~207.

대해 항상 현재적이다. 이 비유를 통해 그는 하나님의 영원성은 시간의 흐름 속에 매몰되지 않으면서, 모든 시간의 경과들에 동등하게 현재적임을 말한다.54)

하지만 하나님은 시간의 흐름 안에 일어나는 모든 사건을 언제나 현재적으로 응시할 뿐, 시간 속의 사건들에 필연성을 부과하는 것은 아니라고 말한다. 즉 하나님의 영원한 예지가 시간 내의 어떤 행위에 대해 강제성을 지닌 것은 아니다.

> 하느님은 우리에게 있어서는 과거적이거나 현재적이거나 미래적인 것들 모두를 마치 현재의 것처럼 바라보면서 그것들을 오류의 여지없이 확실하게 인식하기는 하지만, 그렇다고 해서 [이 때문에] 우연자들(contingentia)에게 그것들이 존재해야 할 필연성이 부과되는 것은 전혀 아니다.55)

그러나 우리는 아우구스티누스의 신정론을 다루면서 제기했던 것과 동일한 의문을 제기할 수밖에 없다. 신의 예지는 인간의 예측이나 예견과는 달리, 단순한 예측이나 추측이 아니다. 신이 A라는 시점에 B라는 사건이 일어나는 것을 예지했다면, A라는 시점에 B라는 사건은 **반드시** 일어나게 되지 않겠는가?

토마스 아퀴나스는 신적 예지가 결코 필연성을 부과하지 않는다고 하지만, 하나님의 예지는 필연적으로 성취될 수밖에 없으며, 예지에 어긋나는 다른 선택이 인간적 차원에서는 불가능하다는 점에서 세상의 모든 일은 하나님의 예지에 의해 이미 꽉 짜여 있다고 할 수 있다. 따라서 우연과 자유가 발 디딜 틈은 없다고 해야 할 것이다.56)

---

54) 토마스 아퀴나스/김율 옮김, 『신앙의 근거들』, 206~215.
55) 토마스 아퀴나스/김율 옮김, 『신앙의 근거들』, 217.

토마스 아퀴나스의 주장은 자신의 또 다른 주장에 의해 부정되는 듯 보인다. 토마스 아퀴나스는 분명하게 다음과 같이 말한다. "신은 모든 것을 직접적으로 결정한다."[57] 비록 제2원인들을 매개로 하지만, "그럼에도 신의 섭리의 결정이나 질서 부여는 직접적으로 모든 것에 펼쳐진다."[58]

왜 그런가? 신은 제2원인을 단지 도구로 사용한다는 의미에서 신의 섭리는 직접적이다. 따라서 신의 섭리는 단순히 미리 앎이라는 의미를 넘어 실제로 앞서 결정함의 의미로 신적 예정을 포괄한다. 다시 말하면 신은 영원성 안에서 모든 것을 알고 있으며, 신이 영원성 안에서 알고 있는 것은 시간 속에서 고스란히 한 치의 오차도 없이 이루어진다. 시간 속에서 우연히 일어난 일도 신의 관점에서는 영원성 안에서 앞서 알고 있던 필연적인 것이다.

> 우리는 마치 망대의 높이에 위치한 어떤 이가 여행자들의 지나감 전체를 동시에 직관하는 것처럼, 신이 자신의 영원성에서 시간의 흐름을 인식하는 것을 고찰한다.[59]

---

56) 앞으로 계속해서 동일한 물음이 제기될 것이다. 이 책에서 하나님의 예지와 자유의지의 양립 가능성은 아우구스티누스와 아퀴나스, 라이프니츠에게서도 볼 수 있다. 예지와 자유의지의 양립 가능성을 옹호하는 이들은 소위 절대적 필연성과 결과적 필연성을 구분하여, 하나님의 예지는 결과적 필연성과 관계한다고 말한다. 그러나 우리는 절대적 필연성과 결과적 필연성의 구분은 형식적일 뿐, 실제적으로는 공허한 구분이라고 생각한다. 이에 대한 보다 상세한 견해와 대안은 이 책 제2부 제6장에 나오는 자유와 하나님의 섭리를 참조 바람. 또한 예정과 자유의지에 대한 다양한 견해에 대해서는 존 파인버그 외 3인 공저/이미선 옮김, 『예정과 자유의지』(서울: 부흥과개혁사, 2010)를 참조 바람.
57) 토마스 아퀴나스/박승찬 옮김, 『신학요강』, 232.
58) 토마스 아퀴나스/박승찬 옮김, 『신학요강』, 232.
59) 토마스 아퀴나스/박승찬 옮김, 『신학요강』, 237.

설령 우리에겐 우연히 일어난 일이라고 하더라도 신에게 우연이 아니다. 이제 토마스 아퀴나스는 단순히 모든 일이 신의 섭리 안에 있다는 주장을 넘어, 신은 일이 이루어지는 방식까지도 결정한다고 말한다. 토마스 아퀴나스의 하나님은 세상사라는 소설을 직접 구상하고 쓰는 작가라고 할 수 있다. 그는 전체적인 구도뿐 아니라, 세부적으로 일어나는 일과 그 방법까지도 결정한다.

> 신이 이루어지기를 **원하는 것**이 이루어진다는 사실만이 아니라, 그것이 이루어지기를 신이 원하는 **바로 그 방식으로** 이루어진다는 사실도 신의 의지의 효과에 속한다.[60]

소설가에게 소설의 전개가 우연일 수 없듯이, 신에게 피조세계의 사건들이 우연이라고 할 수 없다. 그렇다면 모든 것을 자신의 방식대로 이루는 신적 존재 앞에서 피조물은 과연 자유롭다고 할 수 있을까?

토마스 아퀴나스가 설정해 놓은 신의 영원성 안에서 일어나는 예지와 예정 때문에, 실제로 우연뿐 아니라 인간의 자유의지도 무의미한 개념처럼 여겨진다. 왜냐하면 결국 "의지의 행위도 의지를 지닌 이성적 본성의 유일한 원인인 신에 의해서만 존재"하기 때문이다.[61]

이처럼 세상사 모두가 신적 예지 안에서 기획되고 이루어진다면, 악의 발생에 대해서도 신의 책임을 배제하기는 어려울 듯 보인다. 왜냐하면 세계 내의 악의 발생이 신적 예지에서 벗어난 우연한 사건일 수만은 없

---

60) 토마스 아퀴나스/박승찬 옮김, 『신학요강』, 246.
61) 토마스 아퀴나스/박승찬 옮김, 『신학요강』, 229. 물론 토마스는 신이 인간의 의지를 움직인다고 해도, "결정의 자유를 거스르는 것이 아니라는 점은 분명하다."고 말한다. 그러나 다른 한편, 그는 "하나님은 보편적 원동자로서 인간의 의지를 움직이신다."고 말한다. *St* II-I, q. 9. art. 6. ad. 3.

기 때문이다.[62]

4. 나가는 말

앞에서 아우구스티누스의 신정론을 다룰 때는 이를 다시 미학적 신정론, 자유의지 신정론, 역사-종말론적 신정론으로 정리해 보았지만, 토마스 아퀴나스의 신정론을 그렇게 다시 정리할 필요는 없을 것 같다. 왜냐하면 토마스 아퀴나스 역시 아우구스티누스의 기본적인 틀을 그대로 수용하고 있기 때문이다.

다만 토마스 아퀴나스는 아리스토텔레스의 목적론적 관점에서 신정론의 문제를 보다 세밀하게 전개해 나갔다. 이러한 과정 속에서 그는 신의 섭리를 목적론적으로 정향된 **질서의 이념**과 **질서의 실행**으로 구분하여 만물의 운동이 신에 의해 정향되어 있는 질서 안에 있다고 주장하면서도 이 질서의 실행에 있어서는 제2원인들의 중재를 주장했다. 이 과정 속에서 소위 자연악은 제2원인들이 가능태에서 현실태로의 이행 과정에서 발생하는 우연적 결함과 연관해서 발생하며, 도덕악은 자유의지가 이성보다는 감성을 따르는 우연적 사태에 의해 발생한다고 주장한다.

토마스 아퀴나스는 하나님의 섭리를 이처럼 우연과 의지적 자유와 연결시키고 있는데, 이는 오늘날 진화생물학에서의 돌연변이의 우연성이나 양자역학의 불확정성 또는 카오스 이론의 복잡성을 신의 섭리와 연관시키려는 신학적 경향들과 어느 정도 연관성을 지닐 수 있을 것으로 보

---

62) 물론 우리가 앞서 보았듯이 토마스는 악의 발생을 우연적이라고 하지만, 동시에 악의 발생에 대한 신의 허용도 언급한다. 우리의 관점에선 우연이지만, 신의 관점에서는 신적 예지 안에 허용되고 신의 섭리를 구성하는 요인으로 자리하고 있다.

인다.[63] 그러나 오늘날 몇몇 과학신학자들이 신적 전능을 제한하는 것
과는 달리,[64] 토마스 아퀴나스는 신의 섭리를 신의 예정으로까지 확대
함으로써, 결국엔 우연과 자유의지도 제1원인인 신의 착오 없는 예정의
전개 과정 속에 매몰시켜버리는 결과를 낳는다.

즉 토마스 아퀴나스는 신적 섭리와 예정을 동일시하기 때문에, 이와
이율배반에 놓이게 되는 피조물의 자유와 우연성의 사실성은 실제로 무
의미하게 되어버린 셈이다. 결국 악의 발생 원인이 되는 제2원인들의 결
함도 신적 예정 안에 놓여 있는 것으로 제1원인의 오류 없는 계획 속에
포괄된다고 할 수 있다. 따라서 고난 중에 있는 인간이 신을 향해 부르짖
는 물음— 왜 하필이면 내게 이런 고통을 주십니까? — 앞에 토마스 아퀴
나스의 신은 구차하고 알 수 없는 변명으로 어쩌면 이렇게 발뺌만 하고
있는 듯 보인다. "내가 고난을 준 것은 아니다. 내가 허용하긴 했지만 예
기치 못한 악이 일어났을 뿐이다. 물론 내가 예정해 놓은 것이긴 하지만."

아우구스티누스와 아퀴나스에게 하나님의 섭리는 한 치의 오차도 없
는 미래와 현재를 결정하는 하나님의 예정과 동일시되는데, 이는 향후
지속되는 서방 신학의 특징에 속한다.[65]

예정과 **자유** 또는 **우연성** 사이의 양립 불가능성은 또 다른 문제를 야기

---

63) 자연과학과 신앙의 관계는 러셀 스태나드 엮음/이창희 옮김, 『21세기의 신과 과학
그리고 인간』(서울: 두레, 2002)에서 단편적이지만 다양하게 엿볼 수 있다.

64) 대표적으로 존 폴킹혼/이정배 옮김, 『과학시대의 신론』(파주: 동명사, 1998)을 참조.
신의 전능성에 대한 현대적 논의는 제3부에서 다룰 것이다.

65) 섭리에 대한 신학은 창조신학과 연관되어 있다. 섭리는 하나님의 계속적 창조로 생
각되어 왔는데, 서방 교회가 섭리를 미래에 대한 계획으로서의 예정과 점점 연결시
킨 반면, 동방 교회는 섭리를 신적인 예정이나 세계 운영에 대한 이론적 계산과 연결
시키지 않았다. 섭리는 피조세계를 보존하는 하나님의 창조적 활동이다. 이에 대해
서는 Theodor Schneider(Hg.), *Handbuch der Dogmatik.* Bd. 1(Düsseldorf: Patmos,
3. Aufl., 2006), 177~179를 참고 바람.

한다. 존재와 생성, 영원과 시간의 뚜렷한 구분 속에 양자의 연관성을 모색하던 형이상학적 신학은, 자신의 영원성과 완전성 안에 있는 신에게 시간적 사건들은 동시적으로 현존한다는 주장을 전개한다. 즉 시간적 사건들은 신의 영원성 안에서 이미 예정된 것들이 시간적 간격을 두고 성취되는 것에 불과하다. 그렇다면 인간사에 발생하는 부정적이고 파괴적인 사건들도 이미 신에 의해 예정되었다는 것인데, 과연 이런 신을 또한 최고선이라고 할 수 있을까 하는 물음이 던져진다.

물론 토마스 아퀴나스는 전체적인 조화와 질서의 입장에서 악의 발생을 수용할 수 있지만, 실제 무의미한 고난에 휩싸여 있는 자에게, 정당화될 수 없는 고통을 가하기로 이미 예정해 놓은 그 신은 더 이상 선한 존재로 수용될 수 없을 것이다. 모든 것을 예정하는 신의 전능성과 선함은 악의 문제와 관련해서 양립할 수 없는 것처럼 보인다. 즉 신의 예정은 피조 세계의 자유와 우연과 양립하기 어려울 뿐 아니라, 악의 문제와 관련해서 신의 선함과도 양립하기 어렵다. 우리는 다음 장에서 토마스 아퀴나스와 아우구스티누스의 철학적 신학의 노선과는 전혀 다른 신학적 입장에서 이 문제를 해결하고자 하는 종교개혁자 루터를 만나게 될 것이다.

더 나아가 토마스 아퀴나스가 형이상학적으로 규정한 악의 본질에 대해 의문을 제기하지 않을 수 없다. 토마스 아퀴나스는 아우구스티누스와 마찬가지로 악을 존재의 결핍이라고 규정한다. 그가 여기서 말한 결핍은 마땅히 있어야 할 것의 결핍을 의미한다. 즉 인간이 날개가 없다는 의미에서의 결핍이 아니라, 마땅히 보아야 할 눈이 시력을 잃어버렸다는 점에서 결핍을 뜻한다. 그리고 그는 이런 결핍을 신이 내린 벌이라고 규정했다.

토마스 아퀴나스에 따르면, 태어나면서 신체적, 정신적인 결함을 가진 자들은 신이 내린 벌을 받은 자들이다. 도대체 무엇에 대한 벌이며, 무엇을 위한 벌이란 말인가?[66)

그가 악을 마땅히 있어야 할 것의 결핍으로 정의내릴 때, 마땅히 있어야 할 것이란 도대체 무엇인가? 여기에는 토마스 아퀴나스의 **목적론적 사유**가 전제되어 있다. 토마스 아퀴나스에 따르면, 모든 존재는 그 나름의 목적을 갖고 있으며, 목적에 부합하게 자신의 존재를 실현하고 있다는 점에서 선하다.

하지만 토마스 아퀴나스에게 자명하게 전제된 존재-목적론적 세계관은 향후 역사-목적론적 세계관으로도 전개되는데, 이는 오늘날 우주와 생명체의 진화를 탐구하는 자연과학자들의 세계 이해와는 대립할 수밖에 없을 뿐 아니라,[67] 무엇보다도 일상생활 속에서 경험되는 불확실성, 우연성과 예측 불가능성으로 인해 의문시될 수밖에 없다.

도대체 인간의 삶에 또는 사물들 속에 **내재된 가능태**가 현실화의 과정 속에서 구현해야 할 목적(telos)이란 것이 존재하는가? 그리고 그런 목적은 운동의 원인으로서 전제되어 있다고 할 수 있는가? 잠재된 목적의 실현이 아니라, 내재되지 않았지만 우연히 태동하게 되는 다양한 가능성들이 창발적으로 생동하는 것이 아닐까? 형이상학적으로 정향된 목적이 이끄는 삶이 아니라 매 순간 새롭게 닥쳐오는 목표들에 도전하는 삶이라고 해야 하지 않을까? 형이상학적으로 사유된 목적론적 시야가 인간과 자연

---

66) 이와 관련해서 우리는 진정 결핍이 부정적인지에 대해서도 물어볼 필요가 있다. 주제 사라마구의 『눈 먼 자들의 도시』와 『죽음의 중지』는 우리에게 기존의 부정적인 것을 새롭게 생각할 계기를 제공한다.

67) 진화론적 시각에서 볼 때, 진화의 과정 자체가 목적론적으로 발전되어 간 것이 아니다. 이에 대해 프란츠 부케티츠/박종대 옮김, 『자연의 재앙, 인간』(서울: 시아출판사, 2004)을 참조 바람. 목적론적 세계관에 대한 자연과학의 고전적 이의 제기는 자크 모노/조현수 옮김, 『우연과 필연』(서울: 궁리, 2010)을 참조 물론 목적론적 세계관을 긍정하고 이를 우주 진화의 과정을 결부시키려는 학자들도 있다. 개괄적으로는 존 호트/구자현 옮김, 『과학과 종교, 상생의 길을 거다』(서울: 코기토, 2003), 특히 제8장 "우주는 목적을 가지고 있는가?"를 참조 바람.

의 현실을 도리어 왜곡시켜 놓는 것은 아닐까?

우리는 우리 자신의 삶에 목적과 목표를 설정할 순 있지만, 삶이 그 자체로 형이상학적인 내적 원리에 따라 목적론적으로 설정되어 있다고 보지는 않는다.[68]

또한 진정 존재하는 것은 존재하는 한, 모두 선이라고 할 수 있는지도 되물어볼 필요가 있다. 오늘날 우리가 경험하는 바에 따르면, 생명체에 너무나 치명적인 해를 가하는 바이러스의 출현이나 생태계를 교란시키는 생명체의 출현은 **존재하는 것은 선**이라는 도식을 긍정하기 어렵게 만든다. 단적인 예로 우리 몸속에 존재하는 암세포는 그 존재함에 있어 선이라고 하기 어렵지 않은가? 따라서 우리는 토마스 아퀴나스와 아우구스티누스에 의해 형이상학적으로 규정된 악의 본질과 그들의 형이상학적 존재론에 의문을 가질 수밖에 없다.

존재하는 것이 선하다는 생각은 창조신앙의 고백과 연결되어 있지만, 창조신앙은 단순히 존재하는 것 자체에 대한 긍정을 넘어 생명을 보존하고 충만하게 하라는 요구를 받고 있다. 이런 점에서 "좋다."라는 창조주의 선언은 단순히 존재 자체에 대한 긍정을 넘어 창조의 궁극적 완성인 만물의 안식과 연관해서 이해되어야 한다. 어쨌든 과연 선은 무엇이며 악은 무엇인지에 대해 형이상학적으로 정초된 존재론에서 도출되는 대답은 오늘날 우리의 경험적 현실에 낯설고 수용하기 어렵다.[69]

---

68) '왜 사냐 건 웃지요'라는 김상용 시인의 시구(詩句)처럼 또는 "장미는 왜라고 묻지 않고 피어난다. 피기 때문에 핀다"(Die Rose blüht ohne warum; sie blüht, weil sie blüht)라는 앙겔루스 실레지우스(Angelus Silesius)의 시처럼 우리의 삶은 목적론적으로 그 무엇인가에 정향되어 거기에 매달려 그것을 향해 내달리기보다는, 그저 '살라'고 하는 삶 그 자체를 생명(生命)의 목적으로 삼고 있는 것은 아닐까?

69) 강영안, "악에 대한 형이상학적 성찰 - <악의 형이상학>은 어떻게 가능한가?", 한국정신문화연구원 철학 종교 연구실 편, 『악이란 무엇인가』 (서울: 창, 1992), 35~63,

마지막으로 우리는 고전 유신론과 짝하고 있는 형이상학적 존재 이해의 단점에 대해 하나 더 지적하고자 한다. 만물이 신의 피조물이라는 기독교 신앙과 결합된 고전 유신론은 기존의 세계를 긍정하면서 세계의 정당성을 통해 자신의 형이상학을 구축하는 동시에, 역으로 형이상학을 통해 현존하는 질서체계를 또한 공고히 하는 경향이 있다. 이로 인해 악의 발생은 쉽사리 선의 질서 속에 편향된다. 존재가 무에 대해 우위에 있듯이 선이 악에 대해 항상 우위를 점한다.

비록 형이상학이 현실세계를 그 너머(meta)의 전체성에서 보는 시야를 열어 주지만, 이와 더불어 형이상학이 사유하는 그 전체성은 언제나 이미 존재하는 것들에 대한 긍정과 연관되어 있을 뿐, 아직 존재하지 않는 것들에 대해서는 사유할 길을 충분히 열어 주지 못했다. 곧 전통적 유신론과 짝하고 있는 형이상학은 전적인 새로움을 희망하게 하는 신앙의 종말론적 역동성을 수용하지 못했다.

고전적 유신론의 형이상학에서 종말이란 사물들이 궁극적으로 추구하던 목적을 실현하는 지점으로 이해될 뿐이며, 현존하는 것의 변혁이나 전복, 새로움의 출현과 도래와는 거리가 멀다. 따라서 존재하는 것을 선으로, 존재의 질서를 선의 질서로 사유하는 형이상학은 새로운 미래의 차원에서 기존 현실을 지양하고 극복할 종말론적 현실을 담아 내지 못한다.

41~42도 이와 같은 생각을 드러낸다. "존재 자체를 규범적, 윤리적 질서로 보는 그리스적 사고와 존재하는 것은 모두 신의 피조물이고 신의 피조물은 모두 선하다는 중세적 세계관은 가공할 만한 살상과 파괴, 인간에 의한 인간의 고통을 체험한 20세기 후반의 사람들에겐 낯설고 이해할 수 없는 것처럼 보인다. 존재는 선이기보다 차라리 악으로 경험된다고 보아야 하지 않는가?"(42) 오늘날 신학은 형이상학적 사유로부터 악의 본질을 규명하는 것이 아니라 현대의 구체적인 고통과 고난의 상황에 대한 근본적인 참여로부터 새로운 사유를 구축해야 할 것이다.

제3장
루터: 인간의 부자유와 신앙의 신정론[*]

1. 들어가는 말

우리는 앞에서 서구의 신정론과 관련된 고전적인 해명들을 살펴본 셈이다. 아우구스티누스와 아퀴나스의 신정론은 악의 문제와 관련해서 향후 전개되는 유신론적 해법에 모범적인 범례를 제공하며 학문적으로나 통속적으로 전개되는 다양한 후속 조치들에 깊이 영향을 끼쳤다. 뿐만 아니라 향후 전개되는 해법들은 이들의 사유 전체를 온전히 수용하지 않는다 하더라도 자유의지론이나 우연론 그리고 형이상학적 악의 본질 규정 등을 부분적으로 수용하여 새로운 형태의 신정론으로 발전시켜 나가곤 한다.

그러나 앞서 보았듯이 신적 전능에 속하는 예지와 신의 선함이 악의 문제와 관련해서 충돌할 수밖에 없으며, 또한 신의 예지와 피조물의 자유는 논리적으로 양립 불가능한 듯 보인다. 악의 문제와 관련하여 기독교 신앙 전통을 이해 가능한 토대 위에 설정하고 이를 논리적으로 해명하려고 했던 중세 신학과는 달리, 오직 신앙의 관점에서 정면으로 돌파해 나가는 새로운 해법을 제시한 이가 바로 종교개혁자 마르틴 루터 (Martin Luther, 1483~1546)다.

---

* 이 글은 약간의 수정을 거쳐 "루터의 신정론"이란 제목으로 「한국조직신학논총」 32(2012), 149~174에 수록했음을 밝혀둔다.

앞으로 살펴보겠지만, 루터는 신의 전능(예지)과 인간의 자유의지가 서로 양립할 수 있다는 기존의 주장을 제기하지 않는다. 이로써 신의 예지가 포기되는 것이 아니라, 오히려 자유의지가 폐기된다. 뿐만 아니라 루터는 하나님의 선함을 논리적으로 변호하지 않는다. 루터는 오히려 이성적 판단에 따르면, 하나님은 선하지 않다는 점을 인정한다. 기존의 유신론적 신정론이 해결하려고 했던 문제, 곧 하나님의 전능과 하나님의 선함 그리고 악의 현실이라는 트릴레마를 루터는 논리적으로 해명하기보다는 오히려 **신앙적 관점**에서 해소시킨다.

우리는 아우구스티누스와 아퀴나스를 통해 기존의 유신론적 신정론에서 악의 본질, 악의 기원과 원인, 신정론적 해법 등이 어떻게 전개되는지를 이미 살펴보았다. 따라서 이와 관련된 루터의 생각을 다룸에 있어서는 기존의 유신론적 신정론에서 논란의 대상이 되었던 신의 전능(예지)과 자유의지의 관련성에 집중하고자 한다. 루터는 1525년에 발표한『노예의지론』을 통해 이 문제를 집중적으로 다룬다.[1]

2. 자유의지는 없다

에라스무스(Erasmus von Rotterdam, 1466~1536)와 같은 인문학자는 루터의 종교개혁에 처음엔 긍정적인 영향을 미쳤다. 에라스무스는 특히 루터와 마찬가지로 성서 전통을 중요하게 여겼고, 헬라어 신약성서를 편집

---

1) 루터의『노예의지론』(De servo arbitrio)은 바이마르 루터 전집(D. Martin Luthers Werke. Kritische Gesamtausgabe, Weimar 1883-)(약자로 WA로 표기) 중 제18권 600~787쪽에 수록되어 있다. 본 연구에서는 지원용 편집,『루터 선집. 제6권 - 교회의 개혁자(II)』(서울: 컨콜디아사, 1982), 31~321에 수록되어 있는 이장식 번역,『노예의 지론』을 인용한다. (아래에서는『노예의지론』으로 표시했다.)

출간했다. 뿐만 아니라 이들에 의해 간행된 아우구스티누스의 작품들과 고전어(라틴어, 히브리어, 헬라어)에 대한 새로운 지식들은 루터의 종교개혁에 긍정적인 도움을 제공했다. 따라서 루터는 에라스무스를 존경했을 뿐 아니라, 그의 작품들을 높이 평가하기도 했다.[2]

그러나 루터와 에라스무스가 비록 성서를 중요하게 여기는 것에선 일치하지만, 성서 해석에 있어서 차이를 나타내는데 이는 에라스무스가 오리겐이나 제롬을 선호한 반면, 루터는 아우구스티누스에 의존하기 때문이다.[3]

종교개혁의 동지와 같았던 이들은 시간이 지나면서 점점 다른 길을 걷게 된다. 에라스무스가 교황청의 압력에 굴복하여 1524년 『자유의지론』 (*De libero arbitrio diatribe sive collatio*)을 통해 루터의 입장을 비판하자, 루터는 그 다음 해에 『노예의지론』을 통해 에라스무스를 조목조목 비판한다. 이로써 두 사람의 입장 차이는 화해할 수 없는 극단에 이르게 된다.[4]

---

2) 베른하르트 로제/이형기 옮김, 『루터 연구 입문』(서울: 크리스찬다이제스트, 1993), 98~99.

3) 인문주의와 종교개혁의 연관성에 대해서는 앨리스터 맥그라스/최재건 옮김, 『종교개혁사상』(서울: 기독교문서선교회, 2006), 77~114를 참조.

4) 루터는 1521년에 라틴어와 독일어로 "assertio omnium articulorum M. Luther per Bullam Leonis X novissiman damnatorum"(독일어: Grund und Ursache aller Artikel D. Martin Luthers, so durch römische Bulle unrechtlich verdammt sind)를 출판하여 교황에게 정죄당한 자신의 41개 신앙 조항을 새롭게 주장하였다. 이 중에서 에라스무스는 특히 31번 조항(경건한 사람은 자신의 모든 선한 행위에서도 죄를 범한다)과 32번 조항(아무리 최선으로 행했다 하더라도 선한 행위는 하나님의 자비하심에 따르면 매일 짓는 죄악이며 하나님의 엄중한 심판에 따르면 죽음에 이르는 죄일 뿐이다.) 그리고 36번 조항의 자유의지에 대한 반박을 주목하고, 단 5일 만에 『자유의지론』을 작성하여 1524년 2월과 3월에 자신의 친구들에게 보냈다고 한다. 그러나 거의 6개월이 지난 이후에야 이를 출간하였다. Erasmus von Rotterdam, *Vom freien Willen*, verdeutscht von Otto Schumacher(Göttingen: Vandenhoeck & Ruprecht, 1956)에서 역자

루터는 이미 1518년『하이델베르크 논박문』(*Disputatio Heidelbergae habita*)[5]을 통해 "타락 이후에 자유의지는 단순히 이름뿐이다. 그 안에 있는 것을 행함으로써 죽음의 죄를 범할 뿐"이라는 견해를 밝혔다.[6] 이처럼 루터는 자유의지에 대한 부정적 입장을 견지해 왔는데, 마침내『노예의지론』이라는 대작을 통해 자신의 신학적 핵심에 재차 쐐기를 박게 된 것이다.

이후 루터는 스스로 이 작품을 대단히 중요하게 여겼다.[7] 그 이유는 자유의지에 대한 옹호와 긍정적 견해가 루터가 그동안 반대해 왔던 로마 가톨릭의 선행과 공적(功績)을 통한 구원론과 직결될 수 있기 때문이다. 달리 표현하면, 루터는 인간의 의지가 구원과 관련해서 아무것도 아니라는 확고한 인식이 없이는 복음에 대한 참된 신앙이 불가능하다고 보았기 때문이다.[8] 따라서 루터의 생각에 따르면, 에라스무스가『자유의지론』

Otto Schumacher의 서문을 참조.

5) *WA* 1 350~374; 본 논문에서는 Franz Lau (Hg.), *Der Glaube der Reformatoren. Luther Zwingli Calvin*(Bremen: Carl Schünemann, 1964), 26~48을 인용한다. (아래에서『하이델베르크 논박문』으로 표시한다.)『하이델베르크 논박문』과『노예의지론』에서 '십자가 신학'(theologia crucis)과 '숨어계신 하나님'(deus absconditus)이라는 동일한 주제가 다루어진다는 점에서 루터의 전기와 후기 사상의 연속성을 엿볼 수 있다. Walther von Loewenich, *Luthers theologia crucis* (Bielefeld: Luther-Verlag, 1982, 6. Aufl.), 27.

6) Franz Lau (Hg.), *Der Glaube der Reformatoren. Luther Zwingli Calvin* (Bremen: Carl Schünemann, 1964), 26~48, 37.

7) 1537년 슈투라스부르크(Straßburg)에서 자신의 모든 저서들이 출판되어야 한다는 말이 들리자, 루터는 자신의 저서들 중에서 교리문답(Katechismus)과 노예의지론을 가장 중요한 저작으로 지목한다. Siegfried Kettling, "Vom unfreien Willen", in: Kurt Heimbucher (Hrsg.), *Luther und der Pietismus*(Giesen/Basel: Brunnen Verlag, 1983), 120~157, 120.

8) Friedrich Gogarten, *Luthers Theologie*(Tübingen: J.C.B. Mohr, 1967), 128. 고가르텐

에서 제기한 자유의지의 문제야말로 주변적인 것이 아닌 "핵심적인 문제, 즉 논쟁의 요점을 공격"한 것이었다.9)

앞서 언급했듯이 루터의 『노예의지론』의 핵심은 인간에겐 자유로운 의지, 곧 **선택**의 의지가 없다는 주장이다. 그러나 루터가 단순히 인간에겐 아무런 의지도 없다고 말하고자 했던 것은 아니다. 루터에 따르면, 인간에겐 분명 의지가 있다. 그러나 자유롭지 못하다는 것이 그의 핵심 주장이다. 인간의 의지란 타락 이후 죄의 노예가 되어 선을 선택할 자유가 전혀 없다. 따라서 루터는 의지의 자유로운 선택이 아니라, 의지의 예속 상태를 말한다. 즉 루터는 에라스무스와 같은 인본주의자뿐 아니라, 향후 계몽주의자들에게 강조되는 인간의 자율성의 근거인 "네 안에 있는 것을 행하라."(facere quod in se)에 정면으로 반대한다. 왜냐하면 인간 내면의 가능성은 죄로 귀결될 수밖에 없기 때문이다.10)

그렇다면 정말 인간에겐 자유로운 선택이 불가능하다는 말인가? 인간에게 무엇을 먹고 무엇을 입고, 어디로 갈 것인지 하는 일상적인 생활의 자유도 없다는 말인가?

에 따르면, 자유의지의 문제는 에라스무스와 관련된 문제뿐 아니라, 루터 신학 전체의 핵심이다.

9) 『노예의지론』, 320. 이 말은 에라스무스가 *Vom freien Willen*, 11에서 자신과 루터의 논쟁은 검투사의 피비린내 나는 싸움이 아니며 자신은 단지 루터의 신앙 조항 중 하나만을 논박하고 있다고 말한 것에 대한 루터의 응답으로 읽을 수 있다.

10) 『하이델베르크 논박문』, 37: "첫 번째 부분은 분명하다. 왜냐하면 의지는 사로잡혔고 죄의 노예이기 때문이다. 이것은 의지가 전혀 존재하지 않는다는 말이 아니라, 그가 자유하지 못하다는 것이다. … 이처럼 아우구스티누스는 자신의 책 <영과 문자>에서 다음과 같이 말했다. 은혜 없는 자유의지는 죄짓는 능력 외에 아무것도 아니다." 이에 대해 에라스무스는 이처럼 "자유의지가 공허한 말이며 천사나 아담이나 우리나 은혜 받기 전이나 후에도 무언가를 하지도 못하며 할 수도 없다"는 생각은 "가장 불쾌한 것"이라고 밝힌다: Erasmus von Rotterdam, *Vom freien Willen*, 33.

이에 대해 루터는 한편에서는 "선택의 자유가 인간에게 허용"되었다고 말하면서 동시에 이는 "인간 이하의 존재를 고려해서 허용된 것이지 인간 이상의 존재를 고려해서 허용된 것이 아님"을 분명히 했다.

> 선택의 자유가 인간에게 허용된 것은 오직 인간 이하의 존재를 고려해서 허용된 것이지 인간 이상의 존재를 고려해서 허용된 것이 아님을 분명히 해야 한다. 말하자면 인간은 그의 능력과 재산에 관해서 그가 그 자신의 선택의 자유에 따라 그것들을 사용하거나 방치해 둘 권리를 가지고 있음을 알아야 한다. …… 하나님과의 관계에 있어서 또는 구원이나 저주와 관련되는 일에 있어서 인간은 전혀 선택의 자유가 없고 오히려 하나님의 의지나 사탄의 의지에 종속되는 포로요, 신민이요, 노예다.[11]

루터는 여기서 일반적인 의미에서 행위의 자유나 의지의 자유를 말하고 있는 것이 아니라, 엄격하게 신학적 의미에서 인간의 자유를 규정하고 있다. 루터에 따르면, 역설적으로 인간의 참된 자유는 하나님 앞에서의 부자유에 대한 인식에 있다. 루터는 인간의 참된 자유를 말하기 위해 의지의 부자유를 언급하고 있는 셈이다.[12]

루터는 인간의 자유를 하나님과의 연관성 안에서 보며, 하나님 앞에 선 인간의 자유를 문제 삼고 있다. 자유의지를 하나님과의 실존적인 관계성에서 규정하지 못하고, 인간의 자유와 하나님의 전능 모두를 주장하면서 동시에 양자의 모순을 해결하려고 했던 교부들의 주장에 대해 루터는 거짓말로 세상을 속이는 일이었다고 평가한다. 왜냐하면 이들은 자유

---

11) 『노예의지론』, 90.
12) Gerhard Ebeling, *Luther. Einführung in sein Denken* (Tübingen: J.C.B. Mohr, 1964), 247 이하.

의지의 문제를 엄밀하게 신학적으로 파악하지 못했기 때문이다.[13]

루터에게 자유의지의 문제는 신학적 인간론과 직결된다. 루터에 따르면, 타락과 함께 인간에겐 지복의 상태가 사라졌을 뿐 아니라 자유로운 선택이 불가능해졌다. 건강을 잃어버려 병든 사람을 건강하다고 말할 수 없듯이, 잃어버린 자유는 "전혀 자유가 아니며 자유를 지니지 않은 것에 자유라는 이름을 부여하는 것은 공허한 자귀를 사용"하는 것일 뿐이다.[14]

자유의지를 잃어버린 죄인으로서의 인간은 사탄이 부리는 "노예적 짐승"에 불과하다.[15] 인간은 더 이상 자유롭지도 자율적이지도 않으며 "죄와 사탄의 노예"일 뿐이다.[16] 이처럼 루터는 인간의 의지는 하나님의 뜻을 의지하든지, 사탄이 지시하는 바를 원하고 따르든지 할 뿐이라고 한다. 하나님과 사탄 사이에 놓인 인간은 타락과 함께 사탄의 조종을 받는다는 것이다.[17]

이처럼 루터에게 인간은 자율적이고 주체적인 존재가 아니라, 타율적이고 수동적인 존재로 파악된다. 죄인으로서의 인간은 사탄에게 예속된 상태이며, 스스로의 힘으로는 죄와 사탄으로부터 자유로울 수 없을 뿐 아니라 자유로워지기를 원하지도 않는다.[18] 따라서 죄인으로서의 인간에게 주어진 의지란 죄짓는 의지뿐이다.

만약 선택의 자유라는 용어를 사용한다면, 마치 인간에게 양쪽 중 하

---

13) 『노예의지론』, 102.
14) 『노예의지론』, 138.
15) 『노예의지론』, 262.
16) 『노예의지론』, 263.
17) 『노예의지론』, 87.
18) 『노예의지론』, 86. 루터에게서도 의지는 결코 외부적인 압력에 의해 강제되지 않는다. 그렇다면 그것은 의지가 아니기 때문이다. 의지는 언제나 자발적이며 자율적이다. 하지만 타락 이후 의지의 주체는 더 이상 인간 자신이 아니다.

나를 선택할 자유가 있는 듯한 착각에 빠지게 된다. 그러나 루터에게 죄인으로서의 인간에게 주어진 의지는 중립적으로 이것이나 저것을 선택할 수 있는 상태에 있는 것이 아니라, 이미 하나님에 대해서는 전적으로 닫혀 있고 악에 대해서는 끌려가고 있는 상태에 있다. 중립적인 상태에 무언가를 선택할 수 있는 의지라는 개념은 일종의 허상일 뿐이다.[19]

3. 자유의지와 은혜

이처럼 루터에게 죄인된 인간의 의지가 지닌 선택은 오직 하나뿐이다. 양자택일이 아니라 오직 하나만을 선택할 수밖에 없다면, 그것을 자유롭다고 말할 수 없을 것이다.[20] 루터가 완강하게 자유의지를 부정하는 것은 선택의 자유가 주어졌을 때는 하나님의 값없이 주어지는 은혜가 은혜로 생각될 수 없기 때문이다.[21]

성서에는 마치 인간이 자유로운 선택의 의지를 가지고 있기라도 한 것처럼 "이렇게 해라, 저렇게 해라."는 명령들이 주어져 있다. 도대체 이것은 무엇을 의미하는가? 루터에 따르면, 성서의 명령들은 율법의 말씀으로서 의지의 무력함을 드러내며, 인간이 마땅히 행해야 할 당위성을 지시한다. 즉 율법의 말씀 앞에서 인간은 자신의 부자유를 깨닫게 되며, 하나님의 영에 의해 죄와 사탄의 예속에서 해방되기를 갈망하게 된다. 또한 성서의 말씀은 의지의 무력함과 죄악에 편향되어 있음을 각성하는 인간에게 무한한 위로와 약속을 주는 복음의 말씀이기도 하다.

---

19) 『노예의지론』, 137.
20) 『노예의지론』, 131.
21) 『노예의지론』, 147.

이처럼 루터에 따르면, 말씀 앞에서 인간은 부자유로 인한 죄와 죽음을 인식하며, 오직 하나님만이 무한한 긍휼과 자비의 은혜 안에서 인간을 자유롭게 하신다는 사실을 경험한다.

> 우리는 다음과 같은 두 가지 일, 다시 말하면 우리 자신의 힘으로는 아무것도 할 수 없다는 것과 우리가 하는 일은 무엇이든지 하나님이 우리 안에서 역사하심으로써 이룩되는 것이라는 사실을 이해해야 한다.[22]

의지는 외부적으로 강제되는 것은 아니지만, 그렇다고 인간 자신이 마음대로 할 수 있는 것도 아니다. 의지는 이미 예속 상태에 놓여 있다. 죄와 사탄의 노예이든지, 은혜에 예속되든지 할 뿐이다. 인간의 의지는 하나님과 사탄, 은혜와 율법 사이에 놓여 있다. 이처럼 인간의 자유가 하나님의 의를 선택하기에 전적으로 무기력하다면, 인간의 구원은 전적으로 하나님 자신의 선택에 달렸을 뿐이다.

인간의 부자유와 절대적인 하나님과의 은혜의 관계는 모든 일은 하나님 자신의 선택에 의해 일어난다는 주장으로 전개된다. 즉 절대적 의미에서 오직 하나님만이 자유로우시다. 선택의 자유는 하나님께만 귀속되는 일이지 인간에게 해당되는 것이 아니다. 따라서 하나님께 적용해야 할 선택의 자유를 인간에게 적용하는 것은 "가장 큰 신성 모독이다."[23] 하지만 신학적으로 이해된 루터의 인간 이해는 모든 일에 대한 하나님의 예정과 연관되면서 그 실존적 성격이 객관화, 일반화되는 경향을 띠게 된다.

---

22) 『노예의지론』, 173.

23) 『노예의지론』, 89.

4. 자유의지와 하나님의 예지와 전능

종교개혁의 구호인 오직 은총(sola gratia)은 하나님의 무조건적인 선택과 결정의 틀 안에서 의미를 가지면서, 인간의 구원뿐 아니라 세상의 모든 일이 하나님 자신의 자유로운 선택에 의해 일어난다는 예지 또는 예정의 사상과 자연스럽게 연결된다. 루터는 하나님의 예지는 인간의 예지와 달리 불완전하지 않으며 반드시 결과를 일으킨다는 사실을 분명히 한다. 하나님의 예지는 곧 예정이다. 루터에게 하나님의 예지예정은 신적 존재에 부차적인 것이 아니라 필연적인 것이며, 하나님 신앙에 반드시 포함되는 것으로 이해된다.

> 물론 우리는 인간의 예지가 불완전하다는 것을 알고 있다. 일식이나 월식이 예지되기 때문에 일어나는 것이 아니라 일어날 것이므로 예지된다는 사실도 우리는 알고 있다. 그러나 이런 종류의 예지에 대해서 우리는 아무런 관심도 없다. 우리는 하나님의 예지에 관하여 논하고 있다. 하나님의 예지가 필연적으로 실현된다는 것을 인정하지 않는다면 당신은 하나님에 대한 믿음과 경외심이 없어질 것이며, 하나님의 약속이나 위협을 무시하고 결국 하나님의 신성조차도 부인하게 될 것이다.[24]

아우구스티누스나 아퀴나스와는 달리 루터는 하나님의 예지와 전능이 인간의 자유의지와 정면으로 충돌할 수밖에 없음을 인정한다. 그는 하나님의 예지와 전능 그리고 인간의 자유의지는 서로 양립 불가능하다는 점을 분명히 인식시키면서, 하나님의 전능과 예지로 인해 "자유의지의 교리는 완전히 폐지"된다고 주장한다.[25]

---

24) 『노예의지론』, 210.

여기서 루터는 한편에서는 하나님의 예지를 인간의 구원과 연관해서 인간의 부자유와 연결시키고, 다른 한편에서는 하나님의 전능에 부합하는 것으로 이해한다. 전능하신 하나님은 모든 일들을 예지하며 결정한다. 하지만 루터는 하나님의 전능을 단순히 사변적으로 이해하며 무엇이든지 다 할 수 있는 힘으로 이해하지는 않았다. 루터에게 하나님의 **전능**이란 단순히 무엇이든지 할 수 있다는 가능적 잠재력(potentia)을 의미하지 않으며 오히려 "모든 사람 안에서 모든 것을 움직이고 활동"하며26) "모든 사람 안에서 모든 일을 이루시는 현실적인 힘"(actualis)을 의미한다.27) 따라서 이 세상 안에 일어나는 모든 일은 하나님의 편재적 활동 (Allwirksamkeit)의 결과이며, 하나님의 전능의 표현으로 이해되어야 한다.

루터에게 하나님의 예지와 전능의 교리는 선택의 자유와 더불어 우연을 제거해버린다. 마치 선택의 자유와 마찬가지로 우연도 일종의 착각에 불과하다. 이 세상의 모든 일들은 하나님의 예지와 전능의 의지에 따라 필연적으로 발생할 뿐이다.28) 하나님의 예지와 전능의 교리를 앞세워 루터는 구원에 있어서의 인간적 가능성을 완전히 무효화시킬 뿐 아니라, 신앙의 대상이 되는 하나님의 활동이 이성적 시야에서는 완전히 감추어져 있음을 역설한다.29)

여기서 루터는 한 걸음 더 나아가 하나님의 활동은 이성이 기대하는

---

25) 『노예의지론』, 214. 루터는 하나님의 예지와 인간의 자유를 동시에 주장하려는 스콜라 철학과 에라스무스의 주장을 마치 9와 10이 동시에 되는 숫자를 발견하려는 일이라고 비꼬아 비판한다(앞의 책, 212).

26) 『노예의지론』, 200.

27) 『노예의지론』, 214 = *WA* 18;718,28-31: Omnipotentiam vero Dei voco non illam potentiam, qua multa facit quae potest, sed actualem illam, qua potenter omnia facit in omnibus, quo modo scriptura vocat eum omnipotentem.

28) 『노예의지론』, 61.

29) 『노예의지론』, 84.

것과는 달리, 전적으로 선하지만은 않다고 말한다. 즉 세상에 일어나는 모든 일이 선한 일만 있는 것이 아니라면, 그리고 이 모든 일이 하나님의 전능과 연결되어 있는 것이라면, 하나님은 선한 일만 일으키시는 분은 아니다.

루터에 따르면, 인간의 구원과 선택뿐 아니라 죽음과 저주와 버림과 고통까지도 하나님의 예지에 따라 일어나며, 하나님은 선한 인간뿐 아니라 사탄과 불신앙인 안에서도 일하신다. 하지만 루터는 여기서 이중적인 표현을 사용한다. 즉 세상의 악한 일도 하나님의 전능에 의해 일어나지만, 하나님은 악의 직접적인 원인은 아니다. 즉 하나님은 악한 자를 통해 악한 일을 행하셨을 뿐이며, 하나님이 강제로 그렇게 한 것이 아니라 그 악한 본성에 부합하게 하셨기 때문이다.[30]

하나님께서 본성에 부합하게 예지하고 결정하셨다는 주장은 하나님의 예지예정과 인간의 자유의지 사이의 양립 가능성을 옹호하려고 했던 아우구스티누스와 아퀴나스의 주장과 유사하다. 그러나 다른 한편, 루터는 이러한 이성적 논리를 앞세워 하나님을 변호하려는 태도가 오히려 하나님께 합당하지 않다고 판단한다. 이러한 이성적 논리는 신앙 없이 하나님을 변호하려고 하며, 결국엔 성서의 자비로우면서도 잔인한 하나님과는 다른 착하고 아무런 잘못이 없는 이성의 하나님을 주조해 낼 뿐이다.[31]

---

30) 『노예의지론』, 200~208. 루터에 따르면, 하나님은 이집트의 파라오의 강팍한 마음을 그대로 강팍하게 하셨다. 즉 하나님은 파라오의 의지에 반하는 일을 하신 것이 아니라, 그 악한 본성대로 행하도록 하셨을 뿐이다.

31) 『노예의지론』, 196~198. "이성은 오히려 신앙을 버리고 어째서 하나님이 잔혹하지 않고 선한가를 느껴 알고 이해하고자 한다. 물론 하나님께서 아무도 강팍케 하거나 저주하시지 않고 모든 사람에게 자비를 베풀며 모든 사람을 구원하여 지옥을 없애버리고 죽음의 공포를 소멸시키신다면 이성은 인간이 두려워 할 미래의 징벌은 아무것도 없게 되리라는 것을 이해하고 있다. 그래서 이성은 하나님의 무죄를 입증하고 하나님의 정의와 선을 옹호하기 위해 그토록 호통치고 격론을 벌이는 것이다"(198).

여기서 루터는 이성이 아니라 오직 신앙의 관점에서 자신의 주장을 전개한다. 자유의지와 하나님의 전능이 양립 불가능하듯이 이성과 신앙은 양립할 수 없다. 이성에 의해 이해될 수 있는 신은 신앙의 관점에서는 절름발이에 불과하다. 그렇다면 하나님에 대해 말할 수 있는 근거는 어디에 있는가?

루터에 따르면, 신학의 가능성은 오직 성서적 진술에 뿌리를 두며, 신앙에 의해 가능하다. 따라서 하나님 신앙은 논리적 판단이나 가시적 경험에 근거하여 하나님에 대해 말하지 않는다. 신앙은 "이성적 이해력을 훨씬 넘어선" 성서적 진술에 따라 하나님의 선함을 고백할 뿐이다.[32] 이성의 눈으로 볼 때 하나님은 악하다. 그러나 신앙은 "비록 하나님이 모든 인간을 지옥으로 보낼지라도 하나님이 선하다고 믿는 것이다."[33]

5. 계시된 하나님과 숨어 계신 하나님

자유의지의 부정과 하나님의 예지와 전능은 죽음과 저주와 고통과 같은 악이 하나님의 선택에 따라 인간에게 부과된다는 사실로 이어진다. 이러한 하나님의 선택은 인간의 행위에 상응하는 보상으로 주어지는 것이 아니기 때문에, 이성의 눈에는 전적으로 불합리하게 보일 수밖에 없다. 여기서 우리는 선하신 하나님과는 전혀 상반되는 잔혹하고 무자비한 하나님을 생각하지 않을 수 없다. 루터는 이런 하나님의 모습을 부인하지 않는다.

---

32) 『노예의지론』, 198.
33) 『노예의지론』, 198.

우리가 말할 수 있는 것은 선하신 하나님은 …… 오직 자신의 백성에게서 발견되는 죽음을 슬퍼하시고 그 죽음을 그들에게서 제거하고자 하신다는 것이다. 왜냐하면 이것은 곧 선포되어진 하나님은 죄와 사망이 제거되고 우리가 구원되기를 원하시는 분을 말하기 때문이다. …… 그러나 자신의 위엄 속에 숨어 계신 하나님은 죽음을 애도하지도 제거하지도 아니하시며, 삶과 죽음 그리고 만유를 관장하신다. 왜냐하면 거기서 하나님은 자신의 말씀에 얽매이지 않고 모든 것에서 자유로우시기 때문이다.[34]

위의 인용에서 보듯이 루터는 성서의 하나님을 보다 깊이 이해하기 위해 서로 대립되는 듯한 하나님의 **두 측면**을 제시한다.

계시된 하나님(deus revelatus)과 숨어 계신 하나님(deus absconditus)은 서로 다른 두 신이 아니다. 하나님의 두 측면으로 이해될 수 있는 계시된 하나님과 숨어 계신 하나님은 한편에서는 예수 그리스도를 통해 계시된 성육하신 하나님을, 다른 한편에서는 하늘의 위엄과 영광 속에 계신 하나님을 각각 의미한다. 하지만 우리를 구원하시고자 성육하신 하나님, 우리를 위해 고통받으신 힘없는 하나님은 또한 우리를 심판하시며 만물을 다스리시는 전능하신 하나님이시다.

루터에게 계시된 하나님은 숨어 계신 하나님과 역설적 관계 속에 있으며, 신앙은 바로 이러한 역설을 긍정하고, 계시된 하나님과 숨어 계신 하나님 사이의 모순에도 불구하고 하나님을 경배하는 것이다.[35]

---

34) 『노예의지론』, 163.
35) 루터는 『노예의지론』에서 분명 숨어 계신 하나님(Deus absconditus)와 계시된 하나님(Deus revelatus)을 날카롭게 대립시킨다(특히 앞의 책, 168~171); 김용성, 『하나님 이성의 법정에 서다』(서울: 한들, 2010)에서는 『하이델베르크 논박문』의 두 하나님 개념의 대립을 십자가 신학의 관점에서 해석하여(96), 이를 『노예의지론』에도 그대로 적용시킨다(114~115). 그러나 이러한 관점은 루터의 '계시된 하나님'과 '숨어

신앙과 이성의 대립은 이제 이성으로는 도달할 수 없는 하나님의 신비와 위엄에 대한 신앙의 복종과 경배에서도 나타난다. 루터에게 하나님과 그분의 일은 인간의 이성에게는 철저히 감춰져 있다.

> 우리로서는 하나님 안에 모종의 불가사의한 의지가 있다는 것을 아는 것으로 충분하며 우리에게는 그 불가사의한 의지가 무엇이고 왜 있으며 그것이 얼마나 멀리까지 미치는가에 대하여 연구해서 알거나 동경하거나 관심을 기울이거나 간섭할 수 있는 권리가 없으며, 오로지 두려워하고 숭배해야 할 일이 있을 뿐이다.[36]

루터의 숨어 계신 하나님은 이성에 의해 결코 파악될 수 없는 하나님이며, 전적으로 낯선 분이시다. 이 하나님은 낯선 존재이며, 이해 가능하고 선한 존재가 아니라 이성의 눈으로 볼 땐 잔혹하고 이해 불가한 하나님이다. 루터에 따르면, 이성은 하나님이 누구인지 결코 알 수가 없다. 다만 그가 존재한다는 것을 알 뿐이다. 그럼에도 이성은 자신이 모르는 하나님에게 이름을 붙이고 명예를 주며 그를 하나님이라고 부른다. 그러나 이는 참된 하나님이 아니라 "악마"이거나 "악마가 지배하는 그 자신의 망상"일 뿐이다.[37]

왜 하나님은 사악한 자의 마음이 악하지 않도록 하시지 않고 그대로 악하게 방치하시는가? 왜 하나님은 아담이 타락하게 내버려 두셨으며 우리를 죄로 물들게 하셨는가? 왜 하나님은 누구는 구원하시며 누구는 버

계신 하나님'의 대립쌍이 지닌 의미가 루터의 작품에 따라 각각 상이하게 나타난다는 사실을 간과하고 있는 듯하다.

36) 『노예의지론』, 163.

37) *WA* 19; 207, 3~13 (1526); G. Ebeling, *Luther. Einführung in sein Denken*, 264에서 재인용.

리시는가?38)

　이러한 물음에 대해 루터는 다음과 같이 말한다. "이것은 신적 권능의
비밀에 속하는 일이다. …… 우리가 할 일은 그따위 질문을 하는 것이 아
니다." 그렇다면 무엇을 해야 하는가? "다만 하나님의 저 신비를 경배해
야만 한다."39)

　이로써 신정론에 대한 루터의 답변은 하나님의 불가해한 신비(mysterium)
로 넘어간다. 그리고 루터에 따르면, 이 하나님의 불가해한 신비를 이성
적으로 해명하려고 할 때, 하나님은 그 참된 모습을 잃어버린 채 이성에
의해 주조된 우상이 될 뿐이다. 따라서 루터는 이 불가해한 신비에 집착
하기보다는 성육하신 계시된 하나님에 더욱 초점을 맞추기를 원했고, 그
의 십자가 신학을 통해 십자가에 못 박힌 예수 그리스도의 형상 안에 계
시된 무기력한 하나님과 인간의 생사를 주관하는 전능하신 하나님을 역
설적으로 통일하고자 했다. 즉 숨어 계신 하나님은 오직 계시된 하나님
에 대한 신앙을 통해서만 모순의 일치를 볼 수 있다.40)

6. 나가는 말

　신정론의 문제와 관련해서 루터의 신학은 몇 가지 점에서 특이하다.

---

38) 루터의 이중예정론은 칼빈의 사변적 이중예정론과는 달리 계시하시는 하나님의 신
　비에 근거하고 있다. Siegfried Kettling, "Vom unfreien Willen", in: Kurt Heimbucher
　(Hrsg.), *Luther und der Pietismus* 152~153을 참조

39) 『노예의지론』, 205.

40) G. Ebeling, *Luther. Einführung in sein Denken*, 278: "십자가에 못 박힌 자, 예수는
　우리에게 하나님을 무기력함 안에 있는 전능하신 분으로 믿게 하며 그렇게 함으로써
　하나님을 하나님으로 만든다. 즉 신앙과 하나님은 상호 공속한다."

첫째, 그는 아우구스티누스와 아퀴나스에게 자명하게 전제되었던 신의 전능과 인간의 자유의지 사이의 양립 가능성을 부정하며, 인간의 전적인 부자유를 선언한다. 둘째, 기독교 신학에서 자명하게 전제했던 하나님의 전적인 선함을 부정하며, 하나님은 선할 뿐 아니라 악하며, 생명을 수여할 뿐 아니라 고통과 죽음도 준다고 선언한다. 셋째, 이러한 그의 관점은 계시된 하나님과 대립되는 숨어 계신 하나님을 통해 뒷받침된다.

결국 루터의 신정론이 함축하고 있는 이러한 특성은 이성적으로 하나님을 정당화하려는 시도에 대한 비판과 연관된다. 루터는 합리적 신정론을 대신하여 역설의 신정론, 더 나아가 신비의 신정론을 주장한다. 즉 루터에 따르면, 인간의 이성으로는 이해할 수 없는 숨어 계신 하나님의 활동에 대해 신앙은 오직 경배해야 한다. 이와 같이 루터는 하나님에 대한 모든 언설에 **신비로의 환원**(reductio in mysterium)을 전제하며, 하나님의 행위는 본질적으로 이해될 수 없다는 입장에 선다.

하지만 루터가 제시한 이러한 신정론의 특징들을 비판적으로 발전시키기 위해 우리는 우선 몇 가지 점을 고려해야 한다.

첫째, 우리는 여기서 루터의 숨어 계신 하나님과 계시된 하나님의 관계를 물으면서, 루터가 피조세계와 하나님의 관계를 일방적으로 숨어 계신 하나님과만 연관해서 이해하지 않았는가를 물어볼 수 있다. 루터의 숨어 계신 하나님은 계시된 하나님과 동일한가?

참된 신학자는 하나님의 보이지 않는 본질을 인식하려는 영광의 신학자가 아니라, 고난을 통해 드러나는 하나님의 뒷면을 인식하는[41] 십자가의 신학자[42]라고 주장했던 그는 고난과 악의 문제와 관련해서 왜 십

---

41) 『하이델베르크 논박문』, 제19항: "일어나는 일들을 인식함으로써 하나님의 보이지 않는 본질을 보는 자를 적합하게 신학자로 부르진 않는다." 제20항: "그러나 하나님에 의해 보이는 것, 하나님의 뒷면을 고난과 십자가를 통해 쳐다보고 인식하는 자는 적합하게 신학자라고 부른다."

자가 신학(theologia crucis)을 관철시키지 않고 도리어 사건의 배후에서 모든 것을 좌우하는 전능한 힘에 대해서만 주목했는가?

알트하우스(Paul Althaus)는 루터의 하나님에 대한 개념들을 도식화시켰는데, 숨어 계신 하나님(deus absconditus)은 벌거벗은 하나님(deus nudus)이며 천상에 계신 분으로 사변적으로 추구된 분이다. 이에 반해 성육신하신 하나님은 인간이 볼 수 있게 옷을 입고 가운을 걸친(indutus, velatus), 말씀으로 계시된 하나님(deus revelatus)이다.[43]

루터가 『노예의지론』에서 언급하고 있는 숨어 계신 하나님을 십자가의 하나님과 연관시켜 이해하지 못할 때, 숨어 계신 하나님은 "고난보다는 행위를, 십자가보다는 영광을, 약함보다는 힘을, 어리석음보다는 지혜를, 추한 것보다는 선함을 선호하는" 영광의 신학자, 곧 "그리스도 십자가의 원수들"이 추구하던 하나님과 동일시될 뿐이지 않겠는가?[44]

뿐만 아니라 루터가 인간의 이성으로는 이해할 수 없는 불가해한 하나

---

42) 『하이델베르크 논박문』, 제21항: "영광의 신학자는 악을 선이라고 하며, 선을 악이라고 한다. 십자가의 신학자는 실재가 무엇인지를 말한다."

43) 파울 알트하우스/구영철 옮김, 『마르틴 루터의 신학』(서울: 성광문화사, 1994), 48~49.

44) 『하이델베르크 논박문』, 42. 우리는 『노예의지론』에 사용된 '숨어 계신 하나님'(Deus absconditus) 개념이 『하이델베르크 논박문』에서 사용된 의미와는 다르지 않느냐고 물을 수 있다. 『하이델베르크 논박문』에서 Deus absconditus(숨어 계신 하나님)는 십자가 신학의 맥락에서 Deus crucifuxus(십자가에 못 박힌 하나님)를 의미한다. 그러나 『노예의지론』에서 Deus absconditus는 더 이상 구원과 생명을 선사하는 우리를 위한 하나님(Deus pro nobis)이 아니라, 오히려 우리와 무관한 하나님, 자존하는 하나님(Deus a se)이다. 물론 루터에게 여기서 Deus absconditus는 사변이 아니라 신앙을 통해, 즉 Deus revelatus의 관계를 통해 감지할 수 있다고 말하고 있다. 루터의 Deus absconditus에 대해서는 Walther von Loewenich, *Luthers theologia crucis* (Bielefeld: Luther-Verlag, 1982, 6. Aufl.), 26~52, 특히 『노예의지론』과 관련해서는 30~39.

님의 신비와 힘으로 언급했던 숨어 계신 하나님은 오히려 인간의 이성과 본성이 전제하고 있는 신의 본성에 부합하지 않는가?[45]

만약 숨어 계신 하나님을 그분의 고난과 약함 속에서 인식할 수 있는 계시된 하나님과 분리시켜 이해한다면, 숨어 계신 하나님은 우리에겐 정당한 이유 없이 폭력을 행사하는 폭군으로 경험될 뿐이다. 그리고 그 결과 자의적으로 행동하는 신적 존재를 믿는 기독교 신앙은 합리적 무신론에 논리적 승리를 내줘야 할 뿐 아니라, 신에 의한 불의와 불평등을 그저 묵고해야만 한다는 도덕적 비난까지 받게 될 것이다.[46]

따라서 숨어 계신 하나님만으로는 신정론의 질문에 대한 정당한 대답이 되지 않을 뿐 아니라, 질문 자체를 무효화시킨다. 하나님이 인간의 운명을 자기 마음대로 좌지우지한다면, 인간의 고통에는 딱히 무슨 의미가 있으며 설령 고통 없는 삶이라 해도 무슨 의미가 있겠는가? 루터의 표현대로 자신의 위엄 속에 숨어 계신 하나님은 "죽음을 애도하지도 제거하지도 아니하시며, 삶과 죽음 그리고 만유를 관장"하시며 "모든 것에서 자

---

45) 루터는 『노예의지론』에서 하나님의 전능과 관련해서 하나님에 대한 지식이 인간의 본성 속에 이미 내재해 있음을 암시한다 : "모든 인간은 다음 두 가지 사실이 논의되는 소리를 들을 때 이와 같은 생각이 그들의 마음속에 씌어져 있음을 알고는 (마지못해) 이를 승인하게 된다. 첫째, 하나님은 권능에 있어서나 행동에 있어서 전능하시다. 그렇지 않다면 하나님은 조롱받을 하나님이 되어버릴 것이다. 그리고 둘째, 하나님은 모든 일을 알고 있고 또 예지하고 있으며, 실수하거나 기만당하는 일이 없다"(215). 즉 루터가 여기서 변호하는 하나님은 십자가의 하나님처럼 인간의 이성과 지혜에 대립해 있지 않고 오히려 부합하는 측면을 지니고 있음을 보게 된다.

46) 『노예의지론』, 315: "당신도 알다시피 하나님은 육적인 세상의 외부적 사건들에 관한 한 당신이 인간적 이성의 판단을 존경하고 따른다면 당신은 하나님이 없다거나 하나님은 불공평하시다고 말할 수밖에 없도록 배열하신다." 김용성, 『하나님 이성의 법정에 서다』, 113: "그렇다면 루터는 하나님을 악의 근원자로 인식하고 있는 것은 아닌가? 순수 현상학의 차원에서 볼 때, 숨어 계신 하나님의 행위는 사탄의 그것과 구별하기 힘들기 때문이다."

유"로우시다면,[47] 고통 가운데서 신에게 부르짖는 우리의 간구가 도대체 무슨 의미를 가질 수 있을까?

숨어 계신 하나님의 절대적 자유는 인간의 삶을 무력화시키며, 하나님의 행위와 인간의 삶을 의미 있게 연결시켜 줄 고리를 모두 끊어 놓는다. 뿐만 아니라 신앙과 이성은 전혀 소통할 공간을 마련할 수 없을 것이다. 왜냐하면 근거를 묻는 이성의 물음에 신앙은 궁극적으로 "하나님 외에 다른 원인이나 근거, 이유를 찾아서는 안 된다."는 대답만을 줄 뿐이다.[48] 그런데 정말 우리에게 하나님은 베일에 가려져 알 수 없는 불가사의한 힘, 난폭한 폭군으로 남겨져도 좋은가?

둘째, 우리는 하나님의 **전능**과 인간의 **자유**에 대해 루터보다 더 깊이 숙고해야 할 것이다. 루터는 하나님의 예지와 피조물의 자유에 대한 고전적인 양립 가능성을 논박하면서, 자유의지를 철폐시킨다.

일단 루터가 자유의지의 문제를 다룰 때는 인간의 일상적인 자유에 대해 말하는 것이 아니라, 하나님의 은혜와의 관련성 속에서 행위를 통한 구원의 불가능성을 말하고 있음을 기억해 둘 필요가 있다. 즉 그는 엄밀하게 신학적 구원론의 입장에서 자유의지에 대해 말하고 있다. 하지만 문제는 루터가 하나님의 전능과 예지를 앞세워 일상의 모든 사건들조차 피조물의 자유와는 무관하게 이루어진다는 견해를 관철시키는 데 있다.

이때 의지의 부자유와 무능력에 대한 엄밀한 신학적 관점이 사변적인 신론에 의존한 채 마치 기계적 결정론으로 전환되어버린다.[49] 만약 인간의 자유의지를 부정해버리면, 죄에 대한 책임도 인간에게 물을 수 없게 된다. 더 나아가 인간의 범죄에 대한 책임을 인간 자신에게 물을 수 없

---

47) 『노예의지론』, 163.

48) 『노예의지론』, 205.

49) 이러한 해석은 일찍이 Theodosius Harnack, *Luthers Theologie*, Bd. 1, München 1927에서 등장한다. F. Gogarten, *Luthers Theologie*, 130쪽 이하 참조 바람.

다면, 인간의 행위에 대한 신의 상벌은 결코 정당화될 수 없게 된다.

또한 신적 예지에 대한 논의의 내부로 들어가면 루터는 여전히 제1원인으로서의 하나님의 전능과 제2원인들의 결함에 대해 말하고 있으며, 제1원인과 제2원인의 연관성 속에서 의지가 강제되는 것이 아니며, 잘못의 책임은 제2원인의 결함에 있다고 말하는 점에서 아우구스티누스나 아퀴나스의 자유의지에 대한 변론과 일맥상통한다.

다만 그는 하나님의 전능을 앞세워 자유의지의 무력함을 철저히 강조함으로써, 하나님의 예지와 자유의지의 관계를 합리적으로 설명하려는 이전의 전통적 시도를 포기한다. 그에게 이러한 합리적인 설명의 시도 자체는 불가해한 하나님의 신비를 침범하여 이성의 하나님을 그려내는 결과에 도달하기 때문이다. 따라서 루터는 이성으로는 이해할 수 없는 하나님의 전능을 전적으로 앞세운다.

이때 루터에게 하나님의 전능은 모든 것 안에서 활동하시는 현실적인 힘이며, 항상 활동하되 세상의 도구의 결함을 결함이 있는 그대로 사용하는 힘이다. 즉 하나님은 적어도 형식상으로는 피조물에 대해 어떤 강제성도 부여하지 않는다는 점에서,[50] 역설적으로 루터의 하나님은 실제로 이 세상에서 무능하다고 할 수도 있다.[51]

---

[50] 루터는 예정은 의지를 강제하지 않는다고 본다. "어떤 사람이 하나님의 영을 받고 있지 않을 때, 그는 마치 목덜미를 붙잡혀 어쩔 수 없이 행위하듯이 그의 의지에 거슬러 악을 행하는 것이 아니다. 오히려 그는 자발적으로 채비를 갖춘 의지를 가지고 악을 행하는 것이다"(『노예의지론』, 86). "만약 의지가 강제받는다면 그것은 의지가 아니다. 왜냐하면 강제란 오히려 '무의지'이기 때문이다"(앞의 책, 87). 예지와 강제성의 관계에 대해 Siegfried Kettling, "Vom unfreien Willen"을 참조 바람; 이와 다른 관점은 김재진, "칼빈과 루터신학 유사성에 관한 일고(一考) - 노예(속박)된 의지와 선택의 자유를 중심으로", 「한국개혁신학」 27 (2010), 187~215을 참조

[51] H. A. Obermann, "Martin Luther: Zwischen Mittelalter und Neuzeit", in: Ders., *Die Reformation. Von Wittenberg nach Genf* (Göttingen: Vandenhoeck & Ruprecht,

하나님의 관점에서 볼 때, 신은 전능하여 모든 것을 예지하고 통제하는 듯 보이지만 신적 질서로서의 피조세계의 관점에서 볼 때 신의 전능은 피조세계의 자율성을 완전히 초월하지 못한다. 달리 말하면 신적 힘은 피조세계의 결함에 제약되어 있다. 루터가 한편에서는 인간의 자유의지를 부정하고 하나님의 주권적 전능성을 강조한 반면, 다른 한편에서는 신적 힘이 의지를 강제하지 않는다고 말한다는 점에서, 루터의 전능 개념은 논리적 일관성이 부족하다.

셋째, 신정론의 문제와 관련해서 루터가 전면에 내세운 하나님의 **신비**에 대한 비판적 수용이 요구된다. 이 세상의 고난과 하나님의 신비와 관련해서 루터는 자신의 저서 말미에 세 가지 빛에 대해 말한다. "왜 선한 자가 고통을 받고 악한 자가 번영"하는지에 대해 자연의 빛(lumen naturae)은 정당한 대답을 줄 수 없다. 이성의 눈으로 볼 때, 악한 자의 번영은 불합리할 뿐이다. 그러나 이 세상의 불의한 고통에 대해 은혜의 빛(lumen gratiae)은 "이 세상 다음에 내세가 있다"라는 사실을 비춰준다.

신앙의 눈은 은근히 다음 세계에서 있을 심판을 바라본다. 그러나 이로써 모든 것이 해결된 것은 아니다. 다음 세계의 심판이 과연 정당하게 집행되는지에 대해 신앙은 침묵할 수밖에 없다. 왜냐하면 인간에 대한 하나님의 심판은 실제로는 자신의 힘으로는 어쩔 수 없이 죄를 범할 수밖에 없는 인간에 대한 심판이기 때문이다. 따라서 하나님의 예지에 따라 죄를 범할 수밖에 없던 인간을 하나님께서 이제 심판하신다는 사실에 대해 자연의 빛만이 아니라 은혜의 빛조차도 "불행한 사람의 잘못이 아니라 불공평한 하나님의 잘못"이라고 판단을 내릴 수밖에 없다.[52]

1986), 189~207.

52) 하나님의 불가해한 의지에 대해서는 『노예의지론』 164, 169~171, 316~317. 본문의 두 인용은 316.

그러나 여기서 루터는 다시 영광의 빛(lumen gloriae)에 대해 말한다. 하나님의 영광의 빛 안에서 이성과 신앙으로도 통찰될 수 없던 하나님의 신비가 온전히 해명될 것이라고 한다. 즉 하나님의 정의에 대한 물음은 이성이나 이 세상 내에서의 신앙이 답변할 수 없으며, 궁극적으로 하나님 자신이 최종적인 대답이 되신다. 이로써 루터의 신정론은 하나님의 미래라는 지평을 지시한다.[53]

우리는 루터의 이러한 해결책이 단순히 논리적이고 합리적인 해명이 아니라는 사실을 알고 있다. 루터는 신정론의 문제 설정과 관련해서 이미 이성의 법정에 하나님을 세우기보다는 하나님의 신비 앞에 이성의 무력함을 폭로하고 있다. 이성이 하나님의 신비 앞에 자신의 무기력함을 드러낼 뿐 아니라, 신앙도 하나님의 신비 앞에 그저 엎드릴 뿐이다. 신정론의 최종적인 답변은 오직 하나님으로부터, 하나님 자신의 시간에 주어진다.[54]

---

53) 루터가 여기서 주장하는 핵심이 "하나님"인지, 아니면 "종말론"인지에 대해 의견이 분분할 수 있지만 필자는 루터가 하나님의 신비와 미래적 종말론 양자를 모두 주장하고 있다고 생각한다. Jan Bauke-Ruegg, "Gottes Gerechtigkeit? Hinweise zur Theodizeeproblematik", in: *Zeitschrift für Theologie und Kirche*, 102 (2005), 333~351, 349.

54) 이와 같은 신정론에 대한 종말론적 해법은 볼프하르트 판넨베르크에게서 볼 수 있다. W. Pannenberg, *Systematische Theologie III* (Göttingen: Vandenhoeck & Ruprecht,1993), 677~694. 판넨베르크는 창조와 더불어 시작된 하나님의 사랑과 피조물의 자유를 언급하며, 창조 과정 속에 피조물의 자율성을 존중하는 하나님의 모험으로 인해 악이 발생할 수 있게 되었다고 본다(690). 하지만 하나님은 또한 역사의 과정 속에서 자기 자신의 존재를 증명하며 악을 극복해 나가신다. 하지만 판넨베르크는 헤겔식의 개인을 희생하는 역사 신정론을 비판한다(683). 또한 그는 바르트도 비판한다. 즉 바르트가 "칭의로서의 창조"(*KD* III-1, 418~476)에서 창조를 우주의 질서로만 인식했던 18세기 신정론의 문제를 제대로 지적했지만, 그 역시 창조의 종말론적 완성에 대해 깊이 사유하지 못했다는 것이다(693). 판넨베르크에 따르면, 악

그러나 이처럼 신정론의 물음이 하나님의 신비로 환원(reductio in mysterium)될 때, 우리는 부조리한 고난에 절규하거나 저항할 힘을 어디서 얻을 수 있단 말인가? 우리를 삼킬 듯이 덮치는, 그 근거와 이유를 알수 없는 고난에 대해 우리는 저 미래적 하나님의 신비를 그저 멍하니 바라보고만 있어야 한단 말인가? 하나님은 숨어 계신 하나님이며, 하나님의 섭리와 역사는 이성적으로, 심지어 신앙적으로도 이해 불가해한 신비이기만 하다면, 그래서 우리는 고난 속에서 하나님께 저항하거나 항변할수도 없으며, 그저 그분의 신비 앞에 굴복해야만 한단 말인가? 고난당하는 자는 비록 고난의 의미에 대한 답변을 알 수 없다고 하더라도, 아니 그렇기 때문에 더욱 절규하며 부르짖는 것이 아닌가? 루터의 생각과는 달리, 신비로의 환원 앞에서도 고통당하는 인간의 저항과 절규에서 던져지는 까다로운 하나님 질문은 폐기되고 말 것이 아니라 오히려 지속되어야하지 않겠는가?

마지막으로 넷째, 역설과 신비의 신정론은 그 자체가 최종적인 종착역이 아님을 스스로 말하고 있다는 사실에 주목해야 한다. 하나님 자신이 종말론적 자기해명을 통해 신정론의 물음에 대답하리라는 루터의 최종적 주장과는 달리, 역설적으로 루터 자신이 고난과 악의 문제 앞에서 오히려 하나님을 열렬히 변호하고 있는 듯 보인다.

하나님 자신이 종말론적 지평 속에서 스스로 자신의 정당성을 증명하실 것이라면, 이제 루터는 오히려 하나님을 변호할 것이 아니라, 고통 가운데 있는 인간을 위로하고 변호해야 하지 않을까? 그러나 그는 그렇게

의 현존으로 인한 하나님 존재에 대한 의혹이 제기될 수밖에 없지만, 창조주 하나님에 대한 신앙은 그럼에도 불구하고 하나님의 존재와 섭리를 긍정하며, 궁극적으로 창조의 완성과 더불어 스스로 자신의 정당성을 해명하실 하나님에 의해 정당성을 인정받게 될 것이다. 그런 점에서 모든 합리적 신정론은 기껏해야 잠정적 의미를 지닐 뿐이다(679).

하지 않았다. 즉 루터의 신정론은 신정론적 답변이 오직 하나님 자신에게 있다는 점을 철저히 강조하면서도 역설적으로 루터 자신이 하나님을 적극적으로 변호하고 구명하는 형식을 취하고 있으며, 이에 반해 정작 고통당하는 인간에겐 어떠한 구원의 탈출구도 제시하지 않는 모습을 띤다.

만약 우리가 루터와 함께 신앙의 신정론을 주장하고자 한다면, 그래서 악에 직면한 하나님 자신의 문제는 하나님 자신이 스스로 해명하신다는 것을 철저히 고수한다면, 신정론의 문제에 직면하여 신학은 하나님의 정당성을 궁리하는 인간적 노력에 치중할 것이 아니라, 오히려 고통 가운데서 하나님을 향해 부르짖고 있는 인간의 삶을 향해 고개를 돌려야 하지 않을까? 즉 신정론에 대한 신앙적 답변은 고통당하는 인간을 향한, 인간을 위한 실천적 행위를 지시하고 있지 않은가?

하나님의 정당성을 추구하고자 하는 신정론이 합리적 해답의 불가능성을 넘어 신앙의 희망 속에서 오직 하나님 자신으로부터만 해답이 주어질 것을 감지한다면, 이제 고통과 악의 현존 속에서 우리는 하늘만 쳐다볼 것이 아니라, 오히려 현실적으로는 고통당하는 인간의 얼굴을 바라보아야 할 것이다. 하나님에게 던져진 질문에 대해 하나님이 답변하실 것이라면, 고통당하는 네 이웃에게 너는 무엇을 할 것이냐는 인간에게 주어진 질문에 대해서는 우리 자신이 답변해야 하기 때문이다. 합리적 물음으로 시작된 신정론은 신앙의 신정론을 통해 책임적 실천의 문제로 전환된다.

제4장
라이프니츠: 이보다 더 좋은 세계는 없다

1. 들어가는 말

아우구스티누스와 토마스 아퀴나스의 신정론적 유형이 루터에게 강하게 부정되었다면, 이제 라이프니츠(Gottfried Wilhelm Leibniz, 1646~1716)에게서 다시 복원된다는 사실을 접하게 될 것이다. 라이프니츠는 당시의 근대적 정신의 이행자인 데카르트와 스피노자를 비롯한 동시대인들과는 달리 이들이 버려둔 중세적 정신을 소중한 철학적 자산으로 이어가고자 했다. 데카르트와 스피노자가 옛 철학의 기초를 붕괴하고 근대정신의 초석을 새로 다지려고 했다면, 라이프니츠는 온고지신의 정신으로 옛 철학의 전통을 존중하며 이를 당대의 문제들과 조화시키려고 한 것이다.

이런 점에서 라이프니츠는 당대 과학자와 철학자들에게 새롭게 수용되고 있던 기계론적 세계 이해를 비판적으로 대응하면서 아리스토텔레스적 목적인의 관념과 중세 스콜라 철학의 합리성을 계승하여 플라톤적 사상과 아리스토텔레스적 사상을 중재하려고 시도했으며[1] 이를 통해 "과학과 종교의 중재, 이성과 신앙의 일치"를 제시한다.[2]

이처럼 라이프니츠가 고대 철학의 부흥을 독려했을 뿐 아니라, 당대의 문제를 고대 철학의 관점에서 이해했다는 지적은 타당하지만, 그가 데카

---

1) 김국태, "라이프니츠의 모나드형이상학", 「철학과현실」 17 (1993), 105~122, 106.
2) 이상명, "라이프니츠: 변신론과 인간의 자유", 「철학」 106 (2011), 51~75, 52~53.

르트나 스피노자와 마찬가지로 합리주의 철학자로서 인간의 이성은 실재의 궁극적 본질을 드러낼 수 있다고 보았다는 점에선 분명 근대 철학자였음을 기억할 필요가 있다.[3]

라이프니츠는 아우구스티누스와 토마스 아퀴나스가 주장하듯이, 신의 합목적적인 세계 섭리를 긍정하면서 동시에 인간의 자유를 긍정한다. 또한 신의 선함을 긍정하면서 악의 기원의 문제를 해명하고자 한다. 그러나 이러한 그의 노력은 신과 종교, 신앙을 변증하려는 종교적 목적 때문이 아니라, 오히려 이성의 빛으로 현실의 본질을 해명하려는 철학적 관심 때문이다.

따라서 악의 문제와 관련해서 신의 정당성을 옹호하려는 라이프니츠의 철학적 신학은 신의 존재와 악의 현실 사이에 내재한 모순성을 이성의 빛에서 합리적으로 해명하려고 하는 자연신학적 신정론의 결정체라고 할 수 있다.

라이프니츠는 신정론의 문제 설정에 일찍부터 관심을 두고서 『철학자의 고백』(*Confessio philosophi*, 1672/3)을 저술한다.[4] 특히 신의 섭리와 인간의 자유 사이의 양립 가능성을 합리적으로 해명해 보고자 하는 그의 초기 관심사는 말년에 『신의 선함과 인간의 자유와 악의 기원에 대한 신정론』(1710)[5]이란 대작을 통해 다시 한 번 표명되며 구체화된다.

---

3) 이에 대해 Stuart Brown, "The seventeenth-century intellectual background", in N. Jolley(ed.), *The Cambridge Companion to Leibniz*(Cambridge: Cambridge University Press, 1995), 66과 니콜라스 졸리(Nicholas Jolley)의 서론(Introduction, 1~17)을 참고.

4) G. W. Leibniz/배선복 편역 및 주, 『철학자의 고백』(울산: UUP, 2002). 더 이른 초기의 작품으로는 "Von der Allmacht und Allwissenheit Gottes und der Freiheit des Menschen"(1670/1)을 들 수 있다.

5) G. W. Leibniz, *Die Theodicee*, übers. von A. Buchenau, in: *Philosophische Werke* Bd. 4 (Philosophische Bibliothek Bd. 71) (Leipzig: Verlag von Felix Meiner, 1925) [이후

이 책의 저술은 표면적으로는 프로이센의 공주 소피 샤롯데의 요청으로 이루어진다. 그녀는, 라이프니츠의 조화예정설을 반박하며 이성으로는 결코 신앙을 해명할 수 없고 신앙과 이성은 일치될 수 없다고 주장하는 베일(P. Bayle)의 사상을 접하고서, 라이프니츠의 답변을 기다렸던 인물이다. 그러나 자신의 철학사상을 높이 평가하고 따랐던 소피 샤롯데의 이른 죽음(1705) 때문에, 라이프니츠는 짧은 시간에 그동안 쓰고 있던 단편들을 한데 묶어 이 책을 출판한다. 따라서 이 저술은 이전에 주장했던 내용들이 반복될 뿐 아니라,[6] 내용상 서로 중복되는 부분도 많이 있다.[7]

합리주의자이며 형이상학자인 라이프니츠는 자신의 형이상학적 실체론의 관점에서 이성과 신앙이 서로 모순되지 않으며, 이성으로 이해되는 신이 곧 은혜와 신앙의 신과 다르지 않다는 사실을 전개한다. 이런 점에서 그의 자연신학(theologia naturalis)은 앞서 보았던 루터의 오직 믿음(sola fide)과는 거리가 멀며 오히려 아우구스티누스와 아퀴나스가 노정했던 지성을 추구하는 신앙(fides quaerens intellectum)의 길을 넘어서 **신앙과 이성의 일치**를 주장한다.

달리 말하자면 라이프니츠의 변신론은 신에 대한 종교적, 신앙적 변론이라기보다는 오히려 이성의 합리성과 이성적 세계에 대한 변론이라는 점에서 이정론(理正論, Logodizee)이라고 해야 할 것이다.[8]

로는 *Theodicee*로 인용]. 원제: *Essais de théodicée sur la bonté de dieu, la liberté de l'homme et l'origine du mal.* 이 책은 총3부로 구성되어 있으며, 그에 앞서 '머리말'과 '신앙과 이성의 조화에 관한 서설'을 담고 있다. (인용 표시는 'Vorrede'와 'Einleitende'로 함)

6) 신정론의 논의와 깊은 관련이 있는 라이프니츠의 글들은 윤선구 옮김, 『형이상학 논고』(서울: 아카넷, 2010)에도 수록되어 있다. 이 책에 번역되어 있는 「형이상학 논고」(27~135), 「자연과 은총의 이성적 원리」(225~247), 「모나드론」(249~298)은 아래에서 제목과 함께 각 절을 표시하여 인용한다.

7) A. Buchenau, "Vorwort", in: G. W. Leibniz, *Theodicee*, VIII.

2. 신앙과 이성의 관계

라이프니츠에 따르면, 신앙과 마찬가지로 이성도 신의 선물이다. "이성의 빛은 계시의 빛과 마찬가지로 신의 선물이다."[9] 참된 신앙은 이성에 모순되지 않으며, 이성에 의해 해명되지 않는 신앙은 계시로부터 나온 것이 아니라 "인간 정신이 날조해 낸 괴물일"뿐이다.[10] 그에게 신학과 철학, 신앙과 이성은 그 대상이 각각 진리라는 점에서 대립될 이유가 없다. 신앙은 "하나님에 의해 계시된 진리를 대상"으로 하며, 이성은 "인간 정신이 자연적 방법으로 도달할 수 있는 진리들의 결합"이라는 점에서 양자는 모두 진리를 대상으로 한다.[11] 라이프니츠는 이성을 진리들의 결합이라고 규정함으로써 경험적 사실과 순수 이성의 진리들을 배타적으로 분리하려는 시도를 거부하고, 양자 모두를 이성의 진리 안에 포괄하고자 한다.

신앙과 이성의 일치에 대한 라이프니츠의 생각을 이해하기 위해서는 먼저 라이프니츠가 상정하는 이성의 진리가 무엇인지를 살펴볼 필요가 있다.

라이프니츠는 이성의 진리를 두 가지로 구분하는데, 하나는 "영원한 진리들"이다. 이것은 "절대적으로 필연적인 것"이며 이것의 반대는 모순을 함유하는 것들이다. 영원한 진리들은 수학, 논리학, 기하학과 연관된

---

8) 이정론(理正論, Logodizee)이라는 용어는 부케나우(A. Buchenau)가 *Theodicee*의 "Vorwort"(VI)에서 라이프니츠에 대한 에른스트 카시러(Ernst Cassirer)의 견해를 언급하면서 인용했다. E. Cassirer, *Leibniz' System. In seinen wissenschaftlichen Grundlagen*, Hildesheim 1962, 474~475 참조.

9) *Theodicee*, Einleitende 29절.

10) *Theodicee*, Einleitende 39절.

11) *Theodicee*, Einleitende 1절.

진리들이며 순수 이성의 진리다. 다른 한편 "사실의 진리들"이 있다. 이는 세계 내의 우연적인 대상들과 연관되지만, 그 내부에 작동하고 있는 필연성을 통찰함으로써 얻는 진리들이다.

라이프니츠는 이것을 "물리적 필연성"이라고 하는데, 이는 "신이 자연에 부여한 법칙들이거나 또는 이런 법칙들에 의존하는 것들"을 의미한다. 따라서 "물리적 필연성"은 "경험을 통해 곧 후험적으로 알게 되거나 이성을 통해 선험적으로, 즉 조화로움의 관찰을 통해" 알 수 있다.[12]

이처럼 이성은 한편에서는 경험이나 관찰과는 전혀 무관한 논리적이고 기하학적인 영역과 관계하며, 다른 한편에서는 "사실의 진리들", 곧 현실세계와 관련된 보편적인 법칙들을 규명하는 일과 연관되어 있다. 현실세계에 신이 부여한 보편적인 법칙들에 대해 신앙은 경험을 통해 후험적으로 인식하는 것이라면, 이성은 이 세상에 부여된 보편적인 이성의 법칙들을 관조하는 선험적 인식이다. 신앙의 경험과 이성의 통찰은 세계 내의 보편적인 이성의 법칙들이 신적 선함과 지혜와 능력에 근거하고 있다는 점에서 일치한다. 이제 라이프니츠는 악의 문제와 관련해서도 신의 선함과 지혜와 전능을 옹호함에 있어 어떤 계시된 신앙에 의거하지 않고 자연의 빛을 통해서만 논증할 수 있다고 믿는다.[13]

하지만 라이프니츠가 신앙과 이성의 일치를 주장했다고 해서 신앙이 이성에 의해 모두 다 해명된다고 본 것은 아니다. 신앙에는 이성으로 포착할 수 없는 신비가 있기 때문이다. 또한 인간의 이성은 부분적이기 때

---

12) *Theodicee*, Einleitende 2절. 라이프니츠는 우연적으로 보이는 사물들의 연결과 실존에는 어떤 필연적인 것이 놓여 있다고 본다. 왜 이것은 없지 않고 있으며 다르게 있지 않고 이렇게 있는지에 대한 물음에는 반드시 충분한 이유가 있다는 것이다. 이를 그는 충족이유라고 부르고, 이처럼 사물들의 움직임과 배열 안에 놓여 있는 필연적인 근거와 관련해서 "물리적 필연성"이라는 용어를 사용한다.

13) *Theodicee*, Einleitende 44절.

문에 진리 전체를 모두 다 포착할 수는 없다. 그럼에도 인간의 부분적 이성은 말 그대로 부분일 뿐 신의 전체 이성에 모순되지 않는다.[14]

라이프니츠는 신앙의 신비와 관련해서 이성을 넘어서는 것, 곧 초이성적인 것과 이성에 반하는 것, 곧 반이성적인 것에 대한 전통적인 구분을 수용하여, 신비는 초이성적인 것이지 반이성적인 것은 아니라고 말한다.[15] 신비가 초이성적인 이유는 진리들의 결합 안으로 포착되지 않는 진리를 함유하기 때문이다. 그러나 신비는 인간적 이성에 모순되거나 이성에 의해 결합된 진리들에 모순되지 않는다.[16] 따라서 라이프니츠는 우리의 이성이 타락한 후 명료하지 않기 때문에 진리를 인식할 수 없다는 견해에 대해 반대한다.

그에 따르면, 우리의 이성이 부분적인 반면 신은 "최상의 이성", "가장 포괄적인 이성"을 소유하고 있다.[17] 비록 우리의 이성이 타락으로 인하여 전적으로 명료하지 못하고 부분적으로 명료하다고 하더라도 우리의 부분적 이성은 신의 전체 이성에 상응할 뿐 모순되지 않는다. 더구나 라이프니츠에게 신은 근거 없이 자의적으로 활동하는 폭군이 아니라,[18] "선함과 질서를 위한 일반적인 이성의 근거들"에 따라 세상을 운용하는 존재다.[19]

이런 점에서 **라이프니츠의 신**은 이 세상에 대해 초월적 존재가 아니라 오히려 이 세상과 동일한 이성적 원리에 따라 행동하는 존재이며, 궁극

---

14) *Theodicee*, Einleitende 61절.

15) *Theodicee*, Einleitende 60절.

16) *Theodicee*, Einleitende 63절.

17) *Theodicee*, Einleitende 61절.

18) 라이프니츠는 신앙의 난제들을 해명하기 위해서는, "신은 절대적 군주이며 자의적으로 행동하며 사랑받기에 전혀 타당하지도 않고 그럴 가치도 없다고 생각하는 잘못된 표상으로부터 사람들을 돌이키게" 해야 한다고 보았다. *Theodicee*, 6절.

19) *Theodicee*, Einleitende 2절.

적으로는 그 자신이 보편적 이성의 원리이며 근거라고 할 수 있다.

3. 라이프니츠의 형이상학적 얼개: 모나드의 세계

라이프니츠의 변신론을 이해하기 위해서는 먼저 그의 형이상학에 대한 개괄적인 이해가 필요할 듯하다. 라이프니츠에 따르면, 우주는 "단순한 실체"[20]인 모나드들로 가득 차 있으며, 모나드들은 쪼개질 수 없고 태어나거나 소멸되지 않으며, 개별적이기에 서로 동일시될 수 없지만 서로 긴밀하게 조화와 균형을 이루며 연동한다. 라이프니츠 자신의 비유로 하자면, 식물로 가득 찬 정원이나 물고기로 가득 찬 연못처럼, 우주는 각각의 관점에서 우주를 반영하고 구성하는 모나드들로 가득 차 있으며 이들의 상호적인 연동과 변화를 통해 형성된다.

예컨대 하나의 정원은 정원 내의 다양한 식물들과 여러 구성 요소들과 결코 분리될 수 없으며 따로 독립적으로 존재할 수도 없다. 정원은 정원 내의 식물들과 그 다양한 구성요소들과 구분되지만 결코 분리되지 않으며, 이처럼 전체로서의 정원과 각각의 부분으로서의 정원은 그 안에 서로 대립하거나 혼돈이 있을 수 없다. 이처럼 온 우주는 **모나드들의 집적체의 결합**이며 어떤 혼란도 혼돈도 존재하지 않는다.[21]

그렇다고 해서 단순한 실체인 모나드가 서로 직접적인 물리적 영향을 주고받는 것은 아니다. 라이프니츠의 유명한 표현에 따르면, 모나드는 "어떤 것이 그 안으로 들어가거나 그 안에서 밖으로 나올 수 있는 창문을

---

20) 「모나드론」, 1절; 라이프니츠는 「자연과 은총의 이성적 원리」, 1절에서는 단순한 실체인 모나드와 복합된 실체인 모나드들의 집적을 구분한다.

21) 「모나드론」, 67~70절.

가지고 있지 않다."22) 모나드들은 서로 끊임없이 연속적으로 연동하지만,23) 그 원인을 외부에서 갖지 않는다는 사실에 주목해야 한다. 그렇다면 모나드의 변화 원리는 무엇인가?

이에 대해 라이프니츠는 "모나드들의 자연적 변화는 내적인 원리로부터 일어난다."고 말한다.24) 이는 다름 아니라 모나드들 간의 연관성이 물리적인 것이 아니라 관념적이며, 또한 이러한 관념적 연관성이 신적 예지 안에서 앞서 조화롭게 예정되었다는 예정조화론을 의미한다. 마치 게임프로그래머가 한 특정 게임의 등장인물들을 각각 미리 프로그램화해 놓은 것과 같다. 등장인물 A의 반응은 등장인물 B의 반응과 외적인 연관성을 지닌 듯 보이지만, 실제로는 미리 프로그램화된 내적인 관념적 연관성의 결과에 지나지 않는다.

이처럼 라이프니츠에게 모나드들 간의 연동은 외부적인 것이 아니라 실제로는 내부적으로 기획된 것이다. 신은 이미 시초에 자신의 완전성을 통해 모나드들의 상호 연관성과 그 전개 과정을 조화롭게 예정했다.

> 단순한 실체들에 있어서 한 모나드가 다른 모나드에 미치는 영향은 단지 관념적 영향만이 가능하다. 이 관념적 영향은 단지 한 모나드가 신의 관념들 안에서, 신이 태초에 다른 모나드들을 조정할 때 이미 그를 고려했다고 정당하게 요구하는 한에 있어, 신의 매개를 통해서만 작용된다. 왜냐하면 창조된 모나드는 다른 모나드의 내부에 어떠한 물리적 영향도 행사할 수 없으므로, 이러한 방법으로만 하나의 모나드가 다른 모나드에 의존할 수

---

22) 「모나드론」, 7절.
23) 「모나드론」, 10절: "모든 창조된 존재는, 따라서 창조된 모나드도 마찬가지로 변화하도록 되어 있고, 이러한 변화는 모든 모나드에게서 연속적으로 일어난다는 것이 사실로 인정된 것으로 간주한다."
24) 「모나드론」, 11절.

있기 때문이다.25)

그렇다면 모나드들은 시작 버튼 하나만 누르면 자동적으로 프로그램
화된 것을 그저 실행할 뿐이며 결코 자율성은 없는 기계장치일 뿐인가?
즉 라이프니츠의 용어로 표현하자면, 모나드들의 연동은 신적 예지와
"절대적인 필연성"을 지니는가? 마치 1+1=2인 것처럼 주어(신적 예지)와
술어(모나드의 변화) 사이에는 절대적인 동일성이 요구되는 것인가?

라이프니츠에 따르면, 모나드들은 빈 백지가 아니다. 라이프니츠는 형
이상학적 원리를 통해 도덕적 자율성을 폐기하려고 한 것이 아니라, 오
히려 양자의 양립 가능성을 드러내려고 하기 때문에, 그는 이러한 변화
의 내적인 원리에 상응하는 모나드의 내적 요소로서 지각과 욕구를 언급
한다. 모나드들은 각기 상이한 지각과 욕구를 지니고 있다는 점에서 서
로 구분된다. 그러나 여기서 중요한 것은 이로 인한 모나드들의 자율성
확보에 있다. 이때 모나드의 내적 구성요소로서의 지각이란 우리가 흔히
생각하듯이 외적 대상에 대한 것이 아니라, 외부의 변화에 상응하는 모
나드의 내적 상태를 의미하며, 욕구는 "변화 또는 한 지각으로부터 다른
지각으로의 이행을 야기하는 내부 원리의 활동"으로서의 힘을 의미한
다.26)

---

25) 「모나드론」, 51절; 윤선구는 가능세계를 구성하고 존재를 부여한 신의 창조 작업을
다음과 같이 단계적으로 설명했다. 1) 신은 가능적 실체로서의 개별적 실체들을 구
상한다. 2) 무수한 가능적 실체들 중에서 공존 가능한 실체들의 집합으로 구성되는,
상호모순 없는 무수히 많은 가능적 세계를 구성한다. 3) 이렇게 구성된 무수히 많은
가능적 세계들 중에서 최상의 세계를 선택하여 존재를 부여한다. 물론 이러한 순은
시간적 단계가 아니라 논리적 단계. 빌헬름 라이프니츠/윤선구 옮김,『형이상학 논
고』(서울: 아카넷, 2010)에 포함된 윤선구의 '역자 해제' 342~344쪽 참조
26) 「모나드론」, 15절.

이것을 다시 게임프로그램과 연관시키면, 등장인물 A는 외부의 제약된 조건에 대해 실행 가능한 하나의 가능성만을 지닌 것이 아니라 실행 가능한 다양한 가능성을 지각하며, 그중 하나를 실행할 수 있는 힘, 즉 욕구를 지니고 있다. 등장인물 A의 실제적인 어떤 한 행위는 외부의 제약된 조건하에서 실행 가능한 다양한 가능성들 중 하나를 지각하여 실행하는 것으로, 거기에는 분명 이를 충족시킬 만한 이유가 놓여 있다고 할 수 있다. 즉 이러한 실행은 단 하나의 선택밖에 존재하지 않는 절대적 필연성에 의해 일어난 것도, 외적인 강제성의 요구에 굴복한 것도 아니다. 일종의 복잡성에 따라 우연적이며 선택적으로 하나의 행위를 선택했지만, 거기에는 분명 충분한 이유가 있다고 보아야 할 것이다. 그리고 이 게임의 등장인물 A의 이러한 내적 활동은 프로그래머가 앞서 기획해 놓은 프로그램의 결과라고 할 수 있다. 등장인물 A의 특정 행위에 대한 우연적 선택과 프로그램화된 결과 사이에는 어떤 모순도 존재하지 않는다.

이를 다시 라이프니츠의 용어로 돌려 서술한다면, 모나드의 내적 지각과 욕구에는 보편적인 원리인 "충족이유율"이 작동하고 있다.[27] 즉 이 세상 속에 발생하는 모든 일은 그렇게 일어나지 않으면 안 되는 충분한 이유를 지니고 있다. 비록 세상 모든 것이 유한한 인간의 지성에 모두 다 포착될 수는 없다 하더라도, 라이프니츠는 모든 사건은 합목적성에 의해 발생하며 또 이를 규명할 수 있다는 합리주의적 신념을 포기하지 않는다.

이를 통하여 우리는, 비록 대부분의 경우에는 우리에게 그 근거가 알려지지 않는다 해도, 어떤 것이 왜 이래야 하고 달리 되어서는 안 되는지에 대하여 충분한 근거가 존재하지 않는다면, 어떤 사실도 참된 것으로 또는 존

---

27) 우연성과 특정 조건에 근거하여 일어난 필연성을 절대적 필연성과 달리 "가설적 필연성"이라고 부른다. *Theodicee*, 제1부 37절.

재하는 것으로 증명될 수 없고, 어떠한 명제도 참으로 증명될 수 없다고 생각한다.[28]

모나드(monade)는 하나라는 뜻의 그리스어 모나스($\mu o\nu\alpha\varsigma$)에서 유래했다. 라이프니츠에게 실체(substance)는 스피노자처럼 유일하지도 않으며, 데카르트처럼 정신과 물체로 이원화되어 있지도 않다. 앞서 언급했듯이 라이프니츠에 따르면, 가장 단순한 실체인 모나드는 하나가 아니라 수없이 많다. 무수히 많으면서 서로 동일하지 않은 단순한 실체로서의 모나드는 순수 영혼으로서의 신을 제외하면, 물체를 가진 영혼으로 이해된다.
라이프니츠의 모나드론은 스피노자와 데카르트의 실체론에 함축된 문제들을 극복하고자 한다. 스피노자에 따르면, 실체는 곧 신 또는 자연뿐이며 모든 만물은 이 유일한 실체의 양태에 불과하다고 보았기 때문에, 피조물들은 아무런 자유를 가질 수 없으며, 절대적 필연성에 묶여 있다. 데카르트에 따르면, 정신적 존재는 물체적 존재와는 달리 자유롭지만, 이는 그가 상정한 신적 예지와 충돌할 수밖에 없었다.[29]
이 양자의 실체론을 극복함으로써 라이프니츠가 궁극적으로 드러내고자 하는 사실은 신적 섭리와 의지의 자유 사이의 양립 가능성이다. 즉 신적 예지를 긍정하며 예정조화론을 전개하여 신이 모나드의 지각에 상응하도록 모나드들을 배열한다고 말하는 한편, 개별 모나드들의 의지적 자유를 옹호하면서 외적 강제와 절대적 필연성으로부터의 자유를 주장한다. 그리고 신의 자유와 이성적 모나드의 자유의지가 작동하고 있는 근원적이고 보편적인 원리를 충족이유율이라고 한다.
이처럼 라이프니츠가 바라보는 우주는 아무런 이유 없이 생성되고 변

---

28)「모나드론」, 32절.
29) 라이프니츠/윤선구 옮김,『형이상학 논고』의 '역자 해제', 321 이하 참조.

화하는 세계가 아니라 그렇게 되어야만 하는 충분한 이유를 가진 합목적 적인 세계다.30)

그렇다면 도대체 세계 제작자로서의 신이 다른 세상이 아닌 지금의 이 세상을 창조한 충분한 이유는 무엇이며, 그가 창조한 세계에 악이 허용 되어야만 하는 충분한 이유는 무엇인가?

4. 가능한 세계 중 최상의 세계와 악의 문제

플라톤의 이데아론에서 경험 가능한 현상계와 이데아의 세계인 초감 성적 예지계가 양분된 것을 플로티누스는 유출설을 통해 이 둘 사이를 신적 지성과 세계영혼들로 메우면서 일종의 위계질서의 구조로 재편성 했다. 플로티누스와 같이 라이프니츠가 구상한 형이상학은 위계질서를 지닌 일원론적이며 유기체적인 세계다.

모나드들로 구성된 세계에서 그 무엇도 단순한 물질로서의 무생물은 없으며, 각각의 모나드는 개별적이지만 상호 연관성 안에 놓여 있다. 모 든 모나드는 영혼과 육체로 구성되어 있으며, 거대한 형이상학적 원리 안에서 조화되어 연결되어 있다. 그러나 이러한 상호 연관성은 평준화된 수준에서 진행되는 것이 아니라 일정한 위계질서를 갖추는데,31) 이러한

---

30) 김국태는 모나드론에 의거한 유기체적이며 목적론적 세계관은 한편에서는 플라톤 이래로 서양 철학에서 긍정되어 온 최고 건축가의 최고 건축물로서의 세계 이념을 따른 것이며, 다른 한편에서는 아리스토텔레스의 운동과 목적지향성을 수용하여 존 재의 관계를 목적지향적으로 이해했다고 분석하면서 모나드론이 노정하고 있는 우 주는 "자동기계와 같은 것이지만, 그것의 내부 조직과 운동구조는 우리의 분석적, 경 험적 인식방법으로는 설명할 수 없을 정도로 무한히 복잡한 자동기계"라고 말한다: 김국태, "라이프니츠의 형이상학", 「철학과현실」 17(1993), 105~122, 112에서 인용.

위계질서는 순수 영혼인 신(神)-모나드와 여타의 다른 모나드들 간의 유비와 정도의 차이로 나타난다.

라이프니츠에 따르면, **신의 완전성**은 우리 영혼의 완전성과 동일한 것이지만, 그 정도와 수(數)에 제약이 없다.[32] 즉 각각의 모나드는 우주에 대한 지각(Perzeption)에 있어서 각각 그 수준이 다르다. 물질에서부터 동물의 영혼과 인간의 정신에 이르기까지 각각의 모나드는 우주에 대한 지각을 지니고 있다는 점에서 동일하며 연속적이지만, 그 수준에 있어서는 각각 차이를 드러낸다. 예컨대 신의 지각은 완전하지만 다른 모나드들은 그렇지 못하며, 신은 자신의 완전한 지각을 통해 모든 모나드를 조화롭게 배치한다.

라이프니츠에 따르면, 신의 완전성과 비교할 때 "우리에게도 힘과 지식과 선함이 존재한다. 그러나 이 모든 것은 신 안에서는 아무런 제한 없이 존재한다."[33]

라이프니츠에 따르면, 신의 완전성이야말로 우리가 신을 경배하고 사랑할 수밖에 없는 근거다.[34] 라이프니츠에게 신은 "형이상학적인 의미

---

31) 「자연과 은총의 이성적 원리」, 4절: 윤선구는 모나드들의 위계질서에 대해 이렇게 표현한다: "영혼의 역할을 하는 하나의 우월한 모나드와 이를 둘러싼 보다 열등한 모나드들의 집합인 육체와의 결합체로 존재한다. 그리고 모든 개별 생명체는 영혼과 육체의 결합체일 뿐만 아니라, 그 육체는 또한 보다 하위의 영혼과 육체의 결합체인 기관들로 구성되고, 이 기관들 또한 그보다 더 하위의 기관, 즉 영혼과 육체의 결합체들로 구성되며, 이러한 상태는 무한히 반복된다. …… 라이프니츠는 …… 모든 모나드가 영혼과 육체의 결합 상태로만 존재한다고 보기 때문에, 우주에는 무생물체는 존재하지 않고, 다양한 등급의 생물체들로 가득 차 있다고 주장한다." 라이프니츠/윤선구 옮김, 『형이상학 논고』의 '역자 해제', 347.

32) 「형이상학 논고」, 1절에서 라이프니츠는 기존의 완전성 개념을 비판하면서, 완전성의 정도뿐 아니라 상이한 완전성들 모두를 소유하고 있다는 점에서 신의 완전성을 정의한다.

33) *Theodicee*, 4쪽(Vorrede).

뿐만 아니라 도덕적 의미에서도 가장 완전하게 행동한다."[35] 신의 완전성이라는 형이상학적 개념은 신의 완전한 세계 통치라는 실천적 이념과 상통한다. 따라서 완전한 신에 의한 세계 창조 역시 신의 완전성을 담지하지 않을 수 없다.

하지만 라이프니츠는 세상이 신적 의지의 산물이기 때문에 아름답고 선하다고 믿는 것이 아니라, 세계 제작과 통치의 원리가 **선의 규칙**에 의존하고 있기 때문에 그렇다고 말한다.[36] 즉 그에게 신은 무한한 힘만 소유하고 지식과 선함이 없는 전제적인 폭군이 아니다. 신은 그 정도뿐 아니라 수에서도 완전하기에, 신의 완전성 안에서 전능은 신의 선함을 폐기하지 않는다. 오히려 전능한 신은 가장 선하며, 자신이 만들 수 있는 가장 선하고 아름다운 세계를 제작하고, 선의 규칙에 따라 세계를 통치한다. 그렇다면 우리는 현재의 모든 일에 대해 만족할 수밖에 없으며,[37] 이 세계보다 더 나은 세계가 있을 수 없다는 사실을 인정해야 한다.

라이프니츠는 신의 완전성에 대한 형이상학적 개념으로부터 현존하는 세계 질서에 대한 현재적 긍정과 미래적 낙관을 유도해 낸다. 신의 완전성에 의거한 현존 세계에 대한 긍정과 미래적 낙관은 경험에 기초한 것이 아니라 우리의 이성적 사유에 기초한 것이다.

우리가 신을 내가 방금 말한 바와 같이 인식한다면, 그를 올바른 방식으로

---

34) 「형이상학 논고」, 4절; *Theodicee*, 5쪽(Vorrede): "신의 완전성을 알지 않고서는 그를 사랑할 수 없다. 이러한 지식은 참된 경건의 원리들을 포괄한다. 종교의 목표는 이런 원리들을 영혼 속에 심어 놓는 것이다."

35) 「형이상학 논고」, 1절.

36) 「형이상학 논고」, 2절.

37) 「형이상학 논고」, 4절: "따라서 이 원칙들에 의하면 나는, 신에 대한 사랑에 합당한 행위를 하려면, 강제로 인내하는 것으로는 충분하지 않고, 신의 의지에 따라 우리에게 일어나는 모든 일에 진정으로 만족하지 않으면 안 된다고 생각한다."

사랑한다는 것은 쉬운 일이다. 왜냐하면 비록 우리의 외적 감관을 가지고 서도 신을 지각하는 것이 불가능하지만, 그럼에도 그는 가장 사랑할 만하고 우리에게 최고의 기쁨을 부여하기 때문이다.[38]

우리는 마찬가지로, 신에 대한 현재의 사랑은 우리로 하여금 미래의 행복을 미리 맛보게 한다고 말할 수 있다. …… 왜냐하면 신의 사랑은 우리로 하여금 우리의 창조자와 주인의 선에 대하여 완전하게 신뢰하도록 하기 때문이다. 이 신뢰는 …… 우리로 하여금 미래의 행복에 대해서도 확신하도록 하는, 현재의 만족으로부터 나오는 참된 평온을 정신에게 가져다주는 것이다. …… 왜냐하면 우주 안에 형성된 완전한 질서 덕분에, 일반적인 선을 위해서일 뿐만 아니라, 특별히 이것을 신뢰하고, 모든 선의 근원을 사랑할 줄 아는 사람들에게서 그러하듯이 신의 통치에 대해 만족하는 사람들에게서는 가장 큰 선을 위해서 모든 것이 가능한 한 최선의 상태로 창조되어 있는 까닭에, 신의 사랑은 우리의 희망도 충족시켜 주고, 우리를 최고의 행복에 도달할 수 있는 길로 인도하기 때문이다.[39]

그러나 우리는 다음과 같은 반론을 제기할 수 있다. 과연 이 세상이 신의 완전성에 부합하는 완전한 세계인지, 더 나은 세계를 만들 수는 없었는지, 고통과 악이 없는 세상이 현존하는 세계보다 더 나은 세계라고 할 수 없는지를 묻게 된다.

우리는 앞에서 라이프니츠의 신은, 전능한 힘을 마음대로 행사하는 전제적 폭군이 아니라, 선함과 지혜의 완전성에 부합하여 힘을 행사한다고 말했다. 여기서 우리는 라이프니츠의 가능한 세계에 대해 언급할 필요가

---

38) 「자연과 은총의 이성적 원리」, 17절.
39) 「자연과 은총의 이성적 원리」, 18절.

있다.[40]

그는 가능한 것은 반드시 현실화된다는 기존의 견해에서 벗어나 현실화되지 못한 가능한 것들도 있다고 생각했다. 곧 신은 수없이 많은 가능적 세계들을 구상하고 이 모든 가능적 세계를 현실화시킬 수 있는 힘을 소유하고 있다. 그러나 그는 동시에 이러한 가능적 세계들 중 어느 것이 가장 선하며 합목적적인 세계인지를 통찰한다. 그리고 가능한 세계 중에 최상의 세계를 선택하여 존재를 부여한다. 즉 신적 지혜는 무한한 선함과 연관하여 유일무이하게 **최상의 것**을 선택한다. 만약 가능한 세계 중에 최상의 세계가 없었더라면, 신은 세계를 창조하지 않았을 것이다. 최상의 세계에 대한 신의 선택은 최고의 이성에 의한 선택이다.

가능한 세계 중에서의 최상의 세계를 구상할 때, 신은 세계를 구성하는 여러 요소들이 공존 가능한지를 검토한다. 예컨대 2011년 8월 10일 저녁, 한일전 축구경기에서 3-0으로 한국이 패배했다는 것과 같은 경기에서 일본이 패할 가능성은 공존할 수 없다. 하나의 요소는 다른 요소와 상호연동하고 동시에 선후관계에 있는 다른 사건의 요소들과도 연동해야 한다. 따라서 하나의 부분적 변화는 전체의 변화와 무관하지 않다.

신은 이런 식으로 하나의 세계 내에, 그 세계의 과거와 현재, 미래에 이르기까지 일어나는 모든 사건의 요소들이 서로 공존 가능한지를 검토하고 이를 토대로 가능한 최상의 세계를 구상한다. 신이 이렇게 최상의 세계를 기획했다면, 이 최상의 세계 내에 들어 있는 악이라는 요소는 결코 그렇게 부정적인 것이 아니며 제거되어야 할 대상도 아니다. 오히려 이 세계로부터 악이 제거될 때, 그 세계는 최상의 가능한 세계가 아닐 것

---

40) *Theodicee*, 제1부 8절; 크라이너(Armin Kreiner)는 라이프니츠의 유명한 주제인 '가능한 것 중에 최상의 세계'(die bestmögliche Welt)가 이미 플라톤과 플로티누스, 아벨라르드에게서도 찾아볼 수 있다고 여긴다: A. Kreiner, *Gott im Leiden* (Freiburg/ Basel/ Wien: Herder, 2005), 324, 각주 9를 참조 바람.

이라고 라이프니츠는 주장한다.

　이러한 논리적 추론의 결과로서 그는 죄와 고통이 없는 세상보다는 지금의 세상이 더 최상의 세계라는 사실을 역설한다. 이러한 그의 주장은 역시 신의 완전성에 대한 선험적 진리에 근거하고 있다.

　　세계는 물론 죄 없고 고통 없이 존재할 수도 있을 것이다. 그러나 내가 반박하는 것은 그런 세계가 더 나은 것은 아니라는 것이다. 모든 가능한 세계 내에서 모든 것은 서로 **연결**되어 있다는 사실을 우리는 알아야만 한다. 각각의 **우주**는 부분으로 구성된 전체다. 마치 대양처럼. 가장 미세한 움직임도, 그것이 비록 아주 약하고 약하다 하더라도 퍼져나감에 적합하게 임의적으로 퍼져나갈 것이다. 따라서 신은 단번에 모든 것을 미리 조율했다. 기도와 선한 행위와 악한 행위 그리고 모든 다른 것을 예지하셨다. 그리고 모든 사물은 자신의 실존 이전에 **관념적으로** 모든 사물의 현존에 대한 결정에 가담했다. …… 만약 이 세상에 일어나는 가장 작은 악이라도 없었더라면, 모든 것 안에 있는 모든 것 중에서 이 세계를 선택한 창조로부터 최상의 세계로 판단된 이런 세상은 더 이상 없었을 것이다.[41]

　라이프니츠는 악을 크게 세 가지로, ① 인간의 범죄(Schuld)에 해당되는 도덕적 악(malum morale), ② 고난(Leiden)에 해당되는 물리적 악(malum physicum) 그리고 ③ 피조물의 불완전성에 해당되는 형이상학적 악(malum metaphysicum)으로 구분한다.[42]

　그리고 가능한 세계 중 최상의 세계에 존재를 부여한 신의 세계 창조를 신의 두 의지와 연관해서 설명한다. 즉 신은 자신의 "선행 의지"

---

41) *Theodicee*, 제1부 9절.

42) *Theodicee*, 제1부 21절.

(antecedens)를 통해 선만을 추구하며 악을 거부한다. 그러나 신은 "후속 의지"(consequens)를 통해 자신이 상정한 가능적 세계들 중에서 최상의 세계를 선택한다. 후속 의지는 무조건적으로 선행 의지와 대립되거나 모순되는 의지가 아니라 선행 의지를 온전히 오류 없이 현실화시키고자 하는 의지이며, 가능한 것을 실현하는 의지를 의미한다.

이 과정에서 "모든 개별적인 의지들이 한데 모여서 전체 의지가 발생한다."[43] "이를 통해 신은 앞서 선을 원하지만 결과적으로 최상을 원하신다."는 결론에 이른다.[44] 이때 도덕적 악은 인간의 자유를 위해 "허용"된다. 또한 물리적 악은 종종 더 큰 악을 방지하고 더 큰 선에 기여한다는 점에서 "허용"된다. 따라서 라이프니츠에 따르면, 최상의 것을 선택하는 신의 후속 의지는 다만 "허용하는 의지"이며[45] 이러한 악에 대한 허용은 신의 "지혜와 덕성에서 발생"한 것이다.[46]

라이프니츠는 악의 원인을 신이 창조하지 않은 독립된 물질로 보는 이원론적 견해를 거부하며, 모든 존재가 신으로부터 이끌어져 나왔다는 일원론적 관점에서 악의 원천을 "피조물의 관념적 본성"에서 찾아야만 한다고 말한다. 그리고 이를 창조주의 본질과 구분되는 것으로서 "모든 범죄 이전에" 피조물에게 주어진 "근원적인 불완전성"이라고 한다. 라이프니츠에 따르면, 물리적 악과 도덕적 악은 근원적으로 피조물의 불완전함, 즉 형이상학적 악에서 기인한다.[47]

---

43) *Theodicee*, 제1부 22절.

44) *Theodicee*, 제1부 23절.

45) *Theodicee*, 제1부 25절.

46) *Theodicee*, 제1부 26절.

47) *Theodicee*, 제1부 20절; *Theodicee*, 제3부 288절: "인간의 자유의지가 가장 가까운 죄의 원인이며 그 결과로 따라오는 처벌로서의 악의 원인"이며 "근원적인, 영원한 관념 안에서 재현된 피조물의 불완전성이 그것의 첫 번째 그리고 가장 광범위한 원

신은 피조물들에게 긍정적인 것, 선함과 완전함을 부여하지만, 모든 것을 다 줄 순 없었다. 그렇게 할 경우에 이들은 신과 같아질 것이다. 따라서 신과 피조물을 구분하기 위해 형이상학적 악으로서의 불완전함 또는 "피조물의 제한된 수용성"은 허용될 수밖에 없었다. 그리고 모든 선한 것이 다 신으로부터 부여되지만, 이 제약된 수용성으로 인해 악이 발생한다. 마치 흐르는 물 위를 다니는 배의 속도가 그 배에 실린 짐 때문에 강의 흐름보다 늦어지는 것처럼, 신의 작용(여기서는 물의 흐름)은 선하지만 악을 행하는 것은 근원적인 불완전성(제한된 수용성)에 기인한다.

신은 모든 물질의 원인이지만, 그 물질의 형상에 기인한 결핍의 원인은 아니다.[48] 이렇게 볼 때 형이상학적 악은 실제로는 고통도 아니고, 범죄도 아니며, 부정적인 것도 아니다. 이것은 악이 현실화될 수 있는 관념적 가능 토대일 뿐이다.

라이프니츠에 따르면, 신은 도덕적 악도 물리적 악도 원하지 않았다. 다만 피조세계 창조의 필수적인 조건인 형이상학적 악으로 인해 이를 허용하게 된다. 그러나 형이상학적 악과는 달리 물리적 악은 고난이나 곤궁처럼 현실적인 고통과 연관된다. 그렇다면 왜 신은 이런 고통을 허락하는 것일까?

아우구스티누스나 아퀴나스처럼 라이프니츠도, 물리적 악은 도덕적 악에 대한 벌로서 주어지며, 더 큰 악을 막거나 더 큰 선에 기여하는 적합한 수단이 된다고 보았다. 따라서 신은 피조세계가 고통을 통해 더 나은 완전성에 이를 수 있도록 이를 허용한다.[49]

라이프니츠에 따르면, 심지어 도덕적 악도 선을 위한 수단으로 기여하

안"이다.

48) *Theodicee*, 제1부 30절.
49) *Theodicee*, 제1부 23절.

거나 다른 악을 막는 데 기여할 수 있다. 하지만 도덕적 악은 신이 본래 원했던 것은 아니다. 도덕적 악은 다만 "무제약적 의무의 결과 현상"이라는 점에서 "허락" 또는 "허용"되었을 뿐이다.50)

"무제약적 의무의 결과 현상"이란 신이 무제약적으로 행해야만 하는 것의 결과로 도덕적 악이 허용되었다는 뜻이다. 만약 신이 도덕적 악을 허용하지 않으려 한다면, 그래서 이성적 존재에게 자유를 주지 않았다면, 이는 무제약적으로 최상의 것을 선택하고자 하는 신의 선함과 지혜 그리고 완전성에 어긋난 것이다. 또한 최상의 세계를 구성하고자 하는 신이 도덕적 악을 허용하지 않음으로써 자신의 선함과 덕성에 어긋나게 행동한다면, 라이프니츠 자신의 비유처럼, 이는 마치 서로를 죽이고자 하는 두 병사의 싸움을 막기 위해 자신이 지켜야 할 병영을 가장 위험할 때 떠나버린 장군과 같다. 이 비유에 따르면, 사람이 죄짓지 못하게 하는 것은 오히려 더 큰 죄를 범하는 꼴이 된다. 따라서 자유로 인해 도덕적 악이 파생되어 나온다 하더라도, 이는 "최상의 선택"에 속하며 도덕적 악은 "필수 불가결한 것 또는 가설적 필연성"에 속한다.51)

여기서 한 걸음 더 나아가 라이프니츠에 따르면, 물리적 악인 고통 못지않게 도덕적 악도 더 큰 선에 기여할 뿐 아니라, 더 큰 선을 위해 불가피한 것으로 인식된다. 이는 부활절 전야에 부르는 찬송가를 통해 잘 표현되어 있다.

오 진정으로 아담의 범죄는 필요했네.
그리스도의 죽음을 통해 제거되었으니!
오, 복된 죄여. 그렇게 그토록 위대한

---

50) *Theodicee*, 제1부 24절.
51) *Theodicee*, 제1부 24~27절. 인용은 25절.

구원자를 가질 만했구나.52)

이처럼 라이프니츠는 죄 없는 세상보다 죄로 인해 발생한 사물들의 연관성이 더 낫다고 보았다. 즉 죄로 인해 가장 복된 자인 그리스도가 세상에 나타날 수 있었다는 것이다. 이러한 그의 논리는 미학적 신정론을 생각하게 만든다. 부분적 어두움이 전체 그림의 아름다움에 필수적이고, 불협화음이 하모니를 드러내며, 병에 걸림이 건강의 소중함을 더 절실하게 만든다는 식의 논리를 전개한다.53)

앞에서 보았듯이 라이프니츠에게 악은 치명적인 것으로 여겨지지 않는다. 왜냐하면 악의 문제는 신의 완전성 안에서 이해되고 있기 때문이다. 즉 신이 지혜와 선함과 능력에서 완전하다면, 그의 창조세계 역시 완전할 수밖에 없다. 비록 피조세계의 완전성은 그 정도에 있어서 신의 완전성에 미치지 못한다 하더라도 가능한 세계 중 최상의 세계에 해당되는 완전성이기에, 이러한 세계 내에 발생하는 악은 파괴적이지 않으며, 오히려 최상의 세계에 기여하는 수단이며 필수조건에 불과하다.

5. 자유와 신의 섭리

라이프니츠에 따르면, 예로부터 가장 어려운 과제 중 하나가 신의 섭리를 인정하면서도 의지의 자유를 고수하는 일이었다.54) 우리가 앞서

---

52) *Theodicee*, 제1부 10절: "O certe necessarium Adamae peccatum/ Quod Christi morte deletum est!/ O felix culpa, quae talem ac tantum/ Meruit habere redemptorem."

53) *Theodicee*, 제1부 12~14절.

54) Leibniz, "Über die Freiheit", übers. von A. Buchenau, *Philosophische Werke*, Bd. II

보았듯이 아우구스티누스와 아퀴나스도 신의 섭리와 자유 또는 우연을 양립 가능한 것으로 논증했다. 이에 반해 루터는 의지의 자유를 포기하고 신적 전능을 강하게 긍정했다.

라이프니츠의 비판적 대화 상대자였던 베일은 신의 섭리와 인간의 자유 사이의 양립 불가능성을 지적하면서 신앙의 합리성에 난색을 표한 반면,[55] 라이프니츠는 선함과 지혜와 힘에 있어서 신의 완전성을 고수하면서도 신의 예지와 의지의 자유가 양립 가능하다고 주장한다.

이와 관련해서 라이프니츠에 의하면 자유는 "지성", "자발성", "우연성"의 세 요소에 존립한다. 지성은 "결의하게 될 대상에 대한 분명한 인식을 자신 안에 가지는 것"을 의미한다. 지성은 자발성의 선택과 결단에 결정적인 정보를 제공한다. 의지의 자유는 이처럼 다양한 선택의 가능성들 중 하나를 선택하기 때문에 필연성에서 벗어나 있으며 우연성의 계기를 갖는다고 할 수 있다. 곧 의지의 선택에는 "논리적, 형이상학적 필연성"이 개입되지 않는다. 자유의 세 요소 중에서 라이프니츠는 무엇보다도 지성을 가장 중요하게 보며, "자유의 영혼"인 지성을 가진 존재만이 자유

(Leipzig: Verlag von Felix Meiner, 1906), 497~504, 497.

55) Sean Greenberg, "Leibniz on King: Freedom and the Project of the Theodicy", *Studia Leibnitiana*, Bd. XI, Heft 2(2008), 205~222. 베일은 「역사적 비평적 사전」 (Historical and Critical Dictionary)에서 신적 섭리와 인간의 자유 사이의 양립 불가능성에 대해 다음과 같이 주장한다: "모든 것은 이 질문에 집약된다. 아담이 자유롭게 죄지었는가? 만약 그렇다고 대답한다면, 그의 타락은 예견되지 않았다고 말해야 할 것이다. 만약 그렇지 않다고 대답한다면, 그에게 죄책이 없다고 말해야 할 것이다. 당신은 이런 결과의 이것 또는 저것에 대해 수백 권의 책을 쓸 수 있을지도 모른다. 그럼에도 불구하고, 당신은 우연적 사건에 대해 오류 없는 예지는 이해 불가능한 신비임을 인정해야만 하든지, 아니면 피조물이 자유 없이 행동하지만 그럼에도 죄를 짓는 이런 방식은 전적으로 이해 불가능하다고 인정해야만 할 것이다." Greenberg, 앞의 책, 209에서 재인용.

롭다고 할 수 있다.56)

의지의 자유가 도덕적 범죄에 빠지는 것도 라이프니츠에 의하면 우리의 인식이 명료하지 못해 감성이 우리에게 불명료한 생각을 전달하기 때문이라고 한다. 이와는 반대로 우리가 명료한 인식으로 행동할 경우, 우리는 격정에 사로잡히지 않으며 정신적 자유에 상응하는 선을 선택하게 될 것이다.57)

이처럼 라이프니츠에게 **자유**란 단순히 의지의 문제가 아니라 이성의 사용과 연결되어 있다. 이로써 그는 자유와 관련해서 의지에 대한 주의(主意)주의적 관점 대신 주지주의(主知主義)적 관점을 견지하고 있다고 할 수 있다.58)

또 하나 주목해야 할 것은, 자유는 이래도 좋고 저래도 좋은 무차별적 관심의 상태나 맹목성을 의미하지 않으며, 어떤 제약된 조건들이 없는 무중력 상태에서의 행위가 아니다. 자유의 행위란 허투루 하는 것이 아니라 분명한 이유에 근거하여 선택하고 욕구하는 지성과 의지에 따른 행위다.

라이프니츠의 용어를 빌려 설명하면, 그가 말하는 자유는 "무차별적

---

56) *Theodicee*, 제3부 288절; 아리스토텔레스도 지성과 자발성을 자유의 두 가지 조건으로 말했으며, 스콜라주의는 자유의 세 번째 조건으로 우연성을 덧붙였다. 이에 대해서는 *Theodicee*, 제3부 302절을 참조

57) *Theodicee*, 제3부 289절: "우리의 인식(Erkenntnis)은 이중적이다. 명료하든지 혹은 불명료하다. 명료한 인식 혹은 **지성**(Intelligenz)은 참된 이성 사용에서 발생한다. 그러나 감각은 우리에게 불명료한 생각들을 전달한다. 명료한 인식을 따라 행동하면 우리는 노예 상태로부터 자유하다. 그러나 만약 우리의 표상들이 불명료하면, 우리는 격정들에 예속된다. 이런 점에서 우리는 소원했던 완전한 정신의 자유를 소유하지 못한다".

58) 이 점에서 라이프니츠는 루터의 *De servo arbirio*(노예의지론)을 여러 차례 비판한다: W. Sparn, *Leiden-Erfahrung und Denken* (München: Chr. Kaiser, 1980), 23.

균형감"(indifferentes Gleichgewicht)과는 다르며, "절대 무차별적으로" 실행되지 않는다. 즉 의지의 선택이란 충분한 이유에 따른 결단이지, "어떤 특정한 이유 없는 전적인 우연의 방식"으로 일어나지 않는다. 라이프니츠에 의하면, 이런 것은 "결코 자연에서 발견될 수 없는 괴물"이다.[59]

자유는 특정한 제약된 상황 속에서 양쪽 중 어느 한쪽을 더 선호함으로써 이루어지며, 이러한 선택에는 "이유"가 있기 마련이다. 비록 우리가 어느 한쪽을 선호하는 이유를 의식적으로 발견하지 못한다 하더라도, 분명 이런 결정으로 이끄는 이유가 있는 것이다.[60] 따라서 이유 있는 의지의 선택은 보편적인 이성의 법칙인 충분이유율과 연결된다.

자유의 조건으로서의 자발성은 앞에서 언급했듯이 의지가 비록 제약된 상황 속에 처한다 하더라도 어떤 강제성이나 필연성에 의해 실행되지 않으며, 외부적인 물리적 영향에 의해서가 아니라 내적 영혼이 "그 자신 안에 완전한 자발성을 소유하고 있어서 그의 행동에 있어서 다만 신과 자기 자신에게만 의존해 있음"을 의미한다.[61]

자유의 조건에 대한 서술에서 라이프니츠는 이처럼 이성적 존재의 자발성을 언급하면서도 이것이 신에게 의존해 있다는 사실을 숨기지 않았다. 이는 앞서 언급한 예정조화론을 상기시킨다. 즉 우리의 질문은 신에 의해 모든 것이 배열된 예정조화론과 앞서 서술한 의지의 자유가 어떻게 모순 없이 양립할 수 있느냐 하는 데 있다. 예정조화론을 관념적 가능성의 세계에 두며, 현실적인 자유의 실현에 어떤 방해나 제약을 가하지 않는 것으로 이해함으로써 양자를 병행시키는 방법이 있을 수 있다. 곧 라이프니츠의 예정조화론은 관념의 영역, 가능성의 영역에 두어야 하고,

---

59) *Theodicee*, 제3부 302절.
60) *Theodicee*, 제3부 305절.
61) *Theodicee*, 제3부 291절.

인간적 자유의 실행은 현실의 영역에 둠으로써 양자를 혼동해서는 안 된다는 입장이다.[62]

이를 달리 설명하면, 예정조화론은 피조세계의 자유를 방해하거나 제한하는 것이 아니라 지적 존재가 자신의 지성과 자발성 안에서 선택하게 될 우연적 사건을 그저 앞서 바라봄을 의미한다고 할 수 있다. 또한 의지는 이성을 통해 알려진 충족이유율에 따라 선택하지만, 이는 신의 예견에 반하는 것도 아니고, 신의 예견에 부합하도록 강제된 것도 아니라는 것이다. 즉 의지의 선택은 신적 예지로부터 흔히 유추되는 절대적 필연성과는 무관하다는 점에서 자유롭다.[63]

신적 예지는 오류가 없기 때문에 그의 예지는 분명히 현실적으로 성취되어야만 한다. 이런 점에서 필연적이다. 그러나 이 필연성은 아무런 대립이나 모순 없이 일어나는 것은 아니다. 신적 예지는 결과적으로는 필연적이지만, 논리적으로는 의지적 자유의 조건들에 의해 가설적 성격을 갖는다고 볼 수 있다. 즉 신적 예지의 결과는 자유로운 선택의 결과로 주어지는 것이라는 점에서 "가설적 필연성"이라고 이름을 붙인다.[64]

---

62) 철학자 이상명은 라이프니츠의 용어들, 예정, 예견, 예지, 결정 등을 구분하여, 예지와 예견은 가능성의 영역에 속하며, 결정은 현실성의 영역에 속하는데, 예정은 "가능성과 현실성 중간에 있으며 두 가지 양상성을" 모두 갖고 있는 개념이라고 정리한 후, 라이프니츠가 "궁극적으로 갖는 입장은 예정이 아니라 예지 혹은 예견에 가깝다."고 주장한다(71). 그리고 신의 예지와 예견을 통해 신이 피조물에 대해 가지는 영향력은 "관념적 통로를 통해 지성의 정신적 교류와 같이 일어나는 관념적 가능성"이라고 말한다(72). 이상명, "라이프니츠: 변신론과 인간의 자유", 「철학」 106 (2011), 51~75. 그러나 우리는 논리적인 이런 구분이 피상적이며 비현실적이라고 본다. 신의 예지와 예견은 그것이 반드시 현실화되어야 한다는 점에서 예정과 결정이 아닐 수 없기 때문이다. 이에 대해서는 '6. 나가는 말'을 참조 바람.

63) Sean Greenberg, "Leibniz on King: Freedom and the Project of the Theodicy", 특히 221.

64) 절대적 필연성과 가설적 필연성의 구분에 대해서는 *Theodicee*, 제1부 37절을 참조

예컨대 앞으로 A라는 시간에 B라는 사건이 C라는 사람에게 일어난다고 신이 예지했을 경우, 이러한 신이 예지한 B라는 사건은 C의 의지적 결단과 무관하게 일어나는 것이 아니라, 오히려 충분이유율의 원리를 따라 실행한 C의 의지적 자유를 통해서만 귀결될 수 있을 뿐이라는 점에서, 신의 예지는 결과적 필연성이지 강제된 필연성은 아니다.

라이프니츠의 이와 같은 생각은 영원한 진리의 영역에서 일어난 신적 예지와 현실세계 속에서의 지적 존재의 의지적 자유의 관계를 거울 안의 세계와 거울 밖의 세계의 관계로 이해하게 한다. 거울 안의 세계는 신적 예지의 영원의 세계이고, 거울을 마주하고 있는 세계는 현실세계다. 현실세계의 자유는 영원의 세계에 아무런 영향을 주지 않지만 영원의 세계를 그대로 비춘다. 그 역도 마찬가지로, 영원의 세계는 현실세계에 아무런 강제력을 행사하지 않으면서 그저 현실세계와 동일한 세계를 비추고 있을 뿐이다.[65)]

6. 나가는 말

버트란트 러셀(Bertrand Russell)은 라이프니츠의 모나드론에 대해 "일

바람; 절대적 필연성은 '삼각형의 세 각의 합은 180도이다.'는 명제처럼 누구도 부정하거나 달리 만들 수 없는 필연성을 의미한다. 이에 반해 가설적 필연성은 신의 예지와 그에 부합하는 이성적 존재의 자유가 빚어내는 필연성이다.

65) 이와 관련해서 우리는 라이프니츠가 신은 현실세계에 개입하여 아무것도 바꿀 수 없다고 말한 것을 상기할 필요가 있다. "물론 신은 그의 지혜에도 불구하고 순간 아무것도 바꿀 수 없을 것이다. 왜냐하면 그는 세계의 실존과 그 내용의 실존을 앞서 보았으며, 세상에 실존을 수여하는 저 결의를 스스로 내렸기 때문이다"(*Theodicee*, 제1부 53절).

종의 형이상학적 우화"라고 했는데,[66] 실제로 1755년 11월 1일에 리스본의 대지진을 경험한 후[67] 볼테르는 라이프니츠의 형이상학을 자신의 풍자 소설 속에 넣어 신랄하게 비웃는다.[68] 아래의 대목은 바로 리스본의 대지진을 빗대어 풍자한 것이다.

> 모두들 빵을 먹으면서 눈물을 흘렸다. 팡글로스는 이 모든 것이 필연이라는 말로 그들을 위로했다.
>
> "왜냐하면 이 모든 것이 최선이기 때문입니다. 리스본에 있는 화산은 다른 곳에 있을 수 없어요. 왜냐하면 모든 사물은 현재 있는 곳 이외의 곳에 존재할 수 없기 때문이죠. 왜냐하면 모든 것이 최선이기 때문입니다."
>
> 그 옆에 앉아 있던 검은 복장의 남자가 공손하게 말을 받았다. 그는 종교재판소의 포리(捕吏)였다.
>
> "선생은 원죄를 믿지 않으시는 모양입니다그려. 만일 모든 것이 최선이라면 타락이나 벌도 없었다는 말이 되니까요."
>
> 이 말에 팡글로스는 한결 더 공손하게 대답했다.
>
> "각하, 외람된 말씀이오나 인간의 타락과 저주는 최선의 세계에 필연적으로 들어 있는 것이라고 봅니다."
>
> 그러자 포리가 말했다.

---

66) Russell, *A Critical Exposition of The Philosophy of Leibniz*, p. xiii; Nicholas Jolley (ed.), *The Cambridge Companion to Leibniz*, 1쪽에서 재인용.

67) 포르투갈 리스본의 대지진은 1755년 11월 1일 성인을 기리는 가톨릭의 축일인 만성절에 일어났다고 한다. 세 차례의 지진파로 대성당을 비롯한 도심지가 파괴되었을 뿐 아니라 높이 10미터의 지진해일이 해안을 덮쳤다고 한다. 이 사건으로 최소 3만 명에서 최대 10만 명이 사망한 것으로 추산된다: 김용성, 『하나님 이성의 법정에 서다』(서울: 한들, 2010), 44, 각주 3을 참조

68) 볼테르/이봉지 옮김, 『캉디드 혹은 낙관주의』(파주: 열린책들, 2009): 원제 *Candide ou l'Optimisme* (1759).

"그럼, 선생은 자유의지를 믿지 않으시는 겁니까?"

"외람된 말씀이오나 자유의지는 절대적 필연과 일치합니다. 왜냐하면 우리가 자유로운 것은 그것이 필수적이었기 때문입니다. 결국 의지란……."

팡글로스가 여기까지 얘기했을 때 포리는 포르토인지 오포르토인지 하는 포도주를 따르고 있는 호위 무사에게 고갯짓을 했다.[69]

    소설 속에서 라이프니츠의 철학을 그대로 대변하는 팡글로스는 조화 예정론과 가능세계 중의 최상의 세계 이론을 통해 리스본의 대지진을 옹호하며, 종교재판소의 관리 앞에서 필연과 자유의 양립 가능성을 설파하고자 한다. 그러나 팡글로스의 주장은 소설 내의 등장인물들에게도 그렇게 큰 호응을 얻지 못할 뿐 아니라, 이 소설을 읽고 있는 독자들에게 웃음거리가 된다. 더구나 그의 주장을 순박하게 믿고 있는 캉디드와 더불어 팡글로스는 지금 어쩌면 최상의 상황이 아니라 최악의 상황에 빠져 있지 않은가. 결국 팡글로스는 교수형에 처하게 된다. 캉디드의 독백에 따르면, "세상에서 가장 위대한 철학자인" 팡글로스는 "이유도 없이" 교수형으로 목숨을 잃게 된다.[70]

    이제 우리는 첫째, 라이프니츠가 신에 의한 예정조화론과 인간의 의지적 자유의 양립 가능성을 성공적으로 논증했는지 따져보도록 하자. 둘째, 가능한 세계 중의 최상의 세계 이념의 논거가 과연 충분한지를 질문하고,

---

69) 볼테르/이봉지 옮김, 『캉디드 혹은 낙관주의』, 33~34.

70) 볼테르/이봉지 옮김, 『캉디드 혹은 낙관주의』, 37; 나중에 캉디드는 죽었던 줄로만 알았던 팡글로스를 다시 만난다. 팡글로스는 거의 죽은 채로 해부학 의사에게 넘겨져서 해부당하다가 살아난다. 그리고 갖은 고생 끝에 살아나 다시 캉디드를 만났다. 그리고 "그래도 아직까지 이 세상 모든 것이 최선이라고 생각"하느냐는 캉디드의 물음에 이렇게 대답한다. "내 생각은 항상 처음과 같아. 나는 철학자니까. 내가 한 말을 부인할 수야 없지. 라이프니츠는 결코 틀릴 수 없어"(185).

현재의 세계가 최상의 세계라는 것이 어떻게 입증될 수 있는지를 묻고자 한다. 셋째, 라이프니츠의 신은 과연 무엇인지를 따져 묻고자 한다.

우선 라이프니츠는 신적 예지와 자유의 양립 가능성을 통해, 모든 것이 결정되었다는 결정론이나 운명론으로 도덕적 삶을 폐기하려는 시도에 대해 반대하고자 했다는 점을 기억할 필요가 있다. 신적 예지만을 앞세울 때 결정론에 빠지게 되고 인간의 죄나 책임을 물을 수 없게 되며, 도덕적 삶에 대한 욕구조차 불필요하게 된다. 그러나 다른 한편, 모든 것이 인간의 자유로운 행위와 의지에 의해서 일어난다고 했을 때, 모든 것을 예지하고 조율하는 신의 완전성에 균열이 생기게 된다.

이 두 가지 경우 모두에서 의지의 자율성과 신적 예지의 타율성이 대립하며 모순되는 듯하다. 그러나 라이프니츠는 그의 모나드 실체론을 따라 이성적 모나드의 자발성을 언급하는 한편, 각각의 모나드들을 조화롭게 예지하는 신적 지성과 능력을 옹호함으로써, 이성적 존재의 자유의지와 자유의지의 결과에 부합하는 행위들을 예지하는 신적 지성 사이의 양립 가능성을 형식 논리적으로 성립시켰다. 즉 예정조화론에 따라 신적 지성은 영원한 관념 안에서 모든 사물들을 모순 없이 조화롭게 배열하도록 예지해 놓은 반면, 지적 존재는 자신의 의지적 욕구와 충족이유에 따라 자유롭게 자신의 행위를 선택하는데, 이 행위가 신적 예지에 부합하는 것이다.71)

비유하자면 이렇게 설명할 수가 있다. 나는 내 아들이 무엇을 좋아하

---

71) 윤선구는 의지의 자유와 행위의 자유를 구분하여, 이성적 모나드들에게 행위의 자유는 불가능하진 않지만, 제한되어 있다고 말한다. 왜냐하면 그들의 가능한 행위는 예정조화론에 따라 이미 결정된 것이기 때문이다. 그러나 예정조화론이 의지의 조화까지 결정하는 것은 아니기 때문에, 비록 행위의 자유는 언급하기 어렵지만 의지는 전적으로 자유롭다고 주장한다: 윤선구, "라이프니츠에 있어서 의지의 자유와 단자론", 「철학」 52 (1997), 147~184, 174.

는지 잘 알고 있기 때문에, 아들이 내게 다가와 "아빠, 저 뭐 할까요? 닌텐도를 할까요? 책을 볼까요?"라고 물을 때, "네가 하고 싶은 대로 해라."고 대답을 하지만, 아들이 닌텐도를 선호할 것을 알고 있다. 여기서 나는 아들이 뭘 할 것인지, 그의 의지를 조정하거나 강제하지 않았다. 나의 예감이 아들의 결정에 어떤 외적인 강제성이나 필연성으로 작용하지도 않았다. 단지 나는 아들의 욕구를 잘 알고 있기 때문에, 그가 무엇을 할지 미리 알 수 있었다.

이처럼 라이프니츠에 따르면, 신은 세계를 창조하기 이전에 각각의 모나드들을 완벽하게 알고 있으며, 각각의 가능적 모나드들이 어떻게 가능한 세계를 구성해 나갈지를 미리 알고 있었고, 그 가운데서 최상의 세계를 창조했다. 또한 이성적 모나드들의 본성을 완벽하게 알고 있기 때문에, 그들이 무엇을 선택할지를 알고 있을 뿐이다. 이성적 모나드들은 각각 자신의 의지대로 선호하는 것을 선택하지만, 이는 신의 완전한 예지에 모순되는 것이 아니라 전적으로 부합하는 결과를 가져오는 것이다.[72]

그러나 인간의 예감이나 예측과는 달리 신의 예지는 완전한 것이며, 오류가 없다. 그의 예지된 결정은 현실 속에서 동일한 결과를 가져와야 한다. 따라서 신적 예지 아래에 있는 이성적 존재의 욕구는 A와 B라는 선택 속에서 신적 예지 속에 결정되어 있던 A에 상응하는 선택을 할 수밖에 없다.

비록 양자택일의 상황에 놓여 있는 듯하지만, 결국엔 예지된 것 외에 다른 것을 선택할 수 없다면 과연 의지의 자유가 있다고 할 수 있을까? 물론 그의 의지적 선택은 지성과 욕구가 충족이유율에 근거하여 작동하는 결과가 되겠지만, 그 행위의 결과가 미리 결정되어 있다면, 그것에 부합하는 것을 욕구할 수밖에 없는 의지의 자율성이란 그저 형식적일 뿐

---

72) *Theodicee*, 제1부 37~38절을 참조 바람.

실질적이지 않다고 해야 하지 않을까? 즉 그의 의지가 비록 강제된 것은 아니라고 하더라도, 실제적으로는 양자택일이 불가능한 막다른 상황에 봉착해 있다고 해야 할 것이다.

신적 예지를 염두에 둘 때, 의지의 자유는 관념적 가능성으로만 주어져 있을 뿐, 그 의지의 현실적 실행에서는 실질적인 선택의 여지가 없다고 해야 할 것이다. 진정한 선택의 자유나 자유의 실행이 아니라, 그저 자유의 감정 또는 자유의 가능성만을 가지고 있을 뿐이다.[73]

둘째, 지금 현재 세계가 곧 가능한 세계 중 최상의 세계라는 생각은 신의 완전성에 근거해 있었다. 신의 완전성에 의거할 때, 비록 이 세상 안에 수없이 많은 고통이 있다고 하더라도 신이 창조할 수 있는 수없이 많은 세계들 중에 바로 이 세상이 최상의 세계라는 것은 선험적으로 주장될 수 있었다. 하지만 이에 대해 다음과 같은 반론이 제기될 수 있다.

신의 완전성에 의거하여 가능한 세계 중 최상의 세계를 상정하는 것은 마치 최고 속도 또는 최고의 자연수라는 개념처럼 논리적으로 유지될 수 없으며 불합리하다. 어떤 속도나 수보다 항상 더 큰 것을 생각할 수 있듯이, 가능한 세계 중 최상의 세계보다 더 나은 세계를 생각할 수 있을 것이다. 더구나 신의 완전성은 무한하기 때문에, 모든 가능한 세계보다 더 나은 세계를 생각할 수 있다.

이런 추론에 따라 신은 최상의 세계가 아니라, 최상의 세계보다 더 나

---

73) 이와 관련해서 박제철, "라이프니츠 철학의 결정론적 성격 - 가능세계와 개체의 통세계적 동일성", 「철학」 98 (2009), 81~107, 103 각주 27에서 스피노자와 마찬가지로 라이프니츠의 가능세계 이론도 결정론적 성격을 가지고 있음을 다음과 같은 예를 들어 설명하고 있다: "스피노자에게는 이 세상의 모든 사물들이 신이 구상하고 현실화한 하나의 대본에 맞춰 행동해야 하지만, 라이프니츠에게는 세상의 만물이 신이 구상한 다양한 대본들 중에서 현실화한 단 하나의 대본에 맞춰 행동해야 한다는 점에서 스피노자와 라이프니츠는 모두 결정론적 성격을 갖고 있다."

은 세계를 만들 수 있어야 한다. 따라서 가능한 세계 중 최상의 세계에 대한 언급은 무의미하다. 뿐만 아니라 최상의 세계에 대한 언급이 논리적으로 무의미하다는 점에서 신은 가능한 것 중에 최상의 세계를 만들 수 없다. 그는 다만 보다 더 나은 세계를 만들 수 있을 뿐이다.[74]

이러한 반론 속에는 신이 죄 없고 고통 없는 더 나은 세계를 창조할 수 있지 않았을까 하는 논리가 잠재되어 있는데, 이에 대해 라이프니츠는 이미 선행의지와 후속의지를 통해 답변했다. 그에 따르면, 물론 신은 지금의 현실세계보다 더 나은 세계를 창조할 수 있다. 죄 없고 고통 없는 세계도 창조할 수 있다. 라이프니츠에 따르면, 신은 악이 없는 세상을 창조할 수도 있었고, 아예 어떤 세상도 창조하지 않을 수도 있었다. 그러나 신은 자유의지 속에서 죄와 고통이 허락되었지만, 가능한 세계 중 최상의 세계를 창조했다는 것이다.

신은 단순히 최상의 세계를 창조한 것이 아니라, 여러 가지 가능조건들이 서로 양립 가능한 세계 중에서, 최상의 세계를 창조했다. 피조세계의 불완전함이 제거되는 것은 창조주와 세계를 구분하는 신의 완전성에 부합하지 않는다. 따라서 불완전함이라는 형이상학적 악을 지닌 이 세상은 신의 완전성에 부합하는 **가능한 세계 중 최상의 세계**다.

가능한 세계 중 최상의 세계 이념에 관한 반론은 논리적 측면뿐 아니라 현실적인 경험에서도 제기된다.[75] 현재 세상이 가능한 세계 중 최상

---

74) A. Kreiner, *Gott im Leid*, 326~327.

75) 라이프니츠의 낙관론에 대한 당대의 경험론적 반론은 무엇보다도 1755년 11월 1일에 일어난 리스본의 대지진의 영향에서 비롯되었다. 이와 관련된 작품으로는 앞서 언급한 볼테르의 『캉디드 혹은 낙관주의』(*Candide ou l'optimisme*, 1759) 외에도 볼테르의 『리스본 재앙에 대한 시 또는 모든 것이 좋다는 경구에 대한 검증』(*Poème sur le désastre de Lisbonne, ou examen de cet axiome: Tout est bien*, 1756)을 대표적으로 거론할 수 있다. 또한 우리가 다음 장에서 다룰 고전적 신정론에 대한 칸트의 비판

의 세계라는 라이프니츠의 논증이 설령 논리적으로 완전하다고 하더라도, 가능한 세계 중 최상의 세계라는 이념은 다만 관념적으로만 주장될 뿐 현실적으로 입증될 수가 없다.

현재 세계가 최상의 세계라는 것은 볼테르가 그의 소설『캉디드』에서 풍자적으로 보여주었듯이 라이프니츠의 철학적 신념에 국한될 뿐, 현실에 대한 현실적 경험과는 전혀 어울리지 않는다. 라이프니츠의 가능한 세계 중 최상의 세계에 대한 이념은 신의 완전성에 근거한 **순환논리**에서 벗어나지 못한다. 즉 왜 이 세계가 가능한 세계 중 최상의 세계인가에 대한 물음은 신의 완전성에 근거하여 답변이 주어질 뿐이다. 또한 역으로 신의 완전성에 대해 제기한 의문은 가능한 세계 중 최상의 세계 이념을 통해 무마될 뿐이다. 하지만 이 세계를 현실적으로 최악의 세계로 경험하는 자들에게는 최상의 이론뿐 아니라 신의 완전성과 더불어 신적 존재 자체가 극히 의심된다.

신의 완전성과 가능한 세계 중 최상의 세계 이념을 그저 순환적으로 되풀이하기만 한다면, 이러한 순환론은 현실적으로 조롱을 받게 될 것이다. 엄밀하게 말해 현실을 직시하는 이성적 존재는 이 세계가 최상의 세계인지 아닌지에 대해 최종적인 답변을 내릴 수 없다. 세상은 라이프니츠가 생각한 것처럼 조화롭고 선하고 아름답지만은 않으며, 한편에서는 기쁨의 원천이면서도 다른 한편에서는 고통의 원천으로 경험된다. 그리고 고통이 더 나은 선에 기여할 뿐 아니라, 현재의 기쁨이 더 깊은 고통의 나락으로 이끌 때도 있다. 즉 우리가 경험하는 세계는 일의적으로 단순하지 않으며, 오히려 다의적이고 모호하다.

셋째, 우리는 현실세계를 가능한 세계 중 최상의 세계로 조성한 라이프니츠의 세계 제작자가 이 세상의 현실적 고통과 악에 대해 그저 낙관

도 이런 현실적 경험을 배경으로 하고 있다.

적으로만 관망하는 존재임을 알 수 있다. 라이프니츠의 신은 전능하지만, 그렇다고 무엇이든지 자의적으로 하는 존재가 아니라, 이성적 논리에 제약을 받는 존재다. 또한 자신의 영원한 관념 안에서 기획한 그의 세계를 무한히 긍정하며 관망하는 존재이지, 역사와 시간 안에 개입하여 새로운 역사와 사건을 일으키는 신은 아니다.

신은 세계를 비추는 거울이며 동시에 세계도 신을 비추는 거울이다. 자연과 역사 내의 모든 사건들은 우연적이고 자유로운 듯하지만, 신이 예지해 놓은 프로그램에 따라 한 치의 오차도 없이 진행되고 있을 뿐이다. 영원의 관념 속에 기획해 놓은 것이 시간 속에 진행되는 것을 신은 그저 구경꾼처럼 지켜보고 있을 뿐이다.

이런 점에서 신의 예지에 대한 라이프니츠의 생각은 신이 현실세계 내에 그 무엇도 첨가하거나 스스로 개입하지 않는, 철저히 인간의 이성적, 의지적 자유에 의해 신의 뜻이 실현되기를 원하는 **이성적 자연종교의 전형**이라 할 수 있다.76)

라이프니츠는 계시의 신과 이성의 신을 동일하다고 보았지만, 라이프니츠의 신은 성서 속에 표상된 하나님과는 분명히 다르다. 적어도 성서의 신은 역사의 구경꾼으로 뒷짐을 지고 계신 분이 아니며, 새로운 역사를 일으키기 위해 자신의 창조세계에 침투해 들어오시기 때문이다.

성서의 하나님은 창조의 하나님이면서 구원의 하나님이다. 라이프니츠의 생각과는 달리 창조의 하나님은 "되어라."(fiat)는 말씀 뒤로 자신을 숨기신 것이 아니라, 선한 창조와 모순되는 뒤틀린 역사와 사회를 구원하고자 자신을 비워 종의 형상으로 세상 속에 들어오신 하나님이다.

---

76) *Theodicee*, 제1부 53~58절 이하에 따르면 신은 그가 예지한 것을 아무것도 바꿀 수 없는 존재로 묘사되어 있다. 신의 예지와 결정에는 후회가 없으며, 불완전하지 않기 때문이다. 신의 변화될 수 없는 예지와 결정으로 인해 기도와 보상, 처벌이 어떤 의미를 가지는지에 대한 논란이 제기된다.

라이프니츠의 신은 세상을 구원하고자 인간의 모습으로 오신 예수 그리스도의 하나님이라고 보기 어렵다. 더 나아가 그의 신은 자신이 구상한 피조세계의 정당성을 옹호함으로써 자신의 정당성을 주장할 뿐, 그 안에서 고통당하는 자들의 절규와 울분에는 아무런 동요를 느끼지 않는 철저히 자기 속에 갇힌 존재로 여겨진다.

라이프니츠의 신정론에는 인격적 요소가 없다. 그는 세상과 악의 정당성을 옹호함으로써 신의 정당성을 옹호하려고 한다. 하지만 그는 고통당하는 자의 얼굴에 주목하지 못했으며, 고통당하는 사람 자체에 관심을 쏟지 않는 듯하다. 라이프니츠의 신도 자신을 변호하기에만 급급할 뿐, 실제 고통당하는 생명들에 대해서는 아무런 관심도 사랑도 보이지 않는 듯하다. 라이프니츠의 신은 철저한 이성적 완벽주의자일 뿐, 세상에 대해 책임을 스스로 짊어지는 사랑의 아버지로 묘사된 성서의 하나님일 수는 없다.

제5장

칸트의 논박: 신정론에서의 모든 철학적 시도의 실패[*]

1. 칸트의 합리적 신정론 비판

17세기 말에서 18세기 말에 이르기까지 서구의 정신사는 전통적인 신앙과 새로운 합리성, 교회의 가르침과 자연과학적 경험, 신앙과 이성 사이의 대립을 해결하고자 노력했으며, 이와 관련해서 특히 신정론의 문제에 관심이 집중되었다.

전통적으로 신정론은 한 개인의 구체적인 고통과 부조리의 경험을 우주론적이며 존재론적인 전체성과 조화, 질서의 개념 안에 편입시켜 사유했다. 이때 전체성 안에서 개별적인 악과 고통의 문제를 다루는 신정론은 철저히 변신론적 입장을 견지해 왔으며, 전능하고 선한 하나님과 그분의 선한 창조와 섭리에 대한 변증이 신정론의 주제였다.[1]

하지만 칸트(Immanuel Kant, 1724~1804)의 비판철학에 이르러 세계 내

---

* 여기서는 Immanuel Kant, "Über das Misslingen aller philosophischen Versuche in der Theodicee"(1791), in: *Akademische Ausgabe von Immanuel Kants Gesammelten Werken* Bd. VIII, Berlin 1900ff, 253~271에 근거하여 칸트가 고전적인 신정론의 해법들을 어떻게 반박했는지를 살펴보고자 한다; 아래의 본문은 박영식, "칸트의 신정론과 신학",「한국기독교신학논총」 58 (2008), 115~130의 내용 중 일부를 옮겨 수정 보완한 것이다.

1) 18세기는 "신정론의 세기"라고 불린다. C.-F. Geyer, "Das <Jahrhundert der Theodizee>", in: *Kant-Studien* 73(1982), 393~405.

의 신적 선함과 지혜는 이론적-사변적 이성으로는 더 이상 증명할 수 없는 것으로 후퇴해버린다.[2] 기존의 합리적 신정론에 대한 칸트의 비판은 전통적인 형이상학의 가능성에 대한 그의 의심과 연결된다. 전통적으로 형이상학이 사유의 대상을 순수 이성으로 포착할 수 있다고 보았다면, 칸트는 인간 이성의 한계를 분명하게 자리매김한다. 이성에 대한 라이프니츠의 낙관론과는 달리 칸트는 이성에 대해 비판적 자세를 취한다.

칸트의 비판주의는 이성에 대한 부정이 아니라 이성의 한계에 대한 인식이며, 기존의 신 존재 증명에 대한 회의와 연결된다. 물론 칸트에게서 신의 존재 자체가 부정된 것은 아니다. 다만 칸트는 신의 존재를 이론적으로 증명하려는 기존의 존재론적, 우주론적, 자연신학적 신 존재 증명을 의심스러운 것으로 판단한다.

칸트에 따르면, 존재라는 개념은 완전성의 개념에 무언가를 덧붙이거나 뺄 수 있는 그런 속성이 아니기 때문에, 완전이라는 개념으로부터 신적 존재의 자명성을 증명하려는 존재론적 증명은 하나의 궤변에 불과하다. 즉 완전이라는 개념은 있음의 존재 개념에 아무것도 덧붙일 수가 없다는 것이다. 가능한 경험 대상인 세계로부터 신의 존재를 증명하려는 우주론적 증명의 시도 역시, 감성적 세계에서만 유효한 것을 감성적 세계 너머에까지 적용하는 월권행위에 속하는 것으로 판명된다.

자연세계에서 발견되는 합목적성을 출발점으로 삼는 자연신학적 신 존재 증명은 존중받을 가치가 있는 것이지만, 역시 단순히 감성적 세계의 대상에 적용되는 원리를 초감성적인 것에도 적용함으로써 신을 세계

---

[2] 칸트도 자신의 3대 비판서인 『순수이성비판』(1781/1787), 『실천이성비판』(1788), 『판단력비판』(1790)이 등장하기 이전의 저술에서는 18세기의 합리적이고 이론적인 신정론을 옹호하고 있었다. 비판 이전과 이후의 신정론의 전개에 대해서는 Ch. Schulte, "Zweckwidriges in der Erfahrung. Zur Genese des Misslingen aller philosophischen Versuche in der Theodizee bei Kant", *Kant-Studien* 82(1991), 371~396.

내적 존재자의 일원으로 취급하는 오류를 범하고 있다는 판정을 받는다.[3]

기존의 신 존재 증명은 인간 인식과 세계 경험의 유한성과 한계를 간과하고 이를 초감성적 세계에까지 적용하려는 범주적 오류를 범한 것이다. 오히려 기존의 신 존재 증명은 세계 내적 경험을 통해 신적 현실에까지 다다르려고 했다는 점에서 근대 무신론이 고발하고 있는 유신론의 인간학적 원형을 제공하고 있는 셈이다. 칸트는 세계 내적 경험을 통해 신 존재 증명에 도달하는 길은 전혀 불가능하다는 사실을 지적하면서 실천 이성에 의한 요청의 길을 살며시 열어 놓는다.[4]

칸트에게 신과 세계의 괴리감은 신적 이념을 통해서나 세계 내적 경험을 통해서 철학적으로 극복될 수 있는 것이 아니었다. 신과 세계 사이의 괴리감을 칸트는 이제 신정론의 문제와 연관시켜 구체화한다. 하나님의 존재 그리고 그분의 선하심과 전능하심, 예지하심의 속성과 생활세계 내의 반목적성과 불합리성 사이의 모순성은 그 어떤 철학적 논리를 통해서도 결코 해결될 수 없다는 것이 기존의 철학적 신정론에 대한 칸트의 최종 판단이다.

세계가 신적 지혜와 섭리에 의해 합목적적으로 전개되고 있다는 기존의 철학적 신앙의 전제에 대한 심각한 의혹은 다름 아닌 "세계 내의 반

---

3) 빌헬름 바이셰델/최상욱 옮김, 『철학자들의 신』(서울: 동문선, 2003), 291~298.
4) 임마누엘 칸트/백종현 옮김, 『순수이성비판 2』(서울: 아카넷, 2006), 805~806: "이제 내가 주장하는 것은 신학과 관련한 이성의 한낱 사변적인 사용의 모든 시도들은 전적으로 결실이 없고, 그것들의 내적 성질상 아무것도 아니고 무의미하다는 것이며, 그 반면에 이성의 자연사용의 원리들은 전혀 아무런 신학에도 이르지 못하고, 따라서 만약 사람들이 도덕법칙들을 기초에 두지 않거나 또는 실마리로 삼지 않는다면, 도무지 이성의 신학은 있을 수 없다는 것이다. 왜냐하면 지성의 모든 종합적 원칙들은 내재적 사용만이 가능한 것으로, 최고 존재자의 인식을 위해서는 이런 원칙들의 초험적 사용이 요구되는데, 우리 지성은 이를 위한 전혀 아무런 장비도 갖추고 있지 못하기 때문이다."

(反)목적적인 것"(das Zweckwidrige in der Welt)의 경험에서 유래한다.5) 기존의 신정론이 신적 현실의 빛에서 세계의 합목적성을 설명하려고 시도했다면, 칸트는 역으로 세계 내의 부조리와 반목적적인 경험을 기반으로 하여 기존의 변신론에 의문을 제기하고 있다.

먼저 칸트는 기존의 철학적 신정론이 분석한 악의 형태들을 자신의 언어로 다시금 정리한다. 그는 악을 반목적적인 것이라고 개념화하고 이를 세 가지 유형으로 분류한다.

첫 번째 유형의 악은 **완전히 반목적적인 것**(das schlechthin Zweckwidrige)이다. 이때 악은 어떤 지혜에 의해서도 그 자체로 결코 목적이나 수단이 될 수 없는 것을 뜻한다. 이것은 라이프니츠의 용어로 하면 도덕적 악(malum morale)이며 인간의 범죄에 해당된다. 물론 라이프니츠는 도덕적 악도 선에 기여한다고 보았다. 하지만 칸트에게 인간의 범죄는 그 자체로 악할 뿐이다.

두 번째 유형의 악은 **제한적으로 반목적적인 것**(das bedingt Zweckwidrige)으로 파악되고, 이것은 다른 것의 수단이 될 수 있는 것으로, 라이프니츠의 용어로 하면 자연적 악(malum physicum)에 해당한다. 자연적 악은 인간의 범죄에 따른 신적 정의의 실행으로서 인간의 행위를 바로잡는 수단으로 이해될 수도 있다는 점에서, 제한적으로 반목적적인 것으로 분류될 수 있다.

세 번째 유형의 반목적적인 것은 **범죄와 그에 대한 처벌의 불균형**이다. 즉 현실에서 선한 자가 처벌받고 악한 자는 복을 누리는 선과 복의 불일치의 문제가 여기에 해당한다.

---

5) Immanuel Kant, "Über das Misslingen aller philosophischen Versuche in der Theodicee", 255: "신정론은 세계 내의 반목적적인 것으로부터 세계 창시자의 지혜에 대해 이성이 제기하는 항변에 맞서 세계 창시자의 최고의 지혜를 변호하는 것이다."

칸트는 위의 세 가지 악의 유형을 신의 도덕적 속성에 해당되는 거룩함과 선함 그리고 정의로움에 대비시킨다. 이에 따라 신의 거룩함과 연관된 법의 수여자로서의 신은 도덕적 악과 대립되며, 신의 선함과 연관된 통치자로서의 신은 세계 내의 수많은 악과 대립된다. 정의로움과 연관된 통치자로서의 신은 이 세상 내의 죄와 벌의 불일치와 대립된다.[6)

먼저 신적 의지의 거룩함과 **도덕적 악의 문제**와 관련하여 "악이란 실재하지 않는다.", "악은 선의 결핍일 뿐이다."라는 아우구스티누스와 아퀴나스적인 답변에 대해 칸트는 "이런 변증은 더 이상 논박할 필요가 없으며 다만 도덕성에 대해 최소한의 감정을 가진 모든 사람들에게 혐오의 대상이 될 수 있을 뿐이다."라고 반박한다. 기존의 철학적 신정론이 조화와 질서의 존재론 또는 우주론을 토대로 하고 있는 반면, 칸트에게 현실 경험의 부조리와 반목적적인 경험으로 대표되는 인간의 범죄와 그 악은 오히려 선의 현존보다 더 자명하며 어떤 사변적 논리를 통해서도 그 존재감이 약화될 수 없다.

또한 신적 지혜의 판단과 인간적 지혜의 판단 사이에는 뛰어넘을 수 없는 심연이 존재하기 때문에 인간에게 악이라고 생각하는 것이 신에게는 선일 수 있다는 일종의 불가론적 논리에 대해 칸트는 날카롭게 다음과 같이 반론을 제기한다.

지고자의 판단과 인간의 판단 사이의 유사성이 완전히 부정될 경우 이제 선한 것조차도 행할 수 없게 된다. 즉 우리가 악이라고 생각하는 것이 신에게 악이 아니라고 하고, 우리가 선이라고 하는 것도 신에게는 선이 아닐 수 있다고 한다면, 선과 악에 대한 인간의 판단은 무의미한 것이 되어버린다.

---

6) Immanuel Kant, "Über das Misslingen aller philosophischen Versuche in der Theodicee", 256~257.

그렇다면 우리는 더 이상 무엇을 행해야 할지 전혀 알 수 없는 도덕적 아노미 상태에 빠질 뿐이다.[7]

도덕적 악에 대해 두 번째 논의는 라이프니츠의 가능한 세계 중 최상의 세계이론과 연관된다. 라이프니츠에 따르면, 악은 유한한 피조물의 본성적 한계에 기인한 것이며, 만약 신이 이를 제거한다면 신과 피조물 사이의 아무런 차등이 없게 된다. 따라서 신은 피조물의 유한성과 그 범죄를 허용하면서, 그가 창조할 수 있는 피조세계들 중에서 가장 선한 세계를 창조할 수밖에 없었다.

칸트는 위의 논리를 그대로 따라갈 때, 두 가지 점에서 문제점이 있다고 지적한다. 첫째는 "이런 악의 근거를 사물의 본질 안에, 즉 유한한 본성으로서 인간성의 필연적인 한계들 안에서 불가피하게 찾아야만" 한다면, 이를 인간의 책임으로 돌릴 수 없다고 반박한다. 둘째, 따라서 악은 인간의 범죄로 인해 발생한 것이 아니기에 인간에게 돌려서는 안 되며, 따라서 이를 "도덕적 악이라고 부르는 것을 멈춰야" 한다는 것이다.[8]

즉 라이프니츠식으로 생각하면 악은 인간의 행위로 인해 발생한다고 하더라도 더 근원적으로는 인간성의 필연적인 한계로 인한 것이기에 결국엔 이를 허용한 신에게 그 책임이 돌아갈 수밖에 없다는 것이다. 소위

---

7) Immanuel Kant, "Über das Misslingen aller philosophischen Versuche in der Theodicee", 258.

8) Immanuel Kant, "Über das Misslingen aller philosophischen Versuche in der Theodicee", 259; 유신론에 대한 비판가인 맥키(John Leslie Mackie)의 저서, *Das Wunder des Theismus. Argumente für und gegen die Existenz Gottes* (Stuttgart: Reclam, 1985), 260에서는 하나님의 전지함과 관련해서 다음과 같은 질문이 제기된다: "하나님은 자유의지를 가진 인간을 창조하실 때, 그가 실제로 이것을 어떻게 사용하게 될지 미리 알지 못했는가?"

자유의지 신정론을 통해 신의 거룩함을 입증하려는 철학적 시도를 칸트는 설득력이 없는 것으로 판정한다.

이제 칸트는 두 번째 악인 **자연적 악의 문제**와 신의 선함의 관계에 대한 신정론적 해법을 조목조목 검토한다. 여기서는 자연적 재난으로 인간이 고통을 당한다고 해도 하나님은 선한 존재라는 변신론에 대한 칸트의 반박이 이어진다.

우선 삶의 즐거움을 고통과 비교하면서 고통에 비해 삶의 즐거움이 더 크다는 주장을 통해 하나님의 선함을 증명하려는 시도에 대해 칸트는 이러한 비교론은 현실적으로 불가능하며 하나님의 선함에 대해 아무런 증명이 되지 못한다고 일축한다.[9] 또한 고통의 감각은 인간에게 주어진 동물적 본성 때문이라는 논리에 대해서도 역시 이렇게 내버려 둔 신적 책임을 회피할 수는 없지 않느냐고 반론하고 있다.[10]

신의 선함을 유지하면서 고통의 문제에 답변하려는 또 다른 시도인 현재의 고통은 미래에 주어질 신적 행복을 위한 수단이라는 논리에 대해 칸트는 이런 미래적인 삶은 결코 이성적으로 통찰할 수 없는 것이기에 논리적 근거가 될 수 없다고 반박한다.[11] 검증할 수 없는 미래에 대한 희망은 신정론에 대한 철학적 근거가 될 수 없다고 여긴 것이다. 오히려 이 희망은 신앙의 근거이며 신앙에 근거하고 있다.

---

9) Immanuel Kant, "Über das Misslingen aller philosophischen Versuche in der Theodicee", 259; 이는 Gottfried Wilhelm Leibniz, *Die Theodizee,* Anhänge에 나타나는 비교론에 대한 반박으로 볼 수 있다.

10) Immanuel Kant, "Über das Misslingen aller philosophischen Versuche in der Theodicee", 259~260.

11) 맥키는 현재의 악이 미래의 선에 기여하거나 이를 증폭시킨다는 관점에서의 악을 '흡수된 악'이라고 부르며, 이와는 달리 확장되고 증폭되는 악도 있음을 지적한다: John Leslie Mackie, *Das Wunder des Theismus,* 246.

세 번째 악의 범주에 속하는 인간의 범죄와 처벌 사이의 불균형과 관련하여 세계 심판자의 정의로움을 옹호하고자 하는 시도들이 있다. **인과 응보의 논리**가 성립되지 않는 세상에서 과연 신의 정의로움을 철학적으로 옹호할 수 있을까?

겉으로는 불균형하게 보이지만, 실제로 범죄에 대한 처벌은 이미 인간의 양심을 통해 이루어지고 있다고 말할 수도 있다. 소위 외적인 법 집행 이전에 양심적 심판이 먼저 시행되고 있다는 것이다. 그러나 오히려 덕망이 있는 사람만이 사소한 잘못에 대해서 더 큰 양심의 가책을 받으며, 이에 반해 사악한 자들은 외적인 처벌에서 벗어날 때 그동안 받았던 양심의 가책을 오히려 비웃는다고 칸트는 지적한다.

양심의 처벌은 결코 악인에 대한 공평한 심판을 정당화하지도, 세계 심판자의 정의로움을 옹호하지도 못한다.[12) 또한 죄와 처벌의 현재적 불협화음은 오히려 덕의 가치를 높여 주며 가장 영광스런 도덕적인 화음을 구성하게 될 것이라는 조화와 일치를 강조하는 미학적 신정론적 견해[13) 역시, 세계 내적 경험 영역 안에서는 확인할 길이 없는 것으로, 다만 종말론적 신앙에 속하는 것이다. 이런 종말론적 희망은 의심하는 자에게 인내를 요구하지만, 만족을 주지는 못한다.[14)

마지막으로 이 세상에서는 자연법칙에 상응하게 개별 인간의 능력에

---

12) Immanuel Kant, "Über das Misslingen aller philosophischen Versuche in der Theodicee", 261.

13) 미학적 신정론의 고전적 형태들에 대해서는 아우구스티누스/성염 역주,『참된 종교』(왜관: 분도출판사, 1989), 91~97을 참조 바람; 또한 Gottfried Wilhelm Leibniz, Anhänge, Kurze Darstellung der Streitfrage, Entwurf V, in: Ders., *Theodizee*: "몇몇 무질서는 오히려 전체의 아름다움을 놀랍게 향상시키며 어느 정도 잘 갖춰진 불협화음은 오히려 화음을 더 아름답게 만든다."

14) Immanuel Kant, "Über das Misslingen aller philosophischen Versuche in der Theodicee", 261~262.

따라 복과 고통이 배분되지만, 피안의 세계에서는 이와는 달리 도덕적 판단에 따라 복과 화가 결정될 것이라는 주장을 칸트는 "제멋대로"라고 평가한다. 오히려 이성은 이론적 인식의 법칙에 따라 단 하나의 법칙, 즉 자연의 법칙 외에 다른 것을 알지 못한다. 피안의 법칙에 대해 철학적 인식은 이성의 유한성과 한계 탓에 차안과는 다른 그 무엇을 알지 못한다.[15]

기존의 철학적 신정론의 해법을 하나하나 검토하면서 칸트는 다음의 결론을 내린다.

> 지금까지의 모든 신정론은 자신이 약속했던 것을 수행하지 못했다. 즉 이 세계의 경험적 인식이 제기하는 의심에 대항해서 세계 통치의 도덕적 지혜를 정당화하겠다는 약속은 실패했다.[16]

2. 신앙의 신정론

기존의 철학적 신정론이 붕괴되고 남은 것은 무엇인가? 비록 칸트가 기존의 철학적 신정론의 해법을 거부했지만, 신의 존재나 선함, 세계통치를 부정하는 무신론을 주장한 것도 아니다. 칸트는 다만 세계내적 경

---

15) Immanuel Kant, "Über das Misslingen aller philosophischen Versuche in der Theodicee", 262; 차안과 피안의 질서가 다르다는 주장 대신에 칸트는 물리적 세계와 인간적 세계, 즉 자연과학의 세계와 인문학의 세계 사이의 법칙성을 구분한다. 즉 자연법칙과 도덕법칙(Sittengesetz)으로 구분되어야 하며, 자연법칙은 인과율에 따라, 도덕법칙은 자유와 책임의 원리에 따라 움직인다.

16) Immanuel Kant, "Über das Misslingen aller philosophischen Versuche in der Theodicee", 263.

험이나 이성의 합리성을 기반으로 해서는 결코 신정론에 성공할 수 없다는 사실을 명확히 한 것이다.

이제 남은 것은 신정론에 대한 유한한 인간의 해명이 아니라, 질문의 대상이 되는 하나님 자신의 해명뿐이다. 즉 신정론의 해법은 인간에 의해 제시될 것이 아니라 오직 하나님 자신에 의해서만 주어질 수 있다. 칸트는 기존의 철학적 신정론의 실패를 대신하여 이제 종교적, 신앙적 신정론을 주장한다. 따라서 철학의 자리를 이제 **신앙**이 대신한다.

> 신이 자연을 통해 자신이 뜻한 바를 성취한다면, 모든 신정론은 본래 자연의 해석(Auslegung der Natur)이어야만 한다. 이제 법칙 수여자의 선명한 의지의 모든 해석은 교조적(doctrinal)이거나 신앙적(authentisch)이다. 전자의 신정론은 그가 사용하는 표현들에서 신적 의지를 그 외에 알려진 법칙 수여자의 의향들과 연관시켜서 이리저리 꿰맞추는 것(herausvernünftelt)이라고 한다면, 후자의 신정론은 법칙 수여자 자신이 직접 해명하는 것이다.17)

기존의 교조적 신정론은 신의 세계 내 섭리를 정당화하기 위해 자연의 합법칙성을 토대로 삼았다. 그러나 칸트에 따르면, 비록 세상이 하나님의 작품이라 하더라도, 이 세상을 통해 신의 의향을 발견할 수 있는 길은 차단되어 있다.

진정한 신학적 관점에서 볼 때, 세상의 경험들은 신의 계시를 해명할 수 있는 비밀의 열쇠를 가지지 않았으며, 일의적이기보다는 다의적이고 모호하다. 하나님의 두 책 중 하나로 여겨졌던 자연은, 칸트에 따르면, 신

---

17) Immanuel Kant, "Über das Misslingen aller philosophischen Versuche in der Theodicee", 264.

적 의중과 직결된 열린 책이 아니라 그 자체로 닫힌 책이다. 철학자들의 교조적 신정론은 일종의 자연신학적 시도로서 이 닫힌 책, 침묵하는 책 앞에서 기록자의 의향과는 아무런 상관없는 자기만족적인 이야기를 꾸며냈을 뿐이다.

이와 더불어 "이 세계의 경험적 인식이 제기하는 의심에 대항해서 세계 통치의 도덕적 지혜를 정당화하겠다는 약속"은 물거품이 되어버렸다. 신정론은 하나님의 정의로움에 대한 이성적이고 합리적인 해명이라고 할 수 있는데, 칸트는 기존의 이러한 해명이 경험세계 내에서 아무런 근거를 갖지 않는 사변에 지나지 않음을 간파했다. 만약 신정론적 질문이 하나님의 정의로움을 고소하는 법정이라고 한다면, 그동안의 침묵을 깨고 해명해야 할 자는 철학자나 신학자라는 변호인들이 아니라 바로 피고인 하나님 자신뿐이다.

이것이 칸트가 주장하는 **진정한 신정론**(authentische Theodizee), 곧 신앙의 신정론이다. 여기서 신앙은 세계 내의 경험에 발판을 두고 있는 이성의 합리성에 의해 의심스러운 것이 되지만, 그렇다고 신앙이 합리성과 이성에 반대되는 것은 아니다. 다만 신앙은 이성과 합리성에 근거하지 않으며, 이것들이 파악할 수 있는 지평 너머를 향해 열려 있을 뿐이다.

칸트는 성서의 욥 이야기에 주목하면서 고난 중의 욥과 그의 고난을 자신들의 합리적 신학의 관점에서 해명하려는 친구들 사이의 논쟁을 신앙의 신정론과 철학적 신정론의 대립으로 이해한다. 욥의 친구들은 세계 내의 모든 악의 문제를 신적 정의의 관점에서 해명할 수 있다고 믿고 있지만, 그들이 선험적으로 세워 놓은 신적 정의의 체계에 따르면, 실제로 의인 욥은 결코 불행을 당할 수가 없다. 왜냐하면 이들은 인과응보의 논리에 의존하고 있지만, 이런 논리에 따르면, 의인 욥의 고난은 부당하기 때문이다. 하지만 이들이 마치 자신들이 이 사태에 대해 판단할 수 있는 위치에 있는 듯이 말한다. 이에 반해 욥은 단지 그가 말하고자 하는 대로,

생각한 대로 말할 뿐이다.18) 즉 욥은 현실의 경험에 대해 정직한 심정으로 말하며 인간의 유한성을 넘어서는 초월적 관점을 동원하여 자신의 현실을 그 틀 속에 구겨 넣지 않는다.

철학적 신정론과는 달리 칸트가 말하는 신앙의 신정론은 무엇보다 정직함을 그 특징으로 한다. 현실 세계의 부조리와 무의미가 제기하는 질문을 선험적, 신학적 전제로 왜곡 없이 있는 그대로 내뱉는 정직함이야말로 교조적 신정론에 대한 반론이며, 신정론적 물음에 직면한 신학의 새로운 출발점이다.

적어도 칸트가 욥기의 해석을 통해 욥의 고난이 기존의 신정론이 정초한 토대에서는 해명될 수 없다는 사실을 간파한 점은 매우 중요하다. 욥의 고난은 세계 내의 합리성을 통해서는 그 이유를 알 수 없는, 까닭 없는 고난이었기 때문이다.19)

3. 신학적 의의

철학적 신정론의 실패라는 칸트의 판단에 대해 우리는 무엇을 배울 수 있는가? 그의 욥기 해석이 시사하는 바는 무엇인가? 적어도 우리는 다음과 같이 말할 수 있을 것이다.

세계 내적 경험 안에서 신의 정의로움을 합리적으로 증명하려고 했던

---

18) Immanuel Kant, "Über das Misslingen aller philosophischen Versuche in der Theodicee", 265.

19) 현대 철학자 엠마누엘 레비나스도 역시 "신정론의 종말"에 대해 말한다. 그는 아우슈비츠로 인해 그동안 수천 년간의 전통적 신앙이 의문에 빠져든다고 진단했으며 타자의 고통에 대한 정당화는 분명 모든 부도덕의 원천이라고 한다. Emmanuel Levinas, "Useless Suffering", 97~98.

철학적 신정론의 무덤 위에서 신학은 더 이상 사변적 형이상학의 꽃을 피울 수는 없게 되었다. 칸트가 자신의 소논문에서 제시하는 신앙의 신정론은 악의 출처나 악의 본질에 대해 아무런 사변도 전개하지 않는다. 동시에 신적 지혜와 선한 섭리에 대해서도 세계 내적 경험들을 이리저리 짜맞추어 말하지 않는다. 신의 정의와 세상의 불의 사이에 어떠한 조화도 요구하지 않으며, 사후의 최후심판을 통한 보상을 요구하지도 않는 듯하다.[20]

다만 신앙의 신정론은 부조리와 무의미한 고난의 경험적 현실을 신 앞에서 정직하게 호소할 뿐이다. 이 세계의 역사는 또한 정직한 신의 섭리의 장이어야 한다고 고백하지만, 이에 대한 무신론적 반론에 대항하여 이를 증명하려 하지 않는다. 오히려 역사 안에 나타난 신적 섭리의 길은 아무것도 명증하게 알려주지 않는 흔적일 뿐이다. 남겨진 역사의 흔적은 신적 섭리의 의중을 드러낼 수도 의도적으로 감출 수도 있기 때문이다. 신정론 질문의 트릴레마를 풀 수 있는 열쇠는 역사 내적 또는 세계 내적 경험 안에서 찾을 수 없다. 열쇠는 하나님 자신의 손에 있을 뿐이다.

이 점에서 칸트가 제언하는 신앙의 신정론은 신정론의 유형으로 보면 **신비로의 환원**(reductio in mysterium)에 속한다. 신정론의 문제에 대한 이론적인 해명도 없을 뿐 아니라, 신적 속성을 포기하는 일도 없다. 여기에는 하나님 존재에 대한 이성적인 해명 대신에 신앙의 인내가 자리하고 있다.

칸트는 고난의 문제와 연관하여 신적 존재와 그 속성에 대한 합리적인 해명을 거부하지만, 그렇다고 무신론으로 전락하지도 않는다. 오히려 세계 내적 경험이 야기하는 하나님에 대한 의문을 수용하면서 그에 대한

---

20) 물론 칸트는 실천 이성을 통해 이 세상에서의 인간의 선함에 상응하는 행복과 이러한 행복을 보상할 수여자의 존재를 요청한다. 그러나 적어도 우리가 살펴본 소논문에서 제기된 신앙의 신정론은 이에 대해 아무런 말을 하지 않는다.

응답을 의문시되고 있는 하나님 자신에게서 기다릴 뿐이다. 신앙의 신정론은 이렇게 신앙의 모험 속에서 유신론과 무신론의 경계선 상에 놓여 있다. 의심받고 있는 하나님 자신이 해답을 줄 때까지 유한한 인간에게 하나님 존재와 그의 섭리는 전적으로 비밀로 남아 있다.

그러나 여기에 놓여 있는 신비로의 환원은 단순한 침묵 명령으로 귀결되지 않는다. 오히려 욥처럼 의미 없는 고난과 불의에 대해 정직하게 고발하며, 신적 현실과 세계 내의 경험적 현실 사이의 괴리감을 폭로한다.[21] 신적 현실과 세계 내의 경험적 현실의 괴리감은 사변을 통해 메워질 수 있는 것도 아니며, 무관심으로 묵인해버릴 것도 아니다. 이 괴리감의 현실을 직시하지 못하고 사변적으로 메워버릴 때, 신학은 더 이상 정직하지 못하다.

칸트의 신정론은, 신학이 더 이상 형이상학적 사변으로 전개될 것이 아니라 철저히 현실적 경험과 거기에서 제기되는 하나님에 대한 의문을 사유의 근원으로 삼아야 한다고 말하고 있다. 신적 현실을 세계 내적 경험의 현실에서 발견할 수 없다는 무신론적 절규의 자리에서 신학은 구원을 추구하는 외침을 들으며, 구원적 현실을 가져다 줄 하나님에 대한 질문으로 제기한다. 무의미한 고난과 그 안에서 부르짖는 구원의 절규, 신적 현실의 부재에 대한 인정이야말로 십자가와 부활의 의미를 사유하는 기독교 신학의 출발점이 아닐까?

오히려 신정론의 질문과 함께 위태로워진 하나님의 위상을 탄탄하게

---

21) 한국 교회가 하나님의 초월성을 강조하면서 신정론의 문제를 하나님 자신에게 속한 신비로 돌려놓고 하나님의 현실과 고난의 현실 사이의 괴리감을 쉽게 망각하는 것은 안타까운 일이다. 또한 이런 식의 답변은 현실에 위안을 줄 수는 있다 하더라도 현실 변화의 힘을 제공하기는 어렵다. 박원빈, "에마뉘엘 레비나스와 임마누엘 칸트를 중심으로 본 신정론의 비판과 타자윤리로의 전환", 「사회와 철학」15 (2008), 113~140는 칸트의 신정론을 레비나스의 타자의 윤리를 통해 실천적으로 전환하고 있다.

하기 위해 고통받는 인간의 현실을 이렇게 저렇게 왜곡하는 신학은 실제로 자신의 논리를 최고의 법정으로 내세우는 **바벨탑의 신학**일 뿐이다. 하지만 신적 존재와 그의 섭리적 자명성이 위협받고 있는 무신론적 기운 속에서 이런 바벨탑의 신학은 붕괴될 수밖에 없다. 따라서 신앙의 사유인 신학은 스스로 만들어 놓은 사변의 바벨탑 위에 하나님의 안락한 거처를 마련하는 태도를 거부하며 오히려 하나님 없는 세상의 아픔과 절규에 동참하며 하나님의 존재에 대한 의문을 짊어진다.

신적 존재의 현실적 자명이 아니라, 의문에서 출발하는 신학은 기존의 유신론적 신학과는 달리, 하나님에 대한 의문을 형이상학적 논리로 폐기해버리지 않는다. 오히려 무신론적 도전을 수용하면서 하나님 질문을 더욱 첨예화한다. 그러나 하나님 질문을 출발점으로 하는 신학은 결코 무신론적 자명성에 안주하지도 않는다. 구원적 현실을 향한 신정론의 질문이 지속되는 곳에서 하나님 질문은 항상 새롭게 제기된다.

신앙의 신정론은 이 세계 내의 부조리와 반목적적인 것에 대해 하나님 스스로가 해명할 것이라는 **희망**을 전제로 하고 있다는 점에서 희망의 신정론이다. 그러나 기독 신앙의 희망은 단순히 하나님의 해명만을 기다리는 것이 아니라, 하나님의 약속된 미래의 현실적 성취를 기다리며 **행동**하게 한다. 이 점에서 기독 신앙의 신정론은 칸트의 신정론을 넘어선다. 기독 신앙의 신정론은 세상의 무의미한 고난과 부조리에 대한 신적인 해명이 아니라 모든 부정적인 것의 완전한 소멸을 희망하며 삶을 파괴하는 부정적 경험에 저항한다. 그러나 희망은 창부의 약속과 같이 삶을 파괴할 수도 있다.

신앙은 이 희망에 속을 수도 있다는 사실을 배제하지 않는다. 신앙은 오직 미래적 성취를 통해서만 자신의 참됨을 입증할 뿐이다. 신앙은 삶을 파괴하는 부정적인 힘들에 저항하는 모험이다. 이러한 모험이 가능하기 위해서는 희망과 더불어, 그 희망을 향해 일어서게 하는 용기가 필요하다. 악의 경험을 통해 좌절하고 낙담하지 않고 다시 일어설 용기야말로 신앙이며, 이러한 신앙의 용기야말로 희망의 토대가 된다.

더구나 신앙의 모험은 선험적으로 설정된 낙관적 체계 속에서 무사귀환을 장담하는 여행이 아니라, 그 결과를 예측할 수 없는 모험이다. 희망하지만 낙관할 수 없는 투쟁적 모험을 신앙은 감행한다. 이러한 신앙의 용기 있는 모험의 감행은 합리성에 토대를 둔 것이 아니라, 오직 신앙의 용기를 부여하는 하나님 자신에 근거한 것이다. 신앙의 사유는 신정론의 질문이 야기하는 신적 현실과 고난의 현실 사이의 괴리감으로부터 도망치는 것이 아니라, 바로 여기서 문제시되는 하나님의 미래적 현실을 질문한다.[22]

신학은 인간의 유한성이 제기하는 의문에 대한 대답으로서의 변증적 신학이 아니라, 현실의 부조리가 제기하는 하나님 질문을 정직한 마음으로 함께 던지는 질문하는 신학이어야 한다. 기존의 형이상학적 전제들은 신정론의 질문 앞에서 더 이상 신학함의 출발점이 되지 못한다. 신학함의 내적 동력은 기존의 형이상학적 전제가 붕괴되어버린 현실 앞에서 여전히 하나님에 대한 의문을 포기하지 않는 데 있다.

신학은 대답이 아니라 **질문**이다. 멈추지 않는 질문이며, 주어진 대답에 만족하지 않는 끊임없는 질문이다. 하나님에 대한 의문조차 제기되지 않

---

22) 이와 관련하여 필자는 몰트만의 견해에 동의한다: "신앙과 신학의 현실적인 과제는 이처럼 개방된 상처를 가지고 생존할 수 있도록 하는 데 있다. 믿는 자는 신정론 질문의 어떤 해명하는 답변들에 만족하지 않는다. 믿는 자는 이 질문을 회피하려는 모든 태도에 또한 반대한다. 더 많이 믿을수록 세상의 고난에 대한 아픔을 더 깊게 느끼며, 더 정열적으로 하나님과 새로운 창조를 질문한다." Jürgen Moltmann, *Trinität und Reich Gottes* (Gütersloh: Gütersloher Verlagshaus, 3. Aufl., 1994), 65; 신앙의 용기와 관련해서는 폴 틸리히의 *The Courage to Be* (1952)와 *Dynamics of Faith* (1957)를 참조. 이 두 글은 Paul Tillich, *Main Works/Hauptwerke* vol. 5 (Berlin/New York: De Gruyter-Evangelisches Verlagswerk GmbH, 1988)에 실려 있다.

는 현실의 틈새를 비집고 나와 하나님이 누구인지를 뿌리에서부터 다시 묻는 일이야말로 오늘날 신학이 해야 할 가장 중요한 과제가 아닌가 생각한다.

고통과 악의 문제는 하나님에 대해 침묵하는 시대에 오히려 하나님 질문을 제기한다는 점에서 역설적으로 신학의 가능성을 위한 마중물 역할을 한다고 할 수 있다.

제6장
고전적 신정론의 극복

　고전적 신정론의 답변들은 고전 유신론을 전제로 하고 있다. 우리는 고전 유신론이 어떻게 형성되었는지를 추적하고, 고전적 신정론의 답변이 전제하고 있는 고전 유신론의 특징들을 먼저 정리하고, 고전 유신론의 문제점이 무엇인지를 진단함으로써 고전적 신정론을 극복하는 길을 모색해 보고자 한다.[1]

---

1) 그리핀과 캅의 과정신학도 전통적인 유신론을 비판하면서 전통적인 신에 관한 형태를 5가지로 풀어 서술했다. 1) 우주적 도덕론자로서의 신, 2) 불변하고 고통받지 않는 절대자로서의 신, 3) 통제하는 힘으로서의 신, 4) 현상 유지의 인증자로서의 신, 5) 남성으로서의 신. John B. Cobb, Jr. & David Ray Griffin, *Process Theology* (Philadelphia: The Westminster Press, 1976), 8~10과 41 이하 참조; 우리는 이런 과정신학의 문제 제기에는 환영하지만, 과정철학의 체계 안에서 주어진 대안적 답변에 대해서는 여전히 만족하지 않는다. 왜냐하면 그리핀과 캅이 제시한 과정신학의 신은 존재자의 세계 안에 항구적으로 존재하는 특이한 존재자의 하나로 설정되어 있을 뿐이기 때문이다. 우리는 하나님을 고전 유신론의 의미에서 존재의 근원으로 이해하지도 않으면서, 과정신학적 의미에서의 특이한 존재자로 이해하지도 않는다. 우리는 하나님을 기존의 존재론적 사유 안에서 이해하지 않으며 우리의 경험 현실 밖에서 안으로 침투해 들어오는 창조와 구원의 원천으로 이해한다.

1. 고전 유신론의 문제

우리가 앞에서 살펴본 신정론의 전통적 답변들은 고전 유신론에 근거하고 있다. 고전적 신정론이 고통과 악의 문제를 정직하게 대면할 수 없었던 것은 이들이 의존하고 있는 고전 유신론의 틀 속에서는 고통과 악의 문제를 있는 그대로 용납하기가 어려웠기 때문이다.

우리가 여기서 언급하는 고전 유신론이란 플라톤(Platon, B.C. 427~347)과 아리스토텔레스(Aristoteles, B.C. 384~324)로부터 유래한 그리스 철학의 형이상학적 전통 아래에서 기독교적으로 구성한 신론을 의미한다. 이때 신은 불변하는 존재, 제1원인, 만물의 근원과 목적, 영원한 존재, 순수 현실태(actus purus), 존재 자체(esse ipsum), 전능자, 절대자 등으로 표명된다.

신은 모든 존재하는 것들의 뒤에 또는 위에 또는 밑에 놓여 있는 존재의 근거이며, 존재하는 것들의 생성과 변화를 주관하면서 스스로는 이러한 변화로부터 분리되어 있다. 즉 모든 변화하는 것들은 신에게 의존해 있지만 신은 절대적으로 독립적이다. 모든 존재하는 것은 시간적이지만 신은 영원하다. 모든 존재하는 것은 변화하지만 신은 불변한다. 신은 모든 것의 궁극적인 원인이며, 그는 자기 밖에 그 무엇에게도 원인을 두지 않는다. 따라서 신은 자신의 원인을 자기 안에 두고 있는 자기 원인(causa sui)이다.

그렇다면 우리는 기독교화된 고전 유신론이 어떤 점에서 플라톤과 아리스토텔레스의 형이상학적 신(神) 개념을 전승하고 있는지를 좀 더 구체적으로 살펴보아야 할 것이다. 먼저 우리는 플라톤의 철학에 어떻게 신 관념이 도입되고 자리 잡게 되었는지를 살펴보도록 하자.[2]

---

2) 아래의 플라톤 철학의 배경 설명은 Walter Sparn, *Leiden-Erfahrung und Denken*,

기원전 600년 이후부터 초기 그리스 철학의 주된 관심은 존재하는 것 전체에 대한 통일적인 해명을 위해 아르케(αρχη)를 묻는 것이었다. 즉 철학은 존재하는 것들의 시작, 출처, 근원을 해명하는 것을 제1의 과제로 삼았다. 아르케는 모든 변화에도 불구하고 여전히 머물러 있으며, 모든 변화를 설명하는 원질을 의미했다.

그리스 철학자들에게 세계는 히브리 사유에서처럼 신의 창조물로 이해되지 않았다. 세계 자체는 자신의 생동하는 힘에 의해 전개되고 질서와 아름다움을 함축하고 있다는 점에서 신적인 것으로 파악되었다.[3) 따라서 초기 그리스 자연철학의 과제는 항구적이고 본래 실재적이며 신적인 것과 변화하며 무상(無常)한 것 사이의 관계를 규정하는 데 있었다.[4)

141~148을 참조

3) 소크라테스 이전의 초기 그리스 철학자들의 단편에 관해서는 김인곤 외 옮김, 『소크라테스 이전 철학자들의 단편 선집』(서울: 아카넷, 2005)을 참조 바람. 철학의 시조(始祖)로 불리는 탈레스 역시 코스모스와 연관하여 신에 대해 언급하면서 세계는 "신들로 충만하다."(129)고 말한 것으로 알려진다. 또한 그는 "신은 세계의 지성이며 우주는 살아 있는 동시에 신령(daimon)으로 충만한데, 그것을 움직이게 하는 신적인 힘은 원소로서의 습기를 꿰뚫고 나아간다."(130)고 말한 것으로 전해진다. 초기 그리스 철학자들의 신학에 대해서는 Werner Jaeger, *Die Theologie der frühen griechischen Denker* (Stuttgart: Kohlhammer, 1953) 참조

4) 세계를 조화와 질서의 "코스모스"로 파악한 초기 그리스 사상가들에게 악(惡, kakon)에 대한 인간의 경험은 코스모스에 대한 이의 제기이며, 올바름(dikaion, 질서 잡힘, 균형 잡힘)에 대한 문제 제기로 파악된다. 이에 대해 다양한 응답들이 제시된다. 먼저, 파르메니데스(Parmenides)는 감각적인 경험과 순수한 사유 사이의 차이점을 변화하는 유한한 가상적 세계와 영원히 동일한 존재의 무한한 세계 사이의 대립과 연관시켜 놓고, 이 대립은 시간이 지나면 끝장날 것이라고 보았다. 이에 반해 헤라클레이토스(Herakleitos)는 세계 내의 이러한 대립, 곧 선과 악의 대립을 코스모스의 통일성과 연관시켜, 코스모스의 통일성은 바로 이런 지속적이며 투쟁적인 대립의 전복(顚覆)을 통해서 내적으로 서로 얽혀 발생한다고 보았다. 엠페도클레스(Empedokles)는 피타고라스의 영혼 순례(Seelenwanderung)에 대한 이론을 보완하여 인간 실존의 고난은 영

이런 점에서 플라톤의 철학은 인간의 삶에서 일어나는 모든 일들을 하나의 전체적인 통일성 안에서 논리적으로 해명하려는 형이상학적 시도의 첫걸음에 속한다. 플라톤의 형이상학을 이해하기에 앞서 우리는 먼저 플라톤의 대적자인 소피스트에 대한 그의 비판을 살펴볼 필요가 있다.

당시 도시국가인 폴리스에서 사회적인 관습과 도덕적인 잣대와 종교적인 토대들이 흔들리고 있을 때, 소피스트들은 진리에 대한 확실한 인식이 불가능할 뿐 아니라 올바름에 대한 절대적인 잣대는 없다고 주장하면서 개인주의적이고, 상대주의적인 대안을 제시했다. 하지만 플라톤은 개인주의적이고 상대주의적인 소피스트들의 제안에 반대하면서 보편적인 진리의 잣대가 존재함을 논리적으로 제시한다.

플라톤에 의하면 개인적인 선과 악의 구별은 일반적인 선과 악의 구분을 전제하고 있다. 다시 말하면 개인적이거나 상황적인 선도 선함 자체가 없이는 그 근거를 잃어버린다. 선함 자체가 없다면, 어떻게 이것 또는 저것이 선하다고 할 수 있겠는가. 따라서 선함에 대한 판단들은 언제나 선함의 존재 자체를 전제하고 있다. 이로써 플라톤은 소위 본질주의를 구축한다.

그렇다면 선함 자체는 어떻게 인식할 수 있는가? 플라톤에 따르면, 선함에 대한 지식(epistēmē)은 감각적인 인지를 통해서가 아니라, 오직 순수

혼의 원죄에 대한 벌이며, 회개와 정화를 거친 후에야 그가 본래 생겨난 하늘로 돌아갈 수 있다고 보았다. 신학적인 계기들이 자연철학적 문제 제기 속에서 후퇴하자 아낙사고라스(Anaxagoras)는 정신과 물질(hylē)을 구분하였고, 데모크리토스(Demokritos)는 극단으로 세계의 구성요소를 유물론적이며 기계론적으로 파악하여 더 이상 나눠지지 않는 물질(atom)이라고 불렀다. 이에 반해 인간 경험의 이중분열성은 순수 인간적인 문제로만 취급되었다. 영혼불멸설이 더 이상 언급될 수 없게 되자, 모든 인간은 자신의 고난에 대해 스스로 책임을 져야만 했다: Walter Sparn, *Leiden-Erfahrung und Denken*, 144.

한 사유를 통해서만 다다를 수 있다. 즉 인간의 육체적 감각이 아니라 내면의 영혼을 통해서만 순수한 지식에 다다를 수 있기에 진리와 선에 대한 인식의 장소는 다름 아닌 내면의 영혼(psychē)이다.

물론 내면의 영혼, 즉 순수한 사유의 정신이 선의 근거는 아니다. 그러나 순수한 사유에 의한 인식은 향후 서구의 철학사에서 중요한 위상을 차지한다. 왜냐하면 이로써 소위 관념론적인 인식론이 시작되며, 감각과 분리된 선험적 인식의 가능성이 정초되기 때문이다. 프로타고라스(Protagoras)가 "인간은 만물의 척도"라고 하면서 상대주의적인 가치관을 전개한 것과는 달리, 플라톤은 "신이 만물의 척도"(Nomoi 716c)라고 하면서 보편적인 가치관을 정립하고자 했다.5)

고전 유신론의 형성과 관련해서 플라톤이 자신의 철학을 전개하면서 신을 언급한 것에 주목할 필요가 있다. 특히 플라톤은 이전의 신화적 신학, 즉 시인들이 꾸며냈던 신들에 대한 이야기와는 달리, 신 개념을 명확히 규정함으로써 사회적 혼란을 방지하고자 한다. 그는 신에 대한 두 가지 규정을 확정하여 당시의 시인들에 의해 규정된 신화적 신학을 비판하고 **철학적 신학**의 첫발을 내딛는다.6)

---

5) Walter Sparn, *Leiden-Erfahrung und Denken*, 145~146.
6) Oswald Bayer, *Theologie. Handbuch Systematischer Theologie* Bd. 1 (Gütersloh: Gütersloher Verlagshaus, 1994), 22~23; Wilhelm Weischedel, *Der Gott der Philosophen* Bd. 1, 48. 바이셰델은 서양의 형이상학의 역사를 '철학적 신학'이라는 이름으로 규정한다. 그에게 '철학'이란 철저한 질문으로서의 사유를 의미하는데, 철저한 질문으로서의 사유는 그 본질적 특징으로서 사유된 것의 밑바탕을 캐물을 수밖에 없다. 따라서 철학은 가장 근본적인 것에 도달하며 그로부터 형이상학이 될 수밖에 없다. 그러나 바이셰델은 거기에서 한 걸음 더 나아가 형이상학의 근본에 대한 철저한 물음을 또다시 시도함으로써만 철학의 본질적인 과제를 수행할 수 있다고 본다(21~37); 본문의 플라톤의 신론은 바이셰델의 앞의 책, 48~54을 참조했음.

① 신은 선하다.
② 신은 불변한다.

첫 번째 규정은 신이 모든 것의 원인이 아니라 선한 것의 원인이라는 사실을 확정짓는다. 즉 고통과 악의 문제에 대해 신에게는 책임이 없다(*Politeia* 379b/617e). 두 번째 규정을 통해 플라톤은 신은 완전하다는 사실을 확고히 한다. 완전한 존재인 신이 변화한다고 하는 것은 그의 완전성에 결함을 가져올 수밖에 없다. 신은 이런저런 모습으로 나타날 수 없다. 완전한 신은 아주 단순하며 다른 것에 의해 변화되지도 않고 움직이지도 않는다(*Politeia* 380d/e). 이로써 신은 불변할 뿐 아니라 변화무쌍한 세계의 시간과도 무관한 영원한 존재(*Politeia* 381a)로 확정된다.

따라서 플라톤에게서 신은 항구적인 존재이며(*Politeia* 611e), 세계 제작자로서 모든 것을 선으로 이끄는 질서 유지자(*Timaios* 29e), 모든 존재하는 것의 시작과 끝과 중간이다(*Nomoi* 715e~716a). 신은 만물을 돌보며 전체를 유용하게 이끈다(*Nomoi* 903b). 이러한 세상에 대한 신의 섭리는 신적 이성을 통해 일어난다(*Timaios* 34a).[7]

---

7) 위의 본문에서 우리는 플라톤의 '신'을 언급했는데, 신에 대한 플라톤의 규정은 선(善)의 이데아에 대한 그의 언급과 유사하다. 하지만 플라톤은 어디에서도 신과 선의 이데아가 같다고 말한 적은 없다. 따라서 신과 선의 이데아의 관계가 어떻게 설정될 수 있는지는 또 하나의 물음이다. 질송(Étienne Gilson)은 플라톤의 국가론에 나오는 선의 이데아에 대한 통찰이 기독교적 신의 관념과 아주 닮았다고 말하면서도, 플라톤에게 신은 선의 이데아보다는 하위의 관념이라고 보았다: Étienne Gilson, *God and Philosophy* (New Haven: Yale University, 1941), 25~31; 그러나 다른 한편 바이셰델은 플라톤이 국가론(Politeia)에서 선의 이데아를 "옳음과 선함의 원인"(517c)이요, "지성과 진리의 원인"(508c)으로 언급한 것은 지금까지 신으로 언급한 것과 상충된다고 지적하면서, 필로(Philo)의 견해를 따라 선의 이데아를 신에게 종속되는 것으로 이해하는 듯하다: Wilhelm Weischedel, *Der Gott der Philosophen* Bd. 1(Darmstadt:

이처럼 **신학**(theologia)이라는 말은 플라톤에게서 처음으로 사용되었는데, 그는 신에 대한 규정을 통해 철학적 신학의 포문을 열어 둔 셈이다. 이제 신학은 신에 대한 잡담이나 소소한 이야기꺼리가 아니라, 세계의 현상들을 형이상학적으로 정초시키는 그 근원에 대한 로고스로 이해되었고, 신은 존재의 존재론적 근원으로 상정되었다. 플라톤의 철학적 신학이 신(神) 개념에 부여한 것들, 곧 선함과 불변성, 완전성, 영원성, 이성적·합목적적 섭리 등은 서구 형이상학의 역사에 등장하는 신에 대한 언급 속에서 지속적인 유용성을 지니게 된다.

플라톤의 철학적 신학을 더욱 공고히 한 인물이 그의 제자 **아리스토텔레스**다.[8] 그에게 신학(theologik)은 제1철학으로서 모든 운동의 제1원인인 존재의 근거와 근원에 대한 학문으로 자리매김한다. 아리스토텔레스에게 신은 "존재자의 근원과 원인"(*Metaphysica* 1025b 3f)인데, 이는 "제1원인이며 통치하는 원인"인 "신적인 것"(theion)(*Metaphysica* 1064a 37/b 1)을 대상으로 하는 형이상학이 곧 신학임을 의미한다. 이때 신은 다른 모든 운동의 원인이면서도 그 자신은 움직여지지 않는 부동의 원동자다.

플라톤의 불변성의 관념을 아리스토텔레스는 만물의 움직임과 상태의 변화와 연관시켜 설명한다. 즉 모든 만물은 가능태에서 현실태로의 이행 과정 속에 있는데, 이러한 운동에는 원인이 있어야 한다고 보았다. 운동의 원인들에 대한 계속되는 추적은 다른 것에 의해서는 추동되지 않는 어떤 것을 요구한다. 아리스토텔레스는 최초의 근원으로서 다른 것에 의해 움직여지지 않으면서 다른 것을 움직이는 것을 가장 완전한 것으로 상정하며, 모든 것은 또한 이것을 향해 움직인다고 보았다

WGB, 1971), 52~53.

8) 아리스토텔레스의 신관에 대해서는 W. Weischedel, *Der Gott der Philosophen* Bd. 1, 54~59와 조대호 역해, 『아리스토텔레스의 형이상학』(서울: 문예출판사, 2011)을 참조

(*Metaphysica* 1073a 27).

그렇다면 움직이지 않는 존재가 어떻게 다른 사물들을 움직이게끔 할 수 있단 말인가? 아리스토텔레스의 답변은 "사랑받음으로써"다.9) 아리스토텔레스의 이 대답은 고전 유신론에서 중요한 위치를 차지한다. 신은 만물로부터 사랑받지만, 그 스스로는 사랑하지 않는다는 무감정의 공리가 여기서 도출되기 때문이다.

이처럼 완전한 존재, 제1원인, 부동의 원동자를 아리스토텔레스는 신이라 명명한다. 이제 신은 모든 운동의 시작이며 목적으로, 사물들로부터 사랑받는 대상이다. 그의 완전함은 완전성을 추구하는 모든 대상들이 추구해야 할 궁극적 목적이다. 신이라고 명명된 모든 존재의 근원과 시작은 최상의 존재이며, 영원한 존재다(*Metaphysica* 1072b 28ff). 여기에서 더 나아가 아리스토텔레스에게 완전한 부동의 존재인 신은 그 무엇에 의존하는 존재가 아니기 때문에 스스로를 관조하는 이성에 의해서만 통찰된다. 이성의 관조는 가장 완전한 것으로 신의 활동에 속하는 것이다.10)

기독교의 고전 유신론은 직간접적으로 플라톤과 아리스토텔레스의 철학적 신학의 토양과 깊은 연관성을 갖고 있다. 하지만 기독교의 고전 유신론이 그리스 형이상학을 그대로 수용 반복하는 것은 아니다. 기독교의 고전 유신론은 무엇보다도 히브리 성서에서 전능하신 하나님과 무로부

---

9) 조대호 역해, 『아리스토텔레스의 형이상학』, 283에서 인용. "그것은 사랑을 받음으로써 운동을 낳고, 나머지 것들은 운동을 함으로써 운동을 낳는다"(1072b 3 f.).
10) 아리스토텔레스에게 가장 신적인 것은 곧 사유의 활동인데, 신의 사유 활동은 다른 대상이 아닌 자기 자신을 사유한다. 이러한 신의 자기사유가 정말 세계와의 관계를 배제하는 사유 활동인지에 대해서는 논란이 있지만, 향후 기독교 신학에서는 신의 자기사유를 신적 예지 안에서의 세계와의 관계로 이해했다고 할 수 있다. 이에 대해서는 조대호 역해, 『아리스토텔레스의 형이상학』, 272~273.

터의 창조 개념을 수용함으로써 그리스 형이상학을 수정한다. 또한 기독교의 성육신 교리도 불변으로서의 신에 대한 철학적 전통과는 상충된다. 더구나 플라톤과 아리스토텔레스를 통해 형성된 철학적 신학의 신은 종교적인 경배의 대상이 아니라 세상에 내재하는 근원적 원리를 의미하는 반면에, 기독교의 하나님은 찬양과 경배의 대상이었다.[11]

하지만 이러한 상충점이 있음에도 불구하고 그리스 철학에 친숙했던 기독교 신학자들은 기독교 신앙과 그리스의 형이상학을 결합하여 형이상학화된 기독교 신학 또는 기독교화된 형이상학적 신학을 전개하게 되는데, 그 대표자 중 하나가 바로 아우구스티누스라고 할 수 있다.[12] 비록 아우구스티누스가 성육신하신 하나님이라는 기독교의 독특한 관점을 망각하진 않았지만, 그의 신학에 각인된 신관은 제1원인 또는 모든 만물의 근원과 목적으로서의 그리스 형이상학적 신관에 크게 빚지고 있다.

아우구스티누스뿐 아니라 우리가 앞에서 살펴본 아퀴나스와 라이프니츠에 이르기까지 신은 모든 존재하는 것의 근원으로 존재론적으로 설정된다. 이들은 변화무쌍한 세계와는 달리 항구적으로 머물러 있는 것, 즉 모든 것의 출처를 질문했던 초기 그리스 철학자들의 질문을 반복하면서 신을 모든 존재의 제1원인과 궁극적 목적으로 설정했다.

이렇게 기독교의 하나님을 형이상학의 존재와 동일시하면서 불변하는 존재, 완전한 존재, 자기 관조적 존재, 자기 원인인 존재, 고통받을 수 없

---

11) Étienne Gilson, *God and Philosophy*, 37.
12) 아우구스티누스가 플라톤 철학을 자신의 일자론의 체계 아래에서 재해석하여 전개한 플로티누스의 영향을 받았다는 사실은 널리 알려졌다. 아우구스티누스의 철학적 신학에 대해서는 Wilhelm Weischedel, *Der Gott der Philosophen* Bd. 1, 98~118을 참조 바람; 플로티누스와 아우구스티누스의 우주론적 유사점에 대해서는 Hermann Häring, *Das Problem des Bösen in der Theologie* (Darmstadt: WBG, 1985), 44~52를 참조 바람.

는 존재로 이해했고, 여기에 전능의 개념이 덧붙여지면서 영원 안에서 시간 속에 있는 모든 사건들을 자기 눈앞에 현존시키는 존재로 규정된다. 뿐만 아니라 신학의 형식은 계시의 빛에 의존하면서도 계시의 내용을 이성적으로 근거시키는 방식으로, 소위 철학적 신학의 방향으로 전개되어 간다. 한편에서 신은 세계에 대해 초월적 존재로 간주되었지만, 또한 이 세계의 합리성과 인간의 이성에 상응하는 존재로 이해되었다.13)

이러한 고전 유신론이 이성적·철학적 사유를 통해 신의 본질을 규명하고자 노력하는 철학적 신학, 형이상학적 신학으로 전개된 반면, **기독교 신**

---

13) 신학의 형이상학화에 대해 발터 카스퍼(Walter Kasper)는 신학의 미래적, 종말론적 사유와 형이상학의 과거와 유래를 묻는 사유를 대비시키면서 이렇게 말한다: 형이상학화된 신학은 "단지 당시의 자유주의 신학의 위기를 의미할 뿐 아니라 2, 3세기 교부 이래의 전체 신학 전통의 위기를 의미한다. 이들은 당시 그리스 철학, 특히 스토아, 중세의 플라토니즘 그리고 나중에는 신플라톤주의와 아리스토텔레스주의에 의거함으로써 자신들의 시대에 성서적 하나님 사유가 '이해되도록' 하려고 한 셈이다. 하지만 이러한 철학은 종말론적인 것과는 전혀 달랐다. 그 반대로 그것은 고고학적이었다. 다시 말하면, 그들은 세계 내의 모든 다양성에 토대와 통일성을 부여할 수 있는 유일한 아르케, 모든 것을 관통하는 근원과 근거를 질문했다. 신은 모든 것을 근거시키는 인간과 세계의 절대적인 출처로 이해되었다. 시간과 역사에 대한 공간 그리고 무엇보다도 이끌어 낼 수 없는 새로움이란 의미에서의 미래에 대한 공간은 여기에 없었다. 시간은 플라톤의 <티마이오스>에서처럼 부동의 영원성에 대한 피동적 모상으로 이해되었다. 이처럼 유래를 묻는 사유(Herkunftsdenken)의 우위성의 영향 아래 신학적 전통 내부에서 이것은 엄청난 강조점을 가지게 되었다. 신학은 정지된 영원 개념의 바벨론 포로기에 빠져버렸다. 신학은 여전히 신은 변화하지 않으며 움직이지도 않는다고 생각할 순 있었지만, 더 이상 진정으로 살아 계신 하나님으로, 곧 성서가 증언하는 분으로 생각할 수는 없었다." W. Kasper, "Gott und die Zukunft", in: Martin Hengel und Rudolf Reinhardt, *Heute von Gott reden* (München: Chr. Kaiser Verlag, 1977), 7~24, 11~12. 우리는 카스퍼의 표현대로 "고고학적" 형이상학의 "유래를 묻는 사유"에서 한 걸음 물러서고자 한다. 형이상학의 문턱을 넘어가지 않으면서 하나님과 고난의 연관성을 깊이 사유하고자 한다.

앙의 가장 핵심인 예수 그리스도의 삶과 그의 운명 속에 나타난 하나님에 대한 이해를 간과하고 있는 것은 아닌가 하는 의구심을 떨칠 수 없다. 왜 냐하면 예수 그리스도의 아버지 하나님은 그의 아버지됨 속에서 이미 홀로 독립적으로 존재하는 절대자가 아니라, 예수 그리스도와의 사귐 안에서 온 세상과 관계하는 분이기 때문이다. 뿐만 아니라 형이상학의 신은 부동의 원동자로서 고통당할 수 없는 존재인 반면, 성서의 하나님은 피조세계와 함께 울고 함께 웃는 공감적 삶을 통해 예수 그리스도 안에서 자신의 얼굴을 드러내는 하나님이다.

형이상학의 신이 모든 만물이 추구하는 최상의 존재로서 그저 사랑받는 존재라면, 기독 신앙의 하나님은 실로 타자를 사랑하며 타자와의 사랑의 사귐 안에 있는 자신을 드러낸다. 곧 하나님은 사랑이시다(요한1서 4장 8절, 16절). 또한 형이상학의 신이 완전한 지성 안에서 자기 자신을 관조하는 존재로, 또한 이와 결합된 유신론적 전통에서 신은 모든 것을 영원 안에서 예지예정한 후 세상사를 무덤덤하게 그저 관망하는 자로, 또한 불변성에 입각하여 피조세계로부터 초월하고 초연한 자로 이해될 수밖에 없었다면, 성서의 하나님은 창조세계의 무질서에 대해 심판하면서 구원하며, 아파하고, 후회하면서 새롭게 창조하는 분으로 묘사되고 있다(창세기 6장).[14]

---

14) 해방신학자 보프는 고전 유신론을 비판하면서 하나님과 창조세계(자연) 사이의 연관성을 자신의 생태신학적 관심과 연관해서 다음과 같이 아름답게 서술했다. "생태학적 경험은 우리로 하여금 이처럼 전율케 한다. 따라서 우리가 앞서 언급할 것은 생태학적 숙고는 전통적인 유신론의 틀에서 벗어난다는 사실이다. 후자가 하나님은 절대적이고 자기충족적이며, 완전하고 초월적인 것으로 묘사하고자 하기 때문에, 하나님은 이때 세상으로부터 아무런 영향도 받지 않았다. 세상 없는 하나님은 쉽사리 하나님 없는 세상으로 가는 길을 열어 놓는다. 비극적이지만 이런 일은 근대 사회의 과학적이며 계몽적인 서클에서 일어났던 일이다." Leonardo Boff, *Cry of the Earth, Cry of the Poor*, tr. by Phillip Berryman (New York: Orbis Books, 1997), 141.

성서의 하나님은 단순히 이 세상에 상응하는 존재가 아니라 자신을 세상과 대립시키는 존재로 묘사된다. 성서의 하나님은 영원 속에 머물러 있는 존재가 아니라 시간과 역사 안에 깊이 침투해 들어오신다. 이처럼 사랑의 하나님은 구원의 하나님이며, 새로운 현실을 창조하시는 하나님이시다(이사야서 65장 17절 이하). 그분은 이 세상의 합리성과 질서를 무비판적으로 긍정하는 토대가 아니라 이 세상의 불합리성과 부조리를 폭로하며 심판하고 전복하는 출애굽의 하나님으로서 자신을 드러내시며, 기존의 질서와 가치체계에 의해 억압당하고 억눌린 자를 해방하는 구원자로 나타나신다.

철학자의 신이 모든 존재의 원인과 근거이며 자기 원인(causa sui)인 존재라면, 성서의 하나님은 자기 밖의 대상과 교류하며 그들을 존재케 함으로써 자신의 존재를 확인하는 분이시다(출애굽기 3장 14절).[15]

이처럼 성서의 하나님과 형이상학의 존재를 동일시하는 고전 유신론의 신은 중세 스콜라 철학의 신 존재 증명에서 보여주듯이 이성과 논리에 의해 그 존재가 보증될 수 있고, 그렇게 되어야만 확실성을 보증받는 이성적 사유의 대상으로 전락하는가 하면, 근대 철학에서는 인간의 주체

---

15) 구약학자 롤프 렌토르프(Rolf Rendtorff)에 따르면, 출애굽기 3장 14절은 하나님의 이름의 계시나 70인역의 '나는 스스로 있는 자'라는 자기진술에 해당되지 않는다. 오히려 출애굽기 3장 12절과 연관해서 '함께 있는(있을) 존재'라는 의미로 이해되어야 한다. Rolf Rendtorff, *Theologie des Alten Testaments. Ein kanonischer Entwurf*, Bd. 1 (Neukirchen-Vluyn: Neukirchener, 1999), 37. 이와 관련해서 Gerhard von Rad, *Theologie des Alten Testaments, Bd. 1. Die Theologie der geschichtlichen Überlieferungen Israels* (München: Chr. Kaiser, 1960, 10. Aufl., 1992), 193~200을 참조 바람. 폰 라트도 출애굽기 3장 14절을 신명의 계시나 신의 본질 규명으로 이해하기보다는 하나님의 이스라엘과의 관계 표현으로 이해한다. 여기서 한걸음 더 나아가 우리는 하나님의 함께 있음이 단순히 곁에 있음을 의미하는 것이 아니라, 상대를 존재하게 한다는 피동적, 역동적, 구원적 의미가 담겨 있다고 본다.

와 이성의 확실성을 보증하는 토대로 활용된다.[16] 그러나 성서의 하나님은 이성을 통해 보증받기를 원하지 않으며, 도리어 이 세상의 지혜를 어리석은 것으로 만드신다(고린도전서 1장 20절).[17]

그렇다면 앞에서 제기한 고전 유신론에 대한 우리의 비판이 고통과 악의 문제에 대한 합리적이며 논리적인 신정론의 해답을 가능하게 하는가? 그렇지 않다. 어쩌면 도리어 그 반대가 될 것이다.

고전 유신론에 대한 비판은 신정론에 대한 논리적 해답을 제공하기 위한 것이 아니라 고통과 악의 문제를 현실적으로 성찰하며 이를 하나님 사유와 철저히 대결시키고자 한다. 전통적 유신론의 형이상학이 악을 목적론적으로 사유하여 보다 큰 선에 편입시켜 악의 독소를 제거해버렸다면, 고전적 형이상학에 대해 비판적인 신학은 부조리하고 무의미한 고통과 악에 직면한 인간의 현실을 왜곡함 없이 직시하게 한다. 그리고 이러한 현실과 자신을 대립시키며 역사와 시간 속에 침투해 들어와 고통과 악

---

16) 근대 철학의 아버지라 할 수 있는 데카르트는 기독교의 신을 철학적 원리로 이용한다. 데카르트의 자기확실성은 신의 완전성을 토대로 한다: Étienne Gilson, *God and Philosophy*, 85 이하 참조

17) 그러나 이 구절을 우리는 신적 지혜의 부조리함이나 몰이성을 뜻하는 것으로 해석하고자 하지 않는다. 다만 신이 인간의 이성에 의해 보증될 수 있다는 식으로 신을 합리화하고 객관화 또는 대상화할 수 없음을 말하고자 한다. 개념적 사유의 대상이 될 수 없는 신을 이미 인간 사유의 객관적 대상으로 상정할 때, 신은 더 이상 참다운 의미에서 살아 계신 하나님이 아니다. 하나님은 대상화하고 객관화하는 사유에 의해서가 아니라 오직 창조와 구원을 일으키는 사건 속에서만 경험된다. 철학자의 신은 궁극적으로는 사유된 신, 즉 인간 이성에 의해 사유될 수 있는 신이라고 할 수밖에 없다. 이렇게 사유된 신은 그것이 "보다 더 큰 것을 사유할 수 없는 존재"(quo maius nihil)라고 하더라도 역시 이러한 존재를 사유하는 자아(cogito)에 묶여 있다는 사실을 망각해서는 안 된다: Bernhard Casper, "Das Fragen nach Gott und der ≫Gott der Philosophen≪", in: Volker Michael Strocka (hrsg.), *Fragen nach Gott* (Frankfurt: Knecht, 1996), 59~80, 74~75 참조

의 현실을 변화시키고자 하시는 창조와 구원의 하나님을 사유한다.

이때 신앙의 하나님은 인간이 직면한 고통과 악을 단숨에 제거하지 않는다. 기독 신앙은 악의 가시를 제거하여 악을 선의 수단이나 선의 변장으로 이해함으로써 악을 합리화하는 기존의 신정론에 정당성을 부여하지 않는다. 오히려 신앙의 하나님은 악의 치명적인 독소와 정면으로 대립함으로써 악을 악으로 인식케 하신다. 하나님과 악은 철저히 대립한다.

악의 현존은 하나님의 구원적 현실에 대한 치명적인 도전이며 반항으로 이해된다. 하나님의 현존은 고통과 악의 문제로 위기에 직면한 삶의 현실 속으로 침투해 들어오시는 구체적인 구원의 힘을 의미한다. 즉 신앙의 하나님은 합리적 신정론이라는 답변을 제공하시는 분이 아니라 악의 도전에 직면하여 부조리와 무의미의 심연에 빠진 인간을 구원하시는 분으로 나타난다. 이러한 구원의 과정 안에서 악은 현실적으로 완전히 제거되는 것이 아니라 극복된다.

하나님은 고통과 악에 직면하여 삶의 용기와 의미를 상실한 자들에게 새로운 구원의 차원을 개방하며, 고통과 악을 넉넉히 딛고 일어설 수 있도록 가능성의 창을 열어 두신다.18) 이러한 신앙적 전망은 악의 문제에 대한 합리적인 답변으로서의 신정론은 아니다. 오히려 우리는 신정론의 **물음**을 신앙의 과정 안에서 수용하여, **하나님 질문과 삶의 질문**으로 개방하고 연관시킨다.

---

18) 앞으로 언급될 '가능성'을 형이상학적 의미로 이해해서는 안 된다. 따라서 가능성을 현실태 안에 내재해 있는 가능태의 의미로 읽어서는 안 된다. 가능성은 내재된 잠재력의 표출이 아니라, 예측하거나 예상하지 못한 사건과 상황의 도래와 전개를 의미한다. 피조세계로부터 연역되어 나올 수 있는 것이 아니라, 오히려 피조세계 안으로 돌입해 들어오는 새로움의 사건을 의미한다. 뿐만 아니라 앞으로 언급할 하나님의 창조와 구원을 종종 교의학에서 구분하고 분리해서 다루었던 방식으로 이해할 필요는 없다. 앞으로 언급할 하나님의 창조는 구원의 시작과 과정을 포괄한다.

종교개혁자 루터가 스콜라 신학의 틀을 훌쩍 뛰어넘어 십자가 신학을 전개하며, 신의 자유와 절대주권을 내세워 합리적 신정론의 틀을 해소시켰듯이, 전통적 유신론에서 벗어날 때 트릴레마에 빠져 있던 기존의 신정론적 질문의 팽팽한 긴장이 느슨해질지도 모른다.

그러나 우리가 악을 존재론적으로 선에 편입시키지 않고 오히려 악의 날카로운 가시를 신에 대적하는 것으로 경험하고 의식할 때, 질문으로서의 신정론은 또 다른 긴장감 속에서 여전히 지속될 것이며, 고통과 악의 문제로 삶의 위기에 처해 있는 자들을 구원하고 새로운 창조의 현실로 인도할 창조와 구원의 하나님을 향한 질문이 될 것이다. 이처럼 신정론의 문제는 논리적이고 합리적인 차원이 아니라 구원론적 차원에서 다루어져야 한다.

2. 자유와 하나님의 섭리

고전 유신론에 대한 개괄적인 비판과 더불어 우리가 생각해 보아야 할 점은 인간의 자유와 신의 섭리가 양립 가능한가의 문제다. 왜냐하면 섭리하지 않는 신은 결코 기독교적 의미의 구원의 하나님이 될 수 없기 때문이다. 그런데 고전 유신론에서 신의 섭리는 앞에서 우리가 살펴보았듯이 예지와 연관된다. 아우구스티누스나 아퀴나스 그리고 라이프니츠는 인간의 자유의지를 옹호하며 이를 신의 전능(예지)과 양립 가능한 것으로 설명했지만, 우리는 이것이 논리적으로 불가능하다고 지적했다.

루터는 구원론적 관점에서 신의 은혜를 앞세워 선행을 통한 구원의 가능성과 인간의 자유로운 선택을 부정했지만, 에라스무스에 대한 길고 난해한 논쟁의 글을 전개해 나가는 과정 속에서, 그는 신의 절대주권과 전능성을 앞세워 인간에겐 어떠한 의지의 자유도 존재할 수 없다는 주장을 전개해 나간다.

신의 전능을 예지와 예정으로 연결시켜 자유를 부정하는 것은 종교개혁자 **칼빈**도 마찬가지다. 그에게 예정의 교리는 신의 선택에 대한 강조와 더불어 초기의 『기독교 강요』(*Christianae Religionis Institutio*, 1536)에 이미 등장한다. 칼빈에게 예정론은 루터와 마찬가지로 가톨릭의 공로와 선행 사상을 무력화하기 위해 강조된 것으로 여타의 다른 교의학적 주제보다는 구원론과 긴밀하게 연관되었다.[19] 그러나 점차 발전된 형태로 전개된 섭리와 예지, 예정의 교리는 신론 안에 자리하게 된다. 예지와 예정의 교리는 가톨릭의 공로설과 스토아적인 운명론의 극복뿐 아니라 신의 전능과 그의 통치를 강조하기 위해 사용된다.[20]

루터와 마찬가지로 칼빈에게서도 신적 주권이 강조되면서 인간의 자유로운 결정권은 무력화된다. 신의 섭리는 단순히 인간과 세계에 대한 신의 역동적인 힘만을 의미하는 것이 아니라 신의 구체적인 결의와 결정도 포함한다. 따라서 세계 내에 어떤 사건도 우연일 수 없으며 신의 결의 없이는 아무것도 일어나지 않는다.

우리는, 하나님께서 개개의 사건들을 조정하시며 이 사건들은 모두가 하나님의 결정된 계획에서 나왔기 때문에, 우연히 발생한 것은 아무것도 없

---

19) 존 칼빈/양낙홍 옮김, 『기독교 강요』 (1536년 초판) (서울: 크리스챤다이제스트, 1988), 140 이하.

20) 존 칼빈/김종흡, 신복윤, 이종성, 한철하 옮김, 『기독교 강요-상』 (서울: 생명의말씀사, 1988), 305 이하; 프랑수아 방델/김재성 옮김, 『칼빈, 그의 신학사상의 근원과 발전』 (서울: 크리스챤다이제스트, 1999), 328에 따르면, 칼빈은 아우구스티누스와는 달리 예정과 예지 사이의 차이점을 강조했다고 한다. 그러나 필자가 보기에 이 두 개념은 내용상 언제나 교환 가능하다. 신의 단순성 교리에 따르면, 신의 예지는 곧 신의 결정과 동일하며 동시적이다. 신에게는 앎과 실행이 하나이기 때문이다.

다는 것을 입증해야 한다.[21)]

도둑과 살인자 및 다른 행악자들이 다 하나님의 섭리의 도구이며 하나님께서는 그들을 사용하셔서 자신이 정하신 심판을 수행하신다는 것을 나는 인정한다.[22)]

이와 유사하게 강도를 만나 살해된 상인의 죽음에 대해 "하나님께서는 그의 죽음을 선견하셨을 뿐 아니라 또한 작정하셨던 것"이라고 칼빈은 말한다.[23)] 고통을 주는 일도, 고통을 당하는 일도 모두 신이 예지하신 일이며, 고통의 가해자도, 고통의 피해자도 신적 섭리의 도구에 속한다. 신의 예지는 곧 예정을 의미하며, 신의 예정 속에서 세상의 모든 일이 일어나기 때문에 인간의 자유는 무력하다고 할 수밖에 없다.[24)]

종교개혁자 루터와 칼빈은 인간의 자유를 희생하고 신의 주권을 강조하면서 예지와 예정을 옹호한다. 이에 반해 아우구스티누스와 아퀴나스 그리고 라이프니츠는 신앙과 이성의 균형 잡기라는 큰 틀 안에서 신의 전능과 자유의지의 양립 가능성을 주장한다. 그러나 우리는 이 두 입장 모두에 만족할 수 없다.

우리가 앞서 여러 차례 논증했듯이 신의 전능성에 속하는 예지는 곧 예정을 의미한다. 왜냐하면 신의 예지는 우리 인간의 앎과는 달리 오류

---

21) 존 칼빈/김종흡, 신복윤, 이종성, 한철하 옮김, 『기독교 강요-상』, 313.

22) 존 칼빈/김종흡, 신복윤, 이종성, 한철하 옮김, 『기독교 강요-상』, 332.

23) 존 칼빈/김종흡, 신복윤, 이종성, 한철하 옮김, 『기독교 강요-상』, 320.

24) 칼빈의 예정론에 대한 긍정적인 측면에 대한 강조는 이오갑, 『칼뱅의 신과 세계』(서울: 대한기독교서회, 2010), 310~356을 참조 바람. 또한 이오갑, "칼빈의 하나님은 유명론적인가?", 「한국기독교신학논총」64(2009), 53~73에서 칼빈의 하나님을 폭군으로 이해해서는 안 된다고 강조한다; 칼빈의 예정론에 대한 본문의 언급은 박영식, "하나님의 섭리와 인간의 자유", 「한국기독교신학논총」 65 (2009), 159~179의 내용 중에서 167~168의 내용을 수정 보완하였음을 밝힌다.

가 없기 때문이다. 곧 신이 영원 속에서 예지한 것은 필연적으로 그대로 이루어져야만 한다. 예컨대 신이 영원 속에서, 다름 아닌 내가 2011년 8월 25일 오후 1시 49분 36초에 다른 것이 아닌 바로 이 글자를 타이핑하도록 예정하셨다고 하면, 나는 필연적으로 바로 그 시간에 바로 이 일을 할 수밖에 없다. 만약 그렇지 않다면 신의 예지는 완전한 것이 되지 못할 것이다.

문제는 신의 예지와 예정이 나의 행위만을 좌우하는 것이 아니라, 나의 행위가 근거하고 있는 의지까지도 결정하고 있다는 사실이다. 즉 나의 행위가 결정되어 있다면, 그러한 결정된 행위를 하도록 의욕을 갖는 것 외에 다른 어떤 선택도 나의 의지 안에 실행될 수 없을 것이다. 물론 신적 예지와 자유의지의 양립 가능성을 옹호하는 자들은 나의 의지는 다른 많은 가능한 선택들 중에서 신이 앞서 결정한 행위를 실행했을 뿐이라고 말함으로써 의지의 자유를 주장하고자 한다.

그러나 이들이 말하는 의지의 가능한 선택들은 사실은 허상에 다름이 아니다. 왜냐하면 그것은 신의 예지와 예정으로 인해 형식적인 가능성만 부여받았을 뿐 실제로는 전혀 실현되어서는 안 되는 선택들이기 때문이다. 절대로 선택될 수 없을 뿐 아니라 선택되어서도 안 되는 가능성들을 실제로 선택 가능하다고 말할 수 없다. 따라서 신의 예지와 예정은 자유의지를 불가능하게 만든다.[25]

---

25) 내가 만약 신이 예지한 것과 다른 것을 선택할 수 있다고 한다면, 이는 나의 선택으로 인해 신의 예지가 틀릴 수도 있음을 의미한다. 그러나 고전 유신론에 따르면 신의 예지는 잘못될 수가 없으며 항상 참되다. 따라서 나에겐 신의 예지와는 다른 것을 선택할 가능성이 없을 뿐 아니라, 신의 예지로 인해 예지된 그것만을 행해야만 한다. 예지와 자유의지의 양립 불가능성에 대한 분석철학적 고전으로는 Nelson Pike, "Divine Omniscience and Voluntary Action", *Philosophical Review* 74(1965),27~46 을 참조 바람. 파이크는 아우구스티누스와 슐라이어마허의 경우를 언급하면서 이들

자유의지의 유무에 대한 철학적 논의들을 일단 접어두더라도 신의 예지와 예정에 따르면, 인간에겐 행위의 자유도 불가능하다. 모든 행위와 사건들은 신의 전능한 결정 안에 놓여 있을 뿐이다. 그러나 신의 전능한 결정성을 고통과 악의 문제와 결부시킬 때 신은 기쁨과 선만이 아니라 인간에게 고통과 악을 선사한다. 뿐만 아니라 신은 누군가에게 고통과 악을 가하도록 누군가를 유인하는 존재가 된다. 신의 예지와 예정을 주도면밀하게 관철시키면 신은 아우슈비츠에서 희생된 자들의 무고한 죽음을 허용할 뿐 아니라, 실제로 히틀러를 통해 극악무도한 악행을 저지르게 했다고 할 수 있다. 세상의 모든 고통과 악의 경험 뒤에는 신의 암묵적인 허용 내지 주도적인 결정이 놓여 있다. 따라서 이런 주장은 신의 완전성을 앞세워 신의 도덕성에 흠집을 내는 이율배반적인 사태로 귀결된다.

이때 신은 힘에 있어서는 완전하지만, 도덕적으로는 불완전하고 비도덕적이다. 왜냐하면 그는 의인에게 고통을 주기도 하고, 악인에게 상을 주기도 하기 때문이다. 신은 더 이상 선하지 않을 뿐 아니라 고통당하는

이 예지와 자유의 양립 가능성을 통해 결정론에서 벗어나고자 했지만, 이들의 결정적인 잘못은 신적 예지를 인간의 예지와 유비적으로 생각할 때 양자 사이의 결정적인 상이성을 간과했다는데 있다. 또한 스윈번(Richard Swinburne)은 플란팅가의 자유의지 방어(free-will defence)가 신의 예지와 결합되어 논리적인 문제를 야기함을 지적한다. 그의 책, *Providence and the Problem of Evil* (Oxford: Clarendon Press, 1998), 제7장을 참조 바람. 이와는 다른 견해로는 김영한, "열린 유신론에 대한 비판적 성찰", 「한국기독교신학논총」65(2009), 181~204를 참조 바람. 여기서는 고전적인 주장이 그저 되풀이된다. "기독교 유신론에서는 일어날 것에 대한 하나님 예지의 확실성은 진정한 인간의 자유와 양립할 수 있다고 인정된다. 하나님의 예지 안에서 자유의지는 실재로 거부되지 않는다. 하나님이 미래를 아시는 것은 인간의 자유로운 행동을 저해하지 않는다." 그리고 이렇게 결론짓는다. "자유의지와 신적 섭리는 철학적으로는 모순적이나 신학적으로는 조화된다."(195) 그러나 아쉽게도 이 논문에서 이러한 주장을 뒷받침할 신학적 논증을 찾아보긴 어렵다.

자에겐 무자비하고 폭력적이다. 힘에 있어서 완전한 그는, 도덕적으로 불완전하며, 따라서 완전한 존재라고 할 수 없다. 이처럼 도덕적으로 불완전한 존재를 완전한 존재로, 최상의 선으로 인식하고 추구하는 것 또한 역시 비도덕적일 수밖에 없다. 완전성 개념을 통해 신적 예지를 관철시킬 때, 신은 현실적으로 도덕적으로 완전하지 못한 존재일 수밖에 없으며, 완전하지 못한 신에 대한 경배 또한 타당한 것일 수 없게 된다.

물론 루터처럼 이성의 법정에서 신의 전능에 이의를 제기하는 일체의 인간적 고발을 교만하고 건방진 것으로 취급할 수 있다. 신의 절대적인 주권과 결정에 인간은 순응할 수밖에 없으며 순응해야만 한다고 주장할 수 있다. 하지만 더 많은 자유를 갈망하는 오늘날의 인간에게 이런 신 또한 결국 무자비하고 폭력적으로 느껴질 수밖에 없지 않을까. 결국 인간의 자유를 폐기하는 신의 전능에 대한 주장은 신의 선함도 폐기하는 꼴이 된다.

이러한 문제를 해결하기 위해 우리는 **신의 섭리**를 주장하되, 예지와 예정을 여기에서 제외시키고자 한다. 전통적 유신론이 상정한 예지와 예정의 관념은 영원과 시간의 형이상학적 구분에 기초하고 있다. 여기서 시간이 변화와 흐름을 의미한다면, 영원은 무한한 시간이나 끝없는 시간을 의미하기보다는 항구적인 것, 즉 변화와 흐름의 부정을 의미한다. 영원 안에 있는 신에게는 과거와 현재와 미래의 구분이 없으며 신은 영원한 현재 속에서 모든 것을 파악할 뿐이다. 즉 신이 미래를 예지한다는 것은 신이 앞으로 일어날 미래의 사건을 자신의 눈앞에 바로 지금 현존하는 것으로 본다는 것을 의미한다. 이렇게 신은 변화와 흐름의 세계와 역사의 경험 속에 관여하지 않으면서, 이를 영원 속에서 머물러 관조하고 있을 뿐이다.

그러나 우리는 하나님의 실제적인 섭리를 주장한다. 하나님은 변화와 흐름 속에서 날마다 새로운 일들이 일어나는 세계 안으로 침투해 들어오시며 창조와 구원의 사건을 일으키신다. 성서의 하나님은 영원 속에서 관조하시는 분이 아니라, 역사와 세계 안에 직접 참여하시며, 아무도 예상할 수 없었던 새로운 사건들을 일으키신다. 그분은 창조와 구원, 새로움과 부활의 하나님이시다. 성서의 하나님은 예측 불가능한 가능성의 창을 활짝 열어 놓으시는 분이다.26)

고전 유신론도 인간의 자유와 관련해서─글자 그대로는 아니라고 하더라도─새로움, 우연성, 예측 불가능성 등의 범주를 염두에 두고 있었지만, 이들을 신적 예지와 예정이라는 필연성 안에서 사유함으로써 이들 개념이 담지하고 있는 강도를 무력화시켰다고 할 수 있다. 결과적으로 신의 섭리와 인간의 자유라는 길항 속에서 예지와 예정에 대한 교리적 강조는 인간의 자유를 폐기한 셈이 되고 말았다. 그러나 이러한 고전 유신론의 귀결은 오늘날 하나님의 섭리에 대해 언급할 여지를 축소시킬 뿐 아니라, 성서적 하나님 이해와 내적 모순성을 드러내고 있다.

고전 유신론의 내적 모순성은 아래와 같다.

첫째, 예지와 예정에 의거하여 자유를 폐기할 경우, 이는 성서의 모든 진술의 핵심인 하나님의 **사랑**과 모순된다.27) 신이 모든 일을 예지하고 예정한다면, 그래서 인간에겐 실제로 어떤 선택의 자유도 없다면, 인간

---

26) 아래의 내용은 박영식, "하나님의 섭리와 인간의 자유", 「한국기독교신학논총」 65(2009), 159~179의 내용 중 170~175를 수정 보완하여 옮겼음을 밝힌다. 또한 예정과 자유의지의 관계에 대해서는 존 파인버그 외 3인 공저/ 이미선 옮김, 『예정과 자유의지』 (서울: 부흥과개혁사, 2010)를 참조 바람.

27) 융엘에 따르면 하나님의 본질에 대한 가장 우선적인 답변은 바로 하나님은 사랑이라는 진술이다. E. Jüngel, *Gott als Geheimnis der Welt* (Tübingen: Mohr Siebeck, 7. Aufl., 2001), 430: "기독교 신학은 하나님의 존재에 대한 물음에 많은 대답을 주었다. 그러나 모든 대답들 중에서 항상 무조건적 우선권을 둔 것이 있는데, 곧 하나님은 사랑이라는 것이다." 융엘에게 '하나님은 사랑이다.'는 단순히 신약성서의 한 구절이 아니라, 신약성서 전체가 발생하게 된 사건을 지시한다.

은 신이 조정하는 꼭두각시에 불과할 뿐이다. 이때 인간의 삶은 더 이상 생생한 삶이 아니라 영원한 현재의 반복일 뿐이다. 비록 신이 인형에 불과한 인간을 사랑한다고 해도, 정작 인간은 그 신을 진정한 의미에서 사랑할 수 없을 것이다. 왜냐하면 자유로운 선택 없이는 사랑이 불가능하기 때문이다. 또한 인간에 대한 신의 사랑도 결국엔 신의 나르시스적인 사랑에 불과한 셈이다. 여기에는 사랑의 사건이 일어날 수 없다.

이에 대해 이런 반론을 전개하기도 한다. 비록 신이 모든 것을 결정해 놓았다고 하더라도 유한한 인간은 그것을 모르며 그 속에서 자유로울 수 있다고. 그러나 이러한 생각 역시 신의 사랑에 정면으로 위배된다. 비록 인간 자신은 자신이 꼭두각시에 불과하다는 사실을 모른다고 하더라도 신은 이를 알고 있어야 한다. 인간을 꼭두각시처럼 조정하고 있는 신이 인간에게 자유와 사랑을 요구한다는 것은 신을 더욱 잔인하고 비인격적인 존재로 만드는 것이 아닐까?

둘째, 고전 유신론의 논리를 치밀하게 따라갈 때, 신은 인간의 인격을 파괴할 수밖에 없으며, 따라서 신도 인격적일 수 없게 된다. **인격성**은 서로를 독립된 자유로운 개체로 인정할 때만 성립할 수 있다. 물론 신을 인간과 같다는 의미에서 인격이라고 할 수는 없다. 다만 신이 인간을 자유로운 존재로, 자기 마음대로 조정할 수 없는 자율적 존재로 인정할 때, 인간은 신과 인격적 관계를 맺으며, 신을 인격적인 존재로 상정할 수 있다. 이때 인격성이란 관계에서 파생되는 개념이기 때문이다.

신과 인간이 서로에 대해 침범할 수 없는 고유한 영역이 인정될 때 신과 인간의 관계는 인격적일 수 있다. 그러나 결정론적인 예지와 예정은 신과 인간의 인격적 관계를 파괴한다. 인간과 피조세계에 대한 신의 전적인 지배력은 창조세계의 자유와 함께 인간의 인격성 그리고 신의 인격성을 파괴한다. 그러나 성서의 하나님은 인간과 대화하며 자유로운 사랑 안에서 서로의 인격을 적극적으로 긍정한다.

셋째, 사랑할 수 없는 신에 대한 생각은 기독교 신앙의 살아 계신 하나님 **신앙**과 모순된다. 오직 신만이 자유롭다면, 세상의 모든 일들은 신의 자기활동에 귀속되며 신은 자기 자신의 일에 스스로 만족하는 존재가 된다. 이로써 세상을 향한 신의 사랑은 결국 자기 자신을 반사하는 자기활동에 대한 나르시스적 사랑일 뿐이다. 이러한 신의 나르시스적 사랑은 고전 유신론에서는 신의 자기 원인성(causa sui)에서 파생된다. 자기 원인으로서의 신은 누구에게 사랑을 요구하지도 않으며, 요구할 필요도 없는 존재다. 그는 스스로 이미 충만하기 때문이다. 그는 외부로부터 아무런 영향을 받지 않기 때문에 자기 원인으로서의 신에게 인간은 기도할 수 없다.[28]

다만 그는 영원불변한 자신의 의지와 본성에 따라 움직일 뿐이다. 고전적 형이상학의 표현에 따르면, 그는 자기 밖의 그 무엇에 의해 움직여지지 않는다. 그는 불변하고 무감정할 수밖에 없다. 이러한 신은 창조세계의 무질서에 대해 책임을 통감하며, 후회하고 아파해서도 안 되며, 티끌 같은 인간과 사랑의 소통을 나눌 필요도 없다. 그러나 이러한 형이상학의 신은 고통받는 이스라엘 백성의 호소를 듣고 응답한 출애굽의 하나님일 수 없으며, 모든 피조물의 신음에 함께 탄식하는 영의 하나님일 수도 없다.

넷째, 예지와 예정의 신은 피조물의 자유를 제약할 뿐 아니라 그 스스로도 자유로운 하나님일 수 없다. 왜냐하면 그는 자신의 불변하는 원리

---

28) 이에 대한 하이데거의 지적은 옳다. "이러한 신에게 인간은 기도할 수도 없고 제물을 바칠 수도 없다. 자기 원인 앞에서 인간은 경외하는 마음으로 무릎을 꿇을 수도 없고, 또 이러한 신 앞에서 그는 음악을 연주하거나 춤을 출 수도 없다." 그리고 그는 한 발 더 나아가 다음과 같이 제안한다: "철학의 신, 다시 말해 자기 원인으로서의 신을 포기해야 하는 신-없는(gott-los, 신을-떠난) 사유가 어쩌면 신적인 신(der göttliche Gott)에게 더 가까이 있을지도 모른다." 마르틴 하이데거/신상희 옮김, 『동일성과 차이』(서울: 민음사, 2000), 65.

안에 스스로 갇혀 있기 때문이다. 신의 예지와 예정에 의해 인간사와 세상사에 일어나는 모든 것들이 이미 앞서 파악되고 결정된 것이라고 한다면, 진정한 의미에서 **미래**란 없다고 해야 옳지 않을까.[29] 이때 신에겐 새로움과 개방성의 미래 대신에 영원한 현재만이 있을 뿐이다. 왜냐하면 신은 미래의 개방성을 향해 자신의 자유를 행사하기보다는 영원한 결의 속에 놓여 있는 현재를 반복할 뿐이기 때문이다. 고전 유신론이 담지하고 있는 결정론의 관점에서 하나님의 자유와 미래는 폐기되고 만다.

다섯째, 인간의 삶과 역사와 연관할 때, 신적 예정은 인간사의 어두운 질곡을 아무 말 없이 받아 내야 하는 숙명론으로 귀결될 위험이 농후하며,[30] 성서의 하나님이 강조하는 자유와 해방, 공의와 정의의 실현을 무색하게 만든다.

다른 말로 하자면 새로움의 출현과 변화의 가능성은 폐기되고 만다. 그러나 기독교 신앙의 하나님은 숙명론이나 결정론을 용인하지 않으며, 오히려 현재의 질곡 속에서 자신과 세계의 미래를 전망할 수 없는 자들에게 새로운 가능성과 예기치 못한 미래를 열어 놓으신다. 하나님은 먼 옛날, 영원 전에 모든 것을 결정해 놓고서 유유자적하며 세상을 관망하는 자가 아니라, 매 순간 새로운 가능성의 문을 열어 두시는 창조의 하나님이시다. 그런 점에서 성서의 하나님은 "자기의 작품을 바라보고 앉아

---

29) Richard Swinburne, *The Christian God* (Oxford: Clarendon Press, 1994), 130~134 는 미래에 대한 신의 예지와 신의 완전한 자유가 양립할 수 없다는 입장을 견지한다. 신이 필연적으로 그리고 영원하게 온전히 자유하다면 그 자신의 미래 행위에 대해 무지해야만 한다고 주장한다. 왜냐하면 완전한 자유란 앞서 결정된 일에서도 자유로울 수 있어야 하기 때문이다.

30) 존 칼빈/김종흡, 신복윤, 이종성, 한철하 옮김,『기독교 강요-상』(서울: 생명의말씀사, 1988), 318~322. 비록 칼빈은 스토아 학파의 자연의 숙명론을 신의 주권적 결정과 대비시키고 있지만, 한편에서는 인간의 생각으로는 신적 계획을 알 수 없기에 어떤 일들은 운명적인 것처럼 보인다고 말하고 있다.

서 만족해하는 노쇠한 예술가가 아니라 쉬지 않고 일하시는 섭리의 하나님"이라고 한 함석헌의 말은 타당하다.[31]

그렇다면 우리는 하나님의 **섭리**를 어떻게 이해해야 할 것인가? 이제부터는 하나님의 섭리를 형이상학적으로 정초되었던 기계론적인 예지와 예정 개념에서 구출하여 창조세계의 자유로운 삶 안에 연동하고 추동하는 창조적이며 역동적인 신적 활동으로 재구상해야 할 것이다. 인간을 비롯한 창조세계의 자유로움과 역동성을 배제하지 않고, 창조세계와 변증법적으로 소통하는 하나님의 섭리에 대해 말해야 하지 않겠는가? 또한 예지와 예정의 관념은 실재세계에 대한 객관적인 서술이 아니라, 하나님 섭리의 적실성에 대한 실존적 고백이며, 이를 지시하는 신앙고백으로 이해되어야 하지 않을까?

예지는 하나님께서 모든 일을 주시하며, 모든 사건에 관여하며, 앞서 길을 열어두신다는 의미로 이해되어야 한다. 하나님은 모든 것을 앞서 결정하시는 분이 아니라 하더라도 모든 사건에 관심하며, 참여하며, 주시하시는 분이시다. 따라서 하나님이 아신다는 것은 하나님이 염려하고 돌보신다는 의미이며, 앞서 새로운 가능성의 길을 열어두심을 의미한다.

실제로 신의 예지와 예정은 더 넓은 의미에서 섭리라는 개념에 속한다. 섭리(providentia)라는 단어는 원래 앞을 내다본다(pro-videre)는 뜻을 담고 있다. 고전적 형이상학에서 신적 봄과 앎은 분리되지 않는다. 따라서 이때 섭리는 예지(praescientia)와 동의어가 되었다. 섭리에서 단순히 예지만 강조하게 되면, 신은 인간사와 세상사의 방관자로 남게 된다. 세계는 피조물들의 놀이터일 뿐 신은 이를 구경만 하고 있을 뿐이다. 이런

---

31) 함석헌 선생에게 하나님의 섭리는 숙명론이나 운명론, 결정론으로 귀결되지 않는다. 왜냐하면 하나님은 생명을 긍정하며 이 생명을 돌보고 기르는 분이기 때문이다.『뜻으로 본 한국역사』(파주: 한길사, 2007), 60.

방관자로서의 신을 기독교 신앙과 신학은 거부한다.[32]

그러나 형이상학적으로 정초되었던 예지의 개념은 인간의 예측과는 달리, 신적인 앎과 신적인 행위의 합일을 담고 있다. 따라서 신의 예지는 곧 신의 예정과 동일시될 수밖에 없었다. 따라서 초시간적으로 이해된 신의 예정은 인간의 현실적인 과정들을 앞서 규정해 놓을 뿐 아니라, 그 실현을 필연적으로 수반하기 때문에 실제로 인간의 자유를 무력화시키고 개방적인 미래를 폐기한다.[33]

하지만 예지와 예정의 교리는 하나님의 돌보시고 관여하시는 섭리적 사건에 대한 신앙경험에서 비롯된 것으로, 하나님의 창조적 섭리를 제약하거나 방해하고자 하는 것이 아니라 오히려 이를 지지하고 확고히 하기 위한 신학적 기획이라 할 수 있다. 그렇다면 섭리를 결정론적 의미로 앞서 본다는 뜻이 아닌, 새로운 가능성을 모색한다는 의미로 **앞을 내다본다**는 뜻으로 이해해야 되지 않을까?

섭리의 하나님은 현존하는 사건들을 참여하는 관심 속에서 주시하며 현재적 상황을 넘어 새로운 가능성을 내다보신다. 이때 섭리의 하나님은 초시간적으로 결정된 미래를 영원 안에서 관조하는 것이 아니라 현재적 사건들을 통찰하며, 그 안에서 미래를 전망하며, 새로운 가능성의 창을 열어놓으시는 분이다. 따라서 섭리는 곧 **새로운 가능성의 창조**를 의미한다.

이처럼 개신교 전통은 일찍이 하나님의 섭리를 **계속적인 창조**(creatio

---

32) 존 칼빈/ 김종흡, 신복윤, 이종성, 한철하 옮김, 『기독교 강요-상』, 311에서도 섭리를 예지와 연관시킬 때, 이를 그저 앞서 알고 있다는 뜻으로만 이해해서는 안 된다고 말한다. 섭리는 "미지의 사건에 관한 걱정"이며 "행위"이다. 하지만 칼빈의 섭리론은 예지예정과 연관될 때 초시간적이며 결정론적 성격을 지닐 수밖에 없다.

33) 틸리히도 신적 섭리를 방관적 예지와 초시간적 예정의 개념으로부터 분리시킨다. Paul Tillich, *Systematic Theology* Bd. I (Chicago: The University of Chicago, 1951), 266.

continua)와 연관시켜 이해해 왔다.[34] 성서가 그리고 있듯이 생명의 역사는 태초의 창조로부터 시작하여 새로운 창조를 향해 나아간다. 하나님의 섭리는 이 과정 속에 놓여 있는 계속적인 창조를 의미한다. 세계 창조와 함께 하나님의 창조사역은 끝나버린 것이 아니라 시작되고 지속된다. 계속되는 창조 안에서 우리는, 하나님을 예지하고 예정하는 존재가 아니라, 창조세계와의 소통을 위해 자신을 제한하는 사랑의 모험을 감행하시는 분으로 이해할 수 있는 신학적 단초를 발견한다.[35]

또한 창조와 더불어 일어난 하나님의 자기제한은 신의 본래 의지에 반하는 것이 아니라 사랑을 통해 일어난 창조의 논리적 귀결이다.[36] 하나님의 창조와 더불어 생명체들의 자유는 시작되며, 하나님은 창조의 미래를 위한 하나님의 모험에 함께 동참하도록 이들을 초청하고 추동한다.[37] 계속되는 창조 안에는 개별 창조물의 가능태들이 현실화될 뿐 아니라 다

---

34) 개신교 루터파 정통주의는 창조를 "직접적 창조"(무로부터의 창조)와 "매개적 창조"(피조세계의 질서부여)로 구분하며, 직접적인 태초의 창조(creatio originalis) 외에도 창조의 "보존"(conservatio), "협동"(concursus), "조정"(gubernatio)을 "계속되는 창조"라고 하여 섭리에 귀속시켰다: Heinrich Schmid, *Die Dogmatik der evangelisch-lutherischen Kirche* (Gütersloh: Verlag von C. Bertelsmann, 7. Aufl., 1893), 117~134; 또한 김균진, 『기독교 신학 』II (서울: 연세대학교 출판부, 2009), 112: "섭리 신앙 속에는 피조물을 위한 하나님의 계속적 창조에 대한 인격적 고백이 담겨 있다."

35) 현대 과학과 신학의 대화를 진지하게 시도하는 폴킹혼은 예측 불가능한 세계상과 관련하여 "신적 앎의 케노시스"를 주장한다. 존 폴킹혼/이정배 옮김, 『과학시대의 신론』(파주: 동명사, 1998), 83.

36) 위르겐 몰트만/김균진 옮김, 『창조 안에 계신 하느님』(서울: 한국신학연구소, 1987), 100. 또한, 위르겐 몰트만/김균진 옮김, 『과학과 지혜』(서울: 대한기독교서회, 2003), 98 이하를 참조

37) 성서는 이를 "생육하고 번성하여 땅에 충만하라."는 하나님의 명령과 축복으로 표현한다.

양한 가능성들이 현실화되면서, 이전의 것들에서 유추될 수 없는 새로운 가능성들이 잉태되고, 여기에서 또다시 새로운 사건들이 일어난다.

이러한 창조의 과정 안에서 하나님은 자유로운 생명들과 함께 사랑의 교제를 나누며, 창조생명의 역동성과 가능성을 폐쇄하려는 반(反)생명적 위협에 대항하여 끊임없이 새로운 가능성을 열어 주신다. 곧 계속되는 창조로 이해된 섭리 신앙은 생명세계를 삼키고자 하는 어둠의 세력에 대항하여 꺼져 가는 생명의 등불을 돌보시는 지속적인 하나님의 사랑에 대한 신앙이다.

이때 하나님의 창조적이며 역동적 섭리는 창조세계의 미래를 결정하는 유일한 요인이 아니다.[38] 오히려 자유로운 창조세계의 다양한 요인들과 연동하고 생명의 지속적인 창조를 추동한다. 창조자 하나님은 섭리 신앙 안에서 **새로움과 미래의 추동자**로 이해된다.[39]

이처럼 창조 안에서 이해된 하나님의 섭리는 또한 세계와 미래에 대한 인식을 전환시킨다. 신은 죽은 자들과 죽은 것들을 창조하지 않았다. 태초의 창조가 자유로운 생명체들의 창조였다면, 계속되는 창조인 하나님

---

38) 개신교 정통주의에 따르면, 창조와 보존에서는 신이 유일한 원인이지만, 살아 있는 존재에게 자유로운 의지를 준 이상 협동의 섭리에서는 유일한 원인이 아니다. "오히려 신은 일어나는 모든 것의 동반 원인(Mit-Ursache)이다." Heinrich Schmid, *Die Dogmatik der evangelisch-lutherischen Kirche*, 118; 개신교 정통주의자들에게 창조의 목적은 신의 영광이었다. 그러나 신의 영광은 생명의 충만을 동반한다. 오히려 생명체의 풍성한 삶(창 1:11, 20, 22, 24, 28) 그 자체가 창조의 목적이다. 또한 요한복음 10장 10절과 요한계시록 21장 6절과 22장 1~5절 참조

39) 섭리의 구체적인 방식과 관련하여 과정신학의 '설득'의 수동성을 비판하면서 새로운 대안으로 '능동적 정보입력'을 제시한 폴킹혼에 대한 논의가 더욱 필요하다고 본다. 이에 대해서는 폴킹혼/이정배 옮김, 『과학시대의 신론』, 56~87, 그리고 전철, "존 폴킹혼의 Active Information 연구", 「한국기독교신학논총」 62 (2009), 269~287을 참조 바람.

의 섭리는 생명체들의 자유를 보존하고, 또한 이들이 서로의 자유를 파괴하지 않게끔 조정한다. 따라서 하나님의 창조적 미래를 부정하고 결정론적, 숙명론적 또는 패배주의적 세계관 속에서 자신의 자유와 가능성을 폐기시키려는 모든 시도는 하나님의 창조적 섭리에 대한 부정을 의미한다. 왜냐하면 창조적 섭리에 대한 신앙은 지금 여기서 불가능한 것을 하나님의 가능성 안에서 희망하는 신앙이기 때문이다.

하나님의 창조적 섭리는 인간과 여타 생명체들에게 끊임없이 새로운 가능성을 열어줌으로써 이들의 자유를 충동질하고, 이들을 창조의 동력자로 부르신다. 따라서 창조세계는 거대한 예지와 예정이라는 메커니즘 속에 한 치의 오차도 없이 돌아가는 거대한 기계장치가 아니다. 또한 이 세계는 기존에 일어났던 일들이 마냥 다시금 반복되고 재연되는 곳도 아니다. 세계는 하나님의 창조적 모험 안에서 예측 불가능한 새로운 미래가 사건화되는 기적의 장소로 인식되어야 한다.[40]

하나님의 섭리는 인간과 창조 생명체의 자유를 부정하거나 제한하는 것이 아니라, 오히려 새로운 삶의 가능성들을 폐기하거나 축소시키는 모든 힘들에 맞서 인간을 비롯한 창조 생명체의 숨통을 매 순간 열어 주시며, 아직 실현되지 않은 가능성과 미래를 향해 눈을 뜨게 하는 하나님의 지속적인 창조 활동이다.

---

40) 판넨베르크도 하나님의 섭리와 관련하여 결정론을 반대하며 하나님의 자유와 미래성을 옹호한다. *Systematische Theologie* Bd. I (Göttingen: Vandenhoeck & Ruprecht, 1988), 452: "(⋯) 신적 행위의 역사적 성격이 중요하다. 즉 모든 역사적 현재를 위한 미래의 개방성이 중요하다. 역사적 사건의 우연성 안에서 역사 안에서 활동하시는 하나님의 자유가 표현된다. 하지만 이러한 자유는 항상 창조자의 자유이며, 그의 행위는 모든 인간적 예견을 넘어서는 길을 통해 창조의 완성을 목적으로 한다." 더욱이 판넨베르크에 따르면, 하나님의 "창조 행위는 피조물의 자립적 실존을 목표로 한다"(454).

3. 역사와 의미에 대한 질문

악이 어디에서 유래했는지에 대한 물음은 별도로 하고서라도 기독교 신학에서 남아 있는 문제는 전능하신 신은 왜 악을 제거하지 않는가 하는 문제였다. 앞서 서술한 고전적 신정론에서는 신의 예지예정 아래 악은 허용된다고 주장했다. 또한 허용된 악을 통해 신은 더 높은 단계의 선을 이끌어 낸다고 답변했다. 달리 말하면 이 세계 내에 발생한 부정적인 것은 전체 세계의 합목적성을 파괴하지 못한다.

아우구스티누스와 아퀴나스 그리고 라이프니츠에게서 역사–종말론적 신정론과 미학적 신정론이 전개될 수밖에 없는 것은 이들이 세계의 합목적성을 전제로 하고 있으며, 이러한 합목적성의 토대를 신의 조화로운 섭리에 두고 있기 때문이다. 이처럼 세계를 신의 선하고 조화로운 피조물로 전제하고 있는 고전 유신론에서, 악은 미적 아름다움을 드러내는 요소로 기능하게 되며, 신은 악을 더 큰 선을 위한 도구로 활용한다.

고전 유신론의 이러한 합목적적 세계 이해는 그리스의 형이상학적 신학의 코스모스적 세계 이해와 연결된다. 아우구스티누스와 아퀴나스 그리고 라이프니츠에 이르기까지의 고전 유신론의 미학적 신정론(theodicy)은 세계정당론(cosmodicy)과 짝을 이룬다. 신은 현 상태의 세계를 근본적으로 무한히 긍정하며 세계와 **상응**관계에 있다. 신과 세계는 서로를 비추는 거울인 셈이다.[41]

---

41) 코스모스의 질서에 대한 미학적 판단은 하나님의 선한 창조에 대한 성서의 보도(창 1:31)에 근거하여 창조세계로서의 코스모스의 정당성에 대한 신학적인 판단이 된다. 그러나 창조의 선함에 대한 이러한 신학적 판단은 예수 그리스도 안에 있는 하나님의 고난의 역사를 간과할 뿐 아니라, 창조의 역사적 과정과 그 종말론적 완성을 완전히 간과하고 있다. 모든 정적인 미학적 신정론은 역사의 역동적 과정으로 인해 그 의미를 잃는다; Karl Barth, *Kirchliche Dogmatik* III/1 (Zürich: Theologische Verlag

코스모스로서의 세계 이념은 역사라는 범주의 출현에 의해 "전체로서의 역사"라는 형태로 전개된다. 이제 신정론은 역사 발전과 진보에 대한 긍정적이며 낙관적인 이해와 연결되는데, 이러한 사고는 헤겔(G. W. F. Hegel, 1770~1831)에게서 뚜렷하게 나타난다.

헤겔은 라이프니츠의 신정론이 추상적이고 불확실한 범주에서 이루어졌다고 비판하면서 신정론, 즉 "신의 정당성"은 구체적인 역사를 통해 증명된다고 주장하며, 이를 자신의 역사철학의 기조로 삼는다. 그에 따르면, 역사 자체가 곧 신정론이다.

세계사는 우연적인 것들로 가득한 것이 아니라 일반적인 목적을 향해 나아가는 신적 섭리의 과정이며[42] 신적 이성, 곧 절대 이성의 자기전개 과정이다.[43] "세계사는 이러한 유일한 이성의 현현일 뿐이다."[44] 여기서 그가 말하는 유일한 이성이란 곧 신의 정신을 의미한다. 역사철학의 목적은 신의 의지로 관철되는 세계의 궁극 목적, 즉 일반적인 목적을 추

Zürich, 5. Aufl., 1988), 446 이하에서 라이프니츠를 비롯하여 18세기의 신정론을 심도 있게 다루면서 그 속에 있는 창조세계에 대한 낙관주의를 비판한다. 바르트에 따르면 이들의 세계에 대한 낙관주의는 "자기신뢰의 절정"(472)에 놓인 것으로 그들 자신의 신(神)중심주의와는 달리 "신적 권위와 능력"이 실제로 언급되기보다는, 단순히 신을 "인간 자신이 먼저 스스로에게 감히 부여하고자 하는 완전성의 거울"로 삼고 있다(473). 이와는 달리 바르트는 "예수 그리스도의 낮아짐과 높아짐, 그의 죽음과 부활 안에서" "창조 안에 있는 하나님의 의지의 비밀"을 말할 수 있는 "기독교적 낙관주의"를 주장한다(474).

42) G. W. F. Hegel, *Die Vernunft in der Geschichte*, (hrsg.), von Johnannes Hoffmeister (Hamburg: Verlag von Felix Meiner, 1955), 29.

43) G. W. F. Hegel, *Die Vernunft in der Geschichte*, 75: "세계사는 신적인 것, 곧 그 최고의 형태 안에서 정신의 절대적 자기전개의 표명이다. (…) 세계사는 정신이 어떻게 점차적으로 의식에 그리고 진리의 의욕에 이르는지를 보여줄 뿐이다."; 역사란 신적 "섭리의 계획 외에 다른 것이 아니다"(77).

44) G. W. F. Hegel, *Die Vernunft in der Geschichte*, 30.

구하는 것이지 개개인의 주관적인 정신이나 심정의 특수한 목적을 추구하는 것이 아니다.[45)

이처럼 헤겔에게서 신의 섭리는 개인과 관계하기보다는 역사 전체와 연관된다. 이때 헤겔은 선의 힘, 즉 신의 힘을 넘어서는 어떤 힘도 존재하지 않으며, 그 무엇도 신의 세계 섭리를 방해하지 못한다고 주장한다. 이렇게 볼 때 헤겔도 역시 라이프니츠의 낙관주의를 역사적 지평 속에서 긍정하고 있는 듯 보인다.

물론 헤겔이 역사 내에 있는 부정적인 요소들을 간과한 것은 아니다. 하지만 그는 실제적인 역사 내에 부정적인 것, 우연적인 것, 모순되는 것들을 목도하면서 이를 궁극적 목적을 향한 수단으로 이해한다. 즉 역사는 단순히 파도를 넘어갈 뿐 아니라 오히려 파도로 인해 전진하는 배처럼 궁극적인 목적을 향해 상향한다. 따라서 헤겔에 따르면, 부정적인 것은 궁극적 승리를 위해 희생될 뿐이다. 모든 부정적인 것은 긍정적인 것에 종속된 것 또는 극복된 것으로 이해해야 하며 궁극적으로 사라지게 될 것이다.[46)

헤겔의 이러한 역사체계에 따르면, 부정적인 것은 결국엔 긍정적인 것에 편입될 뿐 긍정적인 것에 대한 치명적이고 적대적인 부정이 되지 못한다. 따라서 헤겔은 다음과 같이 말할 수 있었다.

결코 터무니없는 이상(理想)이 아닌 이러한 신적 이념의 순수한 빛 앞에서, 마치 세계를 뒤틀리고 무의미한 사건인 것처럼 보는 가상(假想)은 사라지게 된다. 철학은 그 내용, 곧 신적 이념의 현실성을 인식하고자 하며, 무시

---

45) G. W. F. Hegel, *Die Vernunft in der Geschichte*. 29: "철학적 관찰에는 우연적인 것을 제거하는 것 외에 다른 의도가 없다. (…) 우리는 역사 안에 하나의 일반적인 목적, 곧 세계의 궁극 목적을 추구해야만 한다."

46) G. W. F. Hegel, *Die Vernunft in der Geschichte*, 48.

당한 현실성을 정당화하고자 한다.[47]

이렇게 역사는 부정적인 것을 끌어안고 그 궁극적인 목적을 향해 나아
간다. 합목적적인 세계관이 헤겔에게서는 이처럼 역사를 정당화하며 역
사를 하나의 전체로서 파악하게 한다. 조화와 아름다움의 세계는 역사라
는 시간의 지평에서도 여전히 유효하다. 무엇보다도 우리가 주목할 점은
헤겔에게서 전체로서의 역사의 합목적성을 위해 개개인의 고통은 희생
되고 만다는 점이다.

> 개개인이 병에 들었다고 하더라도 이성은 머물러 있을 수 없다. 왜냐하면
> 특수한 목적들은 일반적인 것 안에서 사라지기 때문이다.[48]

이처럼 합목적적 세계관은 세계 내의 사물들을 미학적으로 수놓을 뿐
아니라, 역사의 전개 과정 안에 발생하는 사건들조차 아름답게 장식한다.
이로써 세계와 역사는 의미를 갖게 될지 모르지만, 정작 그 안에 살아가
고 있는 개개인의 고통과 아픔은 전체로서의 세계와 역사를 위해 희생되
고 만다. 헤겔의 역사철학은 기독교 신앙과 깊이 연결되어 있음에도, 정
작 종교적 신앙이 위로하고 치유해야 할 개개인을 놓치고 있다는 점은
아이러니가 아닐 수 없다. 개개인의 고통은 역사 전체의 유의미성과 합
목적성을 통해 보상받을 수 있는 것이 아니다.

헤겔에 따르면, 철학자는 개별적이고 우연적인 고통에 주목하기보다
는 역사 전체를 관통하는 이성적이고 보편적인 법칙을 관망해야 한다지
만, 적어도 기독교 신앙은 보편적인 것을 통해 구체적인 것을 보는 것이

---

47) G. W. F. Hegel, *Die Vernunft in der Geschichte*, 77~78.
48) G. W. F. Hegel, *Die Vernunft in der Geschichte*, 48~49.

아니다. 오히려 구체적인 역사의 한 인간, 나사렛 예수의 십자가의 절규 속에서 보편적인 것을 보고자 한다. 나사렛 예수가 십자가에 못 박힘으로써 세계의 참된 현실성의 차단막이 되었던 합목적적 세계상이라는 거룩한 휘장은 위로부터 아래로 찢겨진 것이다.

헤겔이 "이성은 신적 업적에 대한 인지(認知)"라고 했다면,[49] 신앙의 통찰은 하나님의 부재 속에 울려 퍼지는 나사렛 예수의 고통스런 절규에 귀 기울이는 것이라 해야 할 것이다. 나사렛 예수가 하나님의 아들로서 버림받음의 고통을 당했다면, 욥은 그 누구와도 견줄 수 없는 신실한 의인으로서 버림받음의 고통을 당했다. 이들의 버림받음은 부조리하고 무의미한 고통과 함께 세계와 역사의 옳음을 부정한다.

세계의 역사 자체가 신적 이성의 현현사임을 스스로 증명해 줄 것이라고 했던 헤겔의 주장은[50] 무고한 자의 고통과 악인의 성공에 의해, 아우슈비츠와 같은 20세기의 역사적 비극들로 인해 터무니없는 것으로 고발당하고 있다. 개인의 아픔조차 치유할 수 없는 역사 발전에 대한 환상은 반(反)기독교적이며, 반(反)인륜적인 역사철학을 낳는다.[51] 개인 없는 역사는 공허하며 추상적이다. 물론 역사는 개인을 넘어서지만 개인을 배제하지 않는다. 따라서 세계사를 거대한 목적론의 시각에서 확정하며 그 안에서 희생된 개개인의 아픔을 도외시하는 것은 무자비할 뿐 아니라,

---

49) G. W. F. Hegel, *Die Vernunft in der Geschichte*, 78: "Denn die Vernunft ist das Vernehmen des göttlichen Werkes."

50) G. W. F. Hegel, *Die Vernunft in der Geschichte*, 29: "세계사 안에서 이성은 자신을 증거할 뿐이다."

51) 판넨베르크는 많은 면에서 헤겔의 사상에 빚지고 있지만, 헤겔이 견지한 관점, 곧 개인을 희생하는 보편사를 비판한다. Wolfhart Pannenberg, *Systematische Theologie* Bd. III (Göttingen: Vandenhoeck & Ruprecht, 1993), 683: "모든 세계 내적 종말론에서는 (소위) 일반적인 것의 완성은 개인의 희생 위에서 추구되고 주장되어야만 한다. 이것은 세계 내적 종말론의 반(反)기독교적 구조이다."

한 영혼을 온 천하보다 귀하게 여기는 성서의 하나님의 인격성과 배려와 은총을 부정한다.[52]

고전 유신론은 기존 현실에 대한 미학적 환상과 역사 발전에 대한 목적론적 신념을 토대로 삶과 역사의 유의미성을 앞서 못 박아 둔다. 그러나 악의 문제는 이러한 환상과 신념에 균열을 가져오며, 우리가 경험하는 삶과 역사의 현실이 유의미와 무의미 사이에서 끊임없이 동요하고 있다는 사실을 지시한다. 역사는 처음부터 긍정될 수 있는 것도 무조건 부정될 수 있는 것도 아니다. 삶의 의미 또는 역사의 의미에 대한 무조건적 긍정이나 무조건적 부정은 현실의 경험에 비춰 볼 때 비현실적이다.

고전적 형이상학은 실존의 불안 속에서 삶과 역사의 의미를 확고하고 흔들리지 않는 토대에 정초시키려 했지만,[53] 이러한 시도는 삶과 역사의 의미를 현재에 포착할 수 없고, 다만 미래에 둘 수밖에 없는 자들에 의해 부정된다. 암울한 삶과 역사는 여전히 살아남은 자들과 살아가는 자들에 의해 전적으로 부정되지도 않으며, 그렇다고 단순히 긍정되지도 않는다. 삶과 역사의 의미는 여전히 비결정적이다.

---

52) 테오도르 아도르노/홍승용 옮김, 『부정변증법』(서울: 한길사, 1999), 402~403: "세계정신의 개념에서는 신의 전능이라는 원칙이 통일성 정립의 원칙으로 세속화되며, 세계에 대한 계획(Weltplan)은 사건들의 무자비성으로 된다. 세계정신은 신성으로서 존중된다. 그러나 신성의 인격성 및 배려와 은총의 모든 특성들이 신성으로부터 제거된다."

53) Gerhard Krüger, *Grundfragen der Philosophie, Geschichte, Wahrheit, Wissenschaft* (Frankfurt am Main: Vittorio Klostermann, 2. Aufl., 1965), 276: "도대체 삶에 머물러 있는 것이 무엇이며, 어떻게 삶의 끊임없는 변화를 이해해야만 하는지를 우리가 묻는다면, 이때 우리는 하나의 존재론적 형이상학을 통해 다음의 대답을 얻게 된다: 인간의 삶이 지속되는 한, 우주는 거기에 있으며 어떤 경우에나 그의 영원한 근거, 하나님은 항상 거기에 있다"(276). 존재론적 형이상학은 무의미성에 대항하는 삶의 투쟁에서 주어진 답변이며, 삶의 유의미성을 확정적으로 붙잡아 두려는 시도였다.

역사 속에 출현한 악의 문제에 직면하여 의미 질문과 하나님 질문은 분리되지 않는다. 다시 말하면 고통과 악에 직면하여 부조리와 무의미의 심연에서 제기하는 하나님 질문은 곧 삶의 의미를 묻는 개방된 질문으로 전개될 수밖에 없다.

부조리한 고통에 항거하며 삶의 의미를 묻는 자에게 창조와 역사의 하나님이 새로운 삶의 현실을 창조하고 구원하는 힘으로 경험될 수 있느냐 하는 질문은 신앙의 확신 속에서는 선취(先取)적으로 긍정되지만, 현실적으로는 여전히 **실험** 속에 있다. 역사에 대한 목적론적 시각은 역사 안에서의 하나님의 정의를 앞서 확정짓는 토대가 아니라 오히려 자신의 옳음을 증명해야 할 하나님의 미래에 대한 신앙의 희망에 속한다.

합목적론적 역사는 역사를 통해 증명된 것도 아니고 반증된 것도 아니다. 역사는 역사를 넘어가며 스스로를 의문시한다. 따라서 악의 문제에 직면하여 낡은 유신론적 확정에 형이상학적으로 도피하는 것은 애당초 불가능하다. 섣불리 신의 죽음을 선고하며 무신론에 안주하는 것 또한 삶의 무의미성을 애써 정초시키려는 또 다른 형이상학적 도피 행각이라 할 수 있다.

고통과 악이 제기하는 삶과 역사의 균열은 무신론으로도 유신론으로도 메워지지 않는다. 보다 극단적으로 말한다면, 부조리하고, 무의미한 고통에 직면한 자에게 합목적론적으로 앞뒤가 정교하게 짜맞춰진 역사란 없다. 그에게 전체로서의 역사는 갈기갈기 찢겨나간다. 그럼에도 그가 삶과 역사의 의미를 묻는다면, 이는 더 이상 역사의 합목적성이나 역사의 정의(正義)와는 **다른 차원**의 의미를 묻는 것이다. 즉 고통당하는 자에게 드러날 역사의 의미는 더 이상 헤겔식의 합목적론적 역사의 의미일 수는 없다. 오히려 그는 자신의 삶과 역사의 무의미성을 수용하며 직시하는 가운데서, 그럼에도 불구하고 삶을 추동하고 역사를 만들어 낼 의미를 추구할 뿐이다. 바로 이런 점에서 고통의 절규로부터 의문시되는 삶의 의미에 대한 질문은, 신학적으로는 하나님의 존재여부에 대한 질문을 뜻한다.

　여기서 질문되는 하나님의 실존은 더 이상 합목적론적 세계의 토대가 되는 고전적 유신론의 신적 존재의 여부와는 하등의 관련이 없다. 여기서 역사의 허무함 속에서 찾고자 하는 하나님은 지나온 삶과 역사의 무의미성을 부정하지 않으면서 도리어 이를 통해 새로운 삶을 개방하시는 창조와 구원의 하나님이다. 그런 점에서 그는 새로운 삶과 역사를 여는 추동력이다. 고통과 악에 직면하여 합목적론적 세계와 짝하는 유신론의 무너진 터 위에서 다시금 전혀 다른 차원의 삶과 역사를 개방해야 할 하나님에 대한 질문이 제기된다. 이처럼 이유 없는 고통의 심연에서 철저하게 제기되는 역사의 정당성에 대한 역사철학적 의문은 합리적이고 논리적인 신정론의 해명에서 종결될 수 없다.

　역사철학적 신정론의 물음은 부조리와 무의미의 심연을 전체로서의 역사라는 형이상학적 관점에서 제거하지 않는다. 오히려 근본 질문은 이러한 부정과 불의의 역사 안에서 제기되며, 이러한 역사의 부정성에도 불구하고, 과연 삶과 역사가 유의미하게 될 새로운 차원이 개방될 수 있는지를 묻는 구원적 질문[54]이며, 오직 새롭게 개방될 삶과 역사의 도래

---

54) W. Joest, *Dogmatik* Bd. 1 Die Wirklichkeit Gottes (Göttingen: Vandenhoeck & Ruprecht, 4. Aufl., 1995), 178~185를 참조 바람: "하나님께서 고난과 죽음도 자신의 손에 쥐고 계시며 생명으로 이끄신다는 신앙은 원칙적으로, 일어나는 모든 일들과 또한 이 세계 내의 죄와 비참의 모든 파괴적인 역사가 하나님의 전능이 원했고 그로 인해 일어난 일이라고 주장하지 않는다. 이러한 주장에 반대하여 <고난을 야기하는 전능신>에 대한 저항은 옳다고 여겨진다. 우선 인간의 죄와 연관해서 고난을 생각할 때, 고난은 그 자체로 그리고 그의 '본성'에서 구원적이거나 유의미한 것이 아니라 파괴적으로 활동한다는 사실은 어떤 철학적 이론이나 신학적 이론도 간과해서는 안 되는 경험이다. 실재하는 세계는 우리가 세계의 창조주로 신앙하는 그 하나님의 의지와 조화롭게 화음을 이루지 않으며, 오히려 그 안에 파괴적인 힘이 활동하는 창조

를 통해서만 비로소 대답될 질문이다.

고전 유신론의 합목적론적 사유는 본질적으로 불안한 삶의 위기를 확실한 토대 위에 세우려는 노력이었다. 그러나 이러한 인간의 시도에 대한 이론적 확정은 고통과 악의 경험에 직면하여 그 자체로 자명한 것으로 증명될 수 없으며, 오히려 삶과 역사의 유의미성을 약속하는 하나님 질문과 더불어 실험되고 있다. 따라서 고통과 악을 극복하고 삶과 역사의 의미성을 새롭게 획득할 수 있느냐 하는 물음은 하나님 질문과 아직 오지 않은 미래를 향해 개방된 질문이다.

파괴된 삶과 역사의 유의미성에 대한 질문은 뒤를 돌아보며 현실을 근거지우는 질문을 통해서 대답될 수 없다. 오히려 이 질문은 아직 오지 않은 미래를 향해 현실 변혁의 가능성을 묻는 질문으로서, 가능한 것을 현실화하는 하나님의 창조 행위를 통해서만 대답될 수 있다. 기독교적 신앙의 언어로 표현하자면, 역사의 의미는 이미 확정된 것이 아니라 하나님의 종말론적 미래 안에서 진정으로 그 의미의 충만이 드러날 것이다. 하지만 현실의 고난과 악의 승리에 직면하여, 우리는 성급하게 섣불리 축포를 터뜨릴 수 없다.

신앙은 여전히 역사의 절망과 희망, 부조리와 의미의 충돌 가운데에서 하나님의 종말론적 미래를 붙잡기 위한 투쟁 가운데 있을 뿐이다. 여기서 종말론적 미래란 단순히 측정할 수 있는 시간적 장래를 의미하는 것이 아니라, 현재 속으로 침투해 들어오는 초월적이며 결정적인 하나님의 구원적 사건의 차원을 의미한다.

물, 곧 그의 구원을 기다리는 창조물이다."(182~183)

제7장
신정론의 유형들

서구의 철학사와 신학사에서 오랫동안 악의 문제는 고전 유신론의 체계 아래에서 이해되고 해명되어야 할 과제로 여겨졌다. 즉 악은 무엇이며 악은 조화와 아름다움의 체계 아래에서 어떤 기능을 수행하는지를 이해하고자 했다. 근대 이전까지 악의 문제는 말 그대로 악의 문제였지, 신의 존재를 위협하는 무신론의 가시가 되진 않았다. 즉 악이 무엇인지를 기존의 유신론적 체계 아래에서 해명하는 것이 제1과제였을 뿐이다.

그러나 점점 악의 문제는 신의 전능성과 선함에 대한 도전으로 전개되어 갔으며, 신적 존재의 속성들과 현실세계의 고통과 악의 경험 사이의 모순성은 궁극적으로는 신적 존재의 자명성에 대한 의문으로 치닫게 된다. 따라서 악의 문제는 이제 고전 유신론의 체계에 대항하여 치명적인 독성을 품고 있는 무신론의 질문으로 전개되었다.

우리는 다양한 신정론의 해법들을 크게 몇 가지 유형으로 정리해 보고자 한다. 각각의 유형은 다른 유형에 대해 배타적인 독자성을 지니지만, 신정론의 실질적인 해법들은 하나의 특정 유형 안에 묶여 있는 것은 아니다. 따라서 신정론의 유형 분석에 따라 실질적인 해법들을 일대일 대응방식으로 분류할 수는 없지만, 그럼에도 유형론은 수없이 다양한 신정론의 해법들을 다소 깔끔하게 분류하는 데 도움을 줄 것이다.[1]

---

1) 특정한 분류 방법이 정해져 있는 것은 아니다. 오도 마르쿠바르트(Odo Marquard)는 신정론의 근본 문제를 해결하는 유일한 방법은 신의 전능을 제한하는 것이라고 전제

1. 신의 전능과 선함 그리고 악의 존재라는 트릴레마를 그대로 인정한다. 트릴레마의 해소가 아니라 오히려 트릴레마를 인정하면서 인간의 이해 가능성을 넘어서 있는 신의 초월성과 불가해한 신의 의지를 전면에 내세우려는 시도다.

여기서는 악 또는 고난의 현존 앞에서 전능성과 선하심이라는 신의 성품을 그대로 유지하면서 이로 인해 파생되는 신적 실재 또는 신의 속성과 악의 경험 사이의 모순성을 **신비로 환원**(reductio in mystrium)시킨다. 이 때 신적 실재는 유한한 인간의 인식 능력의 한계 너머에 놓여 있는 전적 신비로 규정된다. 이와 더불어 하나님의 세계 내적 섭리 또한 신비이며,

---

하면서 1) 플라톤적 모델에 따라 악을 비본래적인 것으로 취급하는 방식, 2) 기독교적 모델로 악을 도덕화하여 천사나 인간의 자유의지의 왜곡의 결과로 보는 방식, 3) 근대 사유의 모델로 악을 도구화하는 방식으로 분류한다: O. Marquard, "Bemerkungen zur Theodizee", in: W. Oelmüller (Hg.), *Leiden* (Paderborn/München/Wien/Zürich 1986). 213~218을 참조 바람; 또한 존 힉(John Hick)은 신정론의 해답들을 크게 아우구스티누스적 유형과 이레니우스적 유형으로 구분한다. 아우구스티누스적 신정론의 유형에서는 악의 책임을 인간의 자유에 돌리며, 신플라톤주의의 풍부함의 원리와 존재의 거대한 사슬 원리 그리고 완전성의 미학 원리를 통해 악을 비존재로 본다. 특히 비인격적 언어를 통해 신과 피조세계 사이의 관계를 조망하며, 예정론의 입장에서 선택받은 자와 저주받은 자를 나눈다. 이에 반해 이레니우스적 신정론의 유형에서는 악의 궁극적 책임을 신에게 돌리며, 악을 신의 선한 의도에 따른 필요불가결한 것으로 수용하며, 신과 인간이 창조의 동역자로서 이해되며 신의 사랑 안에 있는 인간의 인격성을 중시한다: 존 힉/김장생 옮김, 『신과 인간 그리고 악의 종교철학적 이해』 (파주: 열린책들, 2007), 252~253 참조 바람; 악의 문제와 관련하여 정당한 답변을 제시하기가 매우 어렵다는 전제 아래, 윤철호는 악의 문제에 대한 전통적인 신학적 답변을 세 가지로 요약한다. 1) 하나님의 섭리의 불가해성, 2) 악을 통한 하나님의 연단, 3) 악은 하나님의 심판: 윤철호, "악의 기원과 극복에 대한 신학적 고찰", 「한국조직신학논총」 30 (2011), 279~304, 280~282; 본문의 이하 내용은 박영식, "칸트의 신정론과 신학", 「한국기독교신학논총」 58 (2008), 115~130에서 118~121의 내용을 옮겨 수정 보완한 것임을 밝힌다.

인간 이성에게는 궁극적으로 감추어져 있다. 그러나 이 신비는 영원한 것이 아니라 잠정적이다. 신적 신비는 역사의 종국에 가서는 해명될 것이라고 전망한다.[2]

신적 신비로의 환원은 이 세계 내의 고난에 대해 아무런 합리적 해명을 제공하지 않을 뿐 아니라, 고난과 불의의 현실을 신의 이름으로 그대로 용인하는 빌미를 제공할 수도 있다. 물론 모든 정직한 신학은 궁극적으로는 신비로의 환원을 전적으로 배제할 수는 없을 것이다. 그러나 신비로의 환원에만 머문다면 지적 게으름을 조장하고 현실 변혁에 대한 신학의 책임성을 회피하게 된다.

2. 트릴레마를 구성하는 **신적 속성의 한 축(軸)을 제거하는 것이다.** 여기

---

2) Armin Kreiner, *Gott im Leid. Zur Stichhaltigkeit der Theodizee-Argumente* (Freiburg/Basel/ Wien: Herder, 2005), 49 이하; Perry Schmidt-Leukel, *Grundkurs Fundamentaltheologie* (München: Don Bosco Verlag, 1999), 116~117. 이러한 견해는 가톨릭에서는 라너(Karl Rahner)와 큉(Hans Küng) 그리고 개신교 측에서는 루터(Martin Luther)와 판넨베르크(Wolfhart Pannenberg)에게 나타난다; 애시당초 신정론의 문제 설정 자체가 불가능하다고 보는 입장도 있다. 판넨베르크에 따르면, 이스라엘의 신앙과 초기 기독교에서는 창조주 하나님에 대한 신정론적 고발이 나타나지 않는다. 왜냐하면 악의 문제에 대해서는 피조물, 즉 인간의 책임으로 돌려질 뿐 아니라, 피조물이 하나님의 창조 행위에 대한 심판자로 올라설 자격이 없기 때문이다: W. Pannenberg, *Systematische Theologie* Bd. II (Göttingen: Vandenhoeck & Ruprecht, 1991), 190과 *Systematische Theologie* Bd. III (Göttingen: Vandenhoeck & Ruprecht, 1993), 679: "유대교에서는 신정론의 문제가 유대적 유일신론에도 불구하고 우선적으로 제기되지 않는다. 우선 이해 불가능한 신적 의지에 대한 헌신 때문만이 아니라 또한 신은 선뿐 아니라 악의 주권적 장본인으로 믿어지기 때문이다." 바르트도 유사한 입장을 취한다. Karl Barth, *Kirchliche Dogmatik* III/1 (Zürich: Theologische Verlag Zürich, 5. Aufl., 1988), 304: "창조주 하나님은" 그의 피조물이 자신에게 주어진 자유를 잘못할 "가능성의 실현에 대해 어떤 변명(Rechtfertigung)도 필요로 하지 않는다."

에는 ① 신의 선함을 제거 또는 부정하거나, ② 전통적인 의미의 신의 전능을 제거 또는 부정하여 신적 현실과 악의 경험 사이의 모순을 해결하는 방식이 있다. 전자 ①의 경우에는 신의 절대적 주권에 의한 이중예정을 강조하면서 신의 선함을 포기하는 경우이고,3) 후자 ②의 경우는 대표적으로 한스 요나스(Hans Jonas, 1903~1993)와 화이트헤드(A. N. Whitehead, 1861~1947)를 들 수 있다.4)

요나스는 하나님의 선하심에 대해서는 긍정하지만, 전능의 개념은 포기해야 한다고 역설한다. 그에 따르면, 전능이라는 개념은 그 자체로 모순 논리다. 왜냐하면 어떤 힘이란 항상 상대를 전제할 수밖에 없음에도 전능이라는 힘의 개념은 이 상대를 제거해버리기 때문이다. 이런 의미에서 전능은 무능과 동일하다. 또한 종교철학적인 관점에서 전능의 개념을 유지할 경우 신정론의 트릴레마는 결코 풀 수 없게 된다. 더 나아가 전능의 개념은 고난의 현실에 실제로는 아무런 도움을 주지 못하기에 무용한 개념일 뿐이다. 아우슈비츠라는 지울 수 없는 고난의 현실을 기억하는 유대인인 요나스에게 신은 선하지만 전능하진 않은 존재로 설정된다.5)

또한 미국의 과정신학의 사상적 기반을 제공하는 화이트헤드의 유기체 철학에서도 신의 전능성은 포기된다. 특히 그는 제국 교회의 등장과

---

3) Perry Schmidt-Leukel, *Grundkurs Fundamentaltheologie*, 114에 따르면, 소수의 사람을 영원한 구원에 그리고 다수의 사람을 영원한 형벌에 떨어뜨리기로 창조 전에 예정해 놓았다는 이중예정의 교리는 어떤 경우에도 신이 선하다는 주장과 양립할 수 없으며, 신약성서가 예수에게서 보여주는 사랑의 하나님과도 양립할 수 없다.

4) 신의 전능성에 대한 포기는 마니교, 마르시온, 조로아스터교의 이원론에서도 등장한다. 이에 대해서는 Armin Kreiner, *Gott im Leid*, 79 이하; Perry Schmidt-Leukel, *Grundkurs Fundamentaltheologie*, 114~116.

5) Hans Jonas, "Der Gottesbegriff nach Auschwitz. Eine jüdische Stimme," in: *Philosophische Untersuchungen und metaphysische Vermutungen* (Frankfurt: Insel, 1992), 190~208.

함께 로마 황제에 속했던 속성들이 신에게 부여되었다고 지적하면서 신이 "황제의 이미지, 도덕적인 힘을 의인화한 이미지 그리고 궁극적인 철학적 원리의 이미지"로 이해되었다고 비판한다.

화이트헤드는 전능한 힘을 부여받은 황제의 신과는 달리, 나사렛 예수의 하나님을 언급하며 이를 자신의 유기체 철학의 신과 동일시하는 듯하다. 그의 철학에 영향을 받은 과정신학의 관점에서 보자면, 나사렛 예수의 하나님은 독존적으로 존립하거나 전능의 힘을 행사하는 자가 아니라, 사랑과 선함으로 다른 현실적 존재들과 관계하며 설득하고 반응하는 사랑의 하나님이다.6)

하지만 기독교 신학이 과연 이러한 과정신학의 신을 어떻게 긍정할 수 있을지는 의문이다. 왜냐하면 과정신학의 신은 전통적인 신학이 신에 대해 말해 왔던 바, 즉 존재의 근원도 아니고 존재자를 포괄하고 초월하는 실재도 아니기 때문이다. 과정신학의 신은 존재자들의 세계 내의 한 존재자일 뿐이다.

---

6) 화이트헤드/오영환 옮김, 『과정과 실재』(서울: 민음사, 2003), 648~649: "갈릴리인 (예수 그리스도)에 의한 기독교의 기원에는 이 세 주요 사상 계통의 어느 것과도 잘 들어맞지 않는 또 다른 암시가 들어 있다. 그것은 통치하는 카이사르도, 무자비한 도덕가도, 부동의 동자도 역설하지 않는다. 그것은 정적 속에서 서서히 사랑에 의해 작용하는 세계 내의 부드러운 요소들을 강조한다. 그것은 또 이 세계가 아닌 왕국의 현재적 직접성 속에서 목적을 찾는다. 사랑은 통치하지 않으며, 또 부동의 것도 아니다. 또 사랑은 도덕에 대해 별로 주의하지 않는 편이다. 그것은 미래에 눈을 돌리지 않는다. 왜냐하면 그것은 직접적 현재에서 그 보답을 발견하기 때문이다."; 화이트헤드의 신정론에 대해서는 손호현, 『하나님, 왜 악이 세상에 존재합니까? - 화이트헤드의 신정론』(서울: 열린서원, 2005)과 그의 글, "아름다움의 모험: 화이트헤드의 신정론", 「한국기독교신학논총」 43 (2006), 197~221을 참조 바람; 과정신학에 대해서는 존 캅 & 데이비드 그리핀/류기종 옮김, 『과정신학』(서울: 황소와소나무, 2002).

3. 따라서 서구 기독교 사상사에서 가장 오래되었고 여전히 지배적인 해법은 트릴레마의 두 축인 신적 전능과 선함의 유신론적 속성을 그대로 유지하면서 다른 한 축인 **악의 실체를** 존재와 선의 전체성 안에서 존재론적 **결핍의 의미로** 재구성하여 앞서 제시된 모순성을 해명하려는 시도다.

여기서는 플라톤의 『티마이오스』(*Timaios*)의 세계 제작에 의존하는 과정사상적 세계기원론과는 달리, 신의 전능성을 강조하면서 무로부터의 창조(creatio ex nihilo)라는 개념이 전면에 등장한다. 하나님은 전능하신 분이기 때문에 무로부터 세계를 창조했고, 모든 존재는 전능하고 선한 신의 창조로부터 나왔다. 따라서 존재하는 모든 것은 비록 차등이 있다고 하더라도 모두 선하다.

그렇다면 과연 악은 어디서 나왔으며, 악은 무엇인가? 아우구스티누스 이래로 세 번째 유형의 신정론은, 악은 선의 결핍(privatio boni)이라고 대답한다.[7] 악은 여기서 적극적으로 규정되기보다는 선의 실체에 대한 상대적인 개념으로 설정된다. 악은 창조세계에 속하는 실체가 아니다. 악은 하나님에게서 온 것이 아니라 천사 또는 인간의 자유의지에서 기인하며, 잘못된 선택에서 나온다. 악은 창조된 피조물들의 부패다.[8] 이처

---

7) Armin Kreiner, *Gott im Leid*, 125: 우리가 앞서 살펴보았듯이 선의 결핍이라는 개념은 아우구스티누스 이후 토마스 아퀴나스와 라이프니츠에게도 지속적으로 등장한다.
8) 아우구스티누스/성염 역주, 『자유의지론』(왜관: 분도, 1998), 특히 143~147; 또한 아우구스티누스/성염 역주, 『참된 종교』(왜관: 분도, 1989), 85: "이성적 영혼의 첫째가는 부패는 의지가 가장 높고 가장 내밀한 진리가 금하는 바를 행하려고 하는 것이다. (…) 그러므로 그 죄가 악이지, 죄를 지으면서 사랑하는 그 실체는 악이 아니다." W. Pannenberg, *Systematische Theologie* Bd. II (Göttingen: Vandenhoeck & Ruprecht, 1991), 192(또한 Bd. III, 680)에 따르면, 악을 하나님이 아닌 인간의 자유의지에 소급하는 것은 알렉산드리아의 클레멘스(Klemens von Alexanderien)에게서 처음 제시되었다고 한다(Klemens Alex. *Strom.* I, 17, 82ff.); 오늘날 악의 기원을 인간의 자유의지 또는 자유와 우발성을 지닌 자연적 과정에서 찾는 신정론적 해법을 각각 자유의지 신

럼 악은 존재론적으로 고정된 위상을 갖지 못하고 상대적으로 피조세계의 변질 과정으로 설명될 뿐이다.

또한 토마스 아퀴나스에게서도 악은 존재의 결핍으로 이해되는데, 여기에는 다음의 4가지 단계가 논증으로 전개된다.

첫 번째 단계는 토마스 아퀴나스가 아리스토텔레스의 『니코마코스 윤리학』의 첫 구절인 "선은 모두가 바라는(욕구하는) 것이다."라는 선의 정의를 출발점으로 삼아, 선을 모든 만물이 욕구하는 목적으로 상정했다는 점이다.

두 번째 단계는 욕구는 완전한 것을 향한다는 것이다. 이때 완전한 것이란 어떤 결핍도 없는 것을 의미한다.

세 번째 단계는 모든 사물은 가능태에서 현실태로의 이행 과정 속에 있다고 본 아리스토텔레스의 철학을 토대로 하는 것으로, 현실태가 결여된 상태의 가능태는 여전히 불완전하며, 완전함은 곧 현실태의 실현에 있다고 보는 것이다.

네 번째 단계는 앞의 세 단계의 귀결로서 현실화된 존재는 완전성을 지니고 있기에 존재와 선을 동일시한다.[9] 존재와 선의 결합은 악과 존재

정론과 자연 과정 신정론(또는 자유 과정 신정론)이라고 부른다. 자유의지 신정론이 아우구스티누스를 비롯하여 여타의 신학자, 철학자들에게서 종종 언급되어 왔던 것이라면, 자연 과정 신정론은 오늘날 자연과학과 기독교 신학의 대화 속에서 얻은 결실 중 하나라고 할 수 있다. 예컨대 신정론의 문제와는 무관하게 창조와 생물학적 진화 또는 물리학적 우주 진화의 관계성에 대한 문제를 해결하려고 하는 시도 중에는 유신 진화론이라고 명명되는 주장이 있다. 이에 따르면 하나님의 창조와 진화의 과정은 양자택일의 관계나 모순과 갈등의 관계가 아니다. 진화의 과정은 하나님의 창조 안에 포함된다. 따라서 진화의 과정 속에 일어나는 우연성과 예측 불가능성 등은 하나님께서 창조와 더불어 피조세계에 부여한 자유로 인해 발생되는 것이며, 이 과정에서 어쩔 수 없이 악이 발생한다. 그러나 이는 하나님께서 창조와 더불어 피조세계에 부여한 사랑의 선물인 자유로 인한 것이지 하나님의 원래 의도는 아니다.

의 결핍을 결합시킨다. 악을 존재의 결핍으로 파악한 형이상학의 구도에 따르면, 결핍은 채워져야 하는 것으로 이해되었다. 그리고 존재의 결핍은 현실태로의 이행 과정 속에 발생하는 것으로 이해되었다. 악은 선으로 이행되거나 선에 편입되어야 할 존재의 결핍된 상태 외에 그 무엇도 아니다.

이러한 형이상학적 구도에서는 악의 실체성이 부정되고 있기 때문에 악의 위협도 존재와 선에 치명적일 수가 없다.[10) 비유하자면 악은 존재와 선의 그림자에 불과하기 때문이다. 이처럼 비록 선의 결핍이라는 개념이 악의 현존 자체를 완전히 부정하지는 않았다고 해도 선의 결핍이라는 개념은 현실의 부조리와 악의 현실을 그대로 반사하기보다는 오히려 이를 선한 창조와 우주의 합목적성의 관점에서 축소해서 해석하는 듯하다. 이러한 낙관론적 정서는 독일 관념론에서는 역사철학적으로 전개되면서 낙관적 또는 진보주의적 역사관을 형성하는 데 기여하게 된다.

그러나 20세기의 양대 세계대전과 생태계의 파괴, 경제적 불평등과 정치적 폭정 등을 주목할 때, 앞서 고전적 신정론의 한계에서 지적했듯이 존재론적으로나 목적론적으로 설정된 선한 창조와 역사에 대한 낙관은 의심스럽게 되었으며, 특히 악의 실체를 형이상학적 전제하에서 해명하려는 태도는 비록 트릴레마의 논리적 난관을 나름대로 해결했다고 할 수 있을지 모르나 신정론적 물음의 주체인 고통받는 인간 실존의 현실에

9) 강영안,「악에 대한 형이상학적 성찰」, 한국정신문화연구원 철학 종교 연구실 편,『악이란 무엇인가』(서울: 도서출판 창, 1992), 35~63, 38~39 참조
10) 바르트는 이에 반하여 악을 실제적인 힘을 가진 것으로 사유한다: Karl Barth, *Kirchliche Dogmatik* III/3 §50 Gott und das Nichtige (Zürich: Theologischer Verlag Zürich, 3. Aufl., 1979), 327~425.

는 아무런 도움을 제공하지 못한다.[11]

---

11) 신정론에 대한 합리적 답변은 단지 신의 선함과 전능함 그리고 악의 현존 사이의 모
순성을 합리적으로 논리적으로 해명하려고만 한다는 점에서, 진정 악에 직면한 인간
개개인의 아픔을 외면하고 있다. 이와 관련하여 Georg Büchner, *Dantons Tod*
(Stuttgart: Reclam, 1997)에 나오는 다음의 말을 되새겨 볼 필요가 있다: "불완전함
을 지워 버려. 그러면 너희는 신만을 제시하겠지. 스피노자가 그렇게 했었지. 사람들
이 악은 부정할 수 있지만, 고통은 그렇게 할 수 없어. 이성만이 신을 증명할 수 있을
뿐, 감정은 그것에 반대하여 격분하지. 아낙사고라스 잘 들어 봐. '내가 왜 고통을 당
하지?' 이것이 바로 무신론의 초석(der Fels des Atheismus)일세"(48). 또한 국제영
화제 수상으로 주목을 받았던 영화 <밀양>(이창동 감독, 2007)에서도 피해 당사자
의 고통을 외면한 채 그저 형이상학적으로 신학적으로 선언된 용서의 판결로 인해
오히려 더욱 탈출구를 찾을 수 없게 된 개인적 아픔의 문제를 엿볼 수 있다. 이 영화
는 이청준의 단편소설 『벌레이야기』를 각색한 것이다.

제 3 부

하나님의 전능에
대한 논의

제1장

전능의 의혹: 자명성에서 의심과 비판으로

초기 그리스 철학자들의 신에 대한 사변은 기독교 신학 형성에 중요한 역할을 수행한다. 신학(theologia)이라는 용어를 처음으로 도입하여 시인들의 신화를 비판하고, 신에 대한 합리적이고 이성적인 언설을 가능케 하여 철학적 신학의 물꼬를 튼 이는 바로 플라톤이다. 그러나 아직 신화를 통해 신에 대해 언급했던 플라톤의 사유를 넘어, 아리스토텔레스는 세계 내적 존재자들의 운동으로부터 신을 운동의 시원(arché)으로, 제1원인으로, 부동의 원동자, 순수 현실로 정초시켰다. 그리고 플라톤의 존재론에서 플로티누스는 일자에 대한 이론을 확립한다.

이들이 형이상학적으로 정초한 신(神) 개념을 초기의 기독교 신학자들은 성서의 하나님을 이런 형이상학의 영향 아래 있는 사람들에게 변증하기에 적합한 개념적 도구로 수용한다. 이 과정에서 기독교 신학은 최종 근거를 추구하는 그리스의 형이상학에 대해 방법론적으로 내용적으로 유사성을 띠며 성서의 창조자 하나님을 제1원인과 궁극적 목적으로, 모든 존재의 근원과 근거로, 일자로, 불변하는 존재로, 자기 원인으로 그리고 전능자로 확정했다.[1]

---

1) 형이상학과 신학의 밀월관계에 대한 지적과 탈(脫)형이상학적 신학의 구상에 대해서는 심광섭,『신학으로 가는 길』(천안: 한국신학연구소, 1996)을 참조 바람: "형이상학의 역사를 드러난 다양한 현상 배후에서 고찰할 때 형이상학을 이끌어 온 에너지는 인간과 생의 세계를 하나의 근거 위에 세우려는 시도이다. 형이상학적 사유를 동기지우는 주도물음은 모든 존재자를 규정하는 원인, 근거, 원천, 시작에 대한 물음, 즉 아르

초기 기독교의 신앙고백이 담겨 있는 문서들에는 약간의 변형이 있지만,[2] 거의 모두 하나님을 **전능자**(omnipotens, παντοκράτωρ)로 서술하고 있다.[3] 전능은 기독교 신앙의 하나님이 갖는 여러 속성 중 하나가 아니라, 신의 본질이나 본질적인 속성에 해당되는 듯하다. 전능하지 않은 신은 더 이상 신이 아니며, 신이 전능하다는 사실은 자명한 것으로 인식했다.

이러한 인식은 유독 기독교 신앙에만 해당되는 것은 아니다. 아우구스

케(ἀρχή)에 대한 물음이다. (…) 형이상학적 사유방식의 핵심적 물음은 정초(Begründung)의 문제이다. 모든 존재자는 그의 근거를 가져야 한다. 형이상학적 사유는 철저히 근거놓고 근거지우는 사유이다. 그러므로 형이상학은 물음의 핵심에서 볼 때 존재자를 묻는 존재론과 존재자를 최고의 존재자 위에 세우려는 신학, 즉 '존재-신학'이 된다. 모든 존재자의 근거로서의 신은 형이상학에 속한다. 이 점 때문에 형이상학과 신학은 밀월과 근친상간을 즐길 수 있었다. 형이상학적 사유는 한마디로 말해 사유의 죄 자체이다"(17). 여기서 한 걸음 더 나아가 그는 다음과 같이 주장한다: "형이상학적 언어를 해체하고 형이상학적 사유방식으로부터 탈피하려는 탈형이상학적 생의 신학은 형이상학적 사유와 사유가능성에게서 근본적인 결별을 선언한다. (…) 이제 형이상학적 신학이 아니라 그리스도적 신학을 해야 할 때이다"(19).

2) 사도신경의 초기 형태들에 대해서는 August Hahn (Hg.), *Bibliothek der Symbole und Glaubensregeln der Alten Kirche*, hr. v. G. Ludwig Hahn (Hildesheim: Georg Olms Verlagsbuchhandlung, 1962)를 참조 바람.

3) Jan Bauke-Ruegg, *Die Allmacht Gottes* (Berlin/New York: Walter de Gruyter, 1998), 4~5; 바우케-뢱은 Karl Rahner, Art. "Allmacht Gottes", in *LThK* I (1957), 353~355, 353을 인용하면서 '모든' 신앙고백서가 '하나님은 전능하다.'고 언급하고 있음을 환기시킨다. 그러나 초기의 모든 신앙고백서에 '전능자'가 들어 있는 것은 아니다. August Hahn (Hg.), *Bibliothek der Symbole und Glaubensregeln der Alten Kirche,* hr. v. G. Ludwig Hahn (Hildesheim: Georg Olms Verlagsbuchhandlung, 1962), 364~373에서 하르낙(A. v. Harnack)은 초기 기독교의 신앙고백문이 세례 외에 예전이나 축귀(逐鬼)문, 신앙규범, 기도문 등의 다양한 용도를 위해 확정된 형태로 사용되고 있었음을 지적하고 초기의 모든 신앙고백에 '전능자'가 등장하는 것은 아니지만 매우 자주 '나는 한 분 전능하신 하나님을 믿는다.'(πιστεύω εἰς ἕνα θεὸν παντοκράτορα)는 고백의 형태가 사용되었다고 한다.

티누스에 따르면, 이방인들조차 비록 그리스도를 부인할 수 있다고 하더라도 신이 전능하다는 사실은 부정하지 않았다.[4] 중세 스콜라 신학에서는 신의 **절대적 힘**(potentia absoluta)과 **현실적 힘**(potentia ordentia)의 구분을 통해 신의 전능성에 대한 사변적 논의가 진행되었다.

근대에도 신의 전능성은 부정되지 않았다. 데카르트(R. Descartes, 1596~1650)와 칸트(I. Kant, 1724~1804)의 근대 철학은 신의 전능성을 인간의 주체성과 합리성, 도덕성을 정초하는 토대로 활용한다.[5] 근대의 회의(懷疑)하는 이성조차도 여전히 신의 전능성을 비판적으로 해체하기보다는 오히려 이를 토대로 인간의 자율성을 주장하고자 했다.[6]

---

4) A. Augustinus, *Sermo* 240,2,2; Jan Bauke-Ruegg, *Die Allmacht Gottes*, 6, 각주 12 참조

5) 데카르트는 생각하는 자아의 확실성에 도달하는 과정에서 전능자를 보증인으로 삼는다. 생각하는 자아는 불완전하여 속기도 하고 의심도 한다. 그러나 모든 것을 다 의심할 수 있지만, 이렇게 의심하고 있는 자아는 확실하다. 이것조차 속고 있는 것이라고할 수 없는 것은, 전능하고 선한 신을 계속 속이고만 있을 순 없기 때문이다. 끊임없이속고 의심함에도 생각한다는 사실은 의심할 수 없는데, 이러한 생각하는 자아의 확실성을 최종적으로 보증하는 존재가 바로 신이다. 또한 칸트에게 전능자는 도덕의 보증인이다. 칸트에 따르면 현상계를 넘어 순수 사유의 대상을 추구하는 이성은 결국엔 신개념을 향해 나아가야 한다. 신의 존재 여부와는 상관없이 신은 이성의 규제 원리로서상정되며 또한 실천 이성을 위한 토대로서 요청된다(Jan Bauke-Ruegg, *Die Allmacht Gottes*, 18~24); 윙엘(Eberhard Jüngel)도 데카르트 철학에 대한 분석을 통해 바우케-뢰과 동일한 결론에 도달한다. 즉 데카르트에게서 신은 생각하는 자아(res cogitans)의 확실성을 위한 방법론적 필연성으로 사용되며, 모든 것에 대한 회의에도 불구하고신은 선험적으로 이러한 의심에서 벗어나 있는 최종심급의 역할을 수행한다: E. Jüngel, *Gott als Geheimnis der Welt* (Tübingen: Mohr Siebeck, 7. Aufl., 2001), 160.

6) Jan Bauke-Ruegg, *Die Allmacht Gottes*, 30: "전능한 신의 표상은 (…) 데카르트에서칸트를 넘어 포이어바흐에 이르기까지 근대의 기초적인 재산목록에 속한다. (근대는이러한 신학적 함의가 없었다면 전혀 불가능했을 것이다.): 부르주아적 개인뿐 아니라, 개인에 의해 정초되고 주장되었으며, 주체성, 합리성과 도덕의 기둥들에 의존하고

오늘날에도 신학자뿐 아니라 일반인들에게까지도 신과 전능자의 밀착 관계는 지속되며 때때로 사회적, 정치적 현실과 연관해서 신의 전능성을 거론하기도 한다.[7]

이처럼 초기 기독교에서부터 근대에 이르기까지 자명하게 전제되었던 신과 전능의 개념은 서구의 사상사 속에서 헤겔(G. W. F. Hegel, 1770~1831)[8]과 니체(F. Nietzsche, 1844~1900)[9]를 거쳐 포이어바흐(L. Feuerbach,

---

있는 사회도 전능한 신 안에서 그 상관(相關) 요소를 갖는다. 비록 신의 전능의 영향권이 점차 제한된다고 하더라도, 신의 전능에 대한 표상은 부르주아적 시민종교에 속할 뿐 아니라 소위 건전한 인간 이성에 속한다."

7) 바우케-뤽에 따르면 1848년의 스위스 헌법 서문 도입부에 "전능자 신의 이름으로!"라는 문장이 나오며 또한 부시 대통령은 걸프전에서 이른 승리를 주신 전능한 신께 감사해야 한다는 의미에서 1991년 4월 5~7일을 국가공휴일로 선포했다고 한다. Jan Bauke-Ruegg, *Die Allmacht Gottes*, 7~9; 바르트는 전능의 개념을 추상적인 의미에서 사용하는 것은 성서의 하나님이 아니라 전복적이며 전제적인 악마와 연관된다고 보았다. 그는 스위스연방 헌법의 서문이 전능한 "신"의 이름으로 시작하는 것은 신과 전능을 연결시켰다는 점에서 올바르다고 보았다: Karl Barth, *Kirchliche Dogmatik* II/2 §31, 590.

8) Georg Wilhelm Friedrich Hegel, *Werke in zwanzig Bänden* (Frankfurt a. M: Vittorio Klostermann, 1970), Bd. 2. Glauben und Wissen (1802), 287~433, 432; D. Sölle, *Atheistisch an Gott glauben* (Olten und Freiburg im Breisgau: Walter-Verlag, 1968), 54 이하 참조.

9) 니체의 신 죽음의 사유는 대표적으로 Friedrich Nietzsche, *Werke in vier Bänden* (Salzburg: Das Bergland-Buch), 1985, Bd. 4. Die fröhliche Wissenschaft, Nr. 125를 참조: "그대들은 밝은 오전에 등불을 켜고 시장을 돌아다니며 끝없이 외치던 저 광인으로부터 듣지 못했는가? <나는 신을 찾고 있다! 나는 신을 찾고 있다!> - 거기엔 신을 믿지 않는 자들 중 많은 사람이 모여 있었기에 그는 큰 비방거리가 되었다. 그가 뭘 잃었나? 한 사람이 말했다. 그가 아이처럼 길을 잃었는가? 다른 사람이 말했다. (…) 광인이 그들 가운데 끼어들며 그의 시선으로 그들을 꿰뚫어보았다. <신은 어디로?> 그는 외쳤다. <나는 그대들에게 이것을 말하고자 했다! 우리가 그를 죽였다 - 그대들과 내가! 우리 모두는 그의 살인자이다!> 그러나 우리는 어떻게 이 일을 저질렀는가?

1804~1872)에 의해 극단적으로 의심된다.

헤겔과 니체가 전능의 죽음이 아니라 신의 죽음을 선언했다면, 포이어
바흐는 주어로서의 신 자체를 부정하기 이전에 술어인 신의 속성을 부정
함으로써 주어를 붕괴시킨다. 그에 따르면, 신의 완전성은 인간의 불완
전성을 전제로 하며 이를 극복하고자 하는 인간의 자기투사에 지나지 않
는다. 신의 전능은 인간의 자기욕구의 투사물이다. 따라서 신에 대해 말
하는 모든 것은 결국엔 현실 인간으로부터 추상된 인간의 본질에 대해
말하는 것이며 "신학은 인간학 이외의 그 어떤 것도 아니다."[10]

> 전능의 본질은 심정의 본질 이외의 어떤 것도 표현하고 있지 않다. ……
> 전능은 심정의 가장 내적인 의지를 수행하고 실현하는 것 이상의 아무것도
> 하지 않는다. 기도할 때 인간은 자애의 전능에 의지한다. 따라서 기도할 때
> 인간은 자기 자신의 심정을 숭배하고 자기의 심정의 본질을 최고의 신적
> 본질로서 직관한다.[11]

(…) 신은 죽었다! 신은 죽은 채로 있다! 우리가 그를 죽였다! 모든 살인자 중의 살인
자인 우리가 어떻게 우리를 위로할까? 세상이 지금까지 가졌던 가장 거룩한 것 그리
고 가장 힘 있는 것, 그것이 우리의 칼에 의해 피를 흘렸다."

10) 루드비히 포이어바흐/김쾌상 옮김, 『기독교의 본질』(서울: 까치, 1992), 328: "신의
계시의 내용은 신으로서의 신으로부터 발생한 것이 아니라 인간적 이상이나 인간적
욕구에 의해 규정된 신으로부터 발생했기 때문이다. 즉 직접적으로 인간적 이성이나
인간적 욕구로부터 발생했기 때문이다. 따라서 계시의 경우에도 인간은 오로지 자기
자신으로부터 출발하는 것이며, 더구나 그것은 길을 돌아서 다시 자기 자신으로 복
귀하기 위한 것이다! 따라서 여기서 <신학의 비밀은 인간학 이외의 그 어떤 것도 아
니다!>라는 것이 가장 정확하게 확증된다."

11) 루드비히 포이어바흐/김쾌상 옮김, 『기독교의 본질』, 225; 이와 같은 맥락에서 신학
자 융엘의 진단은 흥미롭다. 그의 책, *Gott als Geheimnis der Welt* (Tübingen: Mohr
Siebeck, 7. Aufl., 2001)에서 그는 "자신의 통치권에 비해 사랑과 긍휼을 근본적으로
부차적이고 후속적"으로 여기는 "전능한 주(主)"의 개념을 "세상적으로 필연적인

20세기 신학자 칼 바르트는 포이어바흐의 비판을 신에 대한 **인간학적** 언설의 종말에 대한 선언이며, 근대 신학에 내재해 있던 인간의 신격화에 대한 냉정한 비판으로 수용한다. 따라서 바르트는 신의식(神意識)을 자기의식(自己意識)과 연결시킨 19세기 슐라이어마허의 신학방법론과 결별하고, 오직 하나님 자신의 자기계시를 신에 대한 인간적 언설과 대립시켜 놓는다.[12]

포이어바흐에 대한 바르트의 신학적 수용은 하나님의 전능에 대한 언설 가능성에 무엇을 시사해 주는가? 과연 오늘날 신학은 하나님의 전능에 대해 어떻게 생각하고 어떻게 말해야 하는가? 오늘날 신의 전능은 포이어바흐의 인간학적 비판 외에 다양한 관점에서 비판되고 있다. 몇 가지를 언급하면 아래와 같다.

첫째, 전능에 대한 **논리적 비판**이 있다. 맥키는 이른바 "전능의 역설"[13]을 통해 전능이 현실적으로 실현 불가능하다는 것을 시사한다. 전능의 현실적 실현 불가능성은 현실적 실현과 관련해서 전능의 개념이 가지는

신"(der weltlich notwendige Gott) 개념과 결부시키는데(25), 그에게 "세상적으로 필연적인 신"이란 근대철학이 자아의 명증성을 증명하기 위한 근거로 설정했다가 다시 극단적으로 부정하게 된 신이다. 융엘에 따르면, 전능과 결부된 이러한 신 개념은 "무신론의 산파"였다(23). 따라서 융엘은 인간학적이고 세상적인 근거에서 신을 필요로 하는 유신론적이면서도 무신론적인 역사에 반하여, "신의 세상적인 불필요성"을 고유한 신학적 사유의 주제로 설정한다(26).

12) 19세기 신학의 교부인 슐라이어마허와 20세기 신학의 교부인 칼 바르트의 관계를 모색한 연구서로는 James O. Duke and Robert F. Streetman (ed.), *Barth and Schleiermacher: Beyond the Impasse?* (Philadelphia: Fortress Press, 1988)와 오성현, 『바르트와 슐라이어마허 - 바르트의 초기(1909~1930)를 중심으로』(서울: 아카넷, 2008)를 참조 바람.

13) J. L. Mackie, "Evil and Omnipotence", in William L. Rowe (ed.), *God and the Problem of Evil* (Malden/Oxford: Blackwell Publishers, 2001), 87.

논리적 모순에 기인한다. 맥키는 전능자가 자신이 만들었지만 통제할 수 없는 물건을 만들 수 있는지를 묻는다.

① 만약 만들 수 있다고 대답하면, 전능자가 통제할 수 없는 물건이 생긴 것이므로 전능의 개념에 모순된다. ② 만약 그럴 수 없다고 대답하면, 전능자가 하지 못하는 일이 있다는 점에서 역시 전능의 개념에 모순된다.

이러한 맥키의 질문은 돌의 역설[14]과 같이 단순히 논리적 모순을 넘어, 자유로운 세계 내에서 모든 것을 통제하는 전능이 현실화될 수 있는가에 대한 의문을 함축하고 있다. 예컨대 인간이 자신이 통제할 수 없는 기계를 만들 수 있는가 하는 질문은 현실적으로 충분히 의미를 지닌다. 인간은 어떤 기계를 만들었는데, 자신이 통제할 수 없는 경우가 발생할 수도 있다. 즉 인간은 자신이 통제할 수 없는 기계를 만들 수 있다. 하지만 전능한 신의 경우에는 다르다. 신이 자신이 통제할 수 없는 자유로운 존재를 창조한 후에 이를 통제할 수 있다고 말하는 것은 모순에 부딪힌다.

즉 맥키는 신적 전능에 속하는 예정과 통제할 수 없는 기계로 비유될 수 있는 자유 사이를 조화시키려는 "신학적 결정론"을 비판한다.[15] 맥키

---

14) 돌의 역설은 하나님은 자신이 들 수 없는 돌을 만들 수 있느냐는 논리적 모순과 연관된다. 이와 유사하게 네모난 삼각형이나 둥근 직각을 신은 만들 수 있는가 하는 물음이 있다. 그러나 이러한 물음은 그 자체가 이미 모순이기에 신의 현실적인 힘에 대한 부정이 될 수 없다.

15) J. L. Mackie, "Evil and Omnipotence", 88. 여기서 신학적 결정론이란 인간의 자유를 인정하면서도 모든 것이 신에 의해 예정된 대로 이루어진다는 견해를 의미한다. 맥키는 시초에(originally) 피조물의 미래 행위를 결정해 놓은 신은 나중에(subsequently) 그들의 행위를 통제할 수 있는가를 묻는다; 맥키와 유사하게 찰스 하트숀(Ch. Hartshorne)도 신의 결정과 행위의 자유(허용) 사이에도 논리적인 문제가 있으며, 신의 결정과 자유의지 사이에도 논리적인 모순이 제기된다고 지적한다. 특히 그는 신의 결정에도 불구하고 피조물은 자신의 자유의지에 따라 행한다는 주장을 폭력 조직의 두목이 자신들의 부하에게 <넌 곧 그걸 좋아하게 될 거야>라고 압력을 행사

에 따르면, 이처럼 전능의 실현은 논리적으로 불가능하다.

둘째, 전능의 **기능**에 대한 비판이다. 맥키가 주장했듯이 전능은 현실적으로 실현 불가능한 것인데도, ① 전능의 개념에 의거하여 합리적 신정론을 전개하려고 할 때, 오히려 전능은 합리성을 파괴하는 걸림돌로 작용하게 된다. ② 만약 이와는 달리 전능을 철두철미하게 관철시킨다면, 인간의 도덕성과 책임성은 파탄에 이르게 된다. 뿐만 아니라 ③ 전능에 의해 정초된 일원론적 세계관은 역설적으로 악의 문제 앞에 다시금 이원론으로 회귀한다. 그렇지 않으면 악에 대한 경험적 현실은 일종의 그림자가 된다.

①에 대해: 가이어(Carl-Friedrich Geyer)의 분석에 따르면, 신정론은 신의 전능을 변호하고자 하기 때문에 신의 전능을 자명하게 전제한다. 그러나 다른 한편 신정론을 전개해 나가는 과정 속에서 신의 전능은 도리어 제한된다.16) 즉 출발점으로 삼았던 전능의 개념은 논의의 과정 속에서 전능성을 상실한 개념으로 둔갑한다. 예컨대 만약 신의 전능을 강하게 긍정할 때는, 루터가 보여주었던 태도처럼 계시된 하나님과 숨어 계신 하나님 사이의 이원론으로 해명될 수밖에 없다. 이때 신은 낯설고 이해 불가능한 존재로서, 인간 이성은 신을 통찰할 수 없다는 귀결에 도달했다. 이로 인해 합리적 신정론은 불가능하게 된다.

따라서 이런 난점을 해결하고자 하는 라이프니츠의 신정론은 신의 전

함으로써 부하가 실제로 무엇을 결정해야 하는지에 대해 강제적인 압력을 행사하는 "폭군의 폭력"이나 다름없다고 비평한다. 찰스 하트숀/홍기석, 임인영 옮김, 『하나님은 어떤 분이신가』(서울: 한들, 1995), 30~31. 인용은 31.

16) Carl-Friedrich Geyer, "Das Übel und die Allmacht Gottes", in Michael Nüchtern (Hg.), *Warum läßt Gott das zu? Kritik der Allmacht Gottes in Religion und Philosophie* (Frankfurt: Otto Lembeck, 1995), 36~61, 39.

능성을 선함에 근거시켜 신의 전능을 이성적으로 설명 가능하게 만든다. 하지만 이성적 설명 가능성에 무게중심을 둘 때, 신의 전능은 이성적 통찰이 가능한 방식으로 그 힘의 한계가 제한됨으로써 결국엔 내용상 전능하지 않은 형식상의 전능의 개념으로 둔갑해버린다. 이처럼 신의 전능은 신정론의 과정 속에서 스스로 전능을 제한하거나 신을 인간 이성으로는 이해 불가능한 것으로 만드는 결과를 가져온다. 전능을 옹호하면서 이를 이성적으로 해명하려는 신정론은 전능의 제한으로 슬그머니 미끄러져 감으로써 자신의 시도가 실패했음을 스스로 인정하는 꼴이 된다.

앞에서 언급했듯이 기독교 신학의 전능의 개념은 철학사적으로 볼 때, 초기 그리스 철학자들의 일원론적 사유와 깊은 연관을 갖고 있다. 아리스토텔레스는 신을 모든 운동의 시작과 목표로 설정함으로써 신을 모든 힘의 근원으로 상정할 수 있게 한다. 또한 플로티누스의 일자론에 따르면, 일자는 이 세상의 모든 현상에 대한 유일한 원인으로, 일자로부터 유출되어 나온 정신과 영혼에 의해 감각적으로 인지 가능한 감성계(kosmos aisthetos)가 유출되어 나온다.

헬레니즘적 기독교는 이러한 사상적 배경하에서 세상의 모든 현상에 대해 예지계(kosmos noetos) 안에서 힘을 행사하는 전능자의 이념을 도입한다. 그러나 전능자는 세상의 모든 일에 대한 궁극적이며 유일한 원인으로 사유되어야 하지만, 세계 내의 다양한 힘들과 원인들 속에서 자신의 힘을 해명되어야 할 하나의 힘으로 전락할 때, 일종의 조롱거리가 되어버린다.

따라서 엄격하게 신정론의 논증적 과정을 들여다볼 때, 신의 전능을 옹호하면서도 이를 여타의 힘들(예컨대 우연성과 인간의 자유) 사이에서 변호하려는 신정론의 시도들은 부조리할 뿐 아니라 신을 우스꽝스럽게 만드는 일이다.[17]

②에 대해: 만약 전능자의 개념을 극대화하면, 신은 인간에게 절대적

으로 낯설게 될 뿐 아니라 모든 선택권을 신이 가지고 있기 때문에 이 세계에 대해 인간은 철저하게 무능하게 됨으로써 결과적으로는 "신학적으로 위장된 허무주의"를 가져온다.[18]

③에 대해: 초기 기독교는 영지주의의 이원론에 대응하여 창조의 교리와 신의 전능을 연결시켜 세계에 대한 이원론적 부정성을 극복하고자 했다. 즉 참된 신과 세계 제작자는 다른 존재가 아니라 동일자이며, 세계는 신의 피조물로서 긍정되고 신에 의해 다스려진다. 그러나 신을 모든 존재의 근원과 근거로 확정한 일원론적 체계는 악의 문제에 직면하여 하나의 모순에 빠져든다. 왜냐하면 신은 유신론적 체계에 따라 악의 원인이 될 수 없으므로 악의 원인과 근원에 대한 물음에 대해서는 더 이상 일원론적으로 해명할 수 없게 되었기 때문이다.

고전 유신론에서는 악의 원인은 천사의 타락이나 원죄론을 통해 해명되며 이 세계는 타락한 천사나 인간의 죄악에 의해 뒤틀린 세계로 이해된다. 이로 인해 전능에 의해 정초시키려 했던 일원론적 유신론은 다시금 이원론, 곧 창조자 하나님과 그에 대적하는 세계로 회귀하게 된다.[19]

---

17) Carl-Friedrich Geyer, "Das Übel und die Allmacht Gottes", 49~50: "전능의 사상을 중심으로 하는 신정론은 자신이 방어해야 하는 신을 우스꽝스럽게 만든다."

18) K. Flasch (Hrsg.), *Logik des Schreckens. Augustinus von Hippo, Die Gnadenlehre von 397* (Mainz 1990), 241: Carl-Friedrich Geyer, "Das Übel und die Allmacht Gottes", 45에서 재인용; 한스 요나스는 전능과 선함 그리고 악의 문제의 트릴레마는 셋 모두를 긍정할 때 신을 전혀 이해할 수 없게 된다고 지적한다. 신의 이해 불가해성을 해결할 뿐 아니라, 이 세상에 대한 적극적인 도덕적 실천을 위해서라도 신의 전능을 제거해야 한다고 주장한다. Hans Jonas, "Der Gottesbegriff nach Auschwitz. Eine jüdische Stimme", in: *Philosophische Untersuchungen und metaphysische Vermutungen* (Frankfurt: Insel, 1992), 190~208; 김종국, "신이 떠난 세계의 도덕성", 「철학」 59 (1999), 299~321.

19) Carl-Friedrich Geyer, "Das Übel und die Allmacht Gottes", 39와 41~42.

셋째, 전능에 대한 **정치신학적 비판**이다. 화이트헤드(A. N. Whitehead, 1861~1947)에 따르면, 아리스토텔레스의 부동의 원동자 개념과 로마의 카이사르의 정치적 힘이 교회에 유입되어 파괴적인 힘을 행사하는 전능자 개념을 형성하며, 이는 갈릴리 예수에게서 자라난 기독교의 근원적인 정신에 비추어 볼 때 치명적인 오류로 진단된다. 즉 전능의 이념은 기독교의 신에 본질적인 것이 아니며, 그 형성에 있어 정치적 황제의 이상에 영향을 받았다는 것이다.[20]

이처럼 전능 사상은 고대 후기의 정치사상에서 연원했을 뿐 아니라, 엄청난 국가적 박해의 폭력에 직면하여 오히려 초기 기독교가 전능신의 개념을 적극적으로 활용하여 정치적 전능에 맞서기도 한다.[21] 더 나아

---

20) A. N. 화이트헤드/오영환 옮김, 『과정과 실재』, 648: "〈부동의 동자〉로서의 신의 관념은 적어도 서구 사상에 관한 한, 아리스토텔레스에게서 비롯되었다. 〈탁월하게 실재적인〉 것으로서의 신의 관념은 기독교 신학이 애호하는 학설이다. 이 두 관념이 결합되어, 근원적이며 탁월하게 실재적인 초월적 창조자, 즉 그의 명령으로 세계가 존재하게 되고 그가 강요하는 의지에 그 세계가 복종하는 그런 초월적 창조자라는 관념이 된 것은 기독교와 이슬람교의 역사에 비극을 야기해 온 오류이기도 하다. 서구 세계가 기독교를 받아들였을 때, 카이사르는 승리를 거두었고, 서구 신학의 표준 텍스트는 카이사르의 법률가들에 의해서 편찬되었다. 유스티니아누스 법전과 유스티니아누스 신학은 인간 정신의 한 운동을 표현하고 있는 두 권의 책이다. 겸양에 대한 갈릴리 사람[예수 그리스도]의 간결한 비전은 여러 시대에 걸쳐 불확실하게 명멸하였다. (…) 그러나 이집트, 페르시아, 로마의 황제와 같은 이미지로 신을 만들어내는 보다 뿌리 깊은 우상 숭배가 존속되고 있었다. 교회는 전적으로 카이사르에게 속해 있던 속성들을 신에게 부여했던 것이다." 화이트헤드에 따르면, 신은 세계에 대해 파괴적인 힘을 행사하지 않으며, 세계를 창조하지 않으면서 세계를 구제한다. "보다 정확히 말하면, 신은 진 선 미에 관한 자신의 비전에 의해 세계를 이끌어가는 애정 어린 인내심을 갖고 있는 세계의 시인이다"(655); 화이트헤드의 신정론에 대해서는 손호현, 『하나님, 왜 악이 세상에 존재합니까? - 화이트헤드의 신정론』(서울: 열린서원, 2005)을 참조 바람.

21) 이와 관련해서 우리는 전능자로 번역될 수 있는 신약성서의 용어 pantokrator는 요

가 기독교가 국가 종교가 되었을 때는 이전과는 달리 자신의 사회정치적 위상에 맞추어 전능신의 개념을 정당화했다.[22]

　에릭 페터슨(Erik Peterson)은 로마제국의 군주제와 초기 기독교의 신적 군주제 사이의 연관성을 깊이 통찰했다. 그에 따르면, 초기의 유일신론은 자신에게 함의된 전능의 개념으로 인해 정치신학적 성격을 띠고 있었지만, 4세기에 삼위일체론이 등장하면서 그러한 정치신학은 불가능하게 되었다.[23] 그는 신적 군주제(μοναρχία θεου)라는 개념에 대한 연구사를 통해 이 개념이 아리스토텔레스의 형이상학적 신학에서 유래했으며, 필로(Philo)와 유스티누스(Justinus), 타티아누스(Tatianus)에게서 사용되었고, 테오필루스(Theophilus)에 이르러 본격적인 신학적 개념으로 사용되었다고 말한다.

한계시록에 집중적으로 등장하며, 사랑의 하나님은 계시록엔 등장하지 않음에 유의할 필요가 있다.

22) Carl-Friedrich Geyer, "Das Übel und die Allmacht Gottes", 47; 손규태, "지구화시대의 예수·민족·민중",「신학사상」136 (2007/봄), 7~20에서 힘과 권력을 앞세운 기독교를 비판한다: "기독교 신학은 초대교회에서는 그리스철학, 특히 아리스토텔레스의 형이상학에 의지해서 만들어 낸 그리스도론을 통해서 예수의 상을 왜곡했다면, 중세기에는 로마의 법체계와 봉건체계에 의지해서 자기 완결적 성직자 중심의 권력체계를 건설하면서 그리스도교의 본질을 왜곡했다. 근대 기독교, 특히 계몽주의 신학은 종교개혁이 쟁취한 복음의 본질인 그리스도인의 자유를 당시 강력하게 등장하는 시민계층의 자유, 즉 자본주의적 시장의 자유와 혼동함으로써 그리스도교의 본질을 다시금 왜곡했다"(16).

23) E. Peterson, Der Monotheismus als politisches Problem (1935), in: Ders., Theologische Traktate (München: Chr. Kaiser, 1951), 45~147; E. Peterson, Göttliche Monarchie, in: ThQ 112 (1931), 537~564; 페터슨에 관한 본문의 내용은 Alfred Schindler (Hg.), Monotheismus als politisches Problem? Erik Peterson und die Kritik der politischen Theologie (Gütersloh: Gütersloher Verlagshaus, 1978), 14~22를 참조

신학적으로 적용된 군주제는 로마제국의 황제에 상응하게 기독교의 하나님을 하늘의 황제로 설정한다. 뿐만 아니라 오리게네스에게서 시작된 기독교의 정치신학은 로마제국과 기독교를 본질적으로 연결시켜 놓았는데, 로마의 아우구스투스와 예수의 탄생을 섭리적 연관성을 지닌 것으로 해석했다. 즉 아우구스투스에 의한 제국의 통일과 평화는 기독교 선교를 가능케 했으며 아우구스투스의 평화 통치(Pax Ausguta)는 곧 기독교의 평화의 복음을 위한 필수적 전제로 해석되었다. 그의 제자였던 교회사 저술가인 유세비우스(Eusebius)는 기독교의 종말론을 정치적 유토피아로 이해했고, 정치적 구조와 신학적 구조 사이의 깊은 연관성을 통찰하면서 제국의 군주제를 하늘의 군주제의 모형으로 이해했다.

하지만 로마의 군주제와 깊은 연관성을 지닌 초기 기독교의 유일신론의 정치신학은 결국엔 삼위일체론에 의해 실패하게 되었다. 페터슨의 이런 분석은 세속 정치의 군주제에 속하는 전능의 개념[24]이 초기 기독교의 정치신학적 유일신론을 주도했을 뿐 아니라, 오늘날의 사회정치적 현실 안에서도 전능자의 이름 속에 권력자의 위장된 힘이 기능할 수 있다는 사실을 암시한다.

---

24) Jürgen Moltmann, *Trinität und Reich Gottes*(Gütersloh: Gütersloher Verlagshaus, 3. Aufl., 1994), 206: "<유일신론은 단일군주론>이라고 우리는 말했다. 신은 존재하는가? 라는 질문은 추상적이다. 신학에서는 신 그 자체의 존재가 관건이 아니라 항상 하늘과 땅에서 이러한 신의 <통치>가 관건이다. 하늘과 땅의 신적 군주론의 표상은 그러한 측면에서 일반적으로 이 땅의 통치 - 종교적, 도덕적, 가부장적 또는 정치적 통치 - 를 정초시키며 이를 <성스러운 위계질서>(Hierarchie), 곧 거룩한 통치로 만든다. 전능한 세계통치자의 표상은 도처에 종속적인 노예제를 마련한다. 왜냐하면 이러한 표상은 모든 영역에서의 전적인 의존성을 증명해 보이기 때문이다." - 위르겐 몰트만/김균진 옮김, 『삼위일체와 하나님 나라』(서울: 대한기독교서회, 1982), 228~229.

넷째, 전능에 대한 **심리학적 비판**이다. 이러한 심리학적 비판은 포이어바흐의 투사설과 깊은 연관이 있다. 무한한 힘을 동경하는 인간적 욕구가 신의 전능 개념을 떠받치고 있다고 할 때, 신의 전능은 폐기된다고 하더라도 무한한 힘을 향한 인간의 욕구는 다양한 방식으로 분출될 수밖에 없을 것이다.

지그문트 프로이트(Sigmund Freud, 1856~1939)는 『토템과 터부』에서 전능을 향한 인간의 욕망이 종교와 관련해서 어떻게 표현되는지를 토테미즘에 대한 분석을 통해 해명한다. 프로이트에 따르면, 아버지에 대해 아들들이 갖는 두려움과 선망의 양가감정이 종교의식으로 체계화된 것이 곧 토테미즘이며, 후대 종교에도 토테미즘에 내재해 있는 아버지 콤플렉스, 즉 아버지의 힘에 대한 양가감정이 위장되고 변형된 형태로 보존되어 있다.

더구나 종교 행위를 통해 아들들은 아버지의 폭력적 힘을 자기 것으로 동화시키며, 살해된 아버지는 사후복종이라는 심리적 기제를 통해 살아 있을 때보다 더 강력한 존재가 되어 아들들의 행동을 규제한다는 것이다. 이처럼 프로이트에게 전능은 아버지의 폭력에 저항하는 아들들의 폭력적 힘이며, 동시에 아버지에게 극대화되어 투사된 힘이다.[25]

---

25) 지그문트 프로이트/이윤기 옮김, 『종교의 기원』(파주: 열린책들, 2006), 215: "폭력적인 원초적 아버지는, 아들 형제들에게는 누구에게든 선망과 공포의 대상이자 전범(典範)이었다. 이들 형제들은 먹는 행위를 통해 아버지와의 일체화를 성취시키고, 각자 아버지가 휘두르던 힘의 일부를 자기 것으로 동화시켰다." 또한 시간이 지나면, 아버지에 대한 동경이 일어나면서 "아버지를 죽이기 위해 단결했던 형제들의 속마음에는, 아버지와 같은 존재가 되고 싶다는 소망이 자리 잡는다. (…) 그 아버지를 닮고 싶다는 소망이었다. 그러나 이러한 소망은 형제 부족에 속하는 그 사회 구성원들의 압력 때문에 성취되지 못한다. (…) 이와 함께, 일찍이 투쟁의 대상이었던 원초적인 아버지상의 절대 권력과 그 무구속성(無拘束性) 및 아버지 자체에 스스로 복종하고자 하는 한 관념적 이상의 태동이 가능해진다"(224).

따라서 신의 전능은 이를 동경하고 자기 것으로 동화하고자 하는 이들에게 전능의 비현실적 환상을 가져다준다. 신의 전능을 말하는 자는 그 전능 안에 자신을 대입시켜 자신의 전능을 환상으로 가진다. 이처럼 정신분석학에서 볼 때, 전능은 자아도취적이고 비현실적이다.

바우케-뤽은 전능의 표상이 갖는 특징을 정신분석학적 관점에서 4가지로 정리한다.

① 전능에 대한 신앙은 근본적인 무기력, 특히 어린 시절 강렬하게 체험하는 인간의 기초적인 보호필요성에서 기인한다.

② 전능은 포괄적인 포근함에 도달하려는 시도다. 전능에 대한 표현은 자신의 무기력을 최대한 감소시키려는 보상전략이며, 말하는 자의 전능에 대한 소원이 그 속에 표현된다.

③ 따라서 전능은 매 순간 자아가 원했던 현실을 형성하는 거대한 소원성취의 기계를 대변한다. 그러나 이때 전능은 욕망에 사로잡혀 있고 자아도취적이며 현실 부정적이다.

④ 이처럼 성장 과정에서 인간은 다양한 전능의 단계들을 경험하는데, 전능을 계속적으로 쌓아 올리든지 아니면 내려놓든지 하게 된다.[26]

전능에 대한 정신분석학적 접근은 전능의 이념을 앞세워 인간의 현실적 연약함을 부정적으로 회피하려는 정신사적, 사회적 현상을 조명하기도 한다. 어린아이들이 어른의 보호에서 벗어나 자신의 독립성과 자율성을 방어하려고 할 때, 어른의 말에 부정적으로 반응하며 혼자서 다 할 수 있다든가 모든 것을 다 아는 척하게 된다. 즉 어린아이들은 합리성과 현실성이 결여된 채 자신의 힘을 과장하게 된다.

---

26) Jan Bauke-Ruegg, *Die Allmacht Gottes*, 65~67.

리히터(H. E. Richter)는 이런 현상을 서구의 정신사와 연결시킨다. 그의 분석에 따르면, 중세가 가졌던 신적 보호로부터 벗어난 근대는, 자신의 불안감을 나르시스적 자기확실성에서 보상받으려고 하며, 신적 예지와 전능을 자기의 것으로 만든다. 신의 자리를 인간이 대신하며, 이로 인해 인간 스스로를 왜곡하며, 그 결과 여러 가지 인간적, 사회적 빈곤이 양산된다. 특히 신의 자리를 대신한 전능한 인간의 탄생으로 인해 고통과 약함, 유한성과 유약성은 근대 이후의 인간의 삶에서 제외된다. 즉 근대적 인간은 외부로부터 온 고통을 폐기시키려고 고통을 회피하거나 비방하며 고통을 경멸함으로써 영웅적으로 이를 극복하려고 한다.27)

이처럼 오늘날 전능의 개념은 현실적으로 더 이상 자명한 것으로 전제되지 않을 뿐 아니라, 합리적으로 이해될 수도 없다. 더 나아가 전능은 사회정치적, 정신분석적 측면에서 볼 때, 인간과 인간 사회에 현실적인 해악으로 기능한다. 그러나 오늘날 신의 전능과 관련해서 신학적 사유에 전환을 요구하는 사건은 이론적 분석이나 해명이 아니라, 현실 자체에서 주어졌다. 다름 아닌 이해할 수 없는 무자비한 고통의 현실이다.

---

27) Horst E. Richter, *Der Gotteskomplex* (Hamburg: Rowohlt, 1979), 특히 129~130.

제2장

전능의 포기: 아우슈비츠의 경험

악의 치명적인 가시를 제거한 채 신의 전능과 선함을 인정하려는 태도의 바탕에는 우리가 살아가는 현실이 여전히 질서 있고 조화롭다는 사실을 무한히 옹호하며 변호하는 세계정당론(辯世論; Cosmodicy)이 자리하고 있다. 세상에서 경험하는 일들로 인해 우리가 살아가는 세상이 아름답고 선하다는 확신을 갖게 될 때, 이는 유신론적 체계 내에서는 세상이 신의 창조물이며, 신이 섭리하는 장소라는 고백과 연결된다.

하지만 이 세상에서 일어나는 형용할 수 없는 끔찍한 악에 직면하게 될 때, 어쩌면 우리는 『카라마조프네 형제들』에서 무신론자 이반이 동생 알료사에게 고백하듯이, "비록 신을 인정한다 하더라도, 그가 창조한 세계를 인정할 순 없다"는 식의 말을 되뇌게 될지도 모른다.[1] 더구나 아우슈비츠와 같은 끔찍하고 잔혹한 악의 현실을 목도한 사람들에게, 설령

---

1) 도스토예프스키/김학수 옮김, 『카라마조프네 형제들』제I권 (서울: 삼성출판사, 13판, 1986), 332: "신의 문제, 신의 존재 여부에 관한 문제 말이다. 이런 모든 문제는 삼차원의 관념밖엔 지니지 못한 인간의 두뇌로는 엄두도 낼 수 없는 문제야. 그래서 나는 신을 인정해. 기꺼이 인정할 뿐만 아니라, 우리에겐 전혀 미지의 것인 신의 영지(英知)와 그 목적도 인정해. 그리고 인생의 질서도 의의도 믿고, 우리를 언젠가는 하나로 결합시켜 준다는 영원의 조화도 나는 믿어. (…) 그렇지만 놀라지 말아, 나는 최후의 결론으로서는 이 신의 세계를 인정할 수 없어. 이 세계가 존재한다는 것은 알고 있지만, 그래도 그것을 절대로 받아들일 수가 없어. 나는 신을 인정하지 않는다는 건 아니야. 알겠니, 나는 신이 창조한 세계, 신의 세계를 절대로 인정할 수 없다는 거야."

신이 있다고 하더라도, 이 세계가 전능하고 선한 신이 창조하며 섭리하고 있는 세상이라는 것은 심정적으로도 논리적으로도 인정하기가 쉽지 않을 것이다.[2]

1933년부터 1945년까지 독일을 비롯하여 폴란드, 헝가리, 프랑스, 러시아 등 유럽 국가에서 600만 명의 유대인이 무참히 희생당했다. 이러한 상황에 직면하여 과연 **아우슈비츠 이후**에도 하나님을 말할 수 있는가 하는 물음이 제기되었고, 이 물음에 대해 기존의 신(神) 이해를 그대로 되풀이하는 것은 사실상 무의미해졌다.[3] 아우슈비츠와 함께 기존의 신 이해는 치명타를 입게 되었다.

특히 엘리 위젤(Elie Wiesel)의 자서전적 소설인 『밤』(*Night*)에서 널리 인용되는 아래의 구절은, 신은 고통과 악을 제거하는 전능한 존재가 아

---

2) Richard Rubenstein, *After Auschwitz. History, Theology and Contemporary Judaism* (Baltimore: John Hopkins University Press, 1992. 2ed.)는 아우슈비츠와 연관해서 신의 전능과 선함만이 아니라 신의 죽음을 말한다; R. Rubenstein, "Tod-Gottes-Theologie und Judentum"(1966), in: Schalom Ben-Chorin und Verena Lenzen (hrsg.), *Jüdische Theologie im 20. Jahrhundert* (München/Zürich: Piper, 1988), 272~288.

3) R. Huonker-Jenny, "Anwalt der Langsamkeit. Ein Gespräch über die erstaunliche Profession des Pfarrers", *Ref.* 39 (1990), 115: "우리는 아우슈비츠를 경험했다. 따라서 우리는 이렇게 말할 수 없다. 모든 것이 일어나야만 하기에 그냥 일어났을 뿐이다. 이렇게 된 것은 결국 신이 그렇게 원했기 때문이다. 이런 말은 더 이상 불가능하다. 나는 이제 체르노빌 이후의 신학을 수행한다. 이 모든 일 이후에 전능한 신은 더 이상 우리의 신이 아니다. 오히려 차라리 힘없고 고통 받는 신이 우리의 신이다. 우리는 신이라는 단어를 더 이상 이렇게 밋밋하게 그저 사용할 수는 없다." - Jan Bauke-Ruegg, *Die Allmacht Gottes*, 192에서 재인용; 아우슈비츠와 연관해 신의 전능에 대한 전적인 포기를 주장하는 대표적 작품으로 Günter Schiwy, *Abschied vom allmächtigen Gott* (München: Kösel, 2. Aufl., 1996)을 참조 바람. 그는 "아우슈비츠"를 "무력한 하나님의 계시"(114)라고 표현한다. 또한 D. Sölle, *Es muß doch mehr als alles geben. Nachdenken über Gott* (Hamburg: Hoffmann und Kampe, 1992)도 참조 바람.

니라, 그 안에서 함께 고통당하고 있는 자비로운 무력한 존재라는 사실을 시사해 주고 있다.

친위대원들은 여느 때에 비해 더 다급하고 불안해 보였다. 수천 명의 목격자 앞에서 어린 소년의 목을 매단다는 것은 결코 쉬운 일이 아니었기 때문이다. …… 이번에는 수용소의 간수장이 사형집행인이 되기를 거부했으므로 세 명의 친위대원이 대신 집행했다. 세 사람은 동시에 의자 위로 올라갔다. 세 사람의 목은 동시에 올가미에 끼워졌다. 어른 두 사람이 외쳤다. "자유 만세!" 그러나 소년은 침묵했다. 이때 누군가 내 뒤에서 묻는 것이었다. "하느님은 어디 있는가? 그분은 어디에 계시지?" 소장의 신호에 따라 세 개의 의자가 쓰러졌다. 수용소 전역이 정적으로 감싸였다. 지평선 너머로 해가 지고 있었다. "탈모!" 소장이 고함을 쳤다. 목소리가 쉬어 있었다. 우리는 울고 있었다. "착모!" 그러고는 세 희생자의 앞을 지나가는 분열식이 시작되었다. 두 어른은 이미 숨이 끊어져 있었다. 그들의 길게 늘어진 혀는 팅팅 부었고 색깔도 변해 있었다. 그러나 세 번째 밧줄은 아직도 움직이고 있었다. 몸이 가벼웠으므로 소년은 아직 살아 있었던 것이다. ……소년은 우리의 눈앞에서 반시간 이상이나 그대로 매달린 채 삶과 죽음의 사잇길에서 몸부림치며 단말마의 고통 속에서 서서히 죽어갔다. 우리는 소년의 얼굴을 똑바로 바라보아야만 했다. 내가 그의 앞을 지날 때도 그는 아직 살아 있었다. 혀는 아직 빨갛고 눈도 아직 흐리지 않았다. 나는 등 뒤에서 아까 그 사람이 다시 묻는 소리를 들었다. "하느님은 지금 어디 있는가?" 그때, 나는 나의 내부에서 그에게 이렇게 대답하는 한 목소리를 들었다. "어디 있느냐고? 그는 여기에 있어. 그는 여기 교수대 위에 목이 매달려 있는 거야.……" 그날 밤의 수프 맛은 송장 맛이었다.[4]

4) 엘리 위젤/김범경 옮김, 『엘리제르의 고백. 밤, 새벽 그리고 낮』 (서울: 이조출판,

하나님이 고통당하는 자와 함께 고통당한다는 엘리 위젤의 이러한 통찰은 고전 유신론의 체계 내에서는 불가능한 것이다.[5] 하지만 "위로부터 울려오는 어떠한 말도, 신학적인 말조차, 아우슈비츠 이후 변하지 않은 채 어떤 권한을 지니지는 못한다"[6]는 아도르노(Th. W. Adorno, 1903~1969)의 진단처럼, 신학은 아우슈비츠 이후에 전통적인 신에 대한 언설과 결별하여 새롭게 하나님을 이해하는 길을 모색할 수밖에 없을 것이다.

하나님을 새롭게 사유하는 길에서 아우슈비츠를 경험한 유대인과의 대화는 분명 큰 역할을 차지한다.[7] 이와 관련해서 우리는 **한스 요나스**

1986), 82~83.

5) 하나님의 고난과 관련된 고전적 작품으로는 J. K. Mozley, *The Impassibility of God. A Survey of Christian Theology* (London: Cambridge University Press, 1926). 몰트만은 자신의 자서전에서 하나님이 고난당할 수 있는가 하는 문제를 1830년부터 1930년까지 영국신학계가 열정적으로 논의하는 동안, 독일의 신학은 이 문제를 전혀 인식하지 못하고 있었다고 술회한다. 위르겐 몰트만/이신건, 이석규, 박영식 옮김,『몰트만 자서전』(서울: 대한기독교서회, 2011), 271.

6) 테오도르 아도르노/홍승용 옮김,『부정변증법』(서울: 한길사, 1999), 474.

7) 유대교와 기독교의 대화를 통한 새로운 신학과 관련하여 기독교 진영의 대표자들로는 프리드리히 빌헬름 마르쿠바르트(Friedrich Wilhelm Marquard), 요한 밥티스트 메츠(Johann Baptist Metz), 위르겐 몰트만(Jürgen Moltmann) 그리고 도로테 죌레(Dorothee Sölle)가 있고, 유대교 측에서는 리처드 루벤슈타인(Richard Lowell Rubenstein), 에밀 파켄하임(Emil Ludwig Fackenheim), 엘리저 베르코비츠(Eliezer Berkovitz)와 어빙 그린버그(Irving Greenberg)가 있다. 최근의 중요한 저서로는 Albrecht Lohrbächer (Hg.), *Shoa. Schweigen ist unmöglich* (Stuttgart: Kohlhammer, 1999); Frank Crüsemaann und Udo Theismann (Hg.), *Ich glaube an den Gott Israels* (Güterloh: Chr. Kaiser/Gütersloher Verlagshaus, 1998); Birte Petersen, *Theologie nach Auschwitz? Jüdische und christliche Versuche einer Antwort* (Berlin 1996); J. B. Metz, "Im Angesicht der Juden. Christliche Theologie nach Auschwitz", *Concilium* 20 (1984), 382~389; Friedrich Wilhelm Marquard, *Von Elend und Heimsuchung der Theologie. Prolegomena zur Dogmatik* (München: Chr. Kaiser, 1982); Günther Bernd

(Hans Jonas)가 1984년 튀빙엔 대학에서 행한 강연에 주목하고자 한다.[8]

요나스는 신정론의 질문과 관련해서 그리스도인보다 유대인들이 이에 답하는 것이 더 어렵다고 진단한다. 그의 생각에 따르면, 그리스도인에게는 참된 구원이 피안에서 주어지며, 이 세상은 악마의 소유이며 불신의 대상이고, 더욱이 원죄에 물든 인간의 세계인 반면 유대인들에게는 이 세상이 신의 창조, 정의, 구원의 장소이기 때문이다. 그런데 아우슈비츠는 신앙을 위해서 일어난 사건도 아니며, 신앙 때문에 일어난 사건도 아니다. 아우슈비츠는 이 세상 내에서 아무런 의미나 목적도 부여할 수 없는 사건이며, 옛 신학적 범주로는 도저히 처분할 수 없는, 단 한 번도 없었던 전대미문의 사건이다.

그에 따르면, 아우슈비츠에 직면하여 누군가가 신을 포기하지 않고 여전히 말하고자 한다면, 새롭게 신을 사유할 수밖에 없다. 과연 이러한 사건이 일어나도록 한 신은 어떤 신인가?[9]

요나스는 자신이 제기한 물음에 대한 답변으로 하나의 신화를 구상한다. 이 신화에 따르면, 신은 창조와 함께 자기 자신을 우연, 모험, 무한한

Ginzel (Hg.), *Auschwitz als Herausforderung für Juden und Christen* (Heidelberg 1980) 등이 있다. 최인식,『유대교 산책』(부천: 예루살렘아카데미, 2008)은 20세기 신학의 거장인 칼 바르트와 폴 틸리히의 신학도 유대교와의 적극적인 만남과 대화의 결실임을 지적하면서 기독교 신학과 유대교와의 폭넓고 심도 있는 대화를 제안한다; 아우슈비츠는 신론뿐 아니라 기독론의 전환과도 연관된다: J. Mannemann/J. B. Metz (Hg.), *Christologie nach Auschwitz. Stellungnahmen im Anschluss an Thesen von Tiemo Rainer Peters* (Münster 1998)과 폴 밴뷰런/최인식 옮김,『이스라엘의 예수 교회의 예수를 만나다』(부천: 예루살렘아카데미, 2010).

8) Hans Jonas, "Der Gottesbegriff nach Auschwitz. Eine jüdische Stimme", *Philosophische Untersuchungen und metaphysische Vermutungen* (Frankfurt: Insel, 1992), 190~208.

9) Hans Jonas, "Der Gottesbegriff nach Auschwitz. Eine jüdische Stimme", 192~193.

다양성의 전개라는 창조의 법칙에 내맡겨버린, 세계 내 존재로 그려진다. 이 신은 범신론처럼 세계와 하나인 것은 아니지만, 세계와 생명의 가능성을 보장하고자 자신의 고유한 존재를 포기한다.[10] 신성의 자기포기의 대가는 새로운 언어인 생명의 탄생으로 보상되며, 생명과 더불어 죽음과 사멸성이 함께 주어진다. 이로 인해 자신들의 고유한 조건들 속에서는 예상하지 못했던 생명들이 탄생하는 진화의 과정이 전개된다.[11]

그러나 아직 여기서는 선과 악에 대한 물음이 제기될 수가 없었다. 다만 지식과 자유를 가진 인간의 출현을 통해서만 비로소 세계에 대한 책임성이 출현하며, 세계 과정에 대한 인간의 항의에 직면하여 신적 초월자도 "자기 자신에게 눈을 뜨게 되며, 깨어나고 숨죽이며 자신의 행위를 계속해서 희망하고 애쓰며, 기쁨과 슬픔으로, 만족과 실망으로 동반한다."[12]

---

10) 창조와 더불어 이루어지는 신의 자기제한은 유대교의 카발라 신비주의의 침춤 (Zimzum) 사상에서 유래한 것이다. 요나스는 침춤과 창조에 대해 다음과 같이 말한다: "침춤은 축소, 물러남, 자기제한을 의미한다. 세계를 위한 공간을 마련하기 위해 태초의 존재자(En-Ssof), 무한자는 자기 스스로를 자신에게 집약시켜야만 했으며, 그 안에서 그리고 그로부터 그가 세상을 창조할 수 있도록 자기 밖에 비움, 즉 무(das Nichts)가 발생하도록 해야만 했다. 이처럼 자기 자신 안으로 물러나지 않았다면 신의 외부에는 어떤 것도 존재할 수 없었을 것이다. 오직 신의 지속적인 물러남 때문에, 유한한 사물들은 자신의 고유한 존재를 신적인 <모든 것 안에 모든 것>에 잃어버리지 않고 보존하게 된다." Hans Jonas, "Der Gottesbegriff nach Auschwitz. Eine jüdische Stimme", 206.

11) 김종국에 따르면, 요나스에게 코페르니쿠스의 지동설은 지구를 "무생명의 무한 바다에 떠 있는 한 점 섬에 지나지 않는 것으로 간주"하게 만들었다. 여기서 한 걸음 더 나아가 "무생명의 생명에 대한 이러한 양적 압도"는 다윈의 진화론을 지지할 뿐 아니라 "생명과 인간의 정신의 출현이 신의 뜻이었다면 이는 엄청난 낭비"임을 보여준다. 그리고 이것은 또한 모든 성공 형이상학의 실패를 의미한다. 김종국, "신이 떠난 세계의 도덕성",「철학」59 (1999), 299~321, 311.

그러나 요나스의 신은 자기제한을 통해 세계의 진화와 창조 과정을 가능케 했던 만큼 세계에 대한 책임성을 인간을 통해 느낄 뿐이며, 세계와 생명의 전개의 과정에 간섭할 수는 없다. 요나스에게 신은 세계와 생명의 시발자이나, 그 세계와 생명의 전개 과정에 대해서는 극히 무력한 존재로 그려지고 있다. 따라서 이 세계의 책임성은 이제 인간의 손에 넘어간다.13)

요나스는 자신의 신화를 통해 세 가지 신(神) 이해를 제시한다.

① 고난당하는 신. 요나스는 창조와 더불어 이루어진 신의 자기제한과 연관해서 신의 고난을 말한다. 따라서 요나스는 자신이 말하는 고난당하는 신은 특정한 시점에 특정한 행위와 목적과 관련된 기독교적 신의 고난과는 다르다고 강조한다. 고난당하는 신이라는 그의 표현은 "신과 세계의 관계가 창조의 순간부터, 분명 인간의 창조부터 신의 측면에서 고난을 내포"하고 있음을 의미한다.14)

② 되어져 가는 신. 요나스는 되어 감의 과정 속에 있는 신을 언급함으로써 전통적 형이상학이 상정했던 영원에 머물러 있는 동일자로서의 신과는 다른 신상을 제시한다. 그는 플라톤-아리스토텔레스 전통의 철학적 신학과 진정한 유대-기독교 전통의 신관을 대립시켜 놓는다. "초시간성, 수난 불가능성, 불변성"을 "신의 필수불가결한 수식어"로 삼은 고전 유신론은 "되어 감의 모든 그림자를 신성의 순수한, 절대적 존재에서 제거해버렸다." 요나스에 따르면, 고전 유신론은 "결코 성서의 정신과 언어에 잘 부합되지 않는" 것이며 오히려 "신적 되어 감의 개념이 사실상 그

---

12) Hans Jonas, "Der Gottesbegriff nach Auschwitz. Eine jüdische Stimme", 197.

13) 김종국의 앞의 논문 "신이 떠난 세계의 도덕성"에 빗대어 말하자면, 요나스의 주장은 궁극적으로는 신이 떠난 세계의 책임성을 말하고 있다.

14) Hans Jonas, "Der Gottesbegriff nach Auschwitz. Eine jüdische Stimme", 198.

것에 더 잘 일치할 수 있다."15) 되어져 가는 신이라는 개념을 통해 요나스는 피조세계에 대한 신의 지속적인 관계를 말하고자 한다. 즉 신은 홀로 존재하며 세상으로부터 아무런 영향을 받지 않는 것이 아니라, 세상과 더불어 경험한 것을 통해 영향을 받는 존재다.16)

③ 요나스가 제안하는 세 번째 신상(神像)은 염려하는 신이다. 신은 "멀리서 무관하게 그 자신 안에 갇혀 있는" 신이 아니라 "그가 염려하는 것에 연루되어 있는" 신이다.17) 그러나 요나스는 자신이 말하는 염려하는 신은 "염려의 행위를 통해 염려의 목적을 달성하는 마술사"는 아니라고 말한다.18) 이로써 창조와 진화의 과정 속에 있는 세계는 신과의 관계성 속에 있으며 신의 염려의 대상이 됨에도 불구하고 신이 아닌 인간과 자연에 전적으로 맡겨져 있다. 달리 말하면 신은 이 세계에 대해 전적으로 무력한 존재일 뿐이다.19)

이와 함께 우리는 어쩌면 우리의 사변적·신학적 모험 안에서 가장 비판적인 점에 이르렀다: 이것은 신이 전능하지 않다는 것이다! 사실상 우리가

---

15) Hans Jonas, "Der Gottesbegriff nach Auschwitz. Eine jüdische Stimme", 198~199.

16) Hans Jonas, "Der Gottesbegriff nach Auschwitz. Eine jüdische Stimme", 199: "결국 신이 세상과 어떠한 관계 속에 있다면, 이것은 종교의 주요한 추정인데, 이를 통해서 영원자는 자기 자신을 <시간화>하며 영원자는 세계 과정의 현실화를 통해 지속적으로 다르게 된다."

17) Hans Jonas, "Der Gottesbegriff nach Auschwitz. Eine jüdische Stimme", 200.

18) Hans Jonas, "Der Gottesbegriff nach Auschwitz. Eine jüdische Stimme", 200.

19) 이 세상 안에서 신이 무력하다는 사실은 역으로 "우리가 신을 도와야만 한다."는 의미를 함축하고 있다. 요나스는 아우슈비츠의 가스실에서 죽음을 맞이한 에티 힐레줌이라는 네덜란드 출신의 유대인 여성의 일기장에서 이 사실을 확인한다. 이에 대해서는, 한스 요나스/김종국, 소병철 옮김, 『물질 · 정신 · 창조 - 우주의 기원과 진화에 관한 철학적 성찰』(서울: 철학과현실사, 2007), 104~107을 참조 바람.

주장하는 것은 우리의 신상(神像)을 위해 그리고 신적인 것과 우리의 전적인 관계를 위해 우리는 절대적이며 비제약적인 신적 힘에 대해 예전부터 사용된 (중세적) 교리를 견지할 수 없다는 것이다.[20]

요나스는 절대적 힘을 소유한 신에 대한 전통적 견해는 아우슈비츠의 경험을 통해 더 이상 견지될 수 없다고 주장하면서 신적 전능에 문제를 제기한다.

① 요나스는 절대적 힘으로서의 전능의 개념 안에 함의된 논리적, 존재론적 모순을 들춰내고자 한다. 그에 따르면, 힘이란 항상 관계 개념이기 때문에 저항하는 대상이 없는 힘은 그 자체로 힘이 아니다. 그런데 절대적 힘으로서의 전능은 그 무엇에 의해서도 한정되지 않는 힘을 의미하며, 그 자신 밖에 그와는 다른 무엇을 전제하지 않으며, "그 자신의 외로움 속에서 그가 행사할 그 어떤 대상도 갖지 않는다."[21] 따라서 저항할 대상을 갖지 않는 전능의 개념은 "그 자신과 모순되며 자신을 제거하는, 정말이지 무의미한 개념"이다.[22]

② 전능에 대한 논리적, 존재론적 이의 제기 이후, 요나스는 "절대적이고 비제약적인 신적 전능의 이념에 대해 더욱 신학이며, 참으로 종교적인 이의"를 제기한다.[23] 여기서는 우리가 앞서 논의했던 신의 전능과 선함 그리고 악의 현존 사이의 트릴레마가 논의된다. 요나스는 이 세 가지 요소가 함께 병존할 때, 신은 전혀 이해될 수 없다고 말한다. 즉 절대적 선함과 절대적 힘 그리고 이해 가능성 중에서 앞의 두 요소가 긍정되

---

20) Hans Jonas, "Der Gottesbegriff nach Auschwitz. Eine jüdische Stimme", 201.

21) Hans Jonas, "Der Gottesbegriff nach Auschwitz. Eine jüdische Stimme", 202.

22) Hans Jonas, "Der Gottesbegriff nach Auschwitz. Eine jüdische Stimme", 201.

23) Hans Jonas, "Der Gottesbegriff nach Auschwitz. Eine jüdische Stimme", 202.

면 세 번째 요소는 배제되어야 한다. 그런데 요나스에게 신은 계시의 신이며, **이해 가능한 신**이어야 한다.

요나스는 이해 불가능한 신, 즉 숨어 있는 신(deus absconditus)의 개념을 앞서 차단한다. 그에 따르면, 숨어 있는 신의 개념은 비(非)유대적 표현이며, 구약성서에서 묘사된 것처럼 자신을 계시하는 토라의 신일 수 없다. 신의 계시는 인간의 언어와 시대의 언어 안에서 전달되며, 비록 이런 제약된 매개로 인해 굴절되기는 하지만, 어두운 비밀 안에 놓인 것은 아니다.[24] 따라서 그에게 신은 인간의 편에서 이해할 수 없는 전적인 비밀일 수만은 없다.

이제 요나스는 아우슈비츠의 경험과 연관해서 신의 이해 가능성을 희생시키지 않는다면, 신의 전능을 포기해야 한다고 주장한다.

> 아우슈비츠 이후에 우리는 이전보다는 더 엄청난 결단력으로 전능한 신은 지선(allgütig)하지 않다고 주장하든가, 아니면 (우리가 이해할 수 있는 그의 세계 통치 안에서) 전적으로 이해할 수 없다고 주장할 수 있다. 하지만 만약 신이 어떤 방식으로 그리고 어느 정도 이해되어야 한다면(그리고 우리가 이를 분명 확고히 한다면), 이때 그의 선함은 악의 현존과 병존해야만 한다. 그리고 이것은 다만 *그가* **전능**(all-mächtig)하지 않는 한에서만 그렇게 된다. 이럴 경우에만 우리는 신은 이해 가능하며 선하지만 세상에는 악이 있다는 주장을 견지할 수 있다. 그리고 우리는 전능의 개념을 어쨌든 그 자체로 의심스러운 것으로 생각하기 때문에, 피해야만 하는 속성은 바로 이것이다.[25]

요나스는 신의 전능 개념을 포기함과 동시에 신의 세계 간섭을 포기한

---

24) Hans Jonas, "Der Gottesbegriff nach Auschwitz. Eine jüdische Stimme", 203.

25) Hans Jonas, "Der Gottesbegriff nach Auschwitz. Eine jüdische Stimme", 204.

다. 아우슈비츠의 경험과 연관해서 그는 구원의 기적은 일어나지 않았으며, 신은 침묵했다고 말한다. 그렇다면 왜 신은 침묵했는가? 요나스의 답변은 단호하다. "그가 원하지 않았기 때문이 아니라, 할 수 없었기 때문에 그는 간섭하지 않았다."[26]

물론 요나스의 신을 기독 신앙의 하나님과 동일시하기는 어렵다. 무엇보다도 요나스의 신은 세계에 대해 염려하지만 아무런 간섭을 하지 않는 침묵하는 신이다. 이러한 결론은 그가 숨어 계신 신의 개념을 비유대적이라고 하면서 계시의 신을 내세운 것과 모순된다고 할 수 있다. 왜냐하면 우리는 계시의 신은 침묵하는 신이 아니라 말씀하는 신이며, 그의 말씀은 인간이 지켜야 할 계명과 규범의 전달만이 아니라, 곤궁에 처한 인간과 인간의 삶을 새롭게 창조하고 구원하는 말씀이라고 생각하기 때문이다.

그럼에도 요나스가 아우슈비츠의 경험과 더불어 전통적인 신 이해와는 결별하고 새로운 신을 제언했다는 사실은 시사하는 바가 크다. 이미 기독교 신학 내에서도 아우슈비츠의 경험과 같은 인간의 고난과 연관해서 또는 이러한 고난상황을 대표하는 나사렛 예수의 십자가 경험과 연관해서 하나님에 대한 새로운 이해를 추구하고 제시하고 있었기 때문이다.

이러한 신학적 변화의 과정은 무엇보다 신의 전능에 대해 새로운 이해의 지평을 열어 놓는다.

---

26) Hans Jonas, "Der Gottesbegriff nach Auschwitz. Eine jüdische Stimme", 204~205. 인용은 205.

제3장
전능에 대한 신학적 우회

오랜 세월 동안 철학사와 신학사에서 자명하게 전제된 전능과 연관된 구약성서의 단어는 **엘 샤따이**(El Schaddaj)다. 흔히 전능하신 하나님으로 번역되는 엘 샤따이는 구약성서에서 48번 나오는데, 그중에서 샤따이로만 41번 나온다. 어원학적으로 볼 때 "바위의 신", "산의 신", "가슴을 가진 신", "구원의 신" 등으로 번역 가능하며 70인역(LXX)으로 번역되는 과정에서 대표적으로 **판토크라토르**(pantokrator)라는 용어로 번역되었다.[1]

하지만 신약성서에서 판토크라토르는 예수의 입에서는 한 번도 언급되지 않았고, 구약성서를 인용한 고린도후서 6장 18절을 제외하면 요한계시록에만 9번 집중적으로 등장한다. 뿐만 아니라 속(續)사도 교부들(apostolische Väter)에게도 판토크라토르는 중요한 개념으로 활용되지 않았지만, 이레니우스와 알렉산드리아의 클레멘스, 로마의 힙폴리트에게서 자주 언급되었고, 마침내 신앙고백서에 정착하게 되었다. 이때 판토크라토르는 단순히 모든 것을 할 수 있다는 의미의 전능이 아니라, 모든 것을 다스린다는 의미로 또한 모든 것을 유지한다는 의미로 이해되었다.[2]

---

1) Stein, Art. "saddaj", *Theologisches Wörterbuch zum Alten Testament* Bd. VII (Stuttgart/Berlin/ Köln: Kohlhammer, 1993), 1078~1104. 바우케-뤽(Jan Bauke-Ruegg)은 히브리 성서에서 48번 등장하는 ('el) schaddaj가 70인역과 불가타에서 어떻게 번역되었는지 도표로 제공한다. *Die Allmacht Gottes*, 336~341.
2) Jan Bauke-Ruegg, "Was heißt: Ich glaube an den allmächtigen Gott?", *Zeitschrift für Theologie und Kirche* 97 (2000), 46~79, 52~53.

이런 성서신학적 배경 속에서 철학자 가이어(Geyer)는 욥기의 전능자 (샤따이) 개념과 욥에게 나타난 야웨를 대비시킨다. 욥은 자신의 고통스런 현실과 연관해서 신의 모습을 묘사하며, 자신의 호소에 대한 응답을 전 능자로부터 기대한다(욥기 31장 35절). 그러나 욥에게 대답하는 자는 전능 자가 아니라 야웨였다는 것이다. 가이어에 따르면, 야웨는 "잘못된 신의 표상과 연결되어 철회되는 신상들 뒤에 있는 하나님의 실재"를 의미하는 반면, 엘 샤따이는 "멀리 있는 자, 오해된 자 그리고 심지어 시기하는 자" 로서 "인간의 전능의 상상력이 만들어 낸 투사물"이다.3)

하지만 야웨와 전능자를 대비시킨 가이어의 분석은 구약성서 전체와 연관해서도 유효하다고 할 수 있을까? 구약성서의 하나님은 힘 있고 능 력 있는 존재로 묘사되지 않는가? 엘 샤따이가 사용되지 않은 구약성서 의 여러 구절들 속에서도 하나님의 전능 또는 힘에 대해 언급하고 있지 않은가?4) 뿐만 아니라 구약성서의 하나님은 빛과 평안만이 아니라 어둠 과 재앙도 창조하지 않았는가(이사야서 45장 7절)?5)

---

3) Carl-Friedrich Geyer, "Das Übel und die Allmacht Gottes", 46~47.
4) 바우케-뤽은 게르하르트(Gerhard)의 *Loci theologici*를 따라 성서에서 하나님의 전능 과 관련된 구절들을 다음의 4가지로 구분한다. 1. 전능에 대한 단정적인(affirmative) 구절: 창세기 17장 1절, 신명기 10장 17절, 욥기 9장 4절, 34장 20절, 36장 5절, 시편 24편 8절, 89편 8절, 고린도후서 6장 18절, 요한계시록 1장 8절. 2. 전능에 대한 실질 적인(effektive) 구절: 마태복음 3장 9절, 19장 26절, 마가복음 14장 36절, 누가복음 18 장 27절 그리고 에베소서 3장 20절. 3. 부정적으로 하나님이 못 하시는 일이 없음을 언급하는 구절: 창세기 18장 14절, 예레미야 32장 17절과 27절, 스가랴서 8장 6절, 지 혜서 11장 17절, 누가복음 1장 37절, 로마서 9장 19절. 4. 상징적으로 하나님의 강한 권리와 강한 손을 언급하는 구절: 역대기상 29장 12절, 예레미야서 32장 17절, 에베소 서 1장 19절, 지혜서 11장 21절. Jan Bauke-Ruegg, *Die Allmacht Gottes*, 316~322.
5) 발터 그로스(Walter Groß)와 칼-요셉 쿠셸(Karl-Josef Kuschel)은 *"Ich schaffe Finsternis und Unheil!" Ist Gott verantwortlich für das Übel?* (Mainz: Grünewald, 2. Aufl., 1995)에서 성서에는 고난당하거나 힘없는 하나님에 대한 언급이 없다고 주장

구약성서의 하나님은 그저 선하고 부드러운 이미지로만 묘사되지 않는다. 그는 구원과 해방뿐 아니라 심판과 징벌을 통해 역사하며 개인의 삶과 역사의 시간 속에 굉장히 힘 있게 관여하는 분으로 묘사된다.[6]

그러나 오늘날에는 하나님의 전능함보다는 그의 나약함과 무력함을 강조하며, 이것을 기독교 신앙의 본질적인 하나님의 모습으로 제시하는 현대 신학자들이 있다. 이들은 왜, 어떤 근거에서 하나님을 나약하고 힘없는 존재로 묘사하는가?

1. 디트리히 본회퍼: 고난당하는 하나님만이 도울 수 있다

신의 존재만이 아니라 여타의 신학적 주제들이 더 이상 자명하게 이해될 수 없는 시대에 직면하게 되었다고 진단한 디트리히 본회퍼(Dietrich Bonhoeffer, 1906~1945)는 변화된 세계와 더불어 기독교 신학이 자신의 주제들에 대해 철저히 새롭게 생각하지 않으면 안 된다고 보았다. 즉 본회퍼는 세상의 변화된 의식에 타당한 변화된 신학적 인식을 강조한다.[7]

본회퍼에 따르면, 오늘날의 세계는 신으로부터 독립된 **자율성의 세계**다. 이 세계의 정치, 도덕, 법률은 더 이상 종교적으로 규정되지 않으며

한다(185f).

6) W. H. Schmidt, "Alttestamentliches Reden von Gott. Elemente biblischer Theologie", *Communio Viatorum* XLV (2003), 94~116. (http://www.etf.cuni.cz/cv/comm2_2003. pdf)

7) Ernst Feil, *Die Theologie Dietrich Bonhoeffers: Hermeneutik, Christologie, Weltverständnis* (München: Chr. Kaiser, 4. Aufl., 1991), 11. 본회퍼는 바르트에 이르기까지 개신교 신학이 놓치고 있던 "세상"이라는 주제를 신학적 의식의 중심에 두고 사유한 선두주자에 속한다.

이와는 달리 인간 사회의 자율성에 근거하여 규정되고 해명된다. 종교와 신으로부터 해방된 근대의 자율성의 세계를 종교와 형이상학이 지배하던 중세로 되돌릴 수는 없다.[8] 본회퍼에 따르면, 종교와 형이상학에 의존하던 내면성과 양심의 시대, 즉 종교 일반의 시대는 지나갔으며 우리는 "완전히 비종교적 시대"에 도달했다. 바로 이러한 시대적 상황에서 본회퍼는 "도대체 오늘날 우리에게 그리스도교가 무엇이며, 그리스도가 누구인가?"를 새롭게 묻고 대답하고자 한다.[9]

본회퍼가 경험하고 있는 세계는 무신론의 그늘이 깊숙이 드리워진 세계다. 그럼에도 그는 여기서 무신론에 저항하며 무신론의 틈새를 노려 고전적 유신론을 복원하고자 하지 않으며, 그렇다고 무신론 자체를 무조건 옹호하며 거기에 안착하고 있는 것이 아니다. 근대 무신론의 그늘은 새로운 하나님 질문을 받고 던져야 할 거점이다. 따라서 그는 여기서 멈추지 않고 오늘날 우리에게 그리스도교가 무엇인지를 묻는다. 하지만 그가 이 질문을 그리스도에 대한 물음과 연결시키고 있다는 점을 주목해야 한다. 본회퍼에게 그리스도론은 완전히 비종교적 시대에 직면하여 기독교를 새롭게 해명할 유일한 신학적 열쇠다.[10]

이러한 그의 신학적 관점은 철저히 세속화된 시대에 직면하여 기존의 존재형이상학에 의존한 신 개념 그리고 그와 연관되어 있던 기존의 기독교의 신앙 내용들도 이제 더 이상 이전의 개념과 방식으로 설명될 수 없

---

8) 디트리히 본회퍼/손규태, 정지련 옮김, 『저항과 복종 - 옥중서간』 (서울: 대한기독교서회, 2010), 678 이하.

9) 디트리히 본회퍼/손규태, 정지련 옮김, 『저항과 복종 - 옥중서간』, 516.

10) 에른스트 파일(Ernst Feil)은 본회퍼의 성인된 세계에 대한 신학적 이해와 그의 기독론이 깊이 연결되어 있음을 강조한다. *Die Theologie Dietrich Bonhoeffers: Hermeneutik, Christologie, Weltverständnis*, 137. 하지만 본회퍼의 기독론은 단순히 세상에 시대적 진단뿐 아니라 새롭게 전개되어야 할 신학적 사유의 열쇠에 해당된다.

다는 그의 시대 진단과 맞물려 있다. 부언하자면 오늘날의 자율성의 세계는 "신이라는 작업가설의 도움 없이도 모든 중요한 문제들을 스스로 처리할 수 있는"11) "성인된 세계"12)에 접어들었으며, 지금까지 종교와 관련해서 중요하게 생각되었던 궁극적인 물음들조차도 더 이상 신이라는 작업가설 없이도 대답될 수 있는 시대에 접어들었다.13)

본회퍼는 근대 무신론의 그늘 아래에서 신학의 가능성을 새롭게 묻고 있다. 무신론은 하나님 없는 세상을 전제한다. 본회퍼는 이러한 무신론의 그늘을 피할 길을 찾고 있는 것이 아니라, 오히려 이를 새로운 신학의 자원으로 수용하고자 한다. 세상은 마치 하나님이 없는 듯이 살아야 한다.14) 신학은 이제 더 이상 세상에 대한 무신론적 인식 없이 하나님에 대해 말할 수 없다. 당면한 세상의 상황은 하나님에 대한 새로운 사유를 요구하는 상황일 뿐 아니라, 하나님 자신의 본질적 상황에 속한다.15)

> **하나님이 존재하지 않는다 해도**(etsi deus non daretur) 우리는 세상에서 살아야 한다는 것을 인식하지 않고는 성실해질 수 없지. 그리고 바로 이것을 인

---

11) 디트리히 본회퍼/손규태, 정지련 옮김, 『저항과 복종 - 옥중서간』, 606.

12) 디트리히 본회퍼/손규태, 정지련 옮김, 『저항과 복종 - 옥중서간』, 607.

13) 디트리히 본회퍼/손규태, 정지련 옮김, 『저항과 복종 - 옥중서간』, 608.

14) 물론 본회퍼는 여기서 소위 신의 죽음을 말하고 있는 것은 아니다. 왜냐하면 "하나님이 존재하지 않는다 해도"는 가정법이기 때문이다. 이에 대해 Ernst Feil, *Die Theologie Dietrich Bonhoeffers: Hermeneutik, Christologie, Weltverständnis*, 208; 융엘도 본회퍼가 무신론을 주장하는 것이 아니라, "근대의 무신론을 계기로 삼아 신학적 전통과 비판적으로 대면하면서 새롭게 **기독교적 하나님** 개념을 질문하고 있다."고 보았다. E. Jüngel, *Gott als Geheimnis der Welt* (Tübingen: Mohr Siebeck, 7. Aufl., 2001), 74.

15) E. Jüngel, *Gott als Geheimnis der Welt*, 75: "세상의 역사적 상황은 (…) 단지 하나님 **사유**의 상황뿐 아니라 신적 **존재**의 상황으로 파악되어야 한다. 그것은 하나님 자신의 상황이다".

식하게 되는 것은 하나님 앞에서지. 하나님 자신이 우리로 하여금 이러한 인식을 갖도록 만든다네. 따라서 우리의 성인됨이 우리로 하여금 하나님 앞에서 우리의 상태를 진정으로 인식하도록 만들지. 하나님은 우리가 하나님 없이도 삶을 살아갈 수 있는 자로 살아야 한다는 것을 인식시켜 주신다네.[16]

따라서 하나님 없이 세상을 살아야 한다는 명령은 단순히 무신론의 귀결이 아니라 깊은 의미에서 신학의 본연적 통찰이다. 이러한 본회퍼의 역설은 사변신학적 귀결이 아니라 철저히 **기독론적으로** 정초된 하나님 이해에 근거하고 있다.[17] 이러한 과정 속에서 기독교의 하나님은 전능자가 아니라 무력한 존재로 드러난다.

우리는 하나님 없이 하나님 앞에서 하나님과 더불어 산다네. 하나님은 자신을 세상에서 십자가로 추방하지. 하나님은 세상에서 무력하고 약하며, 오직 그렇기 때문에 그는 우리와 함께 계시고 우리를 돕는다네. 그리스도가 그의 전능하심이 아니라, 그의 약함, 그의 수난으로 도우신다는 것은 마태복음 8:17에 분명하게 나타나 있네. 바로 여기에 다른 종교들과의 결정적 차이가 있지. 인간의 종교성은 인간에게 곤궁에 빠졌을 때 세상에 존재하는 하나님의 능력에 의지하는 법을 가르치지. 그것은 deus ex machina

---

16) 디트리히 본회퍼/손규태, 정지련 옮김,『저항과 복종 - 옥중서간』, 680.

17) 디트리히 본회퍼의 신학에 대해 바르트의 지도 하에서 학위논문을 작성하고 출간한 갓시(J. D. Godsey)는 본회퍼의 신학사상을 세 시기로 나누며 각 시기마다 사상적 발전과 차이가 있음을 전제하면서도 본회퍼 신학을 한데 응집시키는 것은 "예수 그리스도 안에 나타난 하나님의 계시에 대한 그의 확고부동한 집중"이라고 강조한다. 존 D. 갓시/유석성, 김성복 옮김,『디트리히 본회퍼의 신학』(서울: 대한기독교서회, 2006), 313.

이지. 반면에 성서는 인간에게 하나님의 무력함과 수난을 지시하고 있지. 오직 고난당하는 하나님만이 도울 수 있지.[18]

이러한 본회퍼의 생각은 루터의 십자가 신학에 근거하여 철저하게 기독론적으로 그리스도의 수난과 하나님의 무력함을 일치시킨 결과다. 기독론적으로 정초된 본회퍼의 하나님 이해는 기독교의 하나님을 종교일반의 신 개념과 구분할 뿐 아니라, 인간의 궁극적 질문에 대한 대답을 제공하던 형이상학이 붕괴된 시점에서 기독 신앙의 실존과 실천을 분명하게 천명한 것이라 할 수 있다. 기독교의 하나님은 형이상학적인 사변을 통해 질문된 것이 아니라, 철저히 예수 그리스도의 삶과 죽음 안에서 자신을 계시하는 존재에 관한 질문으로 정립된다. 이때 기독 신앙의 하나님은 "연장된 세계의 일부"로 생각될 수 없으며, "하나님의 전능하심에 대한 일반적 신앙"에 상응하는 존재도 아니다.[19]

본회퍼는 형이상학의 신과 더불어 **전능하심에 대한 일반적 신앙도** 포기한다. 힘과 전능이 아니라 무력함과 수난이 기독교의 하나님에게 적합한 사태로 이해된다. 본회퍼가 서술했듯이 기독교의 하나님이 전적으로 무력하다면, 이러한 사태는 기독교적 실존을 일반적인 종교적 실존과는 구분하며, 이제 기독교적 실존은 궁극적 존재로서의 신에게 매달려 자신의 유한성의 초월을 간구할 것이 아니라, 오히려 약함과 수난 가운데 계신 그의 하나님과 더불어, 고통당하는 자들을 향해 나아가야 할 것이다. 따라서 전능하신 하나님에 대한 본회퍼의 포기는 실천적 의미를 함축한다. 진정한 기독교적 초월은 오직 "타자를 위한 인간"이며 따라서 "십자가에

---

18) 디트리히 본회퍼/손규태, 정지련 옮김, 『저항과 복종 - 옥중서간』, 681.
19) 디트리히 본회퍼/손규태, 정지련 옮김, 『저항과 복종 - 옥중서간』, 710; 또한 그는 전능에 대한 풀이와 더불어 전능의 신을 거부한다. "모든 것을 해야 하고 할 수 있다고 생각하는 신(神)은 예수 그리스도의 하나님과는 무관하지"(729).

달려 죽은 자",20) 즉 "예수의 존재에 참여"21)함으로써 경험된다.

본회퍼의 이런 하나님 사유는 실로 놀랍다. 무엇보다도 그가 시대적 상황을 깊이 직시하며 이를 우회하려고 하지 않고 오히려 그 깊이에서 돌파하려고 했다는 점에서 놀랍다. 그에게 인간과 세계의 자율성, 무신론적 상황은 기존 신학의 종착점이며 새로운 신학의 시발점이다. 그의 신학은 기존의 신 관념에 대해 인간과 세계의 자율성이 승리한 지점인 예수 그리스도의 십자가를 중심에 사유한다. 그리고 수난당하는 예수의 존재로부터 기독교 하나님의 존재를 새롭게 사유한다. 이때 하나님 사유는 더 이상 형이상학적 사변이 아니라, 무력한 하나님과 더불어 그의 존재에 참여하는 기독자의 삶의 구체적인 결단, 지시, 방향정위와 깊이 연관되어 있다.

간결하면서도 단호한 그의 신학적 사유는 무엇보다도 하나님과 고난을 하나의 시야에 불가분적으로 놓게 하며, 세상과 인간으로부터 신에게로의 초월이 아니라, 이 세상과 고난당하는 자를 향한 하나님의 초월을 통해 타자, 곧 이웃에게로의 초월을 실천적으로 정향하고 있다. 이런 사유의 방향 전환은 이 세상으로부터의 초월이 아니라 이 세상에 대한 무제약적 책임성으로 귀결된다.

이에 반해 전능의 신은 모든 형이상학적 신의 속성들과 더불어 이 세상에 대한 책임성으로부터 도피의 길을 열어 주기 때문에, 곤궁에 처한 세상에 실질적으로 아무런 도움을 줄 수 없다는 것이 본회퍼의 통찰이다. 이제 전능의 신이 아니라 고난당하고 무력한 하나님으로 인해 세상에 대한 무제약적 책임성이 자리하게 된다.

그렇다면 고난당하는 하나님이 주는 도움이란 그동안 전능의 신에 의

---

20) 디트리히 본회퍼/손규태, 정지련 옮김,『저항과 복종 - 옥중서간』, 712.
21) 디트리히 본회퍼/손규태, 정지련 옮김,『저항과 복종 - 옥중서간』, 711.

해 가려졌던 참된 현실성에 대한 참된 인식과 실천을 가능하게 함을 의미한다. 곧 하나님 없이 살아야 하는 세상의 세상성에 대한 적극적이고 무제약적인 **책임성**을 열어 주는 것, 이것이야말로 고난당하는 하나님의 무력함 속에 놓인 힘이라고 할 수 있다.

하지만 본회퍼로부터 전능에 대한 날카로운 비판과 새로운 방향을 지시받았기에 다음과 같은 질문도 제기할 수 있을 것이다. 과연 힘 있는 하나님은 이 세상에 대한 무한한 책임감으로부터 우리를 도피하게 하는가? 비록 인간과 세계의 자율성을 무력화시키는 신의 전능에 대한 신념은 더 이상 수용 불가능하다고 하더라도, 인간과 세계를 자유롭게 하며 구원하실 하나님의 힘에 대한 희망은 지속되어야 하지 않을까? 힘의 독점으로서의 전능이 아니라, 세상적이고 시간적인 삶 안에서 피조물의 고난과 연동하며 새로운 삶의 가능성을 추동하는 그런 하나님의 힘에 대해 말할 수 있지 않을까? 세상으로부터 신을 추방한 근대 무신론의 그늘 아래에서도 인간의 삶은 여전히 자유롭지 못하며, 여전히 부조리한 고통 속에 신음하고 있다고 한다면, 우리는 형이상학적 힘과는 다른 의미에서, 오히려 하나님의 창조적이며 구원적 힘에 대해 여전히 희망해야 되지 않겠는가.

물론 본회퍼는 이제 세상에 대해 아무런 힘도 없고 세상과 아무런 관계도 없는 그런 하나님을 말하고자 한 것은 아니다. 오히려 자신을 추방한 세상으로부터 떠남으로써 우리로 하여금 세상의 고통을 스스로 짊어지며 새로운 세계 현실을 직시하게 하시는 하나님에 대해 말하고 있다.22) 이때 이 세상에서의 하나님의 떠남과 하나님의 무력함은 형이상

---

22) 융엘은 근대 무신론적 세계의 그늘 아래에서 하나님을 사유하려는 본회퍼의 시도를 다음과 같이 이해한다. "<세상 없이 하나님을 사유하지 않음>에 내포된 의미의 역설은 이제 이렇게 풀린다. 즉 자신을 세상으로부터 추방하도록 내버려 두신 분으로 또 바로 그렇게 세상과 관계하는 분으로 하나님을 사유한다는 것을 의미한다. 자신을 추방하도록 내버려 둠, 이별, 떠남은 관계 상실과는 다른 어떤 것이다. 오히려 이것은

학적 힘과는 달리, 본질적으로 자신을 드러나지 않는, 인간과 세상의 구원을 위해 끊임없이 역동하는 하나님의 사랑의 힘으로 이해할 수 있을 것이다.

2. 위르겐 몰트만: 십자가에 달리신 하나님의 고난

본회퍼는 기독교적 하나님을 형이상학적 신에게서가 아니라 예수 그리스도 안에서 이해된 고난당하는 하나님에게서 발견했다. 몰트만도 본회퍼와 마찬가지로, 고전 유신론의 형이상학에서 출발하기보다는 예수 그리스도의 하나님에 집중하지만, 하나님의 고난을 **삼위일체적 십자가 신학** 안에서 서술한다.[23] 몰트만은 자기 삶의 경험 속에서 그리고 세계사적 고난의 경험 속에서 하나님 질문과 고난의 질문이 분리될 수 없음을 통찰했다.[24]

따라서 무엇보다도 이미 기독교 신학 안에 깊숙이 내재해 있던 전통적

가장 강렬한 관계를 의미할 수 있다." E. Jüngel, *Gott als Geheimnis der Welt*, 80.

23) 몰트만은 삼위일체적 십자가 신학을 구상할 때 칼 바르트의『교회교의학』II/2에 나오는 십자가 신학적 예정론에 강한 인상을 받았다고 회상하며, 융엘과 본회퍼, 기타 모리의 영향도 언급한다. 위르겐 몰트만/이신건, 이석규, 박영식 옮김,『몰트만 자서전』(서울: 대한기독교서회, 2011), 269; Jürgen Moltmann, *Der gekreuzigte Gott. Das Kreuz Christi als Grund und Kritik christlicher Theologie* (München: Chr. Kaiser, 1972), 184 이하; 김균진 옮김,『십자가에 달리신 하나님』(서울: 한국신학연구소, 1990), 205 이하.

24) 위르겐 몰트만/김균진 옮김,『삼위일체와 하나님의 나라』(서울: 대한기독교서회, 1982), 68: "하나님과 고난은 결부되어 있다. 이것은 이 삶 속에서 외치는 하나님에 대한 부르짖음과 고통 속에서 경험된 고난이 함께 결부되어 있는 것과 마찬가지이다. 하나님에 대한 질문과 고난에 대한 질문은 하나의 공통된 질문이다."

인 형이상학의 사유, 곧 하나님과 고난(세상)을 분리했던 고난당할 수 없는 신에 대한 사유에 날카로운 비판을 가한다. 아마 하나님과 고난이란 주제를 몰트만처럼 신학의 주제로 일관되게 붙잡아 신학의 다양한 주제들과 관련시킨 신학자도 드물 것이다.[25]

하지만 그의 우선적인 관심사는 세상의 고통과 악의 문제에 대한 신정론적 답변을 구성하는 것이 아니었다. 오히려 그는 자신이 겪었던 지옥의 경험을 회상하며 하나님이 어디에 계신가를 묻는다. 그는 하나님과 고난의 연관성을 "고통에 대해 무관심하고 냉랭하고 대수롭지 않는 자세"를 지닌 방관자의 태도로 질문하기보다는 "고통 가운데 하나님의 참여를 묻는 실존적 질문"으로 제기한다.[26]

고난에 대한 몰트만의 관심은 서구 사상사에서 문제시되었던 트릴레

---

25) 위르겐 몰트만/김균진, 김명용 옮김,『예수 그리스도의 길』(서울: 대한기독교서회, 1990), 222~223: "이로써 나는 1972년『십자가에 달리신 하나님』에서 발전시켰던 십자가의 신학에 비하여 새로운 출발점을 택한다. 이 책에서 중요한 문제는 하나님의 문제였다: 그리스도의 죽음은 하나님 자신에게 무엇을 의미하는가? 나는 신론에 있어서 고대의 형이상학적 무감정의 공식(Apathieaxiom)을 극복하고자 시도하였으며 이리하여 더 이상 본질적 <하나님의 고난>에 대하여 은유적으로 말하지 않고 직접 말할 수 있고자 하였다. 그리스도의 십자가에서 소리지르며 죽었던 하나님의 버림받은 그 부르짖음 속에서 나는 기독교적이라고 요구하는 모든 신학들에 대한 기준을 보았다. 십자가의 신학은 나에게 신정론의 문제의 지평 속에서 나타났고 추상적 유신론은 물론 추상적 무신론을 배격하였다. 이 책에서 말하였던 것을 나는 아무것도 취소하고자 하지 않는다." 1972년에 제기된 하나님의 문제는 1989년까지 지속될 뿐 아니라, 오늘날까지도 몰트만 신학의 중요한 주제로 남아있다. 위르겐 몰트만/이신건, 이석규, 박영식 옮김,『몰트만 자서전』265~284를 참조 바람.

26) 위르겐 몰트만/이신건 옮김,『오늘 우리에게 그리스도는 누구신가?』(서울: 대한기독교서회, 2004), 44: "하나의 질문은 고통 앞에서 하나님을 변호하는 이론적 질문[신정론 질문]이고, 다른 질문은 고통 가운데 하나님의 참여를 묻는 실존적 질문이다. 첫째 질문은 무감정한 하나님을 전제하고, 둘째 질문은 함께 고통받는 하나님을 찾는다."

마를 해명하는 합리적 신정론으로 연결되는 것이 아니라, 고통 가운데 계신 하나님에 대한 질문으로 전개된다. 몰트만은 전쟁과 포로수용소에서 겪은 자신의 경험을 되새기며 그리스도의 수난 안에 함께 고통당하신 하나님을 말하고자 한다.[27] 이 과정에서 몰트만의 삼위일체적 십자가 신학은, 무엇보다도 고전 유신론을 철학적으로 뒷받침하고 있는 서구의 형이상학적 신학과 여기서 유래된 무감정의 공리와 불변성, 힘의 개념에 대한 비판이다.

　서구의 형이상학적 신학에 대한 비판은 몰트만의 초기 작품인 『희망의 신학』에서 이미 나타나는데, 여기서 그는 이 세상의 경험적 현실을 통해 신적 실재를 간접적으로 증명하거나 정초시키려는 형이상학적 신학의 시도를 비판한다.[28] 즉 초기 그리스의 형이상학에 기초한 신학은 과

---

27) 이러한 그의 통찰은 먼저 몰트만 자신이 포로수용소에서 겪은 개인적 경험에서 시작되었다. 위르겐 몰트만/이신건, 이석규, 박영식 옮김, 『몰트만 자서전』, 52~53: "1945년 그 당시에 그리고 스코틀랜드의 포로로서 영혼의 수렁에 빠져 있던 나를 예수는 찾아주었다. '그는 잃어버린 자를 찾기 위해 왔다.' 이처럼 내가 길을 잃고 헤맬 때, 그는 나에게 왔다. (…) 십자가에서 하나님에게 버림을 받은 예수의 운명은 하나님이 어디에 계신지, 내가 죽음을 맛볼 때에 하나님이 어디에 계신지, 하나님이 장차 무슨 사건 가운데 계신지를 가리킨다. 나처럼 하나님에게 버림을 받은 포로들의 갈망하는 눈으로 성서를 읽을 때마다 나는 그들이 발견한 하나님의 진리를 확신하게 된다"(53). 몰트만에게 '하나님 경험'은 "고난을 당한 예수와의 교제를 통해" 이루어졌으며, 향후 괴팅엔에서 신학수업을 받을 때 루터의 십자가 신학을 통해 이를 신학적으로 작업하는 계기를 갖게 된다(266). 또한 그는 삼위일체론적 십자가 신학이 제시하는 대답은 "나의 개인적인 하나님 경험이기 때문에 이를 확고히 주장하며 쓸데없는 비난에 굴복하지 않는다."고 말한다(274).

28) 몰트만은 이미 초기 작품에서부터 하나님을 세계로부터, 실존으로부터, 영혼으로부터, 직접적인 자기의식으로부터 증명하려는 모든 시도들을 거부한다. 이러한 증명은 세계에 대한 해석을 위해 신을 이용했을 뿐이며 자기합리화와 정당성을 위해 신을 요구했을 뿐이기 때문이다: 위르겐 몰트만/이신건 옮김, 『희망의 신학』(서울: 대한기독교서회, 2010), 295~305를 참조 바람.

거에 있었던 것과 현재하는 것을 토대로 하여, 신을 "영원하고 유일하며 충만한 존재"로 사유한다. 이때 신은 "운동과 변화, 역사와 미래"와는 무관한 "영원한 현재"로 규정된다.[29]

이에 반해 몰트만은 영원한 현재로서의 하나님이 아니라 **희망의 하나님**을 언급한다. 희망의 하나님은 현재가 아니라 미래와 관계한다. 하지만 희망의 하나님과 연관된 미래는 기존현실에 안주하며 집착하는 인간의 현재로부터 연장된 미래가 아니라, 십자가에 못 박힌 자의 부활과 연관된다는 점에서 현실과 모순되며 현실 변혁적이다.[30]

결국 형이상학의 신과 희망의 하나님을 비교할 때, 현실세계를 뒷받침하며 모든 현존하는 것들의 근원과 배경으로 자리하고 있는 형이상학적 신의 힘에 비하면, 희망의 하나님은 현실적으로는 아직 전능하지 못하다고 말해야 옳을 것이다. 희망의 하나님은 미래로부터 현실 속으로 도래하는 가능성으로 이해될 순 있지만, 현실을 장악하고 지배하는 현재적 힘은 아니다.[31]

---

29) 위르겐 몰트만/이신건 옮김,『희망의 신학』, 36.

30) 위르겐 몰트만/이신건 옮김,『희망의 신학』, 22: "여기서 우리가 말하는 하나님은 세계 안에 계신 하나님이나 세계 밖에 계신 하나님이 아니라, 이스라엘의 출애굽과 예언들을 통해 알려진 <희망의 하나님>(롬15:13), <미래를 존재의 속성으로 지니신>(E. Bloch) 하나님이다."

31) 위르겐 몰트만/이신건 옮김,『희망의 신학』, 36에서는 도래하는 미래의 가능성을 부정하는 형이상학적 신학의 근본에 "파르메니데스의 신"이 놓여 있다고 한다. 또한 그의 저서, *Der gekreuzigte Gott*(십자가에 달리신 하나님)에서도 이러한 인식은 지속된다. "인간이 하나님을 힘없고 십자가에 못 박힌 그리스도 안에서 보고 믿는다면, 그는 권력과 다른 사람에 대한 지배에의 의지로부터 자유롭게 된다. 그는 하나님을 우주의 업적들과 질서들 혹은 세계사의 과정 속에서 인식하고자 하며, 인식의 힘으로 자신을 신격화시킨다. 만약 그가 고난받고 죽어가는 그리스도 안에서 하나님을 보고 믿는다면, 그는 직접적인 자기신격화로 이끄는 인식적 관심에서 자유롭게 된다."(71) - 김균진 옮김,『십자가에 달리신 하나님』, 80.

이처럼 희망의 하나님과 형이상학적 신학의 대립은 예수 그리스도의 십자가 사건에 대한 삼위일체론적 해석과 관련해서 "예수의 십자가 안에 있는 하나님"과 "신이라는 단어 아래 우리가 상상하고 직시하고 꿈꾸는" 신 사이의 대립으로 전개된다.32) 이때 예수 그리스도 안에 있는 하나님의 고난당하심과 고전 유신론의 무감정의 공리가 철저히 대립된다.

만약 우리가 그리스 철학의 방식에 따라서 하나님에게 걸맞은 것이 무엇이냐고 묻는다면, 변화, 다양성, 운동과 고난을 하나님됨의 본질에서 배제해야 할 것이다. 신적인 본질은 고난받을 수 없다. 만약 그렇지 않다면, 그것은 신적이 않다. 현대철학의 절대적 주체도 고난받을 수 없다. 만약 그렇지 않다면, 그것은 절대적이지 않다. 움직이고 고난받고 혼란하며 자기 자신에게 결코 만족하지 못하는 세계에 대면해서 하나님은 움직이지 않고, 통일되어 있으며, 자기 자신에게 만족하는 상태에 있다. 왜냐하면 신적인 본질은 이 무상한 현상의 세계의 근거가 되고, 그것을 지탱하고, 영원히 존재하는 자이며, 그래서 스스로 이 세상의 운명에 종속될 수 없기 때문이다. ······ 그러나 이것은 그리스도교 신학이 지금까지 철저히 그리스도교적인 신개념을 발전시켜 온 것이 아니라, 도리어 그리스 철학의 형이상학적 전

---

32) Jürgen Moltmann, "Gott im Kreuz", in: Ders., *Umkehr zur Zukunft* (München: Chr. Kaiser, 1970), 133~147, 144: "하나님은 다르다. 십자가에 못 박힌 자 안에서 하나님은 힘과 높음에서 빠져나와 스스로를 하나님께 버림받은 이러한 죽음에까지 낮추신다. 십자가형의 사건 안에 있는 하나님은 더 이상 인간이 부르고 호소할 수 있는 천상적 대상이 아니다. 그 분 스스로가 하나님께 버림받은 인간적 부름 안으로 들어오셨다. (⋯) 그렇다면 이것은 더 이상 버림받은 인간과 침묵하는 하나님 사이에 해명되어야 할 사건이 아니라, 오히려 십자가는 하나님과 하나님 사이의 사건이다. Nemo contra Deum nisi Deus ipse(하나님 외엔 아무도 하나님께 반대하지 못한다.) 십자가에서 하나님은 하나님에 대항한다. 따라서 십자가는 내적 삼위일체의 사건으로 사유되어야만 한다. 하나님은 하나님을 극복한다"(144~145).

통에 의지해 왔다는 사실을 의미하는 것이 아닐까? …… 만약 하나님이 고난받을 수 없다면, 그리스도의 수난은 철저하게 단지 인간적인 비극으로만 여겨질 수 있을 뿐이다. 그러나 그리스도의 수난에서 단지 나사렛 출신의 선한 인간의 고난만을 인식할 수밖에 없는 자에게는 하나님이 불가피하게 차갑고 침묵하며 사랑받지 못하는 하늘의 권세가 되고 말 것이다. 그러나 이것은 그리스도교 신앙의 종말이 되고 말 것이다.[33]

고전 유신론이 그리스 철학의 형이상학에 의존하여 신의 불변성과 자족성 그리고 신의 수난 불가능성을 신학의 공리로 내세웠다면, 몰트만에게 하나님 언설의 출발점은 바로 예수 그리스도다. 고전 유신론이 사변을 통해 세상으로부터 추상화된 보편자를 신이라 명명했다면, 몰트만에게 기독교 신학은 구체적인 역사로부터 하나님에 대해 말해야 한다. 즉 "하나님 언설은 자신의 내적 필연적인 자리를 예수의 역사 안에" 가져야만 한다.[34] 예수 그리스도의 역사라는 구체성을 출발점으로 하여 하나님이 누구인지 물을 때, 이런 고통당할 수 없는 형이상학적 신은 전적으로 의문시된다. 하나님은 더 이상 고통과 무관한 존재로 상정될 것이 아니라, 오히려 구체적인 예수 그리스도의 수난과 더불어 사유되어야 한다.

따라서 몰트만은 그리스도의 버림받음의 역사 안에서 하나님이 도대체 어디에 계신지를 묻는다. 만약 하나님이 자신의 아들을 십자가에서 희생 제물로 삼고서 홀로 죽게 했다면, "이러한 하나님은 무감정한 하나님일 뿐만 아니라 잔인한 하나님이기도 하다." 그러나 몰트만에게 그리스도와 하나님은 고통의 자리에서 분리되지 않는다. 오히려 그리스도의 수난은 곧 하나님의 수난으로 이해된다.[35] 왜냐하면 그리스도의 아버지

---

33) 위르겐 몰트만/이신건 옮김, 『오늘 우리에게 그리스도는 누구신가?』, 59~60.
34) Jürgen Moltmann, "Gott im Kreuz", 146.

하나님은 결코 무감정하거나 잔인한 하나님이 아니라 그리스도의 죽음 안에서 아들의 죽음을 자신의 죽음으로 경험하는 하나님이기 때문이다.[36]

몰트만은 그리스도의 수난 안에서 아들 하나님과 아버지 하나님 사이에 일어난 사랑의 사건에 주목하며, 이 사랑의 하나님을 삼위일체론적으로 서술하고자 한다. 따라서 전통적인 무감정의 하나님은 사랑의 하나님으로 대체되며, 그리스도론은 신론과 연결된다. 고통당할 수 없는 하나님의 불변성과 자족성의 자리에 아들과 함께 고통당하는 하나님의 수난과 연대성이 등장한다. 이처럼 기독교 신학이 하나님에 대해 말하고자 한다면, 언제나 십자가에 못 박힌 그리스도의 역사에 대해 말해야 한다.

그렇다면 그리스도 안에 있는 하나님은 누구인가? 하나님의 하나님됨은 무엇이며 그의 힘은 무엇인가?

십자가에 달린 예수가 보이지 않는 하나님의 형상이라면 바로 그것이 하나님이며 하나님은 그렇다는 것을 의미한다. 하나님은 이러한 낮아짐 안에서 보다 더 위대하지 않다. 하나님은 이러한 희생 안에서 보다 더 영광스럽지 않다. 하나님은 이러한 무력함 안에서보다 더 힘 있지 않다. 하나님은

---

35) 위르겐 몰트만/이신건 옮김, 『오늘 우리에게 그리스도는 누구신가?』, 52; 그리스도의 수난을 하나님 자신의 수난으로 이해함으로써 몰트만은 아들을 죽음에 내맡기는 하나님은 가학증환자(sadist)라는 죌레의 비판을 극복한다. 이에 대해서는 위르겐 몰트만/김균진, 김명용 옮김, 『예수 그리스도의 길』, 256 이하.

36) Jürgen Moltmann, *Der gekreuzigte Gott*, 230: "아들의 버림받음 안에서 또한 아버지도 자신을 버린다. 아들의 내어줌 안에 또한 아버지도 자신을 내어준다. 그러나 동일한 방식은 아니다. 곧 예수는 버림받음 안에서 죽어감을 경험하지만 죽음 자체를 경험하지는 못한다. 곧 죽음을 더 이상 경험할 순 없다. 왜냐하면 고통의 경험은 삶을 전제로 하기 때문이다. 그러나 아들을 버리고 내어준 아버지는 그의 죽음을 사랑의 무한한 고통 안에서 경험한다." - 김균진 옮김, 『십자가에 달리신 하나님』, 256.

이러한 인간성 안에서보다 더 신적이지 않다. 기독교 신학이 하나님에 대해 말하는 모든 것은 핵심적으로 이러한 그리스도 사건 안에 정초한다.[37]

몰트만은 앞서 보았던 본회퍼의 하나님 사유를 철두철미하게 관철시키고 있다. 하나님은 높음에서가 아니라 낮음에서, 전능함에서가 아니라 무력함 안에서 사유되어야 한다. 그는 아들의 고난 안에서 함께 고통당하는 하나님이며, 그와 더불어 모든 고통당하는 자들에게 가까이 계신 하나님이다. 따라서 십자가에 달린 하나님은 전능한 신이나 아리스토텔레스의 부동의 원동자, 자기 원인의 신과는 다르다. 형이상학의 신은 형이상학적 힘의 개념 안에 스스로 갇혀버린 신이며 사랑받기만 할 뿐 사랑할 줄 모르는 신이며, 사랑 때문에 고통당하는 것을 모르는 돌덩어리와 같다. 전능은 결코 사랑받지 못하며 다만 두려움의 대상이 될 뿐이다. 이런 형이상학의 신은 "가장 쓸모없고 불필요한 존재"다.[38]

몰트만은 무감정한 형이상학의 신뿐 아니라 철학적이거나 정치적인 **유일신론**도 그리스도의 하나님과는 다르며, 이들은 근원적으로 인간이 자기 자신을 위해 하늘에 그려 놓은 인간의 자기투사에 불과하다. 이에 반해 십자가의 하나님은 이러한 자기우상으로부터 인간을 해방시킨다.

그러므로 기독교는 더 이상 유일신론적 신앙방식(슐라이어마허)으로 설명될 수 없다. 기독교 신앙은 급진적 유일신론이 아니다. 십자가 신학으로서 기독교 신학은 철학적 유일신론과 정치적 유일신론에 대한 비판이며 그로부터의 해방이다. 유신론은 고통받는 존재, 사멸적인 존재를 신의 보호 아래

---

37) Jürgen Moltmann, *Der gekreuzigte Gott*, 190: 김균진 옮김,『십자가에 달리신 하나님』, 212.

38) Jürgen Moltmann, *Der gekreuzigte Gott*, 208: 김균진 옮김,『십자가에 달리신 하나님』, 231.

두기 위해 하나님은 고통당할 수 없고 하나님은 죽을 수 없다고 말한다. 기독교 신앙은 우리가 살고 그의 약속 아래 부활하기 위해서 하나님은 예수의 고난 안에 고통당하며 그리스도의 십자가에서 죽었다고 말한다. 종교 심리학적 지평에서 기독교 신앙은 인간적 곤궁을 신의 풍성함 안에 그리고 인간적 무력함을 신의 전능 안에 그리고 인간적 무기력을 신의 책임 안에 두는 유아적인 투사들로부터 해방을 가져온다. 기독교 신앙은 인간이 자신의 유아성을 보존하고자 하는 신격화된 아버지 형상으로부터 해방시킨다. 이 신앙은 권력자들이 지상에서 자신의 통치를 합법화하고 힘없는 자들에게 열등감을 주며, 힘없는 자들은 자신의 무력함을 꿈에서 보상받게 하는 정치적 전능의 표상에 내재한 공포로부터 해방을 가져온다.[39]

본회퍼 신학의 단초를 몰트만은 아버지 하나님과 아들 하나님 사이의 관계론적 사건으로 해석하여, 그리스도의 수난 안에서 인간의 고통을 자신의 것으로 삼으시는 하나님의 사랑을 드러내며, 이 하나님의 사랑을 고통당하는 자들의 위로와 구원의 근거로 삼는다. 만약 유일신론적으로만 하나님의 고난과 약함에 대해 말한다면, 고통으로부터 우리를 구원할 하나님 자신의 죽음에 대해 말할 수밖에 없게 된다. 즉 하나님의 죽음의 신학으로 귀결될 수밖에 없다.

또한 하나님과 무관한 그리스도의 고난만으로 생각한다면, 그리스도의 죽음은 단지 인간적 비극으로 간주될 뿐이다. 그러나 아들의 고통에 자발적으로 참여한 아버지 하나님의 자유로운 사랑의 고통을 생각할 때, 십자가에 달리신 하나님의 고통은 모든 인간적 고통을 자신의 고통으로 끌어안는 하나님의 사랑과 구원의 신학적 근거가 될 것이다.[40]

---

39) Jürgen Moltmann, *Der gekreuzigte Gott*, 201: 김균진 옮김, 『십자가에 달리신 하나님』, 224.

몰트만은 또한 하나님의 **케노시스**에 대해 말한다. 하나님의 케노시스는 그리스도의 십자가에서 이해될 뿐 아니라,[41] 창조를 위해 자기 자신을 제한하고 비우시는 하나님의 사랑과 더불어 이해된다. 특히 몰트만은 유대교의 카발라적 이론과 연관시켜 "집중과 위축", "**자기 자신 속으로 물러남**"을 뜻하는 **침춤**(zimzum)의 개념을 수용하여, 하나님께서 자신을 수축하여 창조의 공간을 마련했다고 말한다.[42]

그러므로 하나님이 자기를 비(非)신적인 세계의 창조자로 규정하는 이 자기규정 속에서 하나님의 자기제한을 인식하는 것이 타당하다: 1. 그의 무한한 가능성들로부터 하나님은 이 하나의 가능성을 실현하며, 다른 모든

---

40) Jürgen Moltmann, *Der gekreuzigte Gott*, 233: "골고다의 예수의 십자가 죽음 안에 있는 구체적인 <하나님의 역사>는 그러므로 인간적 역사의 모든 깊이와 심연을 그 자신 안에 가지며 따라서 역사의 역사로서 이해될 수 있다. 모든 인간적 역사는 그것이 죄와 죽음으로 규정된다고 하더라도, 이러한 <하나님의 역사> 안에, 곧 삼위일체 안에 지양되며 <하나님의 역사>의 미래 안으로 통합되었다. 하나님의 이러한 역사 안에 하나님의 고난이 되지 않을 어떤 고난도 없다. 골고다의 사건 안에서 하나님의 죽음이 되지 않을 어떤 죽음도 없다." - 김균진 옮김, 『십자가에 달리신 하나님』, 259.

41) 위르겐 몰트만/김균진 옮김, 『삼위일체와 하나님의 나라』 (서울: 대한기독교서회, 1982), 148: "케노시스는 십자가에서 실현된다. 물론 그것은 인간의 화해와 구원을 위하여 봉사한다. 그러나 그것은 또한 다음과 같은 의미를 가지고 있다. 즉 하나님은 죽음에 이르기까지, 아니 그 이상을 넘어서 연대적인 하나님이 된다. 아들의 성육신은 잠정적인 것이 아니라 영원히 존재하고 존속한다. 인간이 된, 인간적이고 연대적인 하나님 외에는 어떤 다른 하나님도 없다."

42) Jürgen Moltmann, *Gott in der Schöpfung. Ökologische Schöpfungslehre* (München: Chr. Kaiser Verlag, 1985), 98 이하. - 김균진 옮김, 『창조 안에 계신 하느님』 (서울: 대한기독교서회, 1987), 112 이하; 하나님의 창조와 자기제한의 사랑은, 위르겐 몰트만/김균진 옮김, 『삼위일체와 하나님의 나라』, 77 이하에서도 이미 나타난다; 이와 관련된 최근의 국내 논문으로는 신옥수, "몰트만의 창조 이해에 나타난 '하나님의 케노시스'", 「한국조직신학논총」 27 (2010), 79~109를 참조 바람.

가능성들을 포기한다. 2. 창조에게 공간과 시간과 자신의 활동을 허용하며, 그리하여 창조가 신적 현실에 의하여 억압을 당하고 흡수되지 않게 하는, 그의 창조에 대한 배려가 창조자로의 자기규정과 함께 결합되어 있다.[43]

하나님의 세계 창조는 필연적인 것이 아니라, 하나님의 자유로운 사랑의 결정이다. 창조 과정 속에서 하나님은 세계가 자신과 공존할 수 있도록 자신의 힘을 제한한다. 즉 하나님은 창조세계에 "전개를 위한 공간과 발전을 위한 시간과 자신의 활동을 위한 힘을 허용한다."[44] 하나님은 자신의 전능(Allmacht)과 전재(Allgegenwart)와 전지(Allwissenheit)를 스스로 제한한다. 이로써 몰트만은 다시금 형이상학적 신을 비판하며, 피조물을 위해 고통당하는 사랑의 하나님을 내세운다.

그의 피조물들에 대한 하나님의 사랑 안에서 일어나는 전능의 자기제한에 해당되는 것은, 그의 신성의 다른 형이상학적 속성들에게도 해당한다: 전재(全在), 전지(全知), 상처를 받을 수 없음 그리고 자기로써 충족함. 하나님은 모든 것을 미리 알지 못한다. 그는 모든 것을 미리 알고자 원하시는 것이 아니라, 오히려 그의 피조물들의 대답을 기다리며 그들의 미래가 오도록 허용하기 때문이다. 하나님은 고난받을 수 없는 분이 아니라, 오히려 그는 그의 쉐키나 속에서 그의 백성의 고난에 대하여 자기를 개방하고, 아들의 성육신 속에서 세계를 구원코자 하는 사랑의 고난에 대하여 자기를 개방한다. 이를 통하여 하나님은 그가 사랑하는 피조물들의 대답에 의존케

---

43) 위르겐 몰트만/김균진 옮김, 『과학과 지혜. 자연과학과 신학의 대화를 위하여』 (서울: 대한기독교서회, 2003), 99.
44) 위르겐 몰트만/김균진 옮김, 『과학과 지혜. 자연과학과 신학의 대화를 위하여』, 105.

된다.[45)]

몰트만에 따르면, 창조 안에 계신 하나님은 더 이상 전능한 존재가 아니다. 오히려 그는 전능의 힘으로 피조세계를 무력화시키기보다는 피조세계를 향한 사랑 안에서 모든 것을 인내한다. 이처럼 세계의 발전 안에 일어나는 온갖 고통과 모순적인 일들에 대해서도 하나님은 케노시스적 자기제한 속에서 모든 것을 견디는 사랑으로 세계를 유지한다. 결국 "하나님의 능력이 전능한 것이 아니라, 그의 사랑이 전능하다."[46)]

몰트만은 하나님과 고난의 연관성을 통찰하여 형이상학적으로 사유된 **고통당할 수 없는 신**(Deus impassibilis)을 비판한다. 그는 구체적으로 그리스도의 수난에서 하나님의 고난을 확인하고, 그리스도의 고난 안에서 모든 고통당하는 자들과 함께 고통당하는 하나님, 자신의 창조 안에서 피조물을 위해 자기를 제한하는 하나님을 서술했다. 이때 몰트만은 전능,

---

45) 위르겐 몰트만/김균진 옮김, 『과학과 지혜. 자연과학과 신학의 대화를 위하여』, 103.
46) 위르겐 몰트만/김균진 옮김, 『과학과 지혜. 자연과학과 신학의 대화를 위하여』, 104. 또한 "하나님의 전능하심은 단지 하나님의 초능력으로 이해되며, 하나님의 자유는 단지 선택의 자유나 자의로 이해된다. 동방 정교회의 신학적 전통은 하나님의 <전능>을 언제나 그의 인내로 이해하였다. 하나님은 그의 오랜 참으심과 인내를 통하여 이 세계를 그의 내적인 모순들과 자기 파괴의 위협에도 불구하고 유지한다. 우리에게 미래가 있는 것은 그의 인내하심 때문이다(애2:23)"(289). 이와 유사하게 몰트만은 "Der Allmächtige", in: R. Walter (Hg.), *Die hundert Namen Gottes. Tore zum letzten Geheimnis* (Herderbücherei 1229) (Freiburg/Basel/Wien 1985), 43~50에서 "그(=하나님)는 자신의 전능을 자신의 창조의 삶 **안에서**, 그리고 인간의 역사 **안에서** 하지만 자기제한들, 자기비하들, 그의 함께 고통당함과 십자가에서의 전적인 희생을 통해서 증거하신다. 여기서 그는 자신의 전능을 초능력을 통해서가 아니라 그의 다함없는 **사랑**, 곧 모든 것을 참으며 견디며 희망하는 사랑을 통해 증거하신다(고전 13:7 참조). 비폭력적인 사랑의 전능이 신적인 전능이다"(50). - Jan Bauke-Ruegg, *Die Allmacht Gottes*, 108, 각주 324에서 재인용.

전재, 전지와 같은 형이상학적 개념과 더불어 고통당할 수 없는 신 이해를 철저히 비판한다. 몰트만은 하나님의 힘과 전능에 대한 유일신론적 이해를 비판하면서 아들 예수 그리스도의 고난 안에서 함께 고통당하는 아버지의 고난을 삼위일체론적으로 정초시켰다. 삼위일체론의 순환(perichoresis)을 통해 아들의 고난을 아버지의 고난으로, 아들의 죽음 안에서 무력한 하나님을 말했다.

그러나 아버지와 아들이 유일신론적으로 단일하지 않다면, 아들과 구분되는 아버지 하나님의 존재에 대해서도 말할 수 있지 않았을까? 성서의 하나님은 죽음의 고통에서 일으켜 세우며 현실의 어둠을 찢고 새로움의 미래를 열어 주는 힘 있는 모습도 보여주고 있지 않은가? 고난당하는 하나님은 고난을 극복하게 하는 하나님이어야 하지 않을까? 고통의 상황 속에 하나님이 그저 곁에만 있고 바라만 보시며 아무런 구원의 힘을 제공하지 않는다면, 피해자에게 무력한 존재였던 하나님은 이제 가해자에게도 비웃음을 당할 수밖에 없는 존재가 아닐까?

이처럼 과연 고통당하시는 무기력한 하나님이 고통당하는 자를 구원하실 수 있느냐는 신학적–실천적 의문이 제기될 수밖에 없다.[47]

---

47) 가톨릭 신학자 칼 라너(Karl Rahner)는 몰트만의 고난당하는 하나님에게는 구원의 능력이 없다고 비판하면서, 전통적인 유신론의 수난 불가능성과 불변성을 옹호한다 (*K. Rahner im Gespräch*, hg., von P. Imhoff/U. H. Biallowons, München 1982, 245f.). 요한 밥티스트 메츠(Johann Baptist Metz)도 하나님은 고난받아서는 안 된다고 말한다. 그는 고난당하는 하나님은 고난당하는 인간을 구원하기보다는 오히려 고난을 배가시키며, 영원히 지속되게 하며 보편화하고 아름답게 꾸미고 있다고 비판한다(J. Bauke-Ruegg, *Die Allmacht Gottes*, 191). 몰트만의 십자가 신학에 대한 다양한 비판과 몰트만 자신의 답변은 『몰트만 자서전』, 277~284에서 볼 수 있다. 우리는 일련의 가톨릭 신학자들의 비판을 수용하면서도 그들이 되돌아가고자 하는 고전적 유신론에 대해서는 반대한다. 즉 몰트만의 고난당하시는 하나님이 하나님의 창조적, 구원적 힘의 포기와 연결되어서는 안 된다고 본다. 고난당하시는 하나님은 또한 창

3. 과정신학: 신은 강제하지 않고 유혹하고 설득한다

흔히 과정철학으로 불리는 **화이트헤드**의 유기체 철학은 플라톤과 아리스토텔레스에게서 유래하는 전통적 형이상학의 후손들이 오랫동안 도외시했던 것을 복원하고자 "인간생활의 평범하고도 굽힐 수 없는 엄연한 사실"에 주목하며 "인간의 경험을 어느 정도 완벽하게 설명"할 수 있는, "궁극적으로는 모든 특수한 논제를 서로 결합시킬 수 있는 충분한 우주론을 정교하게 구축"하고자 한다.[48] 유기체 철학은 존재보다는 생성과 관계성에 우위를 두며 "굽힐 수 없는 엄연한 사실을 공동으로 구성하고 있는 사물들이 생성하고, 소멸하며, 또한 객체적으로 불멸한다는 것을 말한다."[49]

이처럼 포괄적인 우주론을 구성하고자 하는 관심 아래 유기체 철학은

조와 구원의 힘을 현실화시키시는 하나님이다; 이와는 달리 J. Bauke-Ruegg, *Die Allmacht Gottes*, 197~198에 따르면, 몰트만의 십자가 신학은 하나님의 전능에 대한 완전한 포기가 아니라 고통까지도 전능의 개념에 포괄함으로써 암암리에 하나님의 힘의 상승을 꾀하는, 어떤 의미에서는 일종의 "십자가를 통한 영광의 신학"(theologia gloriae per crucem)이 아니냐는 의문도 제기된다. 이때 하나님의 무력함은 전능에 속하는 하나의 계기일 뿐이며, 하나님의 전능에 대한 개념은 여전히 보존된다는 것이다. 바우케-뤽은 몰트만의 글, "Der Allmächtige", 47에서 "그 어디에서도 하나님은 자신의 자기제한 안에서보다 더 능하지 않다. 그 어디에서도 하나님은 자신의 자기비움 안에서보다 자신을 더 영화롭게 증거하지 않으신다. 그 자신을 축소하는 힘은 전능하다. 그의 한없는 인내의 능력은 전능하다."를 인용하여 이를 확증한다. 이와 관련해서 바우케-뤽은 이와 유사한 울리히 헤딩거(Urich Hedinger)의 비판과 그의 하나님의 "참된" 무능함에 대한 언급도 소개한다(*Die Allmacht Gottes*, 198, 각주 308).

48) 화이트헤드/오영환 옮김, 『과정과 실재』 (서울: 민음사, 2005), (인용 순으로) 45, 42. 43.

49) 화이트헤드/오영환 옮김, 『과정과 실재』, 46.

종교와 과학을 "하나의 합리적인 사고의 도식 속에 융합"시켜야 할 "경험의 여건들"로 자리매김하면서,[50] 자연스럽게 전체를 포괄하고자 하는 자신의 형이상학 안에 신의 자리를 마련한다. 여기서도 신학은 새로운 형이상학과 깊은 연관성을 갖게 되며, 신학의 명료성과 정합성을 위해 형이상학은 불가피한 것으로 판단되었다.[51] 이처럼 화이트헤드는 자신의 새로운 우주론으로서의 형이상학을 통해 "종교와 형이상학에 가교를 놓을 수 있는 동시에 종교와 과학이 만날 수 있는 길을 제시"하고자 한다.[52]

특히 화이트헤드의 새로운 형이상학에서 신은 자연과는 동떨어져 있거나 모든 존재자들의 존재론적 근거나 제1원인으로 설정되지도 않으며, 또한 유일한 형이상학적 궁극자로 자연 안에 수직적으로 개입하지도 않는다. 오히려 신은 여타의 존재들과 동일한 법칙과 규범을 따르며, 이들과 수평적으로 상호작용한다는 점에서 화이트헤드의 유신론은 "자연주의적 유신론"으로 명명된다.[53]

---

50) 화이트헤드/오영환 옮김, 『과정과 실재』, 73.
51) A. N. 화이트헤드/정강길 옮김, 『형성과정에 있는 종교』 (서울: 동과서, 2003)에서 화이트헤드는 다음과 같이 말한다: "종교에 대한 정확한 해석을 위해" "종교는 형이상학의 지원을 필요로 한다"(89). 그리고 "종교가 명료성을 위한 통찰력을 추구하는 것을 멈출 때, 종교는 저급한 형태로 전락하게 된다"(91).
52) 장왕식, 「화이트헤드 철학과 기독교」, 한국화이트헤드학회 편집위원회, 『화이트헤드와 현대』 (知隱 오영환명예교수 고희기념론집) (고양: 동과서, 2002), 313~342, 316. 장왕식에 따르면, "기독교 신학에 있어서 화이트헤드 철학은 일종의 구세주"이다. 왜냐하면 논리실증주의와 과학주의의 도전 앞에 기존의 기독교 신학이 과학과 철학을 포괄하는 합리적인 형이상학을 전개하지 못하고 있던 상황에서 "기독교 신학이 목표로 하고 있는 바, 신학적 토대로서의 유신론적 신앙을 여전히 보존하면서도 동시에 현대인들의 새로운 지성적 욕구를 만족시켜"(314) 주는 대안이 마련되었기 때문이다.
53) 장왕식, 「화이트헤드 철학과 기독교」, 321: 반대 개념은 "초자연주의적 유신론"이다.

화이트헤드에 따르면, 우주 안의 존재들은 끊임없는 생성소멸의 과정을 경험한다. 이러한 생성소멸의 과정 속에서 우주에는 새로운 사건들이 발생하는데, 이러한 사건들의 발생은 앞선 사건들과 새로운 여건들의 영향 아래에서 인과율적으로 일어나는 것이지, 결코 앞선 사건들과 여건들과는 분리된 독립적 사건일 수 없다. 복합적인 인과율 속에서 발생하는 하나의 사건은 다양한 여건들을 자신 안에 수렴함으로써 풍성해진다.[54]

화이트헤드에 따르면, 시간적 존재들의 발생 과정에 항상 결부되어 있는 비시간적 여건들이 있는데 이것은 "창조성", "영원한 객체" 그리고 "신"이다. 창조성, 영원한 객체, 신은 또한 "형성적 요소"라고 명명되며, 과정의 사건을 조건 짓는 요소에 해당된다.[55] 이처럼 다양한 여건들을 구성하는 형성적 요소로서의 창조성과 영원한 객체는 일종의 가능태인데, 이러한 가능태를 현실적 존재에 매개하는 역할을 담당하는 것이 바로 신이다.[56] 신은 현실적 존재의 합생 과정에 관여하는 동시에 또한 그

---

54) 현실적 존재의 사건화를 화이트헤드는 "합생"(concrescence)과 "파악"(prehension)이라는 용어로 표현한다. 화이트헤드/오영환 옮김, 『과정과 실재』 (서울: 민음사, 2005), 87: 현실적 존재는 "여러 파악들의 합생"이다. "모든 파악은 세 가지 요인으로 이루어져 있다는 것. (a) 파악하는 <주체subject>, 즉 그 파악을 자신의 구체적인 요소로 하고 있는 현실적 존재, (b) 파악되는 <여건datum>, (c) 그 주체가 그 여건을 파악하는 방식인 <주체적 형식subjective form>; 합생에 관해서는 앞의 책, 424: "합생이란 다수의 사물들로 구성된 우주가, 그 '다자'의 각항을 새로운 '일자'의 구조 속에 결정적으로 종속시킴으로써 개체적 통일성을 획득하게 되는 그런 과정을 일컫는 말이다." 파악이 현실적 존재가 여건들을 주체적으로 수용하는 것을 뜻한다면, 합생은 그 결과로 현실적 존재가 실현되는 과정을 의미한다. 장왕식, 「화이트헤드 철학과 기독교」, 320쪽에 따르면 "이러한 존재방식을 한마디로 요약한 것이 바로 화이트헤드의 <다자는 일자가 되고 그 일자에 의해 증가한다>는 주장이다. 과거의 다자는 현재의 생성에 관여하면서 그 생성과정 속에 들어간다. 그러나 새롭게 생성하고 있는 존재는 그 과거를 통합해서 새로운 존재가 된다."

55) A. N. 화이트헤드/정강길 옮김, 『형성과정에 있는 종교』, 95~99.

결과에 의해 영향을 받으며 이것을 자신에게 수렴하고 통합하여 다시금 새로운 창조적 과정에 반영한다.[57]

하지만 화이트헤드의 형이상학적 체계 속에서 신은 "형이상학적 원리들로부터의 예외자로 취급되어서는 안 된다."는 사실을 잊지 말아야 한다. 신은 "형이상학적 원리들의 주요한 예증 사례"일 뿐이다.[58] 즉 신은 "세계를 구성하는 궁극적인 실재적 사물인 현실적 존재"의 하나로 자리 매김하고 있다.[59] 이 말은 신도 하나의 현실적 존재로서 다양한 현실적 존재들과 상호적으로 영향을 주고받는다는 뜻으로 이해될 수 있다. 이 점에서 화이트헤드의 신은 일방적이고 주도적인 고전 유신론의 신과는

---

56) 문창옥, 『화이트헤드 과정철학의 이해』 (서울: 통나무, 2002), 96: "화이트헤드가 말하는 신은 (…) 창조성과 영원적 객체들을 매개하는 기능을 갖는다. 이 두 요소는 가능태이기에 스스로 무엇인가로 구현하지 못한다. 이들이 무엇인가로 구현되기 위해서는 이들을 매개하여 현실화하는 현실적 작인이 있어야 한다. 신은 바로 이러한 기능을 갖는 현실적 존재이다."

57) 화이트헤드/오영환 옮김, 『과정과 실재』 (서울: 민음사, 2005), 68: "세계의 유기적 현실태들의 합성적 성질이 신의 본성 속에서 어떻게 완전히 표현되느냐가 바로 진리 그 자체이다. 이러한 표현들이 신의 <결과적 본성consequent nature>을 구성한다. 이 신의 본성은 진화하고 있는 세계와의 관계에 있어, 신의 원초적인 개념적 본성의 영원한 완성을 퇴락함이 없이 진화해 간다." 또한 다음 본문도 이에 해당된다: "신은 원초적일 뿐 아니라 결과적이기도 하다. 신은 처음이자 끝이다. (…) 모든 사물이 갖는 상대성 때문에 신에 대한 세계의 반작용이 있는 것이다. 신의 본성이 물리적 느낌의 충만으로 완결되는 것은 세계가 신 속에서 객체화되는 데에 연유한다. 신은 자신의 현실 세계를 모든 새로운 창조와 공유하고 있다. 그리고 합생하는 피조물은 그 현실 세계에 대한 신의 객체화에 있어서의 새로운 요소로서 신 속에서 객체화된다"(652~653); 화이트헤드의 신의 원초적 본성과 결과적 본성이 찰스 하트숀에게는 신의 가능성과 신의 현실성에 대한 양극성으로 도식화된다: 찰스 하트숀/홍기석, 임인영 옮김, 『하나님은 어떤 분이신가』 (서울: 한들, 1995), 74.

58) 화이트헤드/오영환 옮김, 『과정과 실재』, 650.

59) 화이트헤드/오영환 옮김, 『과정과 실재』, 78.

다르다.

비록 신이 다른 여타의 일시적인 현실적 존재와는 달리 비시간적인 영속성을 가지며 모든 존재의 과정 속에 영향력을 행사하고는 있지만, 신의 영향력을 받는 현실적 존재들이 이러한 신적 목적에 순응할 것인지 말 것인지는 그들 스스로의 결정에 달려 있기 때문에, 신의 힘은 결코 절대적이거나 강압적이지 않다. 오히려 신의 영향력은 "유혹"[60]으로 이해되며 그 이상은 아니다. 또한 신의 유혹은 현실적 존재의 합생 과정에 주어진 다양한 여건들 중 하나라는 점에서 "단지 하나의 차원일 뿐"이다.[61]

이처럼 신의 영향력이 절대적이지 않은 것은 서로를 제약하는 현실적 존재들이 각자의 자기결정권을 가지고 여건을 파악하며 합생의 과정을 경험하기 때문이다. 이로써 전통적으로 신에게만 부여되던 자기 원인(causa sui)을 화이트헤드는 모든 현실적 존재에게 적용한다. 모든 현실적 존재는 자기결정권을 가지고 있으며 자기 자신을 스스로 넘어선다.[62] 물론 고전 형이상학에서 자기 원인이란 다른 그 무엇에 의존하거나 영향받지 않음을 의미하지만, 여기서 모든 현실적 존재에게 부여된 자기 원인성이란 마치 아우구스티누스가 인간의 의지에 부여했던 자기결정권의 의미로 이해된다.

---

60) 화이트헤드/오영환 옮김, 『과정과 실재』, 651: "신은 느낌을 위한 유혹이며, 욕구의 영원한 충동이다."

61) 장왕식, 「화이트헤드 철학과 기독교」, 322.

62) 화이트헤드/오영환 옮김, 『과정과 실재』, 97: "유기체 철학의 형이상학적 학설에 있어 근본적인 점은 변화의 불변적 주체로서의 현실적 존재라는 개념이 완전히 폐기된다는 데에 있다. 현실적 존재는 경험하고 있는 주체이며 동시에 그 경험의 자기초월체이기도 하다. 그것은 자기초월적 주체이며, 이 두 측면의 기술(記述)은 어느 한순간도 간과될 수 없다. <주체>라는 술어는 현실적 존재가 그 자신의 실재적인 내적 구조와 관련하여 고찰되는 경우에 주로 사용된다. 그러나 <주체>는 항상 <자기초월적 주체>의 생략형으로 해석되어야 한다."

따라서 현실적 존재는 신이 의도한 목적에 부합하지 않는 결단을 내리며, 신에 의해 유도되는 다자의 일자에로의 통일성에 반기를 들 수도 있다. 그러나 신은 이를 제어할 힘을 행사할 수 없으며, 다만 결과적 다양성을 다시금 자신의 통일성 속에 흡수한다. 이러한 신과 세계와의 상호성은 "정태적인 완결에 이르지는 못한다. 이 양자는 궁극적인 형이상학적 근거, 즉 새로움을 향한 창조적 전진의 손아귀에 있다." 이를 통해 "신과 세계는 각기 상대편에 있어서의 새로움을 위한 도구인 것이다."[63]

이처럼 신은 세계 형성의 창조적 과정 속에 지배적 폭군이 아니라 "동반자"로서 나타난다.[64] 화이트헤드는 황제의 이미지로, 도덕적인 힘을 의인화한 이미지로 그리고 궁극적 철학적 원리의 이미지로 그려진 신 개념에 의존했던 기존의 유신론적 철학의 역사를 비판하고 갈릴리 예수에게서 기원한 사랑의 하나님을 자신의 과정 형이상학의 신과 일치시키는 듯하다.

그러나 갈릴리인(예수 그리스도)에 의한 기독교의 기원에는, 이 세 주요 사상 계통의 어느 것과도 잘 들어맞지 않는 또 다른 암시가 들어 있다. 그것은 통치하는 카이사르도, 무자비한 도덕가도, 부동의 동자도 역설하지 않는다. 그것은 정적 속에서 서서히 사랑에 의해 작용하는 세계 내의 부드러운 요소들을 강조한다. 그것은 또 이 세계가 아닌 왕국의 현재적 직접성 속에서 목적을 찾는다. 사랑은 통치하지 않으며, 또 부동의 것도 아니다. 또 사랑은 도덕에 대해 별로 주의하지 않는 편이다. 그것은 미래에 눈을 돌리

---

63) 화이트헤드/오영환 옮김, 『과정과 실재』, 659.
64) A. N. 화이트헤드/정강길 옮김, 『형성과정에 있는 종교』, 54; 화이트헤드/오영환 옮김, 『과정과 실재』, 655: "신은 세계를 창조하지는 않는다. 신은 세계를 구제한다. 아니 보다 정확히 말하면, 신은 진·선·미에 관한 자신의 비전에 의해 세계를 이끌어가는 애정 어린 인내심을 갖고 있는, 세계의 시인이다"(655).

지 않는다. 왜냐하면 그것은 직접적 현재에서 그 보답을 발견하기 때문이다.[65]

화이트헤드의 과정사상을 보다 밀접하게 신학과 접목시키려 했던 찰스 하트숀은 그의 책 『하나님은 어떤 분이신가』(*Omnipotence and Other Theo- logical Mistakes*, 1984)[66]에서 과정사상의 고유한 용어들을 걷어 내고 일상적이고 이해 가능한 용어로 이를 풀어낸다. 우리는 그의 설명을 중심으로 과정사상이 이해한 신적 힘의 개념에 주목하고자 한다.

하트숀에 따르면, 고전적 전능의 개념은 상상할 수 있는 가장 높은 형태의 힘, 완전히 그 모든 사항을 결정하는 힘 그리고 더 나아가 모든 권력을 전적으로 행사하는 힘으로 정의된다. 따라서 모든 사항을 결정하며 모든 권력을 전적으로 행사하는 힘은 다른 힘들을 무력화시키며 파괴할수밖에 없다. 따라서 하트숀은 이런 힘을 행사하는 신은 "전제군주적 폭군"이라고 비판한다.[67] 또한 하트숀은 이러한 고전적 전능의 개념은 인간 행위의 결과적 자유와 충돌한다는 사실을 지적하며, 모든 것을 결정하는 전능한 신을 어떤 일을 뒤에서 강압적으로 명령하는 폭력 조직의 두목에 비유하기도 한다.

이에 반하여 그는 모든 결정론적 유형을 거부하며 인간과 피조세계의 자기결정권을 인정하고 존중하는 신 개념을 주장한다. 그에 따르면, 이러한 신상(神像)은 자녀의 결정권을 존중하며, 스스로 결정할 수 있도록 하는 이상적인 부모상(像)에 빗대어 설명될 수도 있다.[68]

---

65) 화이트헤드/오영환 옮김, 『과정과 실재』, 649.

66) 찰스 하트숀/홍기석, 임인영 옮김, 『하나님은 어떤 분이신가』 (서울: 한들, 1995).

67) 찰스 하트숀/홍기석, 임인영 옮김, 『하나님은 어떤 분이신가』, 29; "전통적으로 받아들여진 전능이라는 개념보다 더 잘못된 개념은 없다. 그것은 오히려 하나님에 대한 신앙을 잘못된 길로 이끌고 있는 것이다"(38~39).

하트숀은 자유를 인간의 의지에 국한시키지 않고 피조물 전체에 확장하여, 인간에 의한 악행뿐 아니라 질병과 재난을 포함하는 모든 종류의 악이 인간과 피조세계의 자유에서 파생된다고 보며 이를 통해 전통적 신정론의 문제를 해결하고자 한다.

악의 문제를 잘 설명하는 방법이 하나 있다. 그것은 자유에 관한 생각을 일반화하는 것이다. 왜 오직 사람들만이 어떤 일을 결정할 수 있다고 생각하는가? ……(자유를 가진다는 것은) 원자나 그 이상까지의 모든 실체에 대하여 적용되는 일반 원리로서 강조되고 확대 해석되고 있다. 현대 물리학도 이것과 상충하지 않는다는 것을 많은 학자들이 인정하고 있다.[69]

피조세계의 자기결정권을 진지하게 고려할 때, 자연스럽게 미래에 대한 예지와 예정의 개념은 불가능해지며, 인간과 세계의 삶의 과정에는

---

68) 찰스 하트숀/홍기석, 임인영 옮김,『하나님은 어떤 분이신가』, 31: "모든 세부 사항들이 부모에 의해 결정되어지는 것인가? 질문 자체가 대답을 하고 있다. 이상형은 아이들이 그들의 지성이 자람에 따라 점점 자신들의 행동을 결정할 수 있게 하는 것이다. 현명한 부모는 모든 것을 부모가 독단적으로 결정하려 하지 않는다. 심지어 어린아이라 할지라도 그러하며, 반쯤 성숙한 아니면 완전히 성숙한 자식에겐 더 그러하다." 그러나 하트숀에 따르면 신과 세계의 관계는 부모와 자녀의 관계로는 온전히 설명될 수 없다. 그는 정신과 몸의 관계를 통해 신과 세계의 직접적 연관성을 설명한다: "신은 창조물과 직접 행동해야 하며 단순히 다른 창조물을 통하여 행동하지는 않는다. 정신 몸 또는 정신-신경세포의 아날로지를 사용하는 목적이 모두 여기에 있다"(86). 화이트헤드는 신과 세계의 관계에 대해 "원초적 본성"과 "결과적 본성", "자기초월체적 본성" 등의 개념을 사용하여 설명한다. 존 캅, 데이비드 그리핀/류기종 옮김,『과정신학』(서울: 황소와소나무, 2002), "제3장 창조적-응답적 사랑인 하나님"에서는 세계에 대한 신의 관계를 강제가 아니라 유혹과 설득으로 표현한다. 또한 "제7장 종말론"의 '천국'(206~215)도 참고 바람.
69) 찰스 하트숀/홍기석, 임인영 옮김,『하나님은 어떤 분이신가』, 33.

예기치 못한 우연과 더불어 위험이라는 요소가 개입하게 된다.[70] 즉 피조세계의 자율성으로 인해 세상에는 예측할 수 없는 일들이 발생한다. A가 만든 일과 B가 만든 일이 만나 A와 B가 의도하지 않은 또 다른 사건이 일어난다. 이러한 새로운 사건의 가능성은 고전물리학의 인과율적 결정론에서 벗어난 세계를 지시하며, 양자역학의 확률적이며 통계적으로 예측 가능한 세계와 상통한다.[71] 모든 사물이 자기결정권을 통해 스스로 창작할 힘을 가진다면 신의 힘은 표면적으로는 다양한 힘들 사이에 하나의 힘일 뿐이다. 그러나 동시에 신의 힘은 모든 피조물에 미치는 보편적이고 우월한 힘으로 주장된다.

하트숀에 따르면, 신의 힘은 "우주의 한 모퉁이에 한정된 것이 아니고 모든 것에 미치는" 상상할 수 있는 "가장 최고의 능력"을 뜻한다.[72] 즉 힘의 강도에서가 아니라 힘이 미칠 수 있는 범위에 있어 신의 힘은 보편적이다. 신의 **전능**은 모든 영역에 미치는 힘을 의미한다. 이 보편적인 힘의 궁극적 목적은 "세상의 아름다움"[73]이다. 신은 피조세계의 자유로 인

---

70) 찰스 하트숀/홍기석, 임인영 옮김,『하나님은 어떤 분이신가』, 32: "정말 하나님의 지혜조차도 다른 이들이 어떤 결정을 할 것인가를 완벽히 예견할 수는 없다. 인생은 단순히 결정을 해가는 과정이고 그것은 곧 인생 그 자체에 위험이 내포되어 있음을 뜻한다. 하나님조차도 그것을 다르게 만들 수는 없는 것이다. 위험 요소가 없는 세상은 상상할 수가 없다. 잘해봐야 그건 선도 악도 없는 죽은 세상일 뿐이다."

71) 찰스 하트숀/홍기석, 임인영 옮김,『하나님은 어떤 분이신가』, 37.

72) 찰스 하트숀/홍기석, 임인영 옮김,『하나님은 어떤 분이신가』, 49.

73) 찰스 하트숀/홍기석, 임인영 옮김,『하나님은 어떤 분이신가』, 48: "하나님의 능력에 대한 가장 타당한 생각은 그 능력이 일어나는 모든 사건에 영향을 주지만 구체적인 형태에 대하여는 아무것도 결정하지 않는다는 것이다. 나중에야 하나님의 뜻이 그러했구나라고 아는 것은 아무 의미가 없다. 우리는 하나님의 목적에 대한 일반적인 원리를 알 수 있다. 나는 그렇게 믿는다. 그 원리는 세상의 아름다움이다. 즉 피조물이 조화 가운데 행복해지는 것이다. 그 아름다움은 모든 피조물이 각자의 눈으로 즐기며 각자 그 아름다움에 공헌을 한다."

해 발생할 수 있는 위험에 직면하여 "수많은 결정들을 모두 합하여 일관성 있고 근본적으로 선한 세계로" 만드는 모험을 감행한다.[74] 이러한 세계의 아름다움을 향한 신적 모험 안에서 악의 문제는 "정도의 문제"가 된다.[75]

신의 영향력이 제한적이기에, 현실적 존재들이 자기결정권을 가지고 신의 목적에 부합하지 않게 결정할 때, 여기서 악이 발생한다. 이처럼 악은 전적으로 현실적 존재의 자유로 인해 발생한다. 이로써 기존의 유신론이 자유와 악의 문제에서 가지고 있던 딜레마가 화이트헤드의 철학에서는 해소된다.

신은 전능하지 않으며, 모든 현실적 사건을 전적으로 통제할 수 없다. 오히려 모든 현실적 존재는 스스로 결정할 자유의 계기를 갖고 있으며, 선을 향한 신의 유혹과 설득에도 불구하고 자신을 통해 일어나는 일에 대해 스스로 책임을 져야 한다. 따라서 신에게 악의 책임을 물을 순 없다. 인간만이 아니라 인간 이외의 자연도 신의 통제 아래 있다고 말하기 어렵기 때문이다.

세상에는 신의 의지와는 상관없는 자연의 법칙이 존재한다는 사실을 솔직히 인정하는 것이 자연주의적 유신론이었기에, 인간이 많은 악의 현실과 그 고통들, 말하자면 태풍이나, 홍수 그리고 지진 등의 자연적인 악은 신의 의지와는 상관없이 자연발생적으로 나타나는 악으로 설명될 수 있었다. 또한 더 나아가서 인간 또한 나름대로의 자율성을 갖고 있어서 신마저도

---

74) 찰스 하트숀/홍기석, 임인영 옮김, 『하나님은 어떤 분이신가』, 39. 자유의 증가와 자유로운 현실체들의 복잡성은 질서에 대한 위협을 가져올 수밖에 없는데, 신은 이 팽팽한 긴장을 오히려 증폭시키면서 자유와 질서 사이의 모험적인 균형 잡기를 즐긴다. 이에 대해 존 캅, 데이비드 그리핀/류기종 옮김, 『과정신학』, 111~120을 참조 바람.
75) 찰스 하트숀/홍기석, 임인영 옮김, 『하나님은 어떤 분이신가』, 46.

어찌할 수 없다는 것을 인정하는 것이 과정신학이기에 히틀러와 같은 악의 실재에 왜 신은 침묵할 수밖에 없었는지를 설명할 수 있었던 것이다.[76]

과정사상에 따르면, 자연만물뿐 아니라 인간과 관련해서도 신은 설득하고 유혹하지, 강제하지 않는다. 인간에게 자유를 폐기시키지 않음으로써 악이 발생할 위험성을 감내하면서도 인간의 자유를 존중하고 인간과 더불어 악의 문제를 해결하고자 한다. 세계의 미래는 신에게만 달려 있는 것이 아니라 인간의 행위에 달려 있다. 이런 점에서 고전 유신론이 신적 예지와 예정을 말하면서 결정론적 관점으로 기울어져 있었다면, 과정사상은 신의 보편적인 힘을 말하면서도 비결정론적 관점을 지지한다.[77]

피조세계와의 관계 속에서 신은 자신의 의도와 목적으로 우리를 유혹하고 설득하지만 실패할 수도 있다. 따라서 신의 사랑은 전적으로 모험이다. 신적 섭리의 성공과 실패는 미리 보장된 것이 아니기 때문이다. 하지만 이러한 과정 속에서 신의 사랑은 끊임없이 우리를 자극하여 신에의해 지향된 선을 실현하도록 유도한다. 즉 신은 단숨에 지배하고 간섭하는 힘을 통해서가 아니라 지속적으로 인내하며 동반하는 사랑을 통해서 일한다.

하나님의 힘에 대한 과정신학의 사유는 몰트만이 그려 준 하나님의 사랑의 힘과 닮았다. 몰트만의 사유가 삼위일체적 십자가 신학에 정초되었다면, 과정신학은 화이트헤드의 유기체 철학에 정초하고 있다. 따라서 화이트헤드의 유기체 철학에서 제시된 다양한 인상들을 기독교 신학의 하나님 사유에 수용할 순 있지만, 과정사상을 기독교 신학의 토대로 삼

---

76) 장왕식,「화이트헤드 철학과 기독교」, 325~326.
77) 존 캅, 데이비드 그리핀/류기종 옮김,『과정신학』, 207: "과정신학은 미래란 진실로 열려 있으며, 그리고 앞으로 일어날 일들은 인간들이 무엇을 행하느냐에 달려 있다고 주장한다."

을 수 있느냐 하는 것은 여전히 의문시된다.

무엇보다도 화이트헤드의 유기체 철학이 묘사하는 신은 기독교 신학의 창조주와는 달리, 세계 이전의 신이 아니라 세계와 함께 존재하는 신이며, 세상을 초월한 세상의 창조주가 아니라 세상 안에 머물러 있는 신이다. 또한 과정사상의 신은 복잡한 경험적 현실에 부합하는 형이상학적 우주론의 한 구성요소로 자리할 수 있도록 꿰맞춰진 존재라는 인상을 받게 되며, 이는 성서의 창조적이고 주권적이며 자유로운 하나님에 대한 묘사와도 거리가 있다고 할 수 있다.

과정사상에서 신은 애당초 전능할 수 없는 존재이기에, 몰트만의 신학에서처럼 하나님의 자기제한이나 케노시스를 말할 여지도 없다. 과정사상의 신적 사랑은 피조물의 자유를 위해, 피조물과의 자유로운 사랑의 교제를 위해 자신을 제한하는 불가능한 가능성으로서의 사랑이 아니라 형이상학적 틀 속에서 이미 제한되어 있는 사랑이다. 이러한 사랑은 피조물 때문에 스스로 짊어지지 않아도 되는 제약성을 짊어지는 자기초월적인 사랑은 아니다. 과정사상의 신은 제약된 존재이며, 그의 사랑은 적극적이고 자기초월적인 사랑이 아니다. 모든 현실적 존재들이 상호 영향 속에 있듯이 신의 사랑도 그러한 영향에 속할 뿐이다. 따라서 이렇게 형이상학적 원리들에 제약된 신을 과연 기독 신앙의 하나님과 동일시할 수 있을지는 여전히 의문이다.

4. 나가는 말

지금까지 살펴본 본회퍼의 신학과 몰트만의 신학 그리고 과정신학이 묘사하는 하나님의 힘에 대한 이해는 고전 유신론이 정초해 놓은 폭력적이고 강압적인 신의 전능에 대한 비판적 숙고를 요구한다. 신의 전능은 무엇이든지 마음대로 다 할 수 있는 힘일 수 없으며, 그러한 힘의 소유자는 결코 기독 신앙의 하나님일 수 없다. 또한 인간의 고통과 세계적 곤궁과 무관한 존재도 기독 신앙의 하나님일 수 없다.

그렇다고 하나님의 힘은 이 세상의 고통과 아픔, 인간의 상처를 단번에 씻겨 주는 마술로 이해될 수 없으며, 고통 가운데 있는 인간이 주술적으로 붙잡아야 하는 요술방망이도 아니다. 오히려 본회퍼의 표현대로 하나님은 세상에서 무력하다고 말하는 것이 정직하게 현실을 대면하는 자세일 것이다. 초월적 힘의 환상에 사로잡혀 현실을 망각하게 하는 전능의 허무함보다 고통당하는 피조물들과 함께 아파하는 무력한 하나님의 사랑의 힘에 대한 언급이 현실적이고 정직한 신학의 자세일 것이다. 하지만 고통당하는 무력한 하나님이 어떻게 세상을 구원할 수 있는가 하는 물음과 더불어 성서의 하나님은 단순히 무력하지만 않다는 사실에서 우리는 전능의 포기에도 결코 만족할 수 없을 것이다.

이제 우리는 단순히 "전능하신 하나님과의 결별"[78]을 넘어 하나님의 전능을 신학적으로 새롭게 사유해야 할 과제 앞에 서게 된다.

---

78) Günter Schiwy, *Abschied vom allmächtigen Gott* (München: Kösel, 1995); *Der Spiegel* 25 (1996), 148~153: *Der Spiegel Online*, http://www.spiegel.de/spiegel/print/d-9140804.html (2011. 9. 25. 검색). <슈피겔>지가 Bielefelder Emnid-Institut에 의뢰한 설문조사(1996년 11~12월)에 따르면 독일 국민의 절반 이상은 무신론자이거나 불가지론자인 것으로 조사되었다. 특히 옛 동독 지역에는 1/5가량만 신의 존재를 믿고 있었다. 특히 18세에서 30세까지의 연령층의 2/3 이상이 신의 존재를 믿지 않았다. 특히 이번 조사를 통해 신을 믿지 않는 두 가지 주요한 이유로 교회의 하나님 이해가 시대에 적합하지 않다는 것과 세계 도처에서 발생하는 재난이 언급되었다. <슈피겔>지는 인간의 고난과 관련해서 그럼에도 신의 전능을 주장하는 한스 큉(Hans Küng)의 견해와 그와는 상반되는 귄터 쉬비(G. Schiwy)의 견해를 짤막하게 소개했다.

제4장
전능에 대한 신학적 변호

1. 칼 바르트: 전능한 하나님은 사랑 안에서 무력하지 않다

본회퍼가 하나님의 실재를 추상적이고 일반적인 추론에서 시작하지 않고 구체적인 예수 그리스도의 역사에서 찾고자 했다면, 이와 마찬가지로 바르트도 하나님의 실재를 기독론적으로 사유하며, "신적 실재는 곧 예수 그리스도 자신"이라고 말한다.[1] 이처럼 바르트는 신적 실재에 대한 언급을 철학적 신학의 사변으로 전개하기보다는 예수 그리스도와의 관계성 안에서 사유한다. 그는 하나님의 높으심을 아들 안에서 낮아지심과 더불어 생각하며, 하나님의 신성을 아들의 수난과 더불어 사유한다. 바르트는 아버지 하나님과 아들 예수 그리스도를 묶는 신적 실재의 본질을 무엇보다도 하나님의 사랑에서 찾는다.

하나님은 불변하신다. 그는 예수 그리스도 안에서 일어나는 그의 내려오심 안에, 그의 자기희생과 숨겨짐 안에, 그의 자기비움과 자기겸허 안에 실제

---

1) Karl Barth, *Kirchliche Dogmatik(=KD)* II/1 (Zürich: Theologischer Verlag, 7. Aufl., 1987), §27, 284: "우리는 기독론을 지시하지 않는다. 기독론 그 자체는 신앙의 시련도 위로도 아니다. 우리는 기독론적으로 언급하면서 **예수 그리스도 자신**을 가리킨다. 우리는 신적 실재로서 하나님의 시련과 하나님의 위로를 언급할 때, 이미 그를 가리켰다. 우리는 *하나님의 진리의 순환*(circulus veritatis Dei) 안에 움직이고 있으며, 이는 신적 실재에 의해 둘러싸여 있다. 이러한 신적 실재는 곧 예수 그리스도 자신이다."

로 계신 바로 그분이시다. 그는 이러한 내려감 뒤에 어떤 높은 곳에 있거나 골고다의 십자가 뒤에 계시는 그런 하나님이 아니다. 오히려 바로 여기, 골고다의 십자가가 그 자체로 그의 신적 높이이며 그의 모든 신성에 따라 필연적인 **높아짐**, 즉 그의 본질의 계시다. …… 높이 계신 바로 그 하나님은 그의 아들 안에서 완전히 우리에게 **내려오실** 수 있었고 그렇게 하길 원하셨고 사실상 우리에게 내려오셨다. 따라서 바로 이러한 자유로운 사랑이야말로 참된 한 분 하나님 자신이시다. 모든 신적 높음은 그것이 이러한 자유로운 사랑의 높음과 신성이라는 점에서 높고 신적이다.[2]

바르트에게 하나님의 신성과 높음은 바로 예수 그리스도 안에서 자기를 비우고 낮아지신 그 사랑 안에서 인식된다. 다른 곳이 아니라 바로 예수 그리스도 안에서만 자신을 계시하기로 하신 하나님의 사랑은 또한 그 아들 안에서 피조세계를 자신의 신실함에 결합시키는 그분의 자유로운 결정이기도 하다. 본회퍼와 몰트만에게서 보듯이 하나님은 자신의 아들 안에서 자신의 본질을 계시하셨고, 그것은 어떤 형이상학적 원리 때문에 그런 것이 아니라 전적으로 그분의 **자유로운 사랑의 결정**이었다.[3]

하지만 그가 하나님의 실재에 대해 기독론적으로 언급한다고 해서, 이것이 기존의 형이상학적 신학의 개념들에 대한 전적인 폐기 처분을 의미하진 않는다. 오히려 바르트는 형이상학적 개념들을 자신의 기독론적 신학 속에서 새롭게 재해석하고 재규정한다. 부연(附椽)하자면 그는 하나님의 **동일성**(Beständigkeit)을 언급하면서 이를 형이상학적 신학의 부동성, 불변성과는 다른 의미로 해석한다.[4] 하나님은 동일하시지만, 하나님의

---

2) Karl Barth, *KD* II/1, §31, 581~582.

3) Karl Barth, *KD* II/1, §31, 582~583.

4) 바르트는 기존의 불변성(Unveränderlichkeit)이라는 단어의 오해와 부정성으로 인해 하나님의 한결같음, 동일하심, 변함없음을 함축하는 독일어 단어 Beständigkeit를 추

동일성은 자기 자신 안에 닫혀 있으면서도 자기 자신과 다른 모든 것에 개방되며 또한 모든 다른 것을 포괄함을 의미한다. 바르트에게 동일하신 하나님은 곧 살아 계신 하나님이며 활동하시는 하나님이시다. 따라서 "하나님의 동일성"은 "하나님의 삶"을 부정하지 않는다.[5] 바르트는 죽음의 부동성이 아니라 생명의 동일성 속에서 하나님의 불변성을 이해한다.

이때 바르트는 단순히 부동성이나 불변성의 개념에서 출발하기보다는 오히려 살아 계신 하나님으로부터 출발하여 전통적으로 하나님께 부과된 술어들을 해명하고자 한다. 즉 그가 말하고자 한 것은 신적인 것과 불변성을 단순히 동일시하는 것이 아니라, 살아 계신 하나님 자신의 불변성이었다.[6]

이처럼 바르트는 신학이 형이상학으로부터 물려받은 개념들을 비판적으로 해석하고 수정하고자 한다. 그의 비판에 따르면, 형이상학적 신의 불변성은 그 자신 안에 갇혀 옴짝달싹하지 못하는 무력함을 의미한다. 하지만 그렇다고 형이상학적 신학에 대한 비판과 그의 기독론 중심적 신학이 곧장 전능의 포기로 귀결된 것은 아니다.

바르트에 따르면, 하나님의 고난은 이미 피조물의 고난과 더불어 시작

천한다. 이 글에서는 동일성으로 번역했다. 부동성(immobile)에 대한 비판은 *KD* II/1, §31, 555~557을 참조 바람.

5) Karl Barth, *KD* II/1, §31, 553.

6) Karl Barth, *KD* II/1, §31, 554~5: "이런 개념의 올바른 이해를 위해 다음과 결단이 내려진다. 하나님을 그러한 개념적 불변성으로 어느 정도 시종일관 인식하는 것이 중요한 것이 아니라, **하나님**을 <불변하는> 것으로 인식하는 것이 중요함을 통찰한다. 이때, 우리는 또한 여기서 주어를 통해 술어를 규정하고 그의 자기계시를 통해 주어를 규정하는 것을 **따라야** 하지, 오히려 독단적으로 선택된 술어를 통해 독단적으로 선택된 주어를 규정해서는 안 된다." 또한 간단하게: Karl Barth, *KD* II/1, §31, 556: "무엇이 불변자(das Unveränderliche)인가 하는 질문에 이렇게 대답해야만 한다: 그 자신의 자기주장 안에 이렇게 살아 계신 하나님이 불변자다."

된 것이다. 하나님은 그리스도 안에서 피조물의 고난과 죽음에 참여하여 인간의 약함과 유혹을 그 자신이 짊어진다. 하지만 하나님의 인간적 약함과 고난에의 참여는 영원한 것이 아니라 **일시적**이다.[7] 즉 하나님은 자신을 위해 고난에 참여하는 것도 아니며 단순히 고난당할 수밖에 없기에 고난당하는 것도 아니다. 오직 하나님의 고난은 피조물이 그의 영광에 참여할 수 있도록 하기 위해서였다. 따라서 하나님은 예수 그리스도의 고난과 죽음 안에서 피조물의 부정성에 머물러 계신 것이 아니라, 이를 극복하신다. 그리스도 안에서 인간이 되신 하나님은 영원히 죽음에 머물러 있는 분이 아니라, 영원히 살아 계신다. 그리하여 자신의 승리를 피조물의 승리로 만드신다.[8]

---

7) Karl Barth, *KD* III/1, §42, 439: "하나님은 곧 예수 그리스도의 인격 안에서 피조물의 고난과 죽음에 궁극적으로나 또한 물론 영원히 참여하는 것은 아니다. 다만 **일시적**으로 참여한다." 바르트는 창세기 1장 31절을 악과 고통으로부터 피조물을 용인하며 선택하며 계약을 맺으시는 창조주 하나님의 "자기선언"(Selbstkundgebung)에 근거한 "창조행위"(Schöpfungswohltat)이며 하나님의 "칭의"(Rechtfertigung)로 이해한다 (418ff.). 하나님은 창조와 더불어 피조세계의 부정성을 스스로 짊어지고자 하시며 짊어지셨고, 예수 그리스도 안에서 "스스로 인간이 되고자 하셨고, 인간의 무능과 유혹성을 자기 자신이 짊어지시고자 하셨다. 하나님은 인간으로서 고난받고 죽고자 하셨고 심지어 이러한 그의 자기희생 안에서 피조물을 무로부터 위협하는 파멸과 자신의 피조물 사이의 경계를 확고히 하고자 하셨다"(440).

8) Karl Barth, *KD* III/1, §42, 440~441: "여기, 예수 그리스도의 고난, 죽음 그리고 장사됨 안에는 또한 어떤 일시적이고 영속적인 머무름도 있을 수 없으며, 마지막 말도 내뱉어질 수가 없다. 여기서 십자가 뒤에 부활이, 낮아짐 뒤에 높아짐이 그리고 바로 그 안에서 육신이 되신 하나님의 아들의 본래적인, 궁극적인, 영원한 형상이 뒤따른다. (…) [피조물의 부정성에 참여하는] 이러한 순간은 지나간다. 그는 더 이상 죽지 않는다. 그는 이제 영원히 살아 계신다: 하나님의 아들로서만이 아니라, **인자**(Menschensohn)로서, 만물의 창조로서만이 아니라 또한 피조물로서. 그는 이를 수용하고 그것의 본질과 내용을 그 자신의 것으로 삼으셨고, 그것의 본질과 내용을 잠시 방어하셨지만, 이제 영원히 승리로 이끄셨다. 여기서 우리는 신적 여정의 목표점에 도달해 있다.

이 점에서 그의 기독론 중심적 신학은 본회퍼와 몰트만의 신학적 입장과는 다르다. 즉 바르트의 고난당하시는 하나님은 무력하지 않다. 바르트에 따르면, 하나님은 자신의 자유 안에서 "무력하지 않으며, 오히려 힘 있고, 정말이지 전능하기에 그가 사실상 원하거나 원할 수 있는 모든 것에 대해 힘이 있다."[9] 하지만 바르트가 하나님의 힘 또는 전능에 대해 언급할 때, 이는 일반적인 의미에서 또는 기존의 유신론적 전통에서 말하는 의미와는 달리, 철저히 그리스도 안에서 성육신하신, 그리스도의 약함 안에서 전능하신 하나님의 자유에 대해 언급한다는 사실을 주목할 필요가 있다.[10]

따라서 바르트는 하나님의 전능과 힘을 중립적이거나 추상적인 의미

여기서 마지막 말씀이 말해졌다."

9) Karl Barth, *KD* II/1, §31, 587~588; "하지만 이러한 전능한 하나님으로서 그는 또한 저 불변하는 존재와 다르다. 불변자의 불변성은 전적으로 무력함, 전혀 할 수 없음 그리고 모든 가능성의 결여이며 따라서 죽음을 의미할 것이다. 전능한 하나님은 (그의 피조물이 발견되는 그리고 그 피조물의 거짓 신들이 발견되는) 이 모든 면에서 **하나님**으로서 그리고 **참된 하나님, 살아 계신 하나님**으로서 자신을 구분한다"(588).

10) 이신건, 『어린이 신학』(서울: 한들, 1998)은 바르트 신학에 나타난 하나님의 약함과 전능이 기존의 형이상학적 신학에 대한 비판임을 분명히 하며 다음과 같이 말한다: "전통적인 신학, 특히 '부동의 원동자'로서의 하나님의 개념에 따라서 '하나님은 철저히 불변하고 그래서 고난도 받을 수 없다.'는 것을 신학적 공리로 여겨오던 서구 신학과는 달리 그리고 이에 분명히 맞서면서, 바르트는 누구보다도 하나님의 고난을 매우 진지하게 받아들였다. 바르트는 하나님이 자신의 존재와의 모순에 빠지지 않고는 고난당하실 수 없다는 전통적이고도 형이상학적인 하나님의 개념을 비판하였다"(39). "모든 다른 추상적인 권능과는 달리 하나님의 전능이 약함과 무력함의 형상을 취했다는 점에서 그리고 바로 이 형상 안에서 승리할 수 있다는 점에서, 신적인 권능으로서 위대하다. 하나님은 이 모든 일에서 낯선 곳으로 나아가심으로써, 그분의 영광을 가리심으로써 (…) 바로 이 은폐성 안에서 진정으로 영광스러우시다. (…) 인간들이 만들어 낸 모든 신들의 자유스럽지 못한, 사랑 없는 영광과는 달리 그분의 사랑의 자유는 그분의 영광이다"(42).

로 말하는 것에 비판적이다.

> 힘 그 자체는 물론 중립적이긴 하지만, 그래도 힘 그 자체는 악이다. ……
> 만약 힘 그 자체가 신의 전능이라면, 신은 악할 것이며, 그는 그 자체로 전
> 복적이며 전제적인 악마임이 분명하다.[11]

앞에서 불변성의 개념과 연관해서 바르트가 주장한 것처럼, 여기에도
주어가 술어를 규정해야지 술어가 주어를 규정해서는 안 된다는 원칙이
적용된다. 바르트는 하나님의 전능에서, 전능이나 힘은 술어이며, 하나
님이 주어라는 사실을 강조한다. 하나님의 전능과 관련해서 술어가 주어
를 규정할 때, 신 개념은 중립적일 뿐 아니라 이 힘은 하나님이 아닌 악마
와 연관된다고 한다.

따라서 하나님의 전능을 이해하는 데 중요한 것은 하나님, 곧 하나님
에 대한 이해에 있다. 사도신경의 전능의 고백도 **아버지** 하나님과 분리하
여 이해해서는 안 될 뿐 아니라, 전능이 아버지 하나님을 해명해서는 안
되며, 그 역으로 아버지 하나님이 전능을 해명해야 한다.[12] 이로써 바르
트에게 하나님의 전능은 단순한 물리적 폭력이 아니라 "창조주, 화해자
그리고 구원자로서의 위엄"에 걸맞은 힘을 의미하며, 인격적인 힘이며
"공의를 실현하는 힘"(Rechtsgewalt)을 의미한다.[13]

---

11) Karl Barth, *KD* II/1, §31, 589.

12) Karl Barth, *KD* II/1, §31, 590.

13) Karl Barth, *KD* II/1, §31, 591. 바르트는 결론적으로 다음과 같이 말한다: "하나님은
모든 현실적 힘이 그 자체로 **그 분의** 힘이며, 모든 사실적인 능력(Können)이 그 자체
로 **그 분의** 능력이며, 모든 참된 가능성이 그 자체로 **그 분의** 가능성 (…) 이라는 점
에서 그는 전능하다. (…) 그의 힘은 그 자신의 것으로서 중립적인 힘이 아니라, 그의
하나님됨(Gottsein)을 통해 규정된 그 자신의 고유한 힘, 그의 공의의 힘이며, 곧 그

하나님의 전능에 대한 바르트의 이해는 1947년에 출간된 『교의학 개요』(*Dogmatik im Grundriß*)에서 그대로 반복된다. 다만 바르트는 여기서 하나님의 힘에 대해 3가지 요점으로 정리한다: ① "하나님의 힘은 모든 무력함과 구분된다."[14] ② "하나님은 모든 힘들보다 우월하다."[15] ③ "하나님은 힘 그 자체가 아니다."[16]

신은 자신이 원하고 원할 수 있는 일을 할 수 있다는 전통적인 신의 전능에 대한 이해를 바르트는 부정하지 않으면서도 기독 신앙의 전능하신 하나님을 예수 그리스도의 하나님과 연관시킴으로써 폭력적이고 전제적인 폭군과 구분한다. 즉 그는 중립적이고 추상적인 의미에서의 힘이 아니라 성서의 하나님이 누구인가에 집중함으로써 하나님의 힘을 규정한 것이다.

분 자신이며 그 자신에게 충실한 힘이다. 다시 말하면 그 분의 힘은 그 자체로 심지어 그 분 밖에 있는 모든 힘의 척도와 경계이다. 또한 그 분의 힘은 그 자체로 그러나 모든 것 위에 자유로운 힘이며, 모든 힘들 위에 있는 힘이다."(610)

14) Karl Barth, *Dogmatik im Grundriß* (München: Chr. Kaiser Verlag, 1947), 51: "무력함이 논의되는 곳에서 우리는 그것을 어떤 경우에도 하나님과 관계시키지 못한다. 왜냐하면, 거기서는 사람들은 그분이 아니라, 근본적으로 연약한 존재를 지시하기 때문이다. 하나님은 그림자의 방식을 가지지 않는다. 하나님은 모든 무력함에 대립된다."

15) Karl Barth, *Dogmatik im Grundriß*, 52: "하나님은 이러한 세상적 힘들의 배열 속에 그들 중 최고의 힘 정도가 아니다. 오히려 그는 모든 다른 힘들을 능가하며, 이들을 통해 한정되거나 제약되지 않으며, 오히려 모든 주들의 주님이며 모든 왕들의 왕이다. (…) 이들은 그와의 관계에서 그와 경쟁하는 힘들이 아니다."

16) Karl Barth, *Dogmatik im Grundriß*, 52: "<전능자>는 신이 아니다. 힘의 최고의 총괄개념으로부터 하나님이 누구인지 이해해서는 안 된다. <전능자>를 하나님이라고 부르는 사람은 아주 끔찍하게도 하나님을 놓치고서 말하게 된다. 왜냐하면 <전능자>는 <힘 그 자체>처럼 악하기 때문이다. <전능자>는 카오스이며, 악이며 악마이다".

공의의 힘으로서의 하나님의 힘은 또한 그 자신 안에 **사랑**이신 하나님의 힘이다. 이러한 사랑을 반박하는 것, 고독과 고독한 자기주장에 해당되는 것은 그 자체로 불의이며 따라서 또한 진정한 힘이 아니다. 이것은 하나님에 의해 부정되었다. 하지만 하나님이 긍정하는 것은 질서다. 마치 하나님 안에, 그 자신과 자신의 아들과 성령 사이에 질서가 있듯이, 그런 의미에서의 질서다. 하나님의 힘은 **질서의 힘**, 질서의 길에 작용하며 질서의 목적에 도달케 하는 그의 사랑의 질서의 힘이다. 하나님의 힘은 거룩하고, 정의로우며, 자비롭고, 오래 참으며, 선하신 힘이다. 그분은 삼위일체 하나님이라는 점에서 하나님의 힘은 무력함과 구분된다. 이러한 하나님의 힘은 예수 그리스도 안에 있는 **그의 자유로운 사랑의 힘**이며, 그 안에서 활동하고 계시된다.[17]

이처럼 바르트는 하나님의 전능을 예수 그리스도 안에서 계시된 하나님의 사랑과 연관시켜 세속적인 폭군의 파괴적인 힘과 구분하며, 사랑과 정의의 힘으로, 구원의 힘으로 이해한다. 또한 삼위일체론적으로 하나님의 고난에의 참여를 언급하지만, 이로 인해 하나님이 영원히 무력하게 되었다고 말하지 않는다. 몰트만과는 달리, 그는 아버지 하나님과 아들 하나님 사이의 차이성에 주목함으로써 하나님의 전능을 거부하거나 배제하지 않는다. 하나님은 전능하지만 그 전능의 자유 안에서 그리스도의 고난 그리고 인간과 피조세계의 고난에 참여한다.

바르트는 일반적이고 전통적인 전능의 의미를 신학적으로 수정하여 사랑 안에서 무력화되지 않는, 오히려 사랑 안에서 공의로운 하나님의 전능을 말했다. 하지만 바르트가 그리스도의 수난과 부활에 정초시킨 하나님의 고난과 승리에 대한 신학적 주장이 불의와 부조리, 무의미한 고

---

17) Karl Barth, *Dogmatik im Grundriß*, 53~54.

통이 난무하는 구체적인 현실 속에서 어떻게 현실적 의미를 지닐 수 있을지가 관건이다. 특히 그가 그리스도의 부활과 함께 일어난 하나님의 승리가 곧 피조물의 승리가 된다고 낙관했을 때, 이것이 과연 현실적으로도 유의미할 수 있는지, 또 이것이 현실과는 무관한 신앙주의적 독백에 속하는 것이 아니라면 어떻게 현실적으로 유의미할 수 있는지를 해명해야 할 것이다.

2. 파울 틸리히: 오직 전능하신 하나님만이 비존재의 위협을 극복할 수 있다

틸리히의 신학은 자신이 **신학적 존재론**이라고 명명한 틀을 토대로 전개된다.[18] 그의 신학적 존재론에 따르면, 모든 존재자는 현실적인 자기 자신 안에 갇혀 있는 존재가 아니라, 이를 넘어 새롭게 자기를 실현해 나가는 과정 속에 있다. 이러한 존재의 운동은 "본질적 존재에서 실존적 존재로의 전이"[19]라고 불리며, 자기존재의 근원으로부터 이탈된 존재가 다시금 자신의 근원과 재결합하려는 생명의 자기초월의 과정으로 이해된다.[20] 즉 자신의 본질로부터 떠나 실존하게 된 존재자는 자기실현적 과정 속에서 실존의 모호성을 초월하고자 부단히 투쟁한다.

---

18) Paul Tillich, "Eschatologie und Geschichte", in: *Gesammelte Werke* VI (Stuttgart: Evangelisches Verlagswerk, 1963), 72~82, "신학적 존재론 없는 신학적 진술은 없다"(74).

19) Paul Tillich, *Systematische Theologie(=ST)* (Berlin: Walter de Gruyter, Bd. I-II, 8. Aufl., 1984; Bd. III, 4. Aufl., 1984), II, 37.

20) Paul Tillich, *ST* III, 42~44에서는 이러한 과정을 생명의 자기통합, 자기창조, 자기초월의 과정으로 묘사한다.

존재자가 자기존재의 굴레를 깨고 넘어서 자기초월을 획득하는 것을 틸리히는 **의미**(Sinn)라고 표현한다.[21] 틸리히에게 의미 획득은 존재의 목적이며, 존재의 자기실현 과정에서 일어나는 일종의 초월의 사건이다. 이와 같이 존재자는 존재하는 한, 자기 안에 갇혀 있는 것이 아니라 이처럼 자신을 초월하고자 하며 존재의 굴레를 꿰뚫고 존재의 자기초월적 의미를 붙잡고자 한다. 이러한 신학적 존재론은 종교적 언어로는 창조와 구원과 종말의 상징으로 표현되며 창조와 더불어 실존하게 된 존재자가 자기존재의 초월을 지향하는 구원론적 갈망 속에 있음을 의미한다. 즉 모든 피조물은 창조와 현실 그리고 종말론적 구원의 괴리에서 신음하고 있다.[22]

틸리히는 성서의 메시지는 이러한 존재론적 구조 안에 처해 있는 존재자의 실존적 상황에 대한 응답이라고 보며, 존재의 근거와 의미에 대한 질문은 신학의 답변과 상관관계에 있다고 본다.[23] 그런데 모든 존재자

---

21) Paul Tillich, "Eschatologie und Geschichte", 76. 틸리히는 단순한 전개(Entfaltung)와 사건(Geschehen)을 구분하고 존재자의 자기전개를 넘어서는 사건과 존재의 굴레를 꿰뚫고 나타나는 의미를 결합시킨다. 이러한 관점은 역사와 연관해서도 서술된다. 역사의 의미는 역사의 전개 과정 속에서 찾을 수 없으며 이를 초월하는 종말의 관점에서만 획득될 수 있다(78). 역사는 곧 단순한 전개가 아니라 사건이며, 이런 점에서 "의미의 충만은 과정이 아니라 오히려 역사이다. 이것은 존재의 전개에 불과한 예측할 수 있는 진보가 아니다. 오히려 부조리(sinnwidrig)할 가능성조차 항상 걸머질 수 있는 구체적인 결단이다"(81).

22) 또한 *ST* I, 238: "본질과 실존의 구분, 종교적으로 말하면 창조된 세계와 현실세계 사이의 구분은 전체 신학적 사유구조의 척추이다."

23) 틸리히는 존재론적 구조 안에 놓여 있는 존재 질문과 신학의 대답의 관계를 상관론이라고 이름 붙인다. 상관론은 존재 자체인 하나님과 인간 존재 사이의 존재론적 간격과 양자 사이의 관계성을 담아내고자 한다. *ST* I, 9~15; 최인식, "폴 틸리히의 신학방법론: 철학과 신학의 상관성 연구", 「조직신학논총」 1 (1995), 7~42; 유장환, "폴 틸리히의 신학방법에 대한 연구", 「한국조직신학논총」 43 (2006), 115~144.

가 처해 있는 이러한 존재론적 구조를 인식하고 이를 자기존재의 문제 속에서 자각하는 존재가 바로 인간 존재다. 틸리히에 따르면, 인간은 이 때 여타의 유한한 존재자와 마찬가지로 자기실현의 과정 속에 놓여 있으며, 이러한 과정 속에서 자신을 비존재에 둘러싸인 존재로 인식한다. 즉 인간은 여타의 존재와 마찬가지로 아직 아님과 더 이상 아님 사이의 유한한 존재이며, 더 나아가 이러한 비존재의 위협을 자각하고 끊임없이 자신의 유한성을 초월하고자 하는 존재다.

인간이 자신의 유한성을 자각함으로써 드러나는 현상이 다름 아닌 불안이다. 인간은 제거할 수 있는 그 무엇에 대해 불안해하는 것이 아니라, 근원적으로 유한한 존재임을 자각하기에 불안하다. 따라서 인간 실존에 주어진 불안은 제거될 수 없으며, 오히려 "항상 현존한다." 불안은 비존재의 위협을 받고 있는 인간 존재의 유한성의 표징이기 때문에, 유한한 존재가 자신의 유한성을 제거할 수 없는 것처럼 불안은 제거하는 방식을 통해서는 결코 "극복될 수 없다."[24]

이처럼 앞서 서술했던 신학적 존재론이 지시하고 있는 현실 속에서 모든 존재자의 존재론적 상황을 대표하여 존재 근원으로부터의 소외를 자각하고 이를 극복하고자 끊임없이 투쟁하는 존재가 바로 인간이며, 이를 인간은 존재 질문과 의미 질문으로 제기한다. 틸리히는 인간에 의해 제기되는 존재 질문과 의미 질문을 존재의 근원이신 하나님을 찾는, 하나님 질문으로 이해한다. 이때 "하나님은 인간의 유한성에 놓여 있는 질문에 대한 대답"이다.[25]

틸리히에 따르면, 비존재의 위협을 진정으로 극복할 수 있는 유일한 길은 이러한 "불안을 자기 스스로 짊어질 수 있는 용기"를 통해서만 열린

---

24) Paul Tillich, *ST* I, 224.
25) Paul Tillich, *ST* I, 247.

다. 그런데 비존재의 위협을 스스로 짊어질 수 있는 "이러한 용기의 가능성에 대한 질문"은 곧 비존재 너머에 계신 "하나님에 대한 질문"을 의미한다.26) 그렇다면 비존재의 위협에 직면하여 자기존재의 근원과 의미를 묻는 인간 실존이 제기하는 물음에 대한 대답으로서의 하나님은 누구인가?

틸리히는 하나님을 **존재 자체**(esse ipsum)라고 말한다. 존재 자체라는 개념은 하나님을 존재론적 구조 안에 놓여 있는 유한한 존재와 전적으로 분리시키지 않으면서도 여러 존재자의 하나로 오해하지 않도록 방지한다.27) 하지만 틸리히는 고전 유신론의 개념인 존재 자체를 단순히 사변적인 의미에서 존재자들의 형이상학적 근거로 설정하지만은 않는다.28) 오히려 그는 존재 자체이신 하나님을 인간의 실존과 연관하여 보다 **역동적이며 구원론적인 의미**로 해석한다. 즉 존재 자체이신 하나님은 비존재의 위협 속에서 자신의 존재 근거를 추구하는 인간 존재의 구원론적 질문과 상관관계에 놓이며 비존재를 넘어서는 존재론적 힘으로 이해된다. 이때 존재론적 힘은 역사의 과정 속에서 보편적으로 출현하며, 존재의 굴레를 꿰뚫고 일어나 존재와 역사의 의미를 밝히는 자기초월적 사건으로 경험된다.29)

---

26) Paul Tillich, *ST* I, 232.

27) Paul Tillich, *ST* I, 273: "하나님의 존재는 존재 자체이다. 하나님의 존재는 다른 존재자의 옆에 또는 위에 있는 어떤 존재자의 실존으로 이해될 수 없다. 만약 하나님이 존재자라면, 그는 유한성의 범주, 특히 공간과 실체에 종속될 것이다." 틸리히에 따르면, 하나님에 대한 다양한 표현들이 있지만, 이 표현들은 상징적인 표현이며, 오직 존재 자체만이 그중에서 유일하게 비(非)상징적이며 타당한 개념이다.

28) Paul Tillich, "The Courage to Be"(1952), in: Paul Tillich, *Main Works/Hauptwerke*, vol. 5 (Berlin/New York: De Gruyter-Evangelisches Verlagswerk GmbH, 1988), 141~230. 여기서 틸리히는 존재 자체로서의 하나님을 "하나님 너머의 하나님"이라고 표현한다. 그는 객관화될 수 있는 세계의 일부로서의 신과 순수 사유의 대상인 정적인 유신론을 거부하고 "절대 신앙"의 하나님을 지시한다(227).

틸리히는 고전 유신론의 존재 자체 개념에 내포되어 있는 부동성과 불변성과는 달리 하나님의 역동성을 표현하고자 한다. 토마스 아퀴나스의 경우 가능태에서 현실태로의 변화와 운동 속에서 자기존재를 실현해 나가는 존재들과는 달리, 하나님을 그 자체로 완전한 존재, 즉 변화와 운동이 필요 없는, 항존하는 존재라는 의미에서 순수 현실태(actus purus)라고 명명했다. 그러나 틸리히는 이러한 순수 현실태의 정태성(靜態性)은 구약성서에 나타나는 역동적인 하나님의 모습과는 모순된다는 사실에 주목한다. 즉 구약성서에서 그려지고 있는 하나님은 무엇보다도 살아 계신 하나님인 반면, 순수 현실태로서의 신은 그 개념 자체의 의미에 집착할 때 살아 계신 하나님일 수 없다. 순수 현실태는 아무런 역동성도 가능성도 갖지 않기 때문이다.

그렇다고 틸리히가 고전 유신론의 순수 현실태 개념을 전적으로 포기하고, 신을 여타의 존재자들과 마찬가지로 변화와 운동 속에 놓여 있다고 말하지도 않는다. 그는 신적 존재와 유한한 존재자들 사이의 존재론적 간격을 간과하지 않으면서, 신적 존재의 역동성을 언급할 수 있는 방법을 하나님 언설의 **상징성**에서 찾는다. 즉 하나님에 대한 모든 언설은 상징일 수밖에 없으며, 하나님 언설의 상징성을 간과할 때 하나님은 인

---

29) 틸리히에게 존재론적 힘의 출현은 곧 하나님의 계시를 의미하는데, 이는 그리스도의 역사 안에만 놓여 있는 것은 아니다. 존재 자체이며 모든 존재하는 것에 내재하면서 존재의 충만을 가능케 하는 존재론적 힘으로서의 하나님의 출현은 존재 질문과 의미 질문에 대한 응답으로서 종교적 체험의 성격을 동반한다. Paul Tillich, *ST* I, 131~142: 틸리히에게 계시 경험은 신비의 현현이며(131) 이는 존재론적 충격을 일으키며, 비존재의 위협에 마주하게 한다(133). 그러나 이러한 부정적 측면과 더불어 신비의 긍정적 측면이 계시 경험에는 동반되는데, "여기서 신비는 심연일 뿐 아니라 근거로 나타난다. 이것은 비존재를 극복하는 존재의 힘으로 나타난다. 이것은 우리에게 무제약적으로 관계하는 어떤 것으로 나타난다. 그리고 이것은 이성의 깊이를 지시하며 이성에게 신비를 지시하는 상징과 신화로 표현된다"(133~134).

간의 경험적 현실과 무관한 막연하고 추상적인 초월적 존재로만 여겨지든지, 아니면 그 역으로 유한성의 구조 안에 놓여 있는 유한자의 하나로 취급되어 그 참된 신성을 잃게 된다는 것이다.[30]

하나님 언설의 상징성과 관련해서 틸리히는 하나님을 존재 자체로 그리고 또한 역사 내에서 경험할 수 있는 존재의 힘으로 표현한다. 틸리히에게 존재 자체로서의 하나님은 "모든 것 안에 그리고 모든 것 너머에 있는 무한한 존재의 힘"으로서 "모든 존재에 내재하는 힘, 즉 비존재에 저항하는 힘"으로 표현된다.[31] 달리 표현하면 "하나님은 비존재에 저항하며 이를 극복하는 존재의 힘"이다.[32] 하지만 더 나아가 틸리히에게 인간 실존과 관련해서 구원의 힘으로 이해되었던 하나님의 힘은 곧 생명체의 자기전개와 자기초월을 가능케 하는 창조의 힘이며, 신적 영의 생명의 힘으로 서술된다.[33]

따라서 하나님의 힘은 모든 존재자들에게서 역동하는 힘으로, 피조물의 자유와 충돌하거나 대립하고 이를 무력화시키는 물리적 힘이 아니라 "인간의 자유를 통해서 그리고 살아 있는 존재의 자발성을 통해서" 실행되며, 역사를 "성취의 방향으로 **추동**하거나 **유혹**하는 질적 차원"의 힘이다. 비존재의 위협과 관련해서 말한다면, 하나님의 힘은 시간과 공간 안에서 대상화될 수 있는 힘이 아니라, 다만 "어떤 상황도 자신의 궁극적인

---

30) Paul Tillich, *ST* I, 284~285. 따라서 하나님 언설의 상징성을 간과하고 하나님을 존재론적 구조 안에 두려고 하는 시도들에 대해 틸리히는 다음과 같이 입장을 밝힌다. "제약된 신은 신이 아니다"(287). 틸리히는 상징론을 통해 바르트의 신앙유비의 길과는 달리, 존재유비가 하나님 언설에서 불가피함을 지적하고 하나님 언설의 새로운 가능성을 제시하고 있다. 유장환, "폴 틸리히의 상징 이론의 본질과 그 실제", 「한국조직신학논총」 6 (2001), 120~149 참조 바람.

31) Paul Tillich, *ST* I, 273.

32) Paul Tillich, *ST* I, 313.

33) Paul Tillich, *ST* III, 32 이하.

운명의 성취를 실패하게 하지 않을 것이라는 신앙의 용기"를 통해서만 경험될 수 있는 존재론적 힘이다.[34]

이상에서 우리는 존재의 유한성에서 제기되는 질문에 대한 응답으로서의 존재 자체이신 하나님은 모든 존재자를 존재케 하는 존재론적 힘임을 살펴보았다. 그렇다면 이 하나님의 힘을 고통과 죄와 악이 난무하는 역사 속에서도 경험할 수 있으며 긍정할 수 있을까? 역사의 질곡 속에서 우리는 어떻게 하나님의 섭리를 긍정할 수 있을까?

틸리히에 따르면, 우선 역사 속에 활동하는 하나님의 힘에 대한 신앙을 역사에 대한 진보신앙과 동일시되어서는 안 된다. 오히려 역사 내에서의 하나님의 섭리에 대한 통찰은 본질적으로 역설적이다. "섭리 신앙은 역설적이다." 그것은 **그럼에도 불구하고**다.[35] 섭리 신앙이 역설적인 것은 하나님의 힘이 마술적인 힘이 아닌 것과 같다. 하나님의 힘이 불안과 고통과 악을 단순히 **제거**하는 마술적 힘이 아니라, 이를 **극복**하게 하는 존재론적 힘인 것처럼, 섭리 신앙은 "모든 운명과 불안의 힘들"이 예수를 십자가에서 능가한 것처럼 보이는 바로 거기에서 오히려 "그리스도의 승리"를 말하는 신앙이다.

틸리히에 따르면, 역사 내에서의 하나님의 힘의 절정은 바로 이 역설적인 그리스도의 승리, 곧 십자가의 자기희생에서 나타난다.[36] 틸리히는 독특한 자신의 십자가 신학을 통해 역설적 성격을 간과한 모든 역사 철학적 시도들을 비판한다.[37] 이처럼 틸리히에 따르면, 하나님의 힘의

---

34) Paul Tillich, *ST* I, 307.

35) Paul Tillich, *ST* I, 309.

36) Paul Tillich, *ST* I, 304.

37) Paul Tillich, *ST* I, 304~306: 틸리히는 섭리 신앙은 본질적으로 역설적이라고 보았다. 틸리히에 따르면, 그럼에도 철학사에는 인간 스스로 신의 왕좌에 앉아 신의 섭리를 인간의 편에서 이해 가능한 것으로 전개해 나갔다: 1) 인간의 행복을 목적으로 삼

절정은 역설적으로 그리스도의 자기희생 안에 있다.

그렇다면 틸리히도 여기서 몰트만처럼 삼위일체의 상징을 통해 하나님의 고난과 하나님의 사랑의 힘을 말하는 것인가? 한편에서 틸리히는 "그리스도의 십자가가 죽음과 실존적 소외를 극복한 자의 십자가"를 의미한다고 보았다.[38] 그러나 죽음과 실존적 소외의 극복은 실존의 상황을 제거했다는 뜻이 아니다. 오히려 십자가는 실존의 부정성을 제거하지 않으면서 이를 하나님과의 일치성 안으로 끌어안은 예수의 자기희생적 삶의 상징을 의미한다.[39] 즉 역사적 실존으로서의 나사렛 예수는 불안과 유한성의 실존적 상황 속에서도 오히려 이 실존의 상황을 스스로 짊어지는 용기를 통해 이것을 극복하고 하나님과의 일치에 머문다.

그리스도의 십자가는 겉으로는 섭리의 실패로 보이지만, 역설적으로 실존의 상황 속에서도 하나님 자신과 일치성을 투명하게 드러낸 승리의 사건, 새로운 존재의 현현 사건이다. 그리스도의 자기희생에서 하나님의 힘을 말한다는 것은 모든 실증적인 힘들에 대한 비판이며, 하나님의 섭리가 본질적으로 역설임을 말한다.

는 목적론적 방법, 2) 예컨대 라이프니츠처럼 낙관적으로 모든 것이 조화를 이루게 될 것이라고 보는 조화론적 방법, 3) 19세기 헤겔과 마르크스가 보여준 역사적 변증법이 그것이다. 그러나 틸리히는 20세기의 재난들로 인해 이러한 합리적 섭리 신앙은 뒤흔들리게 되었다고 진단한다.

38) Paul Tillich, *ST* II, 165.

39) Paul Tillich, *ST* II, 145~146에서 틸리히는 복음서가 그려 주는 예수상을 통해 예수의 삶이 실존적 소외 상황에 참여하면서도 하나님과의 일치성을 잃지 않았음을 보여 주고자 한다. 이러한 예수의 삶은 그의 십자가와 분리되어서 이해되어서는 안 된다. "<그리스도의 십자가>의 역사는 그의 삶에서 격리된 사건에 대한 보도가 아니라, 오히려 그 삶의 역사를 향해 있는 사건이다. 또한 이 사건을 통해 다른 사건들이 의미를 얻게 된다. 이것의 의미는 그리스도인 그가 실존의 가장 극단적인 부정성에 자신을 내던졌음에도 이러한 부정성이 그를 하나님과의 일치에서 분리시키지 못한다는 사실을 의미한다"(171).

역사적 실존의 편에서 자기희생의 상징인 십자가는 하나님의 편에서는 무엇을 의미하는가? 틸리히에게 십자가는 하나님의 힘의 포기요, 전적인 무능의 표식인가?

틸리히도 바르트와 마찬가지로 그리스도의 십자가를 하나님의 고난과 연결시킨다. 그리스도의 십자가는 실존적 소외에 대한 하나님의 참여이며, 세상의 고난에 대한 하나님의 참여다. 여기서 고난에 하나님이 참여한다는 것은 실존적 소외를 자기 자신이 스스로 짊어진다는 것을 의미한다. 하나님은 제3자로서 피조물의 고난을 단순히 안타까워하시는 것이 아니라, 그분 자신이 직접 이 고난을 짊어지신다.[40]

틸리히에게 그리스도의 십자가는 한편에서는 유한한 인간 존재를 희생함으로써 하나님의 존재를 온전히 드러낸 궁극적 계시의 상징이며,[41] 다른 한편에서는 세상의 고난에 참여하는 하나님의 사랑의 절정이다. 뿐만 아니라 틸리히는, 피조물의 고통을 걸머지는 하나님의 사랑의 힘 안에서, 신정론의 문제에 대한 열쇠를 발견한다.[42] 틸리히에게 그리스도

---

40) Paul Tillich, *ST* II, 188, 189. 틸리히는 이를 구원적 사건과 연결시킨다. "십자가는 하나님이 인간의 죄책의 결과를 자신이 짊어지신다는 사실의 실제적인 현시(顯示)이다." 우리는 "십자가 안에 그리고 십자가를 통한 하나님의 화해적인 행위"를 본다 (189).

41) Paul Tillich, *ST* I, 160: "예수는 그의 십자가를 통해 계시의 매개, 즉 메시아로서 그 자신을 희생시켰다. (…) 그의 육체, 곧 그의 역사적 실존을 희생시킨 자로서만 그는 하나님의 영의 담지자이거나 새로운 피조물이다. 이는 궁극적 계시의 규범이 명백해지는 역설들이다. 심지어 그리스도조차도 그가 하나님과의 일치성을 주장하지 않고 오히려 이를 개인적인 자산으로 가지기를 포기했다는 점에서만 그리스도이다."

42) Paul Tillich, "Love, Power, Justice", in: Paul Tillich, *Main Works/Hauptwerke*, vol. 3 (Berlin/New York: De Gruyter, 1998), 583~650, 634: "하나님의 힘은 그가 소외를 극복하신다는 것이지 그것을 방지하는 것이 아니다. 상징적으로 말하면 그 자신이 그것을 짊어지신다는 것이지 그가 죽은 동일성 안에 그 자신으로 남아 있다는 것이 아니다. 이것이 피조물의 고통에 참여하는 신이라는 오래된 상징이 주는 의미이며,

의 십자가는 하나님의 힘의 절정으로서, 이러한 실존의 상황이 결코 하나님과의 관계를 깨뜨릴 수 없음을 의미하며, 또한 인간의 고통, 죽음, 무의미의 심연에 하나님 자신이 참여함을 의미한다.

그리스도의 십자가에서 표현된 고난에 참여하는 하나님의 힘은 또한 하나님의 창조와 연관해서도 나타난다. 틸리히에 따르면, 하나님은 창조적이다. 창조적이신 하나님은 자신의 창조적 본성에 따라 세계를 창조한다. 하나님은 창조 안에서 과거나 현재, 미래에도 창조적이시다. 따라서 창조는 "하나님의 자유일 뿐 아니라 그분의 운명"이며, 예전의 어느 한 시점에서 일어난 사건이 아니라, "하나님과 인간의 관계에 대한 근본적인 진술"이다.[43] 피조된 창조세계는 하나님의 자기창조적 실현 안에 근거해 있으면서, 동시에 자신들에게 부과된 자유 안에서 자신을 실현해 나간다. 그런데 이러한 자기실현의 과정 안에서 창조적 근원과 분리되는데, 성서는 이에 대해 창조와 타락의 이야기로 서술하고 있다.[44]

틸리히에 따르면, 이러한 창조는 "유한한 자유의 창조"이며 "자신의 위대함과 위험을 지닌 생명의 창조"이며, "창조는 이로 인해 발생하는 고통과 죄와 악에 대해 창조주 하나님 자신이 짊어져야 할 모험"이다.[45] 하

기독교에서는 그리스도라고 불리는 그분의 십자가에 대한 해석에 적용된 상징의 의미이다. 이것은 실재 그 자체의 깊이 안에 있는 사랑과 힘의 일치이다. 힘은 창조적 요소 안에만 있는 것이 아니라, 강제적 요소 안에 그것과 연결된 파괴와 고통 안에도 있다. 이러한 생각은 신정론의 영원한 문제, (말하자면) 비존재, 곧 죽음, 죄책 그리고 무의미와 신적 사랑과 신적 힘의 관계성 문제에 대한 하나의 열쇠를 신학에 제공한다."

43) Paul Tillich, *ST* I, 290 이하 참조, 인용은 291.

44) Paul Tillich, *ST* I, 295.

45) Paul Tillich, *ST* I, 309~310; *ST* II, 69~70: 틸리히에 따르면 인간은 유한성의 구조 안에서 자기 자신과 세계를 대상화하고 초월할 수 있는 자유를 가지고 있다. 그러나 바로 이러한 자유로 인해 자기 자신과 세계를 잃을 수도 있다. 이런 실존의 파괴 구조에 대한 분석을 통해 틸리히는 악을 설명하고자 한다. 틸리히는 악을 두 가지로 나눈

나님의 창조는 유한한 자유의 창조와 더불어 시작된 비존재를 하나님 스스로가 짊어져야 하는 모험이다. 틸리히는 여기서 신정론에 대한 합리적 해명이 아니라, 비존재의 극복이라는 구원론적 해명을 하고 있다.

삶의 부정성에 대한 하나님의 참여는 신정론의 문제에 하나의 열쇠를 제공하는 것을 넘어 "신정론의 질문에 대한 최종적 답변"이다.

> 근본적으로 성부수난설(하나님 아버지가 그리스도 안에서 고난당하셨다는 가르침)이 고대 교회에서 거부된 것은 정당하다. 존재 자체이신 하나님은 비존재를 절대적으로 초월한다. 다른 한편 창조적 생명이신 하나님은 또한, 비록 영원 안에서 비존재가 극복되었고, 영원 안에서 유한성이 신적 생명의 무한성과 함께 다시 통일되었다고 하더라도, 유한적인 것과 그와 함께 있는 비존재를 포괄한다. 그러므로 피조물의 삶의 부정성에 대한 신적 삶의 참여를 말하는 것은 유의미하다. 이것이 신정론의 질문에 대한 최종적 답변이다. 하나님이 조정하는 창조에 대한 확신은 하나님이 존재와 의미의 근거라는 확신에 의존한다. 모든 피조물의 신뢰, 그의 존재에의 용기는 하나님이 자신의 창조적 근거라는 신앙에 뿌리를 두고 있다.[46]

앞의 인용에서 보듯이 틸리히는 한편에서는 성부수난설에 대한 고대

다: 1) 악의 근거 그리고 악 자체로 이해되는 "죄"와 2) 소외 상황의 "결과"로서의 악. 그런데 틸리히에게 죄는 소외 상황의 결과가 아니라 소외 상황 자체를 의미한다. 그리고 악은 그 결과로서 파생되는 것을 뜻한다. 이러한 구분을 통해 그는 신정론의 문제를 다음과 같이 해명한다: "어떻게 사랑하시며 전능하신 하나님이 악을 허용하실 수 있는가라고 묻는다면, 우리는 직접적으로 대답할 수가 없다. <어떻게 하나님이 죄를 허용하시는가?> 하는 질문에 먼저 대답해야만 한다. 그러나 이러한 질문은 그것이 제기되는 그 순간에 자연스럽게 대답된다. 즉 죄가 허용되지 않았다면, 자유도 허용되지 않았을 것이다"(70).

46) Paul Tillich, ST I, 311.

교회의 거부를 정당하게 여긴다. 존재 자체이신 하나님은 비존재를 무한히 초월하는 무제약자이시기 때문이다. 그러나 다른 한편, 그는 삶의 부정성에 대한 신적 삶의 참여를 긍정한다. 이것은 앞서 서술한 대로 존재 자체이신 하나님은 모든 존재하는 것들의 존재의 근거이며 존재의 힘으로 경험되는 살아 계신 하나님이라는 사실과 연관된다. 하나님은 또한 자기실현의 창조적 삶의 과정 속에서 비존재의 위협을 짊어지고 이를 극복하는 하나님이시다. 이러한 하나님에 대한 변증법적인 표현은 살아 계신 하나님에 대한 생명의 상징을 통해 표현된다. 즉 하나님은 존재의 근원과 창조적 힘이면서도 실존적 소외 상황에 참여하고 이를 극복하는 새로운 존재의 의미로 경험되며, 힘과 의미를 통합하는 생명의 영으로 표현된다. 틸리히에게 삼위일체론은 공허한 사변이 아니라, 실존적 상황 속에 있는 인간의 질문에 대한 응답으로서의 계시적 상황에 대한 상징이다.[47]

틸리히에게 하나님은 과연 전능하신가? 피조물의 고난에 참여하는 하나님을 틸리히는 하나님의 힘의 포기나 하나님의 무능이라는 자극적인 수사로 표현하지 않는다. 오히려 비존재의 위협을 스스로 짊어지며 극복하는 하나님의 고난은 곧 하나님의 전능의 표현이며, 유한성 안에서 제기하는 인간의 근원적인 질문에 대한 최상의 대답이다.

하나님의 전능은 신을 존재 자체나 존재의 힘 이하로 생각하는 모든 종교에서 배타적인 유일신론을 분리시킨다. 오직 전능하신 하나님만이 궁극적

---

47) 삼위일체 상징에 대해서는 *ST* III, 324~337, 또한 *ST* I, 265~273과 280~290을 참조 틸리히에게 삼위일체의 상징은 숫자의 문제가 아니라, "살아 계신 하나님을 말하고자 하는 시도"(*ST* I, 265)이다. 따라서 틸리히는 삼위일체 하나님의 상징을 생명의 영이신 하나님에 집중하여 설명한다. 뿐만 아니라 틸리히는 슐라이어마허의 관점과 연관하여 삼위일체 하나님의 상징을 공허한 사변이 아니라, 인간 실존의 질문에 대한 응답으로 이해하고자 한다.

으로 인간에 관여하실 수 있다. 오직 전능하신 하나님만이 인간에게 무제약적으로 관여하는 것일 수 있다. 아주 힘센 어떤 신도 우리에게 무제약적으로 관여한다고 주장할 수 있지만, 그러나 그는 그렇게 못 하며 그의 주장은 무효화된다. 왜냐하면 그는 비존재에 저항할 수 없으며 그러므로 불안을 이겨낼 궁극적 용기를 선사할 수 없다. 사도 신경에서 전능하신 하나님 아버지에 대한 고백은 비존재의 불안이 신적인 삶 안에서 영원히 극복되었다는 기독자의 의식(意識)의 표현이다. 전능의 상징은 유한성 안에 함축된 질문에 대한 첫 번째 그리고 근본적인 대답이다. 따라서 대다수의 예전(禮典)적이며 자유로운 기도들은 전능하신 하나님을 부름으로써 시작한다.[48]

또한 틸리히는 전능을 최고 존재가 사용할 수 있는 최고의 힘으로 생각해서는 안 된다고 말한다. 이럴 경우엔 신의 힘은 여러 힘들과 경쟁하는, 시간과 공간 안에 활동하는 물리적 힘들 중의 하나로 오해되기 때문이다. 이로 인해 신의 전능은 마술적이고 터무니없는 힘으로 오해된다. 오히려 하나님의 전능은 창조적인 하나님 자신의 본질에 속하는 것으로 이해되어야 한다.

"전능은 신적인 힘이며, 이를 통해 하나님은 매 순간 모든 것 안에, 그리고 모든 것을 통해서 창조적이 된다."[49] 이는 앞서 말했던 존재론적 힘이며, 모든 존재 안에 존재의 힘으로서 활동하는 창조주 하나님의 힘을 의미한다. 따라서 하나님의 전능은 모든 것에 동참하는 하나님의 역동적 창조력을 의미하며, 비존재의 위협에 저항하는 존재의 힘을 의미한다. 존재의 용기로서의 신앙은 전능하신 하나님을 신앙하며 비존재의 위협에 대한 승리를 경험한다.

---

48) Paul Tillich, *ST* I, 313~314.
49) Paul Tillich, *ST* I, 314.

전능하신 하나님에 대한 부름을 진지하게 취급하는 곳은 어디든지 비존재의 위협에 대한 승리가 체험되며 실존에 대해 긍정하게 된다. 유한성과 불안이 사라지지는 않는다. 그러나 이것들은 무한성과 용기 안에 수용되어 버린다. 다만 이렇게 전능의 상징을 이해할 수 있다.[50]

틸리히에게 하나님의 힘은 존재론적으로 이해된다. 전능하신 하나님은 모든 존재의 근원이며, 존재의 자기실현 과정 안에 내재하며 자기초월을 가능케 하는 창조와 생명의 힘으로 활동한다. 여기서 전능은 단순히 힘의 강도가 아니라, 힘의 범위를 의미한다. 전능하신 하나님은 모든 것 안에서 모든 것을 행하신다. 또한 하나님은 피조물의 고난에 참여하고 비존재에 저항하며, 비존재의 위협을 스스로 짊어지는 모험을 통해 비존재를 극복한다. 여기서 하나님의 힘은 존재의 너비뿐만 아니라 그 깊이까지 포괄한다. 그리스도의 십자가는 피조물의 고난에 참여하는 하나님의 전능과 사랑을 보여준다.

틸리히에게 하나님의 전능은 피조세계에 대해 강제적이거나 초월적으로 덧씌워지는 그 무엇이 아니다. 하나님의 힘은 비존재의 위협을 제거하는 힘이 아니라, 고통과 악이 승리하는 듯이 보이는 세상 속에서도 역설적으로 자기초월적 의미를 포착하며 비존재의 위협을 견디며 살아가도록 하는 존재의 용기를 선사하는 힘이다. 이러한 하나님의 존재론적 힘은 신앙이라는 주관적 측면과 분리해서 추상적으로 말해질 수 없으며, 존재의 용기인 신앙도 하나님의 내재적이며 초월적인 힘이라는 객관적 측면과 분리해서 말할 수 없다. 이처럼 하나님의 전능은 객관적으로 확증될 수 없으며, 오직 **절대 신앙의 용기** 속에서만 경험될 수 있다.

틸리히의 신학은 어느 면에서는 전통적인 형이상학적 신학을 극복하

---

50) Paul Tillich, *ST* I, 314.

고자 한다. 특히 그가 하나님의 존재를 존재 자체(ipsum esse)라고 표현하면서도 순수 현실태(actus purus)가 아닌 존재의 힘으로 이해하고, 신적 동일성을 죽은 동일성이 아니라 생명신학의 관점에서 역동적으로 이해하려고 한 점에서 그렇다.[51]

하지만 그가 여전히 붙잡고 있는 형이상학적 개념들로 인해 모호한 점들이 생긴다. 이런 문제점들은 무엇보다도 틸리히가 하나님을 존재 자체로 개념화한 것에서 생기는 듯하다. 하나님이 존재 자체이기에 악의 원인에 대한 물음도 결국엔 하나님 자신에게 돌아갈 수밖에 없다. 틸리히 자신도 악의 원인에 대한 질문을 스스로 제기하면서, 피조물에게 자유를 부가하기 위해 하나님께서 불가피하게 악을 허용한 것으로 이해한다.[52] 피조세계의 자유를 위해 하나님은 악을 허용하고 또한 이 악을 스스로 짊어진다. 틸리히에게 이것은 하나님의 **모험**으로 표현되었다.

이런 진술이 의미하는 바는 진정 무엇인가? 틸리히의 존재 자체이신 하나님은 진정 모험할 수 있으며, 비존재의 위협에 맞서 싸울 수 있으며, 고난당할 수 있는가? 뿐만 아니라 틸리히에게서 자존성을 지닌 존재 자체인 성부 하나님은 고난에 참여할 수도 없으며 고난당할 수도 없다고 할 수 있는가?

이런 점에서 창조세계에 참여하는 하나님의 모험도 진정한 모험은 아닌 듯 보인다. 존재와 비존재를 초월해 있는 존재 자체에겐 진정한 의미

---

51) Paul Tillich, *ST* I, 273~279에서 우리는 틸리히가 존재형이상학의 개념들을 새롭게 극복해 보고자 하는 노력을 볼 수 있다.

52) 앞서 인용한 구절을 한 번 더 인용한다. "어떻게 사랑하시며 전능하신 하나님이 악을 허용하실 수 있는가라고 묻는다면, 우리는 직접적으로 대답할 수가 없다. <어떻게 하나님이 죄를 허용하시는가?> 하는 질문에 먼저 대답해야만 한다. 그러나 이러한 질문은 그것이 제기되는 그 순간에 자연스럽게 대답된다. 즉 죄가 허용되지 않았다면, 자유도 허용되지 않았을 것이다." Paul Tillich, *ST* II, 70.

에서의 모험이 불가능하기 때문이며, 그가 진정한 의미에서 창조적이라고 말하기도 어렵기 때문이다.

틸리히는 하나님의 전능을 적극적으로 옹호하며, 전능하신 하나님만이 비존재의 위협을 극복할 수 있다고 역설한다. 하지만 비판적인 관점에서 존재 자체이신 하나님은 비존재의 위협을 받지도 않으며, 비존재의 위협을 받는 피조물의 고난에 참여할 수도 없다. 존재 자체이신 하나님은 이미 비존재의 위협과는 아무런 상관없이 이를 초월해 있기 때문이다. 다만 전능하신 하나님에 대한 **신앙**이 비존재의 위협에 맞서며 이를 극복할 수 있다는 틸리히의 말은 정당하다고 할 수 있으며, 이러한 삶의 용기는 전능하신 하나님에 대한 신앙과 상관관계에 있는 것이 분명하다.

3. 판넨베르크: 창조주 하나님의 전능은 창조의 종말론적 완성에서만 확인된다

계시와 역사의 연관성[53]을 누구보다도 강조했던 판넨베르크는 하나님의 전능과 악의 현존 문제도 역사적 지평에서 사유한다. 그에게 역사는 하나님의 창조로부터 시작하여 창조의 완성인 종말까지의 시간일 뿐 아니라 우주 전체를 포괄하는 하나님의 계시의 광활한 장(場)에 해당된다. 판넨베르크에게 하나님의 계시의 역사는 우주의 창조로부터 시작하여 진화의 과정을 통한 생명체와 인류의 탄생을 거쳐 궁극적으로는 종말론적 완성에 이르는 온 우주 만물의 창조와 구원, 완성의 역사를 포괄한

---

53) 널리 알려졌듯이 Wolfhart Pannenberg/Rolf Rendtorff/Trutz Rendtorff/Ulrich Wilkens, *Offenbarung als Geschichte* (Göttingen: Vandenhoeck & Ruprecht, 1961) 에서 판넨베르크(앞의 책, 7~20, 91~114)는 역사를 통한 하나님의 간접적 계시를 주장하면서, 기존의 율법이나 말씀, 이름, 복음을 통한 신의 직접적 계시 주장을 비판한다.

다. 이러한 보편역사는 또한 하나님의 계획 속에 있는 역사이며, 그 종말론적 완성을 이끌어 가시는 삼위일체 하나님의 창조의 역사로 이해된다.[54] 따라서 개인과 역사의 악에 관한 문제는 역사철학적 관점에서 다루어져야 할 뿐 아니라, 이를 넘어서는 종말론적 지평 속에서 비로소 해결될 수 있다. 판넨베르크에게 있어서 하나님의 전능은 창조와 구원과 종말의 지평에서 서술될 수 있다.

판넨베르크에 따르면, 상호적 관계 안에 생동하던 내재적 삼위일체 하나님의 밖을 향한 자유로운 행위로 인해 세계는 **창조**되었다.[55] 그런데 하나님의 자유로운 창조는 기분에 따라 이루어진 자의적인 행위가 아니라, 하나님의 영원성과 연관된 것으로 피조세계에 대한 하나님의 지속적인 돌봄을 포함하며 또한 자신과는 구분되는 피조세계의 실존을 염두에 둔 창조주 하나님의 의향의 실현, 곧 신적 사랑의 표현으로 이해된다.[56]

---

54) 판넨베르크에게 삼위일체 하나님은 세계의 역사를 통해 잠정적으로, 그러나 그 종말론적 완성을 통해 궁극적으로 인식된다. 즉 삼위일체 하나님은 존재론적으로 선재하지만 역사적 과정을 통해 점진적으로 인식된다. 역사는 하나님의 자기계시의 역사이며 삼위일체 하나님의 창조의 역사이다. 이에 대해 이용주, "Wolfhart Pannenberg의 삼위일체신학적 창조론",「한국조직신학논총」 31 (2011), 351~393을 참조 바람. 이용주는 판넨베르크의 세 권으로 완간된『조직신학』의 주제를 창조주와 피조물의 관계에 대한 "삼위일체 신학적 창조론"으로 보았다.

55) Wolfhart Pannenberg, *Systematische Theologie*(=ST) (Göttingen: Vandenhoeck & Ruprecht, Bd. 1, 1988; Bd. 2, 1991; Bd. 3, 1993); *ST* II, 15 이하.

56) 우리는 앞 장에서 틸리히의 하나님은 본질적으로 창조적이라고 했다. 본질적으로 창조적인 하나님에게 세계의 창조는 우연적일 수 없다. 그분은 창조하실 수밖에 없기 때문이다. 그러나 판넨베르크에게 하나님의 세계창조는 하나님의 선택의 결과로 이해된다. 물론 이를 통해 판넨베르크는 창조 이전에 하나님은 고립되거나 죽은 동일성에 머물러 있었다고 말하지 않는다. 오히려 판넨베르크는 창조 이전에도 하나님은 성부, 성자, 성령의 내재적 삼위일체의 관련성 속에서 활동하고 계셨다는 사실을 강조한다. 여기서 하나님의 창조에 대한 판넨베르크의 관점은 이중적이다. 즉 한편에

즉 하나님의 **자유로운** 창조 행위로 인해 생겨난 세계의 실존은 필연적이 아니라 우연적이며, 창조 **행위**의 결과물인 세계는 하나님에게 근거하면서도 신적 존재의 유출이나 연장이 아니라는 점에서 하나님 자신과는 구분되며 하나님의 무한성과는 대립되는 유한한 실존(Dasein)을 갖게 된다. 판넨베르크에 따르면, 하나님의 창조는 자신의 고유한 지속성을 얻게 된 피조물이 하나님과는 구분되는 자신의 고유한 자립성(Selbstständigkeit)을 얻는 것을 목표로 한다.[57]

이처럼 판넨베르크에게 창조는 순간적인 행위로 국한되지 않는다. 오히려 하나님의 창조는 우주와 생명의 진화 과정과 더불어 이해된다. 하나님은 자신과 동일한 완전한 존재를 창조한 것이 아니라 시간적 제약성 안에 놓인 유한한 존재들을 창조하기 때문에, 하나님의 창조의 **목적**은 단

서 피조세계의 실존은 우연적이지만, 다른 한편 피조세계의 창조는 하나님에게서는 충동적인 사건이 아니라, 하나님의 의향의 실현이며, 하나님의 사랑에 근거한다. 이로써 판넨베르크는 세계 창조에서의 하나님의 자유와 사랑의 일치를 말하면서, 창조 행위의 삼위일체 신학적 토대를 제시하고자 한다. Wolfhart Pannenberg, *ST* II, 33~34: "창조주로서 자신의 활동성 안에 있는 하나님의 자유에 대한 기독교적 이해에서 본질적인 것은 하나님은 자신의 본성의 어떤 내적인 필연성으로부터 세계를 창조해서는 안 된다는 것이다. 그렇지 않으면 그는 자신의 본질 안에서 세계의 실존에 의존적일 것이다. (…) 한편에서 세계의 신적 근원인 자유와 다른 한편에서 자신의 창조에 대한 하나님의 붙드심은 함께 결속한다. 이러한 연관성은 신적 사랑이 세계의 근원이라는 생각에서 해명된다. 사랑과 하나님의 자유는 분리될 수 없이 묶여 있다. 하지만 사랑의 자유를 자의적 행위와 혼동해서는 안 된다. 다른 한편 하나님의 사랑은 또한 모든 인격적인 자유를 압도하는 감정의 격동이란 의미로 이해해서도 안 된다. 양자는 신적 사랑에 대한 삼위일체 신학적 설명을 통해 피할 수 있다. 따라서 오해뿐 아니라 단편적인 비판에 굴하지 않기 위해서는 성서적 창조사상은 삼위일체 신학적 토대를 필요로 한다."

57) Wolfhart Pannenberg, *ST* II, 47: "피조물의 창작은 그의 자립적인 존속에서 완성에 이른다. 그러므로 신적 창조 행위는 이를 목표로 한다."

번에 성취되지 않으며 시간적으로 제약된 유한한 존재들의 전개와 발전, 곧 지속되는 시간의 과정을 거쳐 이를 포괄하면서도 넘어서는 **미래와 결부되어 있다.**[58]

이런 점에서 완성을 향한 하나님의 창조는 시간적 과정을 요구하며, 그 역사적 과정 속에서 앞선 사건, 존재 들은 뒤따르는 사건, 존재 들과 연관성을 지니게 된다. 하나님은 이러한 창조의 시간적 과정 속에서 자신의 계획을 실행하기 때문에 세계사 내의 사건들과 존재들은 창조주 하나님의 창조 행위와 분리해서 이해될 수 없다.

판넨베르크는 세계 또는 우주의 전(全)역사적 과정을 삼위일체 신학적 창조론의 관점에서 해석한다. 그에 따르면, "창조주와 나누는 피조물의 사귐은 영을 통해 아버지와 나누는 아들의 사귐에 참여"하는 것으로 생각되어야만 한다. 또한 피조물의 실존은 "아들이 현현하는 카이로스를 향해" 있다는 점에서 "모든 피조물은 자신의 창조주의 구원 목적에 참여하고 있다고 본다."[59] 부언하자면 하나님의 창조는 피조물이 자신의 실존을 갖고 자립성을 존속하는 것을 목표로 하는데 이러한 창조의 목표는 삼위일체론적 관점에서 볼 때는 아버지와 아들의 관계에 참여하는 것이기에, 피조물의 역사는 삼위일체의 관계 속에 있는 아들의 역사에 참여

---

58) Wolfhart Pannenberg, *ST* II: "전능하신 하나님의 창조적 행위는 그 자체로 모든 그의 목적을 직접적으로 실현할 수 있다"(20). "그러나 신적 행위가 유한하기에 시간적으로 제약되어 있고, 시간적 관련성들로 규정된 피조물들의 창작을 대상으로 한다면, 시간 연관의 맥락 안에 있는 유한한 사건들과 존재를 창작하게 될 것이고, 이 안에서 이들의 실존은 미래적 완성과 연관된다"(21).

59) Wolfhart Pannenberg, *ST* II, 21. 이처럼 판넨베르크는 하나님의 창조를 삼위일체 신학적으로 전개하고자 한다. 즉 창조는 삼위일체 하나님의 공동의 작업이며, 이 과정에서 각각의 위격이 맡은 역할은 구분되어 있다. 창조가 삼위일체 하나님의 공동의 작업이라면, 창조, 구원, 화해, 완성으로 구분되었던 주제들도 넓은 의미의 밖을 향한 하나님의 창조 안에 포괄된다.

하는 것을 목표로 하고 있다.

하지만 하나님의 창조는 피조적 존재들에게 자유와 자립성을 허용하기 때문에 이들의 역사가 과연 하나님의 창조목적에 부합하게 될 것인지는 하나님 편에서는 하나의 모험(Risiko)에 속한다고 할 수 있다. 한편 판넨베르크는 역사는 피조물들이 자립적으로 실존하여 하나님과의 완전한 일치가 성취될 미래를 향해 개방되어 있다고 본다. 그리고 이러한 미래의 개방성 안에 역사적 사건들의 우발성이 일어나며, 이를 창조주 하나님의 자유의 표현으로 이해한다. 하지만 다른 한편으로는 이러한 세계의 가능성을 하나님의 전능 안에 정초되어 있는 것으로 이해한다.60) 즉 개방성과 우발성을 지닌 창조의 역사는 하나님의 전능과 모순되는 것이 아니라, 오히려 전능하신 하나님 안에 있는 것으로 이해된다.61)

---

60) Wolfhart Pannenberg, *ST* I, 452~453: 이렇게 세계의 가능성과 역사적 사건들의 우발성을 하나님의 자유와 연관시키면서도 이를 하나님의 전능 안에 정초시키는 것은 하나님 밖에는 어떤 미래도 없다는 판넨베르크의 형이상학적 전제에 근거하고 있다. 그는 하나님의 영원성을 그리스 철학의 무시간성으로서의 영원성이 아니라, 모든 유한한 시간성을 그 자신 안에 포괄하는 것으로 이해하고 이를 삼위일체론으로 정초시킨다(441). 그러나 이로 인해 미래의 개방성과 이와 더불어 언급하는 하나님의 모험(Risiko)이 진정성을 가질 수 있을지 의문이다.

61) 판넨베르크는 자연, 생명, 역사의 우연성과 새로움을 기존의 인과율적 결정론에 대한 반론이며 하나님 이해의 새로운 가능성으로 받아들인다. Wolfhart Pannenberg, *Glaube und Wirklichkeit. Kleine Beiträge zum christlichen Denken* (München: Chr. Kaiser, 1975), 11~17을 참조 바람. "자연, 생명, 역사를 그 자신으로부터 진행되는 과정으로 완전히 서술할 수 있다는 견해는 우리에게 의심스럽게 되었다. 모든 사건의 유일회성, 그의 역사성은 이것과는 정반대의 것을 말한다. 이를 통해 우리는 생명과 역사와 모든 자연의 기적을 새롭게 의식할 수 있다. 이것이 곧 우리의 생명, 우리의 역사가 하나님의 손에 놓여 있다는 확신으로 표현될 수 있을까? 만일 우리가 하나님의 활동을 인간들의 행위, 생명의 발전경향, 자연의 법칙과 경쟁관계에 있는 것으로 생각할 수밖에 없다면, 우리의 생명, 우리의 역사가 하나님의 손에 놓여 있다고 말할 수 없을 것이다. 그러나 만약 우리가 그 역사성 안에서 이 모든 것을 포괄하고 포

과정사상에 대해 판넨베르크는, 피조물에 대한 창조주의 관계방식에 대해서는 수용적이면서도, 전능의 문제에 있어서는 비판적이다. 전통적으로 신학은 무로부터의 창조를 말해왔는데, 오늘날 제기되는 고통과 악의 기원에 대한 물음을 답하고자 화이트헤드와 과정신학자들은 무로부터의 창조 대신에 하나님과 세계의 이원론을 제시했다.[62] 판넨베르크는 화이트헤드가 주장하는 세계와의 관련성 속에서의 신이 강제성이 아니라, 설득을 통해 일한다고 본 점을 신학적으로도 수용 가능하다고 보았다. 왜냐하면 창조주 하나님은 피조물의 자립성을 존중하기 때문이다.

또한 성서의 하나님은 전능하면서도 전능의 힘을 폭력적으로 행사하지 않는다. 하나님은 자신의 힘을 통해 피조물들의 자립성을 폐기하지 않으며, 자신의 목적을 위해 피조물을 강압적으로 압도하지 않는다. 오히려 하나님의 전능한 창조 행위는 인내와 겸허한 사랑을 동반한다. 그러나 판넨베르크는 과정신학에서는 하나님의 힘을 상대화시키기 때문에 악의 문제에 대해 창조주에게 면책의 혜택을 줄 수는 있지만, 피조물은 이제 하나님이 아닌 다른 것들에 의존함으로써 고난의 극복을 위해 오직 신에게만 전적으로 신뢰할 수 없다고 비판한다. 이에 반해 성서는 악과 불행도 하나님에게로 소급하며, 하나님은 피조세계의 악과 불행에 대해 스스로 책임을 지신다.[63]

함하는 자연과 생명의 기적을 하나님의 현존의 표식으로 이해하는 것을 배운다면, 그래서 우리의 삶과 우리의 역사의 본래적인 의미를 말하고자 한다면, 하나님에 대해 말하는 것이 다시 의미 있게 될 것이다."(17)

62) 판넨베르크에 따르면, 악의 문제는 이원론이나 다신론적 세계에서는 수수께끼가 되지 않는다. 다만 유일신론에서만 문제가 되는데, 유대교는 신적 의지의 추적 불가능성을 내세우든가 신을 악과 선 모두의 주도적인 창발자(Urheber)로 이해하다가 포로기 이후에 종말론으로 해결하고자 했다. 초대 교회는 창조주와 구원자 사이의 영지주의의 이원론을 거부하면서, 그리스도의 죽음을 통한 세상과의 화해를 세상의 악과 고통의 현존에 대한 대답으로 제시했다. *ST* III, 679 이하를 참조

또한 판넨베르크는 전능을 무한성과 함께 사유된 영원성, 편재성과 더불어 이해하는데, 이때 전능은 힘에서의 무한성이며, 하나님의 영원한 힘으로, 언제나 현재하시는 하나님의 힘이다. 따라서 전능은 단번에 모든 것을 결정짓는 힘이 아니라, 영원과 시간이 화해할 종말론적 미래까지 지속되는 힘을 의미하며, 창조세계 내에 일어나는 새로움과 우발성의 근거가 되는 힘이며, 피조물들과 피조물들의 관계를 조율하는 힘이다. 역사 전체를 하나님의 창조 행위로 포괄할 때, 무엇보다도 전능은 창조주 하나님의 힘이다.[64]

앞서 언급했듯이 판넨베르크에 따르면, 전능하신 하나님은 피조물들을 창조하고, 이들의 실존에 자립성을 부여한다. 이는 피조물에 대한 하나님의 사랑이며, 동시에 선한 창조로 표현된다. 그런데 자립성을 부여한 창조로 말미암아 하나님은 세상에 일어날 새로움과 우발적 사건에 대해 스스로 모험을 감행한다. 자립성의 부여로 인해 피조물은 이 의지와 행위의 다양한 가능성들 사이에서 선택할 수 있는 자유를 얻기에 이르게 되며, 이러한 과정 속에서 **자립성**(Selbständigkeit)은 신으로부터의 전적인 해방을 선언하는 **독립성**(Verselbständigkeit)으로 전환되고 피조물은 자기 실존에 대한 자기주장 안에서 자기 자신을 절대화하기에 이른다.

판넨베르크에 따르면, 신이 부여한 유한성 자체가 악은 아니다. 다만

---

63) Wolfhart Pannenberg, *ST* II, 29~31.
64) Wolfhart Pannenberg, *ST* I, 429 이하, 특히 449~450: "그럼에도 무제약적인 힘이라는 추상적으로 파악된 표상은 너무나 쉽게 하나님의 통치를 분에 넘치는 폭군적 통치의 전능과 혼동하게 한다. (…) 하나님은 창조주로서만 전능하다. 그러므로 성서에서는 하나님의 전능에 대한 언설은 철저히 그의 창조 행위에 대한 지시와 연관되어 있다. 하지만 창조주로서 하나님은 언제나 피조물의 실존을 이미 원하신다. 따라서 만약 달리 하나님이 그의 행위 안에서 그 자신과 동일하게 머물고 그 안에서 일자임을 증거한다면, 그의 전능은 피조물에 전적으로 대립될 수 없다."

피조물이 유한성의 제한을 수용하기보다는 이에 항거해서 일어나는 것이 악이다. 이때 피조물들 간에는 생명의 원리로 주어졌던 상호의존성 대신 서로에 대한 독립과 반목이 일어나며, 피조물들은 자신의 실존의 근원이 되는 하나님의 존재조차 의심하며 자기절대화의 유혹에 빠져든다. 판넨베르크는 이처럼 하나님의 창조 목적인 피조물의 자립성이 오히려 악의 가능성의 근거를 형성하게 되는데, 하나님은 피조물의 자립성을 위해 스스로 이러한 모험을 감내하신다고 보았다.[65]

> 창조의 행위는 피조물의 **자립적** 실존을 목표로 한다. 그러나 이러한 자립성은 사실상 하나님에 대한 독립성으로 넘어간다. 물론 피조물들은 그의 독립성에서도, 하나님으로부터의 분리에서도 하나님의 편재성과 힘에서 벗어나지 못한다. …… 피조물은 자기 자신의 행위로 인해 무성(Nichtigkeit)에 빠져버렸다. 이 무성 앞에서도 창조주가 그에게서 해방을 선언한 피조물을 여전히 구원할 수 있다는 사실에서 창조주의 전능은 드러난다. 변절한 피조물에 대해 하나님이 자신의 힘과 거룩성으로 대면함으로써가 아니라, 오히려 피조물의 자리에 그리고 그 실존의 조건들 아래에 현재함으로써 이러한 구원은 일어난다. 그래서 하나님의 신성에 상응하는 하나님과의 관계가 피조물의 삶 안에 현실화되게 한다. 이는 영원한 아들을 통해 일어난다. 그는 아버지와의 자기구분의 결과로 피조물의 자리를 수용하여 인간이 된다. 이로써 피조물의 독립성은 바로 피조물의 입장에서, 그것의 자립성을 훼손함 없이 극복된다.[66]

---

65) Wolfhart Pannenberg, *ST* II, 199~200; 또한 *ST* III, 690: 인간 스스로가 "죄와 죽음의 힘들 아래에서 노예"로 전락한다.

66) Wolfhart Pannenberg, *ST* I, 454.

하지만 하나님은 신에 대한 피조물의 봉기에도 불구하고, 피조물의 자립성을 파괴하지 않음으로써 피조물을 향한 자신의 사랑을 나타내며, 동시에 자신의 창조 의도를 포기하지 않음으로써 자신의 구원 계획을 지속한다. 판넨베르크는 자신의 창조 의도를 끝까지 실현하시고자 하는 하나님의 지속적인 창조 의지 속에서 하나님의 전능을 말한다. 이때 구원은 넓은 의미에서 창조 행위 안에 포함된다. 창조주 하나님의 전능은 내재적 삼위일체 안에 있는 아버지 하나님과 아들의 관계에 상응하는 현실을 구체적인 역사 안에 실현함으로써 구원의 근거를 마련한다.

판넨베르크에 따르면, 아들은 "아버지의 단일군주제에 자신을 종속"시킴으로써, 즉 성육신 사건의 자기비움을 통해 "신성의 사귐 안에서 아버지와 함께 있는 아버지의 아들"임을 입증한다는 것이다. 또한 아들은 이를 통해 피조물이 창조주와 어떻게 관계해야 하는지에 대해 스스로 "기본법"이 된다. 피조물은 이 기본법 안에서 자신의 유한성과 한계를 긍정하며 하나님과 하나됨에 이르는 길을 발견한다. 여기서도 판넨베르크가 강조하는 것은 "하나님의 전능"은 피조물의 자유에 반하지 않는 "전능한 사랑"으로 나타난다는 점이다. 아버지와 자신을 구분하면서도 아버지와 하나되는 아들의 삶처럼, 피조물들은 하나님의 영을 통해 이러한 삶에 참여할 수 있게 된다. 따라서 "아들의 인간되심은 하나님의 전능의 최고의 표현"으로 파악될 수 있다.[67]

---

67) Wolfhart Pannenberg, *ST* I, 453~455, 인용은 455; 삼위일체적 관점에서 부언하자면, 아버지 하나님은 피조물의 근원으로서 이들에게 실존을 선사하며 이들의 자립을 가능케 하시며, 아들을 사랑하는 그 사랑 안에서 이들을 사랑으로 돌보신다. 아들도 역시 창조주에 대한 피조물의 자립성의 근원이면서도, 하나님의 아들로서의 예수는 아버지와의 자기구분을 통해 하나님을 아버지로서 하나님이 되게 하며 자기 자신을 아버지와 구분되는 피조물로서 유일하신 하나님 아래에 놓는다. 이를 통해 영원한 아들의 아버지와의 자기구분은 예수가 영원한 아들(das ewige Sohnsein Jesu)이라는

이처럼 아들의 인간되심 안에서 하나님의 전능은 곧 신적 사랑의 힘으로 나타나며, 자신의 힘에 대항하는 것을 맞대응하는 힘으로 등장하지 않는다. 오히려 하나님의 전능은 자신에게 대항하는 것을 "그 고유성 안에서 무한히 긍정"하여 피조물이 "자신의 한계를 수긍하고 이를 넘어서며 그리고 그렇게 자신이 무한성에 참여할 수 있도록 기회를 열어 주는" 사랑의 힘이다.[68]

하지만 이 세상의 곤궁과 악의 문제는 이러한 창조주 하나님의 전능하면서도 선한 통치에 대한 심각한 의문을 제기한다. 판넨베르크에 따르면, 특히 "아이들의 비참한 고통과 죽음은 지혜롭고 선한 세상의 창조주에 대한 신앙에 가장 중대한 반론으로 남아 있다." 이 세상의 엄청난 고통과 비극들로 인해 하나님의 선하고 전능하신 창조는 심각하게 의심받게 된다. 그렇지만 판넨베르크는 18세기의 라이프니츠와 그의 후계자들이 시도했던 "모든 이론적일 뿐인 신정론"은 이 세상의 어두움을 사소하게 취급하면서 악이 현존하는 이러한 세계의 현실을 우회했다고 본다. "고난, 죄책 그리고 눈물은 악의 실제적인 극복을 부르짖는다." 판넨베르크에 따르면, 이처럼 역사 속의 고난과 악에 직면하여 하나님의 정의를 의심하는 질문에 대해 "오직 하나님 자신만이 창조와 구원을 종말론적 지평 안에서 일치"시킴으로써 "진정으로 자유롭게 하는 대답"을 줄 것이다.[69]

따라서 "신적 구원 행위의 역사와 예수 그리스도 안에서 이미 태동한 그의 종말론적 성취"를 함께 고려하지 못하고, 다만 태초의 창조에만 관심을 가지면서 창조의 근원과 창조의 질서의 관점에서 하나님의 정당성을 증명하고자 한 것이 신정론 문제에 대한 전통적인 답변의 "가장 큰 단

사실에 대한 "인식의 근거"이며, 또한 모든 피조물의 "존재의 근거"가 된다. *ST* II, 36~37.

68) Wolfhart Pannenberg, *ST* II, 456.

69) Wolfhart Pannenberg, *ST* II, 191.

점"이다.70)

즉 18세기 낙관적 신정론은 태초의 창조(creatio originalis)만을 염두에 두었을 뿐, 지속적 창조와 종말론적 새 창조는 고려하지 못했다는 것이다. 판넨베르크에 따르면, 고통과 악에 대한 최종적인 답변은 하나님 자신으로부터 세상의 **종말론적 완성**과 함께 주어진다. 또한 창조로부터 종말까지의 역사적 과정 속에서 하나님은 창조세계에 대한 지속적인 돌봄과 구원 의지를 표명하시며, 이를 통해 이 세상의 고통에 대해 궁극적으로 하나님 자신이 책임지심을 드러내신다.71)

피조세계의 현실을 역사적 과정으로 파악할 때, 종말론적 미래에서 비로소 개방될 역사에 대한 전체적 전망 이전의 모든 대답은 잠정적인 성격을 지닐 수밖에 없다. 이런 종말론적 관점에서 판넨베르크는 역사 내에서의 하나님의 선한 창조에 대한 찬양도, 하나님의 영의 선물을 통한 하나님의 사랑도, 제사장 문서의 선한 창조에 대한 보도도 오직 종말론적 완성의 빛에서만 모든 의심을 넘어 확정될 수 있음을 분명히 한다.72)

---

70) Wolfhart Pannenberg, *ST* II, 192; 신정론의 최종적 답변은 오직 종말적 완성에서만 가능하다. *ST* II, 201: "화해와 세상의 구원이라는 하나님의 일과 창조의 상호결합에 직면해서만 대답이 가능하다. 만약 화해와 세상의 구원을 통해서만 창조 자체가 완성된다면, 악의 극복과 세상에서의 고통의 경감과 치료를 위한 투쟁 안에 창조주는 인간과 연합한다. 세계의 종말론적 완성만이 창조 행위 안에 있는 하나님의 정의와 이와 더불어 그의 신성을 결정적으로 증거할 수 있다."

71) 판넨베르크에 따르면, 피조물의 자유와 자립성을 위해 그리고 이를 통한 하나님과의 친교를 위해 악의 허용은 불가피했다. 물론 악의 원인은 피조물에게 있지만, 하나님은 자신의 창조세계에 대한 사랑과 책임 안에서 악의 극복을 위해 모험을 감행한다. Wolfhart Pannenberg, *ST* II, 196: 창조에서의 악의 출현에 대한 책임은 불가피하게 예지하며 허용하는 하나님에게 되돌아간다. 비록 피조물의 행위가 이에 대한 직접적인 원인이 된다고 하더라도 말이다. 하나님은 이러한 책임을 그저 회피하지 않고 오히려 자신의 아들을 십자가에 파송하고 내어 줌으로써 이를 자신이 짊어진다. 이렇게 하나님은 자신에 의해 창조된 세계를 위해 창조주로서 스스로 책임을 지신다."

따라서 판넨베르크에 따르면, 자신의 창조세계에 대해 스스로 책임지는 신적 사랑이요, 창조의 완성을 향한 의지의 표명인 하나님의 전능은 지금 여기서 확증될 수 있는 것이 아니다. 하나님의 전능은 오직 종말론적 성취를 통한 창조의 완성 안에서 하나님 자신이 스스로 증명해야 할 과제에 속한다.[73]

정리하자면 하나님의 힘은 우리에게는 피조물의 창조와 구원을 위한 사랑의 힘으로 경험되며, 하나님에게는 자신의 창조와 구원의 완성을 통해 스스로를 증명해야 할 미래적 과제로 남겨졌다. 따라서 하나님의 전능은 역사의 한 시점에서 확인될 수 있는 것이 아니라, 전 역사를 아우르는 것으로 이해되어야 한다. 판넨베르크에게서 하나님은 힘의 강도에서만 아니라, 그 시간적 지속의 무한성에서 전능하다. 즉 역사 전체가 하나님의 무한한 힘 안에 포괄되어 있다. 힘의 무한성인 하나님의 전능은 하나님의 영원성과 편재성과 더불어 이해되어야 하며, 이때 하나님의 전능은 영원하며 무소부재한 힘을 의미하고, 역사의 시간성이 하나님의 영원 안에 통일될 때까지 모든 피조물들의 가능성과 현실성의 근거가 되는 힘이다.

이처럼 판넨베르크는 하나님의 힘을 추상적으로 생각하기보다는 구체적인 역사에서의 하나님의 창조 행위와 연관해서 서술하며, 이를 종말론적 지평으로까지 확대한다. 하지만 판넨베르크에게도 역시 신학적 창조론은 모든 존재하는 것의 시작점인 아르케를 묻는 형이상학적 질문과 동일한 방향을 지닌다. 근원으로 거슬러 올라가는 형이상학적 질문의 방향에 편승하여 판넨베르크도 라이프니츠나 틸리히와 마찬가지로 악의 허

---

72) Wolfhart Pannenberg, *ST* III, 692~693.

73) Wolfhart Pannenberg, *ST* III, 678: 역사 내에서의 하나님의 실재에 대한 논의는 여전히 논쟁 중이며, 하나님 개념은 다만 "실재의 선취"일 뿐이다. "세상의 종말론적 완성"이야말로 "결정적인 신 존재 증명"이 될 것이다.

용에 대한 신적 변명을 전개할 수밖에 없었다. 피조물의 자유를 위해, 이를 통한 신적 존재와의 사귐을 위해 불가피하게 인간의 유한성으로부터 파생되어 나올 악은 허용될 수밖에 없었다는 것이다. 그리고 하나님 스스로가 그에 대한 책임을 지신다고 보았다.

과연 악과 고통은 "피조물이 하나님과 갖는 자유로운 사귐이라는 목적의 실현을 위한 조건"으로 이해되어야 하는가?[74] 악의 허용이라는 관념론적 착상은 성서 어디에 근거를 두고 있는 것일까? 악의 허용을 창조 목적의 조건으로 받아들일 때, 악의 허용에서 악의 극복에 이르기까지 하나님의 창조와 구원 행위는 마치 자승자박처럼 보인다. 하나님은 자신이 만들어 놓은 문제를 자신이 풀기에 급급한 것이 아닌가? 하나님은 악의 허용과 악의 극복이라는 자신이 만든 게임에 자기 자신이 뛰어들어 자기 자신과 대결하고 있는 것이 아닌가?

4. 나가는 말

우리는 바르트와 틸리히 그리고 판넨베르크에게서 하나님의 전능에 대한 신학적 의미를 살펴보았다. 이들의 입장이 각기 상이한 점이 있지

---

74) Wolfhart Pannenberg, *ST* II, 194. 또한 "악과 고통은 그 자체로 하나님이 원했던 것은 아니다. 즉 이들은 그 자체로 하나님의 마음에 드는 흡족한 대상도, 그의 의지의 목적도 될 수 없다. 하지만 이들은 사실적 동반현상들로서, 그렇게 하나님의 의향의 피조물적 실현을 위한 **조건들**로서 그의 창조와 함께 신적 세계 통치의 관점에서 받아들여진다. …" 판넨베르크에 따르면, 악의 허용이라는 생각은 신의 섭리와 연관해서 일찍이 오리게네스에서부터 시작되어 닛사의 그레고리에게서 그리고 아우구스티누스에게서도 전개된다. 하지만 악의 허용을 수단이나 목적이 아니라, 신적 의지 실행을 위한 조건으로 생각한 것은 라이프니츠와 연관될 것이다.

만, 이들이 하나님의 전능과 관련해서 언급한 것들 중에서 중요한 제안을 추려낸다면 다음과 같다.

① 하나님의 전능은 일상적인 의미의 폭력적이고 강압적인 힘이라는 의미와는 다르다. 하나님의 힘은 하고 싶은 것을 마음대로 하는 자의적인 힘이 아니다.

② 하나님의 힘은 하나님의 사랑과 대립되지 않는다. 특히 역사의 과정과 연관해서 볼 때, 하나님의 힘은 하나님의 사랑으로 이해되어야 한다. 이 사랑의 힘을 통해 하나님은 피조세계의 고난에 참여한다.

③ 하나님의 힘은 구체적으로 피조물과의 관계 속에서 창조의 힘, 구원의 힘으로 이해되어야 한다. 즉 이 세상을 위한 하나님의 힘은 피조세계의 자유를 박탈하고 억압하는 기제로 나타나지 않으며, 오히려 피조물을 참된 자유로 이끌며 피조세계에 새로움을 창조하는 힘이라고 할 수 있다.

④ 따라서 하나님의 전능에 대한 신앙은 단순히 힘 자체에 대한 숭배가 아니라, 창조주와 구원자로서의 하나님의 힘에 대한 참여적 성격을 갖는다.

제 4 부

고난과
하나님의 전능

제1장
정리와 과제

1. 신정론의 답변들에 대한 정리

"나는 전능하신 아버지 하나님, 천지의 창조주를 믿습니다." 가장 오래된 신앙고백들 중 하나인 전능하신 하나님에 대한 신앙은 이제 더 이상 불가능해졌는가? 인간과 피조물의 고난에 직면하여 전능하신 하나님을 신앙한다는 것은 비현실적이며 모순적으로 보이며, 만약 누군가가 신의 전능을 운운하며 현실의 고통을 비현실적인 것처럼 만들어버린다면, 이는 고통당하는 자에겐 이해될 수 없을 뿐 아니라 불쾌하며 화나는 일로 여겨진다. 고통의 현실을 주목하면서도 어떻게 하나님의 전능을 고백할 수 있을까?

일부에서는 기계문명과 자연과학의 발달로 지상낙원이 도래할 것처럼 생각하기도 하지만, 과학문명의 발달 속도만큼이나 그로 인한 인류의 아픔은 더욱 깊어 가는 듯하다. 전쟁과 테러, 살인과 폭력은 문명의 발달 이상의 속도로 가속화되고 치밀해지고 잔악해지는 것 같다. 자연환경의 파괴에 대한 보복인양 지진과 해일, 폭설과 폭염, 폭우와 폭풍으로 인한 참사들이 눈앞에 펼쳐질 때, 전능한 근대인간의 몰락에 대해 생각하지 않을 수 없다. 뿐만 아니라 하늘과 땅의 창조주 하나님, 전능하시고 선하신 하나님은 도대체 어디에 계신가를 질문하지 않을 수 없다.

고통의 문제는 필연적으로 하나님에 대한 질문을 가져오며, 자명하게 전제되었던 기존의 하나님에 대한 신학적 의미를 집요하게 묻고 늘어진다. 이유 없이 죽음의 공포에 처해버린 어린아이의 눈물 한 방울로도 신의 강력한 힘에 대한 기존의 환상을 제거하기엔 넉넉하지 않은가? 과연 기독교 신앙이 고백하는 선하신 하나님은 또한 전능한 하나님인가?

우리는 앞서 신정론의 이러한 물음에 나름대로 대답을 시도했던 고전적 신정론의 역사들을 살펴보았다. 아우구스티누스, 아퀴나스, 라이프니츠에게서 본 **신정론의 대답**은 아래의 몇 가지 형태로 정리된다.

첫째, 악의 본질과 기원에 대해 악은 선의 결핍이며, 신과 피조물의 존재론적 차이에 근거한 형이상학적 불완전성에 기인한다. 악은 신의 피조물은 아니지만, 피조물의 자유의 남용에 의해 발생한다.

둘째, 악의 극복과 관련해서 ① 미학적 신정론: 악은 전체 피조세계의 아름다움에 기여하는 미학적 요소다. ② 목적론적 신정론: 악은 선의 목적을 위한 잠정적인 수단일 뿐이다. ③ 가치론적 신정론: 악은 선에 편입되며 더 큰 선으로 전환된다. ④ 역사 종말론적 신정론: 악은 역사의 궁극적 완성을 향해 나아가는 잠정적 단계에 불과하며 종말에서는 극복된다. ⑤ 자유의지 신정론: 악은 자유의지의 결과물이기에 신에게 책임을 물을 수 없다. ⑥ 인과적 신정론: 세상의 고통은 자유 남용에 대한 신의 정당한 심판의 결과다. 앞서 다루었던 신정론의 고전적 해법들에 뚜렷하게 나타나진 않았지만 잠재되어 있었고, 이레니우스에 의해 두드러지게 강조되었던, ⑦ 교육적 신정론이 여기에 첨부될 수 있다. 즉 이 세상의 고통은 인격이나 영혼의 성숙을 위한 하나님의 커리큘럼이다.[1]

---

1) 필자가 보기에 교육적 신정론은 목적론적 신정론이나 가치론적 신정론에 포함될 수 있는 듯하다. 기존의 아우구스티누스적 신정론 유형과 이레니우스적 신정론 유형에 대한 대조와 비교는, 존 힉/김장생 옮김, 『신과 인간 그리고 악의 종교철학적 이해』(파주: 열린책들, 2007), 특히 252~256을 참조 바람.

이러한 신정론의 시도들이 고난과 악의 문제에 직면하여 신의 전능과 선함을 이성적이고 합리적으로 변호하려는 합리적 신정론을 추구하고 있다면, 루터는 이와는 달리 신의 절대적 주권을 앞세워 신정론의 질문을 제기하는 이성 자체의 부당함을 지적한다. 하지만 루터가 하나님의 예지와 예정을 구원과 관련된 실존적 차원을 넘어 경험적 물리세계의 인과성에 대입시킬 때, 인간의 자유는 현실적으로 부정될 수밖에 없었다는 점에서 루터의 신학적 해법은 현실을 왜곡한다고 할 수 있다. 이것은 루터의 문제만은 아니다.

고난과 악의 문제 앞에서 기존의 신정론의 대답은 악의 치명적인 가시를 제대로 인식하지 못하며 인간의 고통을 사소한 것으로 취급하고 인간이 실제로 경험하는 현실을 신학적으로 왜곡하는 경향이 농후하다. 이러한 전통적인 신정론은 개개인의 고통과 부조리의 경험을 형이상학적인 정합성의 틀 안에 억지로 구겨 넣는 듯 보인다. 이때 개개인의 고통은 우주론적이며 존재론적인 전체성에 통합되는 우연한 요소로 취급될 뿐이다. 형이상학적으로 틀 지워진 전체성과 필연성이 개별적 사건의 우연적 요소를 삼켜버린 꼴이다.

그러나 칸트에 따르면, 이처럼 세계의 합목적성을 전제로 세계 내의 반목적적인 경험들을 그 안에 구겨 넣으려는 모든 시도는, 역으로 세계 내의 반목적적인 것을 주목할 때 처참한 실패로 판정된다. 더욱이 고통과 악의 실재성을 존재론적 관점에서 약화시켰던 고전적 신정론의 관점은 20세기에 인류가 경험했고, 또한 현재에도 당면하는 거대한 재앙들로 인해 붕괴된다. 누구도 부인할 수 없는 고통과 악의 엄연한 현존 앞에서 악의 실재성을 부정할 수는 없기 때문이다. 오히려 악에 직면하여 신의 존재가 극단적으로 의심되는 상황에 이르렀고, 적어도 여전히 신이 존재한다면, 이제 그 신은 전능하지 않은 존재로 이 세상에서 철저히 무력한 존재로 이해되어야 한다는 주장이 제기된다.

우리는 이러한 고통과 악의 문제에 직면하여 하나님의 무력함과 전능함에 대한 신학적 입장들을 살펴보았다. 이러한 우리의 논의 과정은 몇 가지 질문을 제기한다.

합리적 신정론은 과연 가능한가? 즉 악의 현존 앞에서 선하고 전능한 신은 합리적으로 옹호될 수 있는가? 하나님의 전능은 무엇을 의미하는가? 고난과 악의 질문 앞에서 하나님 사유인 신학은 어떻게 전개될 수 있는가?

2. 신정론의 답변에서 실존적 물음으로

헤르만 뤼베(Hermann Lübbe)는 합리적 신정론을 **이단**이라고 표현했다.[2) 그에 따르면, 우리 삶에서 발생하는 행운과 성공적 삶의 조건들은 인간의 생각과 행동에 부합하는 결과들이 아니라 인간이 마음대로 처분할 수 없는 것들이며 우연적인 것이다. 그런데 합리적 신정론은 이 세상의 자연적 과정과 인간의 삶이 인간의 행위에 적합한 의미를 산출한다는 합목적론적 신념에 근거해 있다. 하지만 이런 합목적론적 신념은 실제 부조리한 현실 경험에 비춰볼 때 수용될 수 없다.

뤼베가 볼 때, 종교의 기능은 이처럼 인간의 합리성으로 이해될 수 없는 우연성과 연관된 문제들을 관리하고 통제하는 데 있는데, 합리적 신정론의 경우 우연성의 요소를 합목적성 안에 편입시킴으로써 종교의 기능을 불필요하게 만든다는 것이다. 즉 종교의 기능은 이해될 수 없는 것

---

2) Hermann Lübbe, "Theodizee als Haeresie", in: Willi Oemueller (Hg.), *Kolloquien zur Gegenwartsphilosophie*, Bd. 3, 'Leiden' (Paderborn: Schoenig Verlag, 1986), 167~176.

들을 합리적으로 해명하는 데 있는 것이 아니다. 오히려 삶의 현실 속에서 이해될 수 없는 것들, 우연적인 것들을 종교는 자신의 고유한 방식으로 통제한다. 따라서 합리적 신정론이 성공을 거두면 종교의 고유한 기능은 불필요하게 된다. 즉 모든 것이 합목적적으로 이해될 경우에 우연은 사라지게 되며 우연을 통제하는 실제적 요소인 종교도 필요 없게 된다.

앞에서 우리가 살펴보았듯이 합목적적인 세계관 또는 우주론에 따르면, 세계의 움직임은 모두 질서와 조화 속에서 이루어진다. 거기에는 이러한 질서와 조화를 파괴할 우연적 요소가 허용되지 않는다. 기독교 신앙은 이러한 우주론을 수용하면서, 우주의 질서를 하나님의 선한 창조의 질서와 동일시했고, 하나님은 바로 이러한 합목적론적 세계의 존재론적 근거로서 창조주며 섭리자로 이해되었다. 이러한 확고부동한 전제 아래, 악의 현실은 얼핏 보기에는 하나님의 선한 창조론과 섭리론의 걸림돌로 인식되지만, 궁극적으로는 세계의 역사적 과정의 최종적인 목적(telos/finis)에 오히려 부합하는 것으로 취급해버리든가 아니면 코스모스로서의 우주를 아름답게 꾸미는 미학적 요소로 처분된다.

그러나 세계대전과 아우슈비츠의 체험 그리고 매일매일 경험되는 불의와 폭력, 순진한 어린아이들의 무고한 희생과 고통을 주목할 때, 이러한 합목적적 세계상에 근거한 답변들은 오히려 잔인하다. 신정론에 대한 합리적 해명들 안에 발견될 수 있는 논리적 결함 때문만이 아니라 오히려 그 형식적 논리성이 현실적으로 더욱 매정할 수밖에 없기에, 합리적 신정론은 실존적으로 거부된다.

합리적 신정론은 고통을 당사자의 처지가 아닌 제3자의 관점에서 담담하게 다루고 있다는 점에서 한계를 갖는다. 고통을 우리의 삶에서 완전히 제거하는 것은 불가능할 뿐 아니라, 실제로 어느 정도의 고통은 우리 삶에 유익을 주기도 한다. 약간의 이상 징후를 감지함으로써 우리는 더 큰 고통을 앞서 예방할 수 있다. 고통을 느끼지 못하는 것 또한 분명 또 다른 고통이다. 우리는 고통을 통해 다른 사람과 연대감을 가질 수도 있다. 이런 점에서 고통은 인간적이며, 개별적인 인간을 더불어 존재하는 인간이 되도록 한다.[3]

하지만 그렇다고 고통의 문제가 합리적으로 다 해명되는 것은 아니다. 분명 부조리하고 이해할 수 없는 고통이 있으며, 이런 고통은 합리적 신정론을 통해 해명되지도 해결되지도 않는다. 성서가 욥의 고통을 통해 보여주듯이 고통의 원인을 질문할 때, 인과응보적인 인과율로는 해명될 수 없으며, 도무지 이해되지 않는 고통이 있다. 이러한 부조리한 고통을 제3자의 입장에서 해명하려고 할 때, 암암리에 합목적적인 세계관이 고통 해명의 형이상학적 토대 역할을 수행한다.

하지만 어른들의 폭력에 희생당하는 아이들의 고통, 태어난 지 얼마 되지 않아 아이를 떠나보내야 하는 부모의 고통을 염두에 둘 때, 갑작스런 지진이나 해일로 삶의 터전을 잃어버린 자들, 불의와 폭정에 무고하게 희생당한 시민들을 염두에 둘 때 누구라도 담담하게 고통에는 정당한 이유가 있다고 말하기는 어려울 것이다. 바로 이들에게 고통스러운 것은 자신들이 고통 가운데 있다는 사실만이 아니라 암암리에 삶의 전제로 받

---

3) 소설가 박완서는 다섯 자식 중에 하나밖에 없는 아들을 잃어버린 고통을 글로 토해 냈다. 박완서,『한 말씀만 하소서』(서울: 솔, 1994). 아들의 부재와 치열하게 투쟁하던 중에 그는 수도원에 기거하면서 다음과 같은 생각에 잠시 잠긴다. "내가 만약 <왜 하필 내 아들을 데려갔을까>라는 집요한 질문과 원한을 <내 아들이라고 해서 데려가지 말란 법이 어디 있나>로 고쳐먹을 수만 있다면, 아아 그럴 수만 있다면. 구원의 실마리가 바로 거기 있을 것 같았다. (…) 돌아누움, 뒤집어 생각하기, 사고의 전환, 바로 그거였어. 앞으로 노력하고 힘써야 할 지표가 생긴 기분이었다"(80). 이처럼 자기 고통의 깊이에서 타자의 고통을 발견할 때, 인간은 나르시스적인 자아상에서 벗어나 타자와 더불어 있는 새로운 지평을 발견하게 될 것이다. 하지만 이것이 자신의 아들을 잃어야만 했던 '필연적 이유'가 될 수는 없다. 오히려 그녀의 말대로, 이것은 새로운 삶을 향한 "구원의 실마리"가 될 뿐이다.

아들였던 기존의 합목적적 세계상도 함께 붕괴되었다는 사실이다.

전통적으로 종교가 합리적 신정론이라는 이단을 품을 수밖에 없는 이유는 합목적적인 세계관에 근거한 고전 유신론의 관점에서 인간의 경험적 현실을 해명하고자 하기 때문이었다. 하지만 이렇게 종교적으로, 형이상학적으로 정초된 합목적론은 부조리한 고통의 경험 속에서 논리적 정합성이 붕괴된다.

헤르만 뤼베가 말한 우연성은 이러한 고통의 비참함과 치명성과 관련해서는 기존의 합리성을 파괴하는 우연성이며, 기존의 합목적적 세계에 짜맞출 수 없는 파괴적이며 혼란스러운 현실의 한 차원을 의미한다. 이것은 고통의 현실 밖에 있는 자들에겐 인식될 수 없는 카오스의 세계이며, 제3자의 입장에서 건네는 모든 아름다운 인사말도 무의미하게 삼킬 블랙홀이다. 과연 이 부조리한 고통의 심연에서 빠져나올 길은 무엇인가?

고통에 대한 합리적 신정론의 부당함과 매정함을 인식할 때, 우리는 차라리 침묵할 수밖에 없다. 하지만 신정론의 침묵이 고통당하는 자의 침묵을 뜻하는 것은 아니다. 고통당하는 자는 침묵하지 않는다. 고통당하는 자는 자신의 고통을 밖으로 표현한다.[4] 설령 합리적 신정론이 고통의 의미에 대한 적절한 대답으로 이들에게 침묵을 강요한다고 하더라도, 고통당하는 자는 자신의 아픔을 필연적으로 발설하게 된다. 고통당하는 자의 왜라는 절규와 부르짖음은 사실 합리적인 해명을 요구하는 것이 아니라, 오히려 합리적 해명이 불가능함에 대한 직감적인 당혹감의 표현이라고 해야 할 것이다. 이유 없는 고통 속에서 내뱉어지는 절규가 예수의 부르짖음—"나의 하나님, 나의 하나님, 어찌하여 나를 버리셨나이까?"(마가복음 15장 34

---

4) 고통당하는 자의 표현의 권리와 관련해서 아도르노는 자신의 말을 번복한다. "고문당하는 자가 비명 지를 권한을 지니듯이, 끊임없는 괴로움(Leiden)은 표현의 권리를 지닌다. 따라서 아우슈비츠 이후에는 시를 쓸 수 없으리라고 한 말은 잘못이었을 것이다." - 테오도르 아도르노/홍승용 옮김, 『부정변증법』(서울: 한길사, 1999), 469.

절) — 속에 응축되어 있다.

이 절규하는 물음은 이론적이고 합리적인 답변을 스스로에게 요구하는 것도 아니며 제3자에게 요구하는 것도 아니다. 여기서 제기된 하나님 질문은 사변적이고 형이상학적으로 정초된 모든 존재의 근원을 향한 질문이 아니라, 자신과 가장 가까이 계셨던 아버지로서의 하나님을 향한 질문이다. 그렇기에 이 질문은 더욱 아프다. 그것이 세상이든, 합리성이든, 신이든, 자신이 가장 신뢰했던 것으로부터 버림받는 거대한 혼란에 직면하여, 고통당하는 자는 절규한다.

특히 예수의 이 절규와 더불어 모든 합리성이 붕괴된 자리에서, 이제 사변적이고 합리적인 **답변으로서의 변신론**이 아니라 형이상학적 신에 대항하는 가장 치명적인 **질문으로서의 신정론**이 제기된다. 이런 점에서 신정론은 형이상학적 신과 성서의 하나님 사이의 갈림길이 된다. 형이상학적 신은 고전적 신정론의 답변에 안주하고자 하지만 도리어 거기서 파괴되며, 성서의 하나님은 그 답변에 안주하기보다는 도리어 신정론의 합리성에 의문을 제기한다. 질문으로서의 신정론은 기존의 형이상학을 넘어 새롭게 하나님에 대한 질문을 열어놓는다.5)

---

5) Ulrich H. J. Körtner, "Metaphysik und Moderne. Zur Ortsbestimmung christlicher Theologie zwischen Mythos und Metaphysik", *Neue Zeitschrift für Systematische Theologie* 41 (1999), 225~244는 기독교 신학과 형이상학의 만남의 역사를 추적하면서, 형이상학적 속박으로부터 기독교 신학이 해방되기를 희망한다. 쾨르트너에 따르면 형이상학화된 기독교 신학이 의심되는 절정에 바로 신정론이 있다. "형이상학적 사유의 난관이 결국엔 신정론의 문제를 지시하고 있으며" "모든 형이상학은 신정론에서 파괴된다"(243). 또한 김용성,『하나님 이성의 법정에 서다』(서울: 한들, 2010), 257~258: "모든 철학적 신정론 시도의 실패는 신앙 자체를 부정하는 것을 뜻하지 않는다. 하지만 기독교 신학 자체는 이성이 만들어 내는 신정론에 대립할 수밖에 없다. 왜냐하면 그러한 신정론이 지켜내려고 노력한 것은 아브라함과 이삭과 야곱의 하나님이 아니라 형이상학적인 하나님 개념이기 때문이다. 형이상학적 하나님 개념은 성

합리적 신정론은 일상에서는 아무런 문제가 되지 않는다. 또한 평범한 일상은 신정론의 물음을 제기하지 않는다. 하지만 이유를 알 수 없는 고통의 경험과 함께 합리적 신정론이 정초하고 있던 기반이 문제시된다. 내가 지금까지 딛고 서 있던 모든 것이 일순간에 무너지는 악의 경험으로 인해 합목적적으로 아름답게 수놓았던 세계상에 균열이 일어난다. 파괴적인 고통의 경험은 자신의 계획에 따라 모든 것을 아름답게 만드는 미학적 신(神)을 고발하고, 자명하게 전제되었던 삶의 의미를 질문의 심연 속에 집어넣는다.

따라서 "나의 하나님, 나의 하나님. 어찌하여 나를 버리셨나이까?"라는 질문은 현재적 고통의 물리적 또는 형이상학적 원인을 합리적으로 설정하려는 시도들에 대한 비판이며, 합목적적 세계상에 정초했던 삶의 의미와 함께 붕괴된 형이상학적 하나님에 대한 비판이다. 하지만 이 절규하는 질문은 작금의 현실에 굴하여 침묵하지 않고 **그럼에도** 삶의 의미와 하나님을 새롭게 되묻고 있다는 사실에 주목할 필요가 있다. 예수의 이 질문에 정작 하나님은 아무런 답변을 제공하지 않았다. 질문은 답변으로 이어지지 않았지만, 바로 이 질문 자체가 새롭게 삶의 의미와 더불어 하나님의 구원 가능성을 열어 주고 있다는 사실에 주목해야 한다.[6]

고통당하는 자의 **절규**는 합목적적으로 정초된 신정론적 답변의 허망

서에 나타난 하나님과 결단코 일치될 수 없다."

6) 우리가 잘 알듯이 마가복음은 하나님 아들의 절규에 대한 응답으로서 이전에 들었던 하늘의 소리(마가 1:11; 9:7)를 제시하는 대신에 성소의 휘장이 찢어지는 장면과 백부장의 고백을 연결시킨다. 그리고 이 장면을 목도하고 있던 여인 중 몇몇은 안식일 후 예수의 시신이 놓여 있던 무덤을 찾아가, 무덤이 비어 있는 것과 그의 부활 소식을 듣고 놀람과 두려움에 사로잡힌 채 무덤에서 나온 것으로 기록한다. 마가복음은 다른 복음서보다 어떤 의미에서 소극적이지만, 그럼에도 십자가 이후에 일어난 새로운 삶의 가능성으로서의 하나님의 구원 현실을 여전히 증언하고 있다.

함을 고발하는 것으로 그치지 않고 새로운 삶의 **가능성**을 향해 일어서고자 하는 용기와 맞닿는다. 고통의 표현은 기존의 세계에 대한 이별이면서 동시에 새로운 삶의 가능성에 대한 **물음**이다. 기존의 현실에 대한 절망이면서도 동시에 아직 오지 않은 새로운 현실에 대한 희망을 담고 있다. 적어도 고통의 절규가 좌절과 절망, 자포자기에 영원히 안착하지 않는다면, 절규하는 자는 여전히 자신의 삶의 성공 여부를 실험하고 있는 셈이다.

그렇다면 이러한 고통의 절규 속에서 물어지는 새로운 삶의 가능성은 기독교 신앙에서 말해지는 하나님의 전능과 어떤 연관성을 지닐 수 있을까? 여전히 전능은 세상의 고통을 단번에 제거할 수 있는 그런 신적인 마술로 이해될 수 있는 것일까? 이는 신학적으로나 현실적으로나 수용될 수 없다. 그렇다면 과연 하나님의 전능은 고통의 질문에 대해 어떻게 이해될 수 있을까?

제2장

하나님의 전능은 무엇을 의미하는가

우리는 앞서 신의 전능에 대한 몇 가지 비판을 보았다. 과연 전능하신 하나님은 예수 그리스도의 아버지 하나님과 무관한가? 기독교의 전능하신 하나님에 대한 표상은 그리스나 로마 황제의 정치적 힘을 반영하여 정치신학적으로 극대화된 것인가? 포이어바흐의 지적처럼, 전능은 인간적 심정의 본질 이외에 어떤 것도 표현하지 않는 것일까? 이와 같이 하나님에 대한 모든 인간적 언설은 단순히 인간적인 것 외에 아무것도 담고 있지 않은 것일까? 또한 전능은 진정 폭력적인 아버지상(像)을 내면화하고 자기화한 인간의 유아기적 환상에 불과한가?

아니면 그와는 반대로 신적 힘은 인간적 힘의 투사가 아니라, 인간의 유한성을 오히려 자각하게 하는 존재론적 힘으로 나타나는 것은 아닐까? 즉 틸리히식으로 표현하자면, 하나님의 힘은 존재론적 충격을 통해 그동안 자각되지 못하던 인간의 유한성과 무력함을 직시하게 하는 동시에 이를 용기 있게 수용함으로써 극복하게 하는 존재론적 힘으로 이해되어야 하는가?

비록 현실 인간이 자기 자신을 전능한 신적 존재로 고양하거나 그와 동일시하는 환상을 빚어낸다고 하더라도, 하나님의 힘은 이를 뒷받침하는 근거가 아니라 오히려 참된 무제약적 힘에 사로잡히는 계시적 경험을 통해 이전의 인간적 전능의 환상을 오히려 상대화시키고 무력화하는 것으로 생각되어야 하지 않을까? 참된 종교적 경험은 신적 전능의 경험 안에서 인간 존재의 전능성을 발견하는 것이 아니라, 그 역으로 인간의 무력함과 유한함을 자각하며 동시에 이를 수용하고 극복할 힘을 신적 전능에서 발견하는 것이 아닐까?

뿐만 아니라 신의 전능에 대한 앞선 논의와 연관해서 다음과 같이 질문할 수도 있다. 한스 요나스처럼 아우슈비츠와 같은 부조리한 고난의 현실 앞에서 신의 전능성이 깔끔하게 포기되어야만 신을 정당하게 이해할 수 있는가? 화이트헤드의 과정사상과 그의 영향을 받은 과정신학에서처럼 오늘날의 경험적 현실에 적합하게 구성된 형이상학적 틀을 통해 신 또한 경험적 현실의 적합성 안에서 이해 가능한 존재로 구성되어야 하는가?[1] 이성의 이해 가능성과 경험적 현실에 바탕을 둔 형이상학을 위해 자신의 전능을 빼앗겨버린 하나님은 과연 기독교의 창조주 하나님과 동일하다고 할 수 있을까? 고전 유신론에 대한 이성적 합리적 비판을 넘어 신을 또 다른 새로운 형이상학적 정합성으로 빚어낼 때, 신과 신의 전능의 자리에 앉은 것은 결국 현실적 경험에 상응하는 이성의 힘이 아닌가? 전능의 이해 불가능성을 대신해서 이성에 의해 이해 가능한 것만을 정당화하는 이성의 전능이 여기에 놓여 있는 것은 아닌가?

---

1) 과정사상은 자신의 정합적인 체계 안에 신이 꿰맞춰진 느낌이 들곤 한다. 하지만 이와는 반대의 비판도 있다. 즉 현실의 경험들을 억지로 구겨 넣지 않으면서 모두 포괄하는 정합성 있는 형이상학적 체계를 목표로 했던 화이트헤드의 형이상학은 여타의 현실적 존재와는 다른 특별한 예외사항을 현실적 존재로서의 신에게 부과함으로써 논리적인 문제점을 지니게 된다. 문창옥, 『화이트헤드과정철학의 이해』(서울: 통나무, 2002), 109: "(…) 현실적 존재로서의 신의 관념은 체계 내적으로 일관성을 결한 것이며, 따라서 화이트헤드의 체계는 그가 의도한 만큼 그렇게 정합적인 것으로 나타나 있지 않다는 비판을 불러일으켰다. 화이트헤드가 신을 영속하는 현실적 존재로 생각하는 이유는 분명하지만 이러한 주장은 신을 현실적 존재에 적용되는 형이상학적 범주와 원리들의 예외사례로 만들고 그로 말미암아 체계 내적인 정합성이 깨어진다는 것이다."

철저히 기독론적으로 사유하면서도 하나님의 무력함을 최종 정착지로 삼지 않았던 바르트의 통찰은 인간의 이성에 걸맞게 구성된 모든 인간적 신들에 대한 비판이며, 모든 인간적 기획에서 새롭게 태어날 전능한 인간성에 대한 비판의 거점을 마련해 둔 것이 아닐까? 본회퍼와 몰트만에 의해 강하게 제기된 하나님의 고난과 하나님의 약하심도 역시 신에 대한 모든 인간적 구성에 대한 부정과 비판으로 이해되어야 하지 않을까? 동시에 하나님 앞에서 하나님과 더불어 자신의 삶과 피조세계에 대해 인간이 짊어져야 할 **책임**을 지시하며, 동시에 신의 전능을 핑계 삼아 모든 책임을 신께 떠맡기고, 자신은 무책임의 도피성에 도주하며 자기 자신을 정당화하려는 인간의 자기기만적 자기의(自己義)를 비판하고 있는 것이 아닐까? 그렇다면 이러한 정당한 신학적 통찰을 수용하면서 인간적 이성에 의해 추상적으로 구성된 신의 힘에 대한 논의가 아니라, 성서적·기독교적 하나님이라는 구체성에서부터 전능의 의미와 가능성을 다시금 되물어야 하지 않을까?[2]

이와 관련해서 우리는 몇 가지 질문을 던질 수 있다.

① 하나님의 전능과 관련해서 부정되어야 할 힘은 무엇이며, 새롭게 이해되어야 할 힘은 무엇인가?

② 하나님의 힘에 대한 성서적 표현들이 의미하는 바는 무엇인가?

③ 고난당하는 자에게 신의 전능과 무능은 어떤 의미가 있는가?

---

[2] 따라서 김균진, 『기독교 신학』I (서울: 연세대학교 출판부, 2009), 431에 나타난 질문은 극히 타당하다. "만일 하나님이 전능하다면, 왜 하나님은 무고한 생명들의 고난과 죽음을 중단시키지 않는가? 피조물들이 당하는 고난과 하늘에 사무치는 부르짖음 앞에서 하나님의 전능은 빈말이 아닌가? (…) 그렇다면 하나님은 <생명의 힘(=능력)>이요 <용사와 같은 분>이라는(시 27:1; 사 42:13; 렘 20:11) 성서의 증언은 무의미한가? 하나님의 전능과 십자가에 달린 하나님의 무력하심은 어떤 관계에 있는가?"

우리는 이러한 질문을 염두에 두고서 하나님의 전능에 대해 몇 가지 주장을 제시하고자 한다.

1. 창조세계의 질서와 자유 그리고 하나님의 힘

하나님의 힘은 폭력적이고 강제적이고 파괴적인 무질서한 힘으로 이해될 수 없다. 전능의 개념을 무조건 모든 것을 다 할 수 있다는 의미로 이해해서는 안 된다.[3] 전능에 대한 전통적인 신학적 의미에 따르면, 전능은 하나님이 하고자 하시는 것 또는 자신의 본성과 논리적인 것을 거스르지 않는 범위에서 할 수 있는 것을 할 수 있다는 의미로 정립된다. 즉 하나님의 힘은 아무런 기준 없이 제멋대로 휘두르는 폭력이 아니며, 하나님 자신도 이로 인해 악마가 될 수는 없다.[4]

---

3) Thomas Aquinas, *De potentia*, 1. 7에 따르면 전능은 모든 것을 할 수 있다(quia omnia possit absolute)는 의미로 이해될 수 없다. Anthony Kenny, "Die Definition der Allmacht", in: Chr. Jäger (Hg.), *Analytische Religionsphilosophie* (Stuttgart: UTB, 1998), 218~226 참조.

4) Jan Bauke-Ruegg, "Was heißt: "Ich glaube an den allmächtigen Gott?"", *Zeitschrift für Theologie und Kirche*, 97(2000), 46~79, 특히 54~58 참조. 바우케-뤽은 논리적, 의미론적, 신학적 논의를 거쳐 하나님의 전능에 대한 오해를 네 가지로 정리한다(67). 1) 하나님이 전능하다는 것은 하나님이 모든 것을 할 수 있다거나 하나님에겐 모든 것이 가능하다는 의미가 아니다. 전능하신 하나님은 마술사가 아니다. 2) 하나님의 전능은 하나님이 원하는 것은 무엇이든지 할 수 있다는 의미가 아니다. 전능하신 하나님은 자의적이며 걸림돌 없이 임의대로 행하는 신이 아니다. 3) 전능하신 하나님은 모든 힘을 소유한, 즉 힘을 독점하고 있는 존재가 아니다. 4) 하나님이 전능하다는 것은 하나님이 모든 것을 결정짓는다는 의미가 아니다. 전능하신 하나님은 운명의 기계론적 반복이나 변주가 아니다. 필자는 바우케-뤽의 결론에 전체적으로 동의하면서, 다만 2)번의 '하나님이 원하시는 것은 무엇이든지 할 수 있다.'는 문장을 신의 자의성과 관련된

우리가 앞서 살펴보았듯이 아우구스티누스와 아퀴나스는 하나님의 전능에 근거한 섭리의 개념과 피조물의 자유, 우연의 개념을 양립 가능한 것으로 사유하고자 했다. 비록 이들의 철학적 신학의 시도가 논리적 결함을 내포하고 있다고 하더라도, 이러한 신학 전통의 통찰은 하나님은 자신의 전능을 통해 자신이 창조한 피조물의 자유를 폐기하기보다는 전능을 통해 창조된 세계의 자유와 질서를 존중하며 보존하고자 하신다는 사실을 함축하고 있다.

특히 하나님의 전능하신 섭리와 인간의 자유가 양립 가능하다면, 하나님의 힘은 인간의 자유와는 무관하게 무엇이든지 마음대로 할 수 있다는 식의 자의적이고 강제적인 힘의 행사로 이해될 수 없다. 하나님의 힘은 피조물의 자유를 강압적으로 굴복시키는 힘이 아니라, 오히려 피조물을 자유롭게 하는 힘이며 이들의 자유와 더불어 활동하는 힘이며, 궁극적으로 피조세계를 혼돈과 무질서로부터 보호하며, 새로운 가능성의 현실을 열어 놓는 힘으로 이해되어야 한다. 이는 전통적으로 하나님의 전능과

것으로 이해하지 않고, 하나님의 의지는 하나님의 선한 본성과 모순되지 않는다는 점에서 긍정적으로 이해하고자 한다. 즉 하나님은 자신의 사랑의 본성에 부합하여 원하시며, 이를 행하신다. 이는 전통적으로는 "potuit, sed noluit"(하나님은 하실 수도 있었지만 원하지 않았다.)로 표현된다. 이에 대해서는 Jan Bauke-Ruegg, 앞의 글, 62쪽 각주 63을 참조 바람; 이와 관련해서 비록 하나님의 절대주권과 예정을 강조했음에도 칼빈은 하나님의 힘은 자신의 만족을 위한 폭군적 힘이 아님(『기독교강요』III, 23/2)을 역설했음도 주목해야 한다. 이에 대해서는 이오갑, "칼빈의 하나님은 유명론적인가?", 「한국기독교신학논총」64(2009), 53~73을 참조. 칼빈 연구자 두메르그(E. Doumergue)에 따르면, "도덕적으로 말해서 하나님이 아무것이나 할 수 있다고 상상하는 것은 불가능하다. 단도직입적으로 표현하면, 하나님이 악을 행할 수 있다는 것이나, 그가 하는 것은 그가 했기 때문에 다 선이라고 하는 것도 불가능하다. (…) 하나님은 자신의 본성을 거역할 수 없다. 다시 말해서 하나님은 하나님이 아닐 수 없는 것이다. 하나님 안에는 변덕이 있는 것이 아니라 본성이 있다. 바로 그것이 기독교 강요와 논문들과 설교들 속에서 밝히고 있는 확신이다."(이오갑, 앞의 글, 59에서 재인용)

관련해서 제약을 가했던 측면, 즉 논리적으로 불가능한 일은 할 수 없다는 것과 하나님 자신의 본성에 어긋나는 일을 할 수 없다는 관점에서 충분히 이해될 수 있다. 왜냐하면 창조와 더불어 피조세계에 부여된 질서와 자유는 하나님 자신의 사랑의 본성에 부합하며 하나님이 이를 다시 폐기하는 것은 논리적으로나 신학적으로 불가능한 일이기 때문이다.

하나님의 힘과 피조세계에 부여된 질서와 자유가 논리적으로 서로 충돌하지 않고 양립 가능하기 위해서는 무엇보다도 하나님의 힘을 현실적 힘들 사이에 대상화될 수 있는 또 다른 하나의 힘으로 생각해서는 안 된다. 만약 하나님의 힘을 물리적 인과율 안에 대입시켜 관찰할 수 있는 여러 힘들 가운데 대상화될 수 있는 어떤 하나의 힘으로 이해한다면, 이 힘의 출처인 하나님 자신도 대상화될 수 있는 현실세계의 한 요소 그리고 하나님의 힘은 물리적 세계의 힘들 안에 경쟁하는 하나의 대상적 요소로 간주될 뿐이다. 그러나 하나님과 하나님의 힘은 객관적으로 관찰 가능하고 대상화될 수 있는 이런 현실적 요인의 하나로 간주될 수 없다. 하나님과 하나님의 힘을 현실세계의 한 요소로 생각하는 것은 성서 언어가 가지고 있는 상징성을 망각하고 성서 언어가 지시하는 하나님의 실재성을 오해한 결과다.

앞선 논의에서 한스 요나스가 하나님의 전능을 절대적이며 무제약적인 힘으로 사유할 때, 전능은 그 자체로 논리적 모순에 직면한다고 지적한 것은 옳다. 왜냐하면 하나님의 힘을 비롯한 모든 힘은 대상을 가질 수밖에 없으며, 그런 점에서 제약적이고 관계적일 수밖에 없기 때문이다. 뿐만 아니라 전능은 다른 힘들을 무력화시키면서 모든 힘을 자기 안에 가지는 힘의 독점으로 생각될 때, 하나님은 고독한 자기만족적 폭군이 될 뿐이다. 하지만 다른 한편, 하나님의 힘을 관찰가능하고 대상화할 수 있는 힘들 중의 하나로 생각하는 것 또한 성서적-신학적 사유에 타당하진 않다.

비록 인간의 언어는 대상화될 수 없는 하나님의 힘을 대상적인 언어로 그려낼 수밖에 없지만, 만약 하나님의 힘을 대상화될 수 있는 힘으로 규정해버릴 때, 그 힘은 더 이상 대상화될 수 없는 하나님 자신의 힘일 수 없게 된다. 더구나 하나님은 전능한 힘을 소유하신 분이 아니라, **전능하신 하나님**이기에 그렇다. 하나님의 전능은 구체적인 현실과 연관된 힘이지만, 여러 힘들 중의 하나가 아니라 피조세계 **안에서** 피조물과 **함께** 피조물을 **통해** 활동하는 힘으로 이해되어야 한다. 이런 점에서 하나님의 힘은 피조물과 대립하는 것이 아니라 피조물을 동역자로 포괄한다.5)

2. 하나님의 힘과 사랑

하나님의 힘은 자의적인 폭력으로 이해될 것이 아니라, 그의 사랑과 **더불어** 이해되어야 한다. 즉 하나님의 힘과 하나님의 사랑 사이에는 양자택일이나 상호모순이 존재하지 않는다. 전능하신 하나님은 피조세계에 대한 그의 사랑 안에서 자신의 힘을 행사하며, 선하신 하나님은 자신의 고유한 힘을 사랑 안에서 드러낸다. 왜냐하면 하나님의 힘은 그의 선함이 궁극적으로 원하는 것을 행하며 그의 사랑을 관철시키기 때문이다.

---

5) 루터에 따르면, 하나님은 자신의 피조물을 통해 일하신다. 이때 피조물은 하나님의 가면이다. 즉 하나님의 활동은 결코 직접적으로 인지될 수 없으며, 다만 매개적으로, 그의 가면 안에서만 인지될 수 있다. 루터의 견해에 대해서는 Jan Bauke-Ruegg, "Was heißt: Ich glaube an den allmächtigen Gott?", *Zeitschrift für Theologie und Kirche*, 97 (2000), 66 이하의 논의를 참조; 루터의 이런 견해는 이후 루터파 정통주의 신학에 반영되어 섭리와 관련해서 하나님의 "협동"(concursus)을 말한다: Heinrich Schmid, *Die Dogmatik der evangelisch-lutherischen Kirche* (Gütersloh: Verlag von C. Bertelsmann, 7. Aufl., 1893), 118~119.

따라서 절대적 힘으로서의 하나님의 힘(potentia Dei absoluta)과 현실적 힘(potentia Dei ordentia)에 대한 스콜라적 논의는 하나님의 힘이 하나님의 사랑에 어긋나지 않는다는 점에서 해결된다. 하나님의 절대적 힘은 하나님의 사랑을 통해서만 현실화되며, 하나님의 현실적 힘은 그의 사랑을 통해 불가능한 가능성을 향해 개방된다. 하나님의 사랑은 현존하는 세계만이 아니라 아직 현존하지 않는 현실을 향해서도 열려 있기 때문이다. 불가능한 가능성으로서의 하나님의 절대적 힘은 피조세계의 현실을 위협하고 파괴하는 카오스적 힘으로 이해될 것이 아니라, 비존재의 위협 속에 놓여 있는 현실을 구원적 현실로 이끄는 사랑의 힘으로 이해되어야 한다.

이러한 하나님의 사랑의 절정은 그리스도 사건에서 드러난다. 자신의 의지를 관철시키는 하나님의 전능은 사랑을 통해 드러나며, 이러한 하나님의 전능은 그리스도의 고난에 스스로 참여하는 사랑의 전능으로 드러난다. 전능하신 하나님은 고난당하는 사랑의 하나님이며, 타자를 위해 스스로를 고난 속에 던져 놓는 하나님의 사랑은 전능하다. 하나님의 고난과 사랑은 분리되지 않으며,[6] 그리스도의 고난 안에서 하나님의 전능과 사랑은 분리되지 않는다. 그는 약하기 때문에 고난당하는 것이 아니라 전능하기에 고난에 참여하며 고난에 참여함으로써 자신의 전능함을 드러내신다.

하나님은 그리스도의 고난에 참여함으로써, 또한 인간과 피조세계의

---

6) 몰트만은 하나님의 사랑과 하나님의 고난은 분리될 수 없다는 사실을 강조한다. J. Moltmann, *Der gekreuzigte Gott*, 217(김균진 옮김,『십자가에 달리신 하나님』, 241): "만일 하나님께서 모든 면에서 그리고 하나의 절대적인 의미에서 고난을 받을 수 없다면, 그는 또한 사랑할 수도 없을 것이다." 알프레드 노스 화이트헤드/오영환 옮김, 『과정과 실재』, 663. "신은 위대한 동반자 - 이해하는 일련탁생(一連托生)의 수난자이다."

고통과 아픔에 동참하며, 이를 자신의 고난으로 짊어짐으로써 사랑의 힘을 드러낸다. 하나님의 힘은 역사 속에서 자신을 더없이 높고 숭고한 존재로 내세우는 힘이 아니라, 이 역사의 고난과 질곡 속에 동참할 수 있는 사랑의 힘이다. 이때 하나님의 전능은 더 이상 고난당할 수 있는 사랑의 힘과 모순관계에 놓이는 것이 아니라, 오히려 고통당하는 피조물의 아픔에 자기 자신을 참여시킬 수 있다는 점에서 전능한 사랑의 힘으로 이해된다. 하나님의 전능은 자신을 모든 힘들 위에 자리매김함으로써 스스로를 고립시키는 힘이 아니라 타자와의 관계성 안에 참여하고자 하는 의지의 발현이며, 더욱이 생명체의 고통에 함께 동참함으로써 자신을 살아 있는 하나님으로 계시하는 사랑의 힘이다.

이러한 사랑의 공감 속에서 하나님의 힘은 기존의 힘들과 경쟁하는 또 다른 물리적 폭력으로 이해되지 않으며, 오히려 그리스도 안에서 자신을 내어 주는 사랑의 무력함을 통해서 힘들의 갈등을 품고 **극복**하는, 하나님의 고유한 아가페의 힘으로 드러난다. 바로 여기, 하나님의 이러한 사랑의 전능과 무력함 안에서 파괴적인 힘들을 **이겨 낼** 수 있는 새로운 힘의 **차원**이 개방된다. 그리스도는 그가 전한 사랑의 하나님을 거부하고 자신의 기득권 안에 머물고자 하는 종교 권력자와 세속 권력자들에 의해 고발당하고 채찍에 맞고 십자가에 달렸다. 사랑을 거부하는 불의의 힘에 의해 그리스도는 희생당했지만, 그의 아버지 하나님은 희생을 요구하는 파괴적인 힘으로 보복하지 않았다.[7]

---

7) 월터 윙크/한성수 옮김, 『사탄의 체제와 예수의 비폭력』(서울: 한국기독교연구소, 2004)을 참조 바람. 월터 윙크는 시몬느 베이유(Simone Weil)의 말, "가짜 하느님은 고난을 폭력으로 바꾸고, 참 하느님은 폭력을 고난으로 바꾼다."를 인용하면서 예수에게 계시된 하느님은 비폭력적이며 폭력의 왕국에 반대하며 희생 제사를 요구하지 않는다고 말한다(243). 특히 그는 르네 지라르(Rene Girard)의 이론과 연관하여 예수에게서 폭력적인 "희생양의 기제가 완전히 폭로되었으며 무효화되었다"고 말한다.

오히려 하나님은 나약하고 힘없는 듯 보이는 사랑의 고통을 통해 그리스도의 수난에 참여하여 파괴적인 힘의 본성을 폭로하며, 파괴적 힘들에 대항하여 결코 꺾이지 않는 자신의 사랑을 계시하셨다. 힘과 힘의 첨예한 대립이 일어나는 현실 속에서 무기력한 듯 보이는 하나님의 사랑의 전능은 고통을 가하는 불의와 부정의 현실을 폭로하며, 이와는 **질적으로 다른 새로운 현실**을 불러일으킨다. 따라서 그리스도의 고통에 참여하는 하나님의 사랑은 불의의 파괴적 힘을 통해서도 결코 제압되거나 무력화될 수 없는 전능의 현실적 표현이다.

이러한 하나님의 사랑의 전능이야말로 고난당하는 자가 고통의 현실 속에 주저앉지 않고 고통의 틈새로 비춰 오는 새로운 현실의 빛을 받아들일 수 있는 희망과 용기를 줄 수 있다. 고통의 현실 속에 동참하는 하나님의 사랑에 대한 신앙의 통찰은 삶의 현실을 그저 고통과 불의에 넘겨주지 않으며 오히려 고통받는 삶의 현실을 하나님과 연결시킨다. 이때 하나님은 고난과 무관한 존재가 아니며, 고통의 원인자도 아니다. 그는 고난당하는 인간의 현실로부터 분리된 존재도 아니다. 전능하신 하나님은 사랑 안에서 고통에 참여할 뿐 아니라 고통당하는 인간 자신을 끌어 안고 포기하지 않으신다.

그리스도의 고난에 참여하는 하나님은 고난당하는 자의 아픔에 동참함으로써 불가능을 넘어서는 자신의 사랑을 보여주며, 이러한 사랑의 전능 안에서 고난당하는 자가 고통을 딛고 일어설 힘의 원천이 되신다. 만

따라서 하나님은 폭력의 보복과 반복을 통해 또 다른 희생을 요구하는 분이 아니라, "희생당하는 자들에 동참하는 자로서 계시된다"(240). 더 나아가 윙크는 신약성서가 악의 문제에 대한 합리적 해명으로서의 신정론에 무관심하며, 오히려 신약성서의 관심은 보다 "실제적인 것"이었다고 한다. 그것은 곧 "악의 정복"이며 "오늘날 우리가 직면하고 있는 이런 저런 구체적인 악에 대하여 하느님이 무엇을 하실 수 있는가?" 하는 물음이었다고 한다(482).

약 하나님께서 그 사랑 안에서 나의 고난에 함께하신다면, 나는 고난 중에 결코 홀로 버려진 존재가 아니다. 나의 아픔과 슬픔이 내 자신만의 고통이 아니라 하나님이 여기에 함께하고 있다는 사실은 고통의 외로움에서 나를 해방시켜 줄 뿐 아니라 다른 사람의 고통과 연대할 힘을 제공한다.

이처럼 그리스도의 수난 속에 나타난 하나님의 사랑은 고통당하는 자의 고통을 자신의 아픔으로 수용하며 고통당하는 자를 끝까지 포기하지 않는 하나님의 사랑의 전능을 계시하며, 고통당하는 자를 외로움에서 이겨 내게 하며, 더 나아가 불의와 부정의 현실에 굴복하지 않고 타자의 고통에 참여하는 사랑의 연대를 가능케 한다.

하나님은 피조물과의 자유로운 사귐을 위해 역설적으로 자신의 전능을 포기하는 전능을 보이시며,[8] 사랑을 자신의 고유한 본성으로 나타내신다.[9] 하지만 고난당하는 하나님, 전능을 포기하신 하나님은 아무것도

---

8) 이신건, 『어린이 신학』 (서울: 한들, 1998)에서는 하나님은 가장 나약한 존재인 어린이와 연관해서 이해된다. 여기서 하나님은 소돔과 고모라의 멸망에 대해 아브라함과 내기 놀이를 하시며 그리고 욥의 시험에 대해서는 사탄과 내기 놀이하시는 분으로 묘사된다. 하나님은 놀이를 위해서는 전지함을 포기하는 분으로 묘사되기도 한다. 역설적으로 하나님의 전지전능의 포기야말로 진정한 전지전능의 표현으로 이해된다 (159).

9) Geddes MacGregor, *He who Lets Us Be: A Theology of Love* (New York: Seabury Press, 1975)는 하나님은 사랑이라는 성서 구절(요한1서 4장 8절)에 의거하여 비움의 신학(Kenothic theology)을 주장한다. 이에 따르면 하나님을 규정하는 가장 큰 특징은 전능이 아니라 사랑이며, 그리스 철학과 연결된 힘에 대한 숭배(dynamolatry)는 오히려 비판되어야 한다(167). 하나님은 피조물을 통제하지 않고 자유롭게 내버려 두는 창조적 사랑을 실행하신다(15). 사랑 없는 자유는 불가능하며 사랑은 힘의 포기를 의미하며, 하나님은 홀로 된 존재(He-who-is)가 아니라 포기하는 분(He-who-abdicates)이다(120). 맥그레거에 따르면, 악은 피조물의 자유를 위해 하나님이 자신을 제한함으로써 발생하는 모험의 대가이며(136), 하나님은 피조물과 고통을 함께 나누시지만 개입하지는 않으신다(153). 따라서 그에게 기적은 필요하지 않으며, 다만 기도를 통

할 수 없다는 의미의 무능한 존재가 아니다. 하나님은 결코 무능하지 않다는 의미에서 "고난당하는 하나님만이 도울 수 있다."는 본회퍼의 말은 옳다. 하나님은 고난 저편에 멍하게 서 계신 분이 아니다. 하나님은 우리를 돕기 위해 고난 속으로 들어오시며, 고난 가운데서 우리를 도우신다.

따라서 하나님의 고난이 곧 하나님의 전적인 무능으로 이해되어서는 안 된다. 즉 하나님의 고난이 하나님은 현실 속에서 아무것도 하지 않으며 할 수 없다는 식으로 이해되어서는 안 된다. 고통당하는 인간의 무력함에 참여하시는 하나님은 인간의 나약함을 자신 안에 수용하신다는 점에서 결코 무능하지 않다. 아파하는 자와 함께 고통당할 수 있는 사랑의 힘이야말로 하나님의 사랑의 본성에 부합하는 힘이며, 고통을 자기 속에 포괄할 수 있는 사랑의 힘이야말로 고통의 파괴력을 극복할 수 있는 힘이기 때문이다.10)

해 우리는 고통당하는 자를 어떻게 도와야 할지를 알게 된다고 보았다(158). 우리는 사랑이 하나님의 본질이라는 맥그레거의 입장에는 전적으로 동의하지만, 우리의 기도에 대해 하나님이 아무런 도움도 줄 수 없다는 견해에 대해서는 비성서적이라고 판단한다.

10) 캔터베리의 대주교 안셀무스는『프로스로기온』(*Proslogion*)에서 전능하신 하나님도 못 하시는 일이 있다고 보았다. 예컨대 하나님은 죽을 수 없으며, 거짓을 행할 수 없으며, 고통당할 수 없다. 안셀무스에 따르면, 이런 일을 할 수 있는 것은 능력 (potentia)이 아니라 무능(impotentia)이다. 하나님이 하실 수 없는 이런 일은 무능하고 약함에 속하는 것이다. 이런 무능은 하나님에게 어울리지 않는 일이기에 하나님은 이런 일을 하실 수 없으며, 따라서 이런 일을 하지 않는다고 해서 하나님이 전능하지 않은 것은 아니라고 말했다. 안셀름/공성철 옮김,『프로스로기온』(서울: 한들출판사, 2005), 특히 제7장과 제8장(76~81)을 참조 바람. 그러나 우리는 하나님의 사랑과 관련해서 피조물의 고난에 함께 아파하는 것이야말로 하나님에게 어울리는 일이며, 고난에 참여하고자 하시는 하나님의 사랑에 따라 고난에 참여하시는 일이야말로 하나님의 전능에 속하는 일이라고 본다. 하나님의 고난당하심은 그의 사랑의 의지에 상응하는 하나님의 능력이다.

본회퍼와 몰트만이 신학적으로 언급한 하나님의 무력함은 세상의 고통 속에 참여하시는 하나님의 전적인 사랑의 힘을 의미하며 아무것도 할 수 없다는 식의 일상적인 무능으로 해석되어서는 안 될 것이다. 하나님은 아무것도 할 수 없는 분이 아니라, 피조세계의 모든 고통에 함께 아파하시며 고통당하는 피조물을 품어 안으시는 분이다. 일상적으로 고통은 분리와 단절을 가져온다. 하지만 하나님은 이러한 고통의 파괴력조차 이겨 내는 사랑의 힘 안에서 고통당하는 자와 함께하신다.11)

뿐만 아니라 스스로 무력하게 되신 하나님의 사랑은 고통을 야기하는 현실에 대한 저항을 불러일으킨다. 피조세계와 함께 고통당하시는 하나님은 고통스런 현실을 즐기시는 분이 아니라 오히려 고통을 일으키는 현실에 저항하는 하나님으로 자신을 나타내신다. 하나님이 그 사랑의 힘 안에서 고통당하는 피조물과 함께하신다는 사실을 하나님이 피조물의 고통을 용인하며 정당화한다는 의미로 읽어서는 안 된다. 하나님은 자신의 사랑을 나타내기 위해 피조물의 고통을 정당화하고 용인하는 분이 아니다. 오히려 하나님의 사랑은 고통 속에 신음하는 피조물과 함께 고난 상황에 저항한다.

그리스도의 절규와 탄식은 불의와 부조리와 폭력이 야기한 고통스런 현실을 적나라하게 드러낸다. 그리스도의 고난에 함께하는 하나님의 사랑은 부조리한 고난에 저항하는 하나님의 의지를 드러낸다. 하나님은 그리스도와 함께 세상의 불의와 부조리, 폭력을 폭로하며 저항한다. 하나님은 현실의 고통을 묵인하고 정당화하는 존재가 아니라, 고통의 현실에 함께 참여하여 투쟁하는 분으로 자신을 드러내심으로써 고통당하는 자

---

11) 미셸 라크르와/김장호 옮김, 『악』(서울: 영림카디널, 2000)은 악의 문제에 대한 사변적 해답은 없다는 사실을 강조하면서 악에 맞서는 유일한 해결책으로 관계, 동정, 연대감을 제시하며, 악의 본질을 관계의 단절, 분리에서 찾는다.

가 부조리하고 무의미한 고난을 용인하지 않고 이에 맞서 저항하도록 추동하신다.

고통은 깊은 탄식을 자아내고, 그러한 탄식은 또다시 고통의 의미에 대한 힘겨운 싸움을 가능케 한다. "나의 하나님, 나의 하나님. 어찌하여 나를 버리시나이까?"라는 그리스도의 절규와 탄식은 고통의 잔악성을 폭로하는 동시에 힘겨운 실존적 싸움의 서막을 알린다. 이 싸움은 부조리와 불의와 폭력이 야기하는 비인간적이고 반생명적인 현실에 대항하여 인간적인 삶의 **의미**를 포착하기 위한 투쟁이다.

따라서 고통 중에 왜라는 질문을 하나님께 제기하는 것은 불경스러운 일이 아니다. 하나님의 아들 예수도 십자가에서 자신의 아버지 하나님께 의문을 던졌다. 깊은 탄식 속에서 왜라는 질문을 던지는 것은 단순한 불신이 아니라 신뢰와 희망의 최후 항변이다. 왜라는 물음은 이해할 수 없는 고통 속에서도 여전히 신뢰와 희망을 붙잡으려는 자만이 내던질 수 있는 질문이다.

이를 통해 고통당하는 자는 자신의 고통에 저항하며 고통의 상황을 토설함으로써 개방될 수 있는 새로운 삶의 가능성을 엿보고 있는 셈이다. 고통당하는 자는 자신의 좌절과 절망을 이러한 절규를 통해 드러내며, 그 순간 이를 통해 여전히 알 수 없고 포착할 수 없는 새로운 삶의 가능성을 질문하며 찾고 있는 것이다.[12]

하지만 하나님의 **저항 방식**도 역시 사랑이다. 즉 하나님은 무력한 사랑으로 현실의 고통을 극복하고자 하신다. 오직 이러한 방식으로만, 파괴적 폭력이 야기하는 현실의 부조리나 불의와는 전혀 다른, 새로운 삶의

---

12) 고통당하는 자가 자신의 처지에 대해 토설(吐說)하는 것은 고통 극복의 중요한 계기가 된다. 정희성, "상실의 관점에서 읽는 욥기 - 목회상담적 연구",「한국기독교신학논총」70 (2010), 337~359, 특히 350~352.

차원을 드러내신다. 사랑은 현실 속에서 전적으로 무력한 듯 보인다. 그러나 바로 그 무력함이야말로 힘과 힘의 투쟁적 현실을 진정으로 극복할 수 있는 새로운 차원의 힘이다. 무력한 사랑의 힘을 통해 하나님은 오직 사랑에 의해 전개될 새로운 현실과 미래에 눈뜨게 한다.

하나님의 사랑은 타자에게 고통을 가하는 파괴적인 힘에 대해 타자의 고통에 동참하는 사랑의 무능을 대안적 현실로 새로이 개방한다. 고통당하는 자는 자신과 함께 고통당하시는 하나님의 사랑 안에서 자신의 고통을 넘어 타자의 고통에 참여하는 사랑의 **연대성**을 발견한다. 이로 인해 함께 신음하는 피조세계의 아픔에 동참하며, 외롭고 고독한 아픔의 터널을 지나, 함께 아파하는 고난의 연대성을 통해 사랑의 길로 초대된다.

이처럼 하나님의 참여하는 사랑의 고통은 폭력을 행사하는 자들의 폭력의 전능성에 대한 개가(凱歌)에 정면으로 도전하며, 고난의 연대를 통해 세상의 폭력에 대해 하나님의 사랑의 힘을, 고통의 파괴력에 대해 하나님의 무력함의 힘을, 현실의 부조리에 대해 새로운 현실의 유의미성을 실험하게 한다. 고난의 현실에 참여하는 하나님의 사랑의 무력함은 현실의 고통을 끝이 아니라 하나의 과정으로 만들며, 고통당하는 자들을 함께 결속시키며 힘들의 경쟁이 만들어 내는 고통과 부조리의 현실을, 사랑에 의해 개방된 창조와 구원의 현실과 대결하게 만든다.

우리는 여기서 하나님의 사랑의 무력함을 단순히 고통에 대한 하나님의 참여를 넘어, 하나님의 계속적인 창조의 섭리와 연관시켜 이해할 수도 있다. 하나님은 자신의 사랑 안에서 세상을 창조하셨고, 자신의 사랑 안에서 피조세계에 자율성을 허락하며 피조물과 자유로운 사랑의 사귐 안에 자신을 내맡기신다. 이로써 하나님은 피조세계에 대해 강압적이고 강제적인 힘을 사용하는 전능자가 아니라 피조세계의 자율성을 긍정하며 이들과 함께 기뻐하고 함께 슬퍼하는 사랑의 파트너가 되신다. 이러한 창조의 과정 안에서 하나님은 사랑의 힘 외엔 전적으로 무력한 존재로 피조물과 만난다.

하나님의 이러한 **사랑의 실험**이 과연 성공할지는 여전히 미지수이지만, 자유 없는 사랑이 불가능하기 때문에 하나님은 피조세계의 자유를 폐기하기보다는 이를 긍정하며, 이와 더불어 발생하는 피조세계의 고통에 함께 아파하신다. 이처럼 하나님의 사랑의 무력함 또는 하나님의 자기비움(케노시스)을 피조세계에 대한 하나님의 계속적인 창조의 섭리와 연관시켜 이해하고자 할 때, 하나님의 사랑은 우주 진화의 과정 전체로까지 확장되어 이해될 수 있다.[13]

하지만 이러한 하나님의 사랑에 대한 우주론적이며 형이상학적 이해가 고통당하는 자에게 어떤 의미를 줄 수 있을지는 여전히 의문이다. 왜냐하면 비판적인 입장에서 볼 때는 고통의 근원적 원인이 피조물과의 사랑을 원하는 하나님 자신의 욕구 때문인 것으로 여겨지기 때문이다. 하나님의 사랑을 우주론적으로 확장하여 창조의 시작과 더불어 이해하려는 우주-형이상학적인 시각이 고통에 대한 원인론적 해명으로 전개되어서도 안 되며, 또 그렇게 이해되어서도 안 된다. 우주 진화론과 더불어 이해된 하나님의 사랑을 악과 고난의 기원과 해명에 대한 신정론적 답변으로 제시할 때, 하나님의 사랑은 하나의 이기적인 자기만족으로 평가절하될 수 있다.

다만 우리는 하나님의 창조와 구원을 피조세계의 자율성에 대해 긍정하며, 이들의 기쁨과 슬픔에 동참하시는 하나님의 사랑과 분리해 이해해서는 안 된다는 사실을 강조하고자 한다. 즉 이 세상에 대한 하나님의 힘은 피조세계의 자율성을 파괴하지 않으며 하나님의 사랑에 역행하지도

---

13) 이러한 하나님의 사랑을 진화론적 우주론과 연관해 이해하려는 시도는 앞에서 소개한 몰트만과 판넨베르크 그리고 과정신학과 한스 요나스에게서도 엿볼 수 있다. 또한 과학적 진화론을 신학적으로 수용하는 존 폴킹혼, 존 호트에게서도 두드러진다.

않는다. 또한 이 세상에 대한 하나님의 힘은 피조세계의 자율로 인해 발생하는 부정성을 **자신의 책임으로** 끌어안는 아픔을 감내한다. 세상의 아픔을 자신의 책임으로 끌어안는 하나님이야말로 진정 창조자와 구원자일 수 있으며, 사랑의 하나님일 수 있다. 사랑 안에서 무력하신 하나님은 자신에게 돌릴 수 없는 잘못까지 품어 안으시며 자신의 책임으로 짊어지시는 전능하신 하나님이시다.

3. 전능과 관련된 성서적 표현의 의미

구약성서의 '전능하신 하나님'은 대부분 히브리어 '엘 샤따이'(El schaddaj)와 '체바오트'(Zebaot)를 번역한 말이다. 하지만 히브리어 엘 샤따이가 과연 전능하신 하나님을 뜻하느냐는 것에는 여전히 의문이 남는다.[14] 하지만 이런 의문에도 성서는 이 용어 외에도 다양한 방식으로 하나님의 강한 힘에 대해 증언하고 있음을 부인할 수 없다.[15]

---

14) Stein, Art. "saddaj", *Theologisches Wörterbuch zum Alten Testament* Bd. VII (Stuttgart/Berlin/Köln: Kohlhammer, 1993), 1078~1104를 참조. Walter Dietrich/ Christian Link, *Die dunklen Seiten Gottes* Bd. 2: Allmacht und Ohnmacht (Neukirchen- Vluyn: Neukirchener, 2. Aufl., 2004), 24에 따르면 그리스어 $\pi\alpha\nu\tau\omega\kappa\rho\alpha\tau\omega\rho$는 70인역(LXX)에는 181번 나오는데, '만군의 여호와'(JHWH Zebaot)와 '전능하신 하나님'(El schaddaj)을 번역한 것이다. 120번은 전자에 대한 번역어로, 15번은 후자에 대한 번역어로 나오며, 나머지는 다른 신에 대한 표시와 단순히 JHWH에 대한 번역어로 사용되었다.

15) Walter Groß/Karl-Josef Kuschel, *"Ich schaffe Finsternis und Unheil!", Ist Gott verantwortlich für das Übel?* (Mainz: Mattias-Grünewald Verlag, 2. Aufl., 1995)과 Walter Dietrich/Christian Link, *Die dunklen Seiten Gottes* Bd. 1: Willkür und Gewalt (Neukirchen-Vluyn: Neukirchener, 4. Aufl., 2002)을 참조. 하나님의 능하심

또한 엘 샤따이의 그리스 번역어로 사용된 **판토크라토르**($\pi\alpha\nu\tau\omega\kappa\rho\alpha\tau\omega\rho$)는 신약성서 속에 10번 나오지만 복음서에는 한 번도 등장하지 않는다.16) 즉 예수의 입에서 하나님은 전능하신 하나님으로 언급되지 않았다. 하지만 비록 복음서에 나타나지 않는다 할지라도 복음서도 "하나님에겐 모든 것이 가능하다."(마태 19:26, 마가 10:27, 14:36, 누가 18:27) 또는 "불가능이 없다."(누가 1:37)는 식의 표현을 통해 하나님의 힘을 증언하고 있다.

따라서 성서에 나타난 하나님의 힘을 배제하고 그저 하나님의 무능함 또는 약하심에 대해서만 강조하는 것은 성서적으로 타당하지 않다고 할 수 있다. 하지만 성서가 하나님의 권능과 힘에 대해 언급한다고 하더라도, 또한 하나님의 **아픔**과 **후회**에 대해서도 언급하고 있다는 사실도 주목해야 한다.17) 따라서 우리가 주의해야 할 점은 하나님의 전능에 대한 신앙이 하나님의 약하심에 대한 표현을 제거하지 않으며, 하나님의 약하심에 대한 표현이 하나님의 강하심에 대한 고백을 거부하지 않는다는 사실이다.

해석학적 시각에서 볼 때, 하나님의 강하심과 약하심에 대한 성서적 표현들은 **구체적인 상황**과는 무관한 하나님의 속성에 대한 일반론으로 이해되어서는 안 된다. 오히려 그러한 표현들이 위치한 구체적인 맥락과 연관해서 이해되어야 한다. 하나님의 전능과 무능, 강하심과 약하심은

에 대한 대표적인 성서 구절로는 창세기 18:14; 욥기 42:2; 시편 33:8~11; 115:2~4; 예레미야 32:17, 27; 마태 19:26; 마가 10:27 등이 있다.

16) Gijsbert van den Brink, Art. Allmacht, *Religion in der Geschichte und Gegenwart* Bd. 1 (Tübingen: Mohr Siebe, 4. Aufl., 1998), 319~320.

17) 요륵 예레미아스/채홍식 옮김, 『하나님의 후회』(서울: 대한기독교서회, 2002)는 철학과 신학의 역사 속에 나타난 후회할 수 없는 신에 대한 이미지와 대조되는 구약성서의 하나님의 후회하심에 대해 다루고 있다. 요륵 예레미아스에 따르면, 하나님의 후회와 관련해서 하나님께서는 구원의 약속에 대한 후회하시는 것이 아니라, 심판을 취소하고 구원을 선물하신다. 즉 하나님의 후회는 구원을 위한 것이다.

상호 대립되는 양자택일의 문제가 아니며, 하나님에 대한 일반론으로 해명될 것이 아니라, 구체적인 현실 경험과 연관해서 이해되어야 할 것이다. 하나님의 전능과 무능, 그의 강함과 약함은 기쁨과 슬픔, 희망과 절망, 구원과 버림, 해방과 억눌림 사이를 부단히 오갈 수밖에 없는 현실적 인간의 하나님 경험과 상관관계에 놓여 있다. 하나님의 실재는 인간의 경험 속에 반사되어 표현될 수밖에 없으며, 성서가 증언하고 있는 하나님의 실재 또한 인간의 경험적 현실을 반사하고 있다.[18]

특히 성서에 등장하는 하나님의 전능의 표현은 인간의 무력한 상황과 함께 등장한다는 점도 주목해야 한다.[19] 즉 하나님의 전능에 대한 신앙고백은 무력한 상황 속에 놓여 있는 인간의 마지막 희망에 대한 표현이며, 이런 점에서 전능의 신앙은 현실과 연관해서는 역설적 의미를 지니고 있음이 드러난다. 따라서 하나님의 전능하심을 고백하는 인간의 고통스러운 상황은 전능에 대한 고백이 현실에 대한 낙관론과는 무관하다는 사실을 시사한다. 고난 속에 신음하는 인간은 고난상황으로 인해 하나님의 무력함을 경험할 수밖에 없으며, 동시에 자신을 고난의 수렁에서 일으켜 세우실 하나님의 전능을 희망한다.

이런 점에서 전능하신 하나님은 무의미한 고통의 수렁 속에 신음하는 인간의 실존과 세계의 현실에 대한 최종적 보루라 할 수 있다. 성서 속에

---

18) 이런 점에서 슐라이어마허는 다만 절대의존의 감정과 연관해서만 하나님의 전능을 표현할 수 있다고 보았다: F. Schleiermacher, *Der christliche Glaube* (1830/31) (Berlin/New York: Walter de Gruyter, 1999), §54; 그러나 우리는 하나님의 전능에 대한 신앙고백이 인간의 절대의존의 감정과 상관관계에 있다는 사실은 긍정하지만, 하나님의 전능을 절대의존 감정의 인간적 표현에 지나지 않는 것으로 보지는 않는다.

19) R. Feldmeier, "Nicht Übermacht noch Impotenz. Zum biblischen Ursprung des Allmachtsbekenntnisses", in: Werner H. Ritter/R. Feldmeier/W. Schoberth/G. Altner (Hrsg.), *Der Allmächtige. Annäherung an ein umstrittenes Gottesprädikat* (Göttingen: Vandenhoeck & Ruprecht, 1997), 13~42.

나타난 하나님의 전능은 **그럼에도**라는 역설의 성격을 내포하며, 고통당하는 실존과의 관련성 속에서만 진정성을 가질 수 있다. 무엇보다도 전능하신 하나님에 대한 신앙은 맹목적인 거대한 힘의 소유자가 아니라, 고통이라는 구체적 상황에서 건져 내실 구원자에 대한 고백으로 이해되어야 한다. 하나님의 전능은 추상적인 것이나 논리적 가능성과 연관된 것이 아니라, 구체적인 고난상황과 연관된 구원의 힘을 의미한다.

4. 종말론적 가능성으로서의 하나님의 전능

모든 것을 장악하는 힘이라는 의미의 전능을 실제로 우리는 역사에서 경험할 수도 없으며 확인할 수도 없다. 다만 우리의 삶 속에서 고난을 극복하게 하며 새로운 현실을 열어 놓으시는 하나님의 구체적인 힘을 경험할 뿐이다. 이 구체적인 힘은 객관화될 수 있는 것이 아니라 실존적으로 경험되고 해석될 뿐이지만, 이 힘의 경험들 속에서 우리는 무의미와 불의와 굴곡의 역사를 극복하고 종말론적 승리를 성취하실 전능하신 하나님을 희망할 근거를 얻게 된다.

하지만 **종말론적 가능성**으로서의 하나님의 전능은 현실에 대한 막연한 긍정을 가져다주지도 않으며, 인간의 삶과 역사에 대한 낙관론으로 이어지는 것도 아니다. 종말론적 가능성으로서의 하나님의 전능은 현실 속에서 역설로 이해된다. 현실 속에서 하나님의 전능은 모든 것을 단번에 제압하는 힘이 아니라, 삶과 역사의 어두운 과정 속에서도 본질적으로 감춰져 있는 사랑의 힘의 지속성을 의미한다. 따라서 하나님의 전능의 상징은 삶과 역사의 전(全) 과정이 하나님의 신실한 사랑 안에 있음을 뜻한다. 여기서 삶과 역사의 전 과정에 동참하는 하나님의 사랑은 모든 것을 자신의 책임으로 끌어안는 힘이다.

성서의 하나님이 창조와 구원과 완성의 하나님이라면, 그분은 피조세계에 대한 모든 책임을 스스로 짊어진다. 그분의 책임과 신실함에 근거하여 신앙은 종말론적 약속을 바라본다. 이로써 지속적인 사랑의 힘을 통해 궁극적으로 고통의 상황을 극복함으로써 드러날 하나님의 전능은 현실의 과정 속에서는 하나의 종말론적 가능성으로 희망된다.

하나님이 아직 오지 않은 종말론적 미래 안에서 역사의 주와 승리자로 자신을 드러내실 것이라는 희망은 기독교 신앙의 본질에 속하며, 이는 현실의 부조리와 질곡 속에서 역설적인 상징일 수밖에 없다. 하지만 이 역설은 단순히 논리적 모순을 의미하는 것이 아니다. 오히려 구체적인 하나님의 힘에 대한 현실적 경험 속에서 전능의 역설은 종말론적 가능성에 대한 선취적 경험을 가능케 하며, 기존의 현실에 대한 실재적 **모순**을 형성한다. 현재 속에서 무기력한 듯 보이는 하나님의 사랑의 힘에 대한 경험이 궁극적으로 모든 부정적인 것을 극복할 하나님의 전능의 미래를 예기하게 하며, 부조리한 현실에 맞서 모순관계를 불러일으킨다.

하나님의 사랑의 경험은 정의의 완전한 성취를 통해 구현될 하나님의 미래에 대한 담보로서 기능한다. 종말론적 가능성으로서의 하나님의 전능은 그의 사랑 안에서 지속적으로 희망되며, 모순된 현실과 투쟁하게 한다. 따라서 기독교 신앙은 다음과 같이 고백한다.

우리와 함께 고통당하는 하나님은 궁극적으로 모든 역사의 부정성을 극복할 전능하신 하나님이다. 전능하신 하나님은 현재 우리의 고난 안에서 무력하며, 그 안에서 자신의 사랑의 전능을 계시한다. 하나님은 현재적 경험 속에서 우리와 함께 아파하는 무력한 존재로 경험된다고 하더라도, 고난 속에서 경험되는 하나님의 함께하심은 하나님의 **영원히** 함께하심의 선취적 경험으로 이해된다. 고통당하는 자와 함께하는 것은 고통에 대한 참된 극복을 가능케 한다. 전능하신 하나님은 자신의 사랑의 무한성 안에서 자신의 피조물을 끝까지 포기하지 않는다. 그리고 이러한 지속적인 사랑의 힘 안에서 하나님의 전능은 또한 정의의 궁극적 승리를 약속하고 있다.

이처럼 우리가 전능을 단번에 모든 것을 이루는 힘의 강도로 이해하지 않고, 하나님의 포기하지 않는, 끊을 수 없는 사랑의 지속성으로, 궁극적으로 모든 부정성을 극복할 하나님의 사랑의 완전한 성취로 이해할 때, 전능의 개념은 현재 우리가 당면한 고통 때문에 제거되거나 부정될 대상이 아니다. 종말론적 가능성으로서의 하나님의 전능은 우리의 현실과 무관한 추상적 관념이 아니라, 역사 속에 침투해 들어오는 하나님의 사랑의 새로운 현실을 통해 구체화된다. 하지만 종말론적 가능성으로서의 하나님의 사랑의 힘이 과연 현실적 힘들에 대해 궁극적으로 승리할 것인지는 경험적으로 증명될 수 없는, 신앙의 고유한 **투쟁적** 희망에 속할 뿐이다. 따라서 우리의 삶의 현실은 사랑의 무력함 안에서 선취적으로 경험되는 하나님의 전능에 대한 실험무대라고 할 수 있다.

5. 전능하신 하나님에 대한 신앙과 희망

하나님의 전능에 대한 고백은 오랜 기독교 신앙의 전통에 속하는 것으로, 경험 가능한 하나님의 힘에 대한 구체적 경험의 확장된 해석이며, 모든 것이 하나님 안에서 정의롭고 아름답게 성취될 미래적 현실에 대한 희망의 고백이다. 하지만 하나님의 전능에 대한 신앙은 아직 오지 않은 종말론적 가능성에 대한 희망이며, 바로 그런 점에서 고난의 현실 속에서도 현재의 불가능성을 가능한 것으로 바꾸는 하나님의 힘에 대한 신앙적 **용기와 모험**이다. 전능에 대한 신앙이 현재의 연장선에 있는 미래에 대한 낙관이 아니라, 현재로부터 유래할 수 없는 하나님의 고유한 미래의 힘에 대한 신앙을 의미한다면, 전능하신 하나님에 대한 신앙은 현실에 대한 막연한 긍정이나 기대가 아니라, 오히려 이를 딛고 넘어 아직 오지 않은 현실에 참여하는 용기와 모험을 의미한다.

십자가에 달려 죽은 예수를, 죽은 자들 가운데서 살리신 부활의 힘에서, 우리는 하나님의 전능을 발견할 수 있다. 신약성서에서 부활의 상징은 현실을 지배하는 죽음을 극복하는 불가능한 가능성으로 약속되었으며 희망되어야 할 종말론적 가능성이다. 하나님은 그리스도의 십자가에서 부조리와 무의미, 폭력과 불의로 얼룩진 고통의 현실에 저항하는 사랑을 계시하셨고, 그리스도의 부활을 통해 새로운 삶의 가능성을 열어주시는 분으로 자신을 드러내셨다. 하나님은 그리스도의 부활을 통해 죽음까지도 능가하는 자신의 힘을 보여주셨다.

하지만 하나님의 전능은 이성적으로나 경험적으로 증명되지 않으며, 현실의 경험을 이해하고 해명하는 해석학적 잣대로 기능하지도 않는다. 오히려 하나님의 전능은 이 세계로부터 해명되어야 할 것이 아니라 이 세상의 부조리와 갈등하며 논쟁할 수밖에 없는 신앙의 궁극적 희망의 상징에 속한다. 이 희망이 현실적 삶을 넘어설 수 있는 용기의 원천이 된다. 이때 하나님의 전능에 대한 신앙은 현실을 마음대로 지배하는 하나님의 자의성에 대한 고백과는 무관하며, 루터가 『노예의지론』에서 종말론적 영광의 빛을 언급했듯이, 삶과 역사에 대한 궁극적 의미가 하나님 자신의 의로움 안에 성취될 것이라는 희망을 담지하고 있다. 종말론적 가능성으로서의 하나님의 전능은 현실 속에서는 다만 신앙의 희망과 함께 연동하며, 고난 속에 함께하시는 하나님의 사랑의 힘으로 경험되며, 고난을 딛고 일어서게 하는 존재의 용기로 작동한다.

여기서 말하는 **희망**은 단순히 낙관론적인 전망이나 합목적론적 세계상과는 무관하다. 이 희망은 신앙의 투쟁적 희망으로, 성서적 표현에 따르면, 바랄 수 없는 중에 바라는 것이며, 없는 것을 있는 것으로 부르시는 자에 대한 희망의 실험(로마 4:17~18)을 의미한다. 전능하신 하나님에 대한 희망은 위험한 현실을 도피하는 몽상이 아니라, 현실을 있는 그대로 수용하고 걸머지며, 아직 오지 않은 약속의 현실을 향해 내딛는 신앙적 용기와 모험을 수반한다. 이러한 신앙의 희망은 현실에 내재한 고통의 가시를 무감각하게 여기는 것이 아니라, 현실의 아픔을 감내하면서도 새로운 종말론적 현실을 향해 모험하는 용기를 불러일으킨다.

따라서 하나님의 전능에 대한 희망은 현실의 부조리와 무의미를 부정하지 않으면서 자기존재와 세계의 미래에 대해 강한 긍정을 표하는 역설적인 신앙이며, 존재의 용기를 가져다준다. 즉 전능하신 하나님은 고난의 현실에 직면한 인간 실존에게 희망과 용기를 한데 묶어 주는 신앙의 상징이다. 하나님의 전능의 상징은 부조리와 무의미의 심연을 직시하면서도 **역설적으로** 삶을 무한히 긍정하며 일어서는 존재의 용기의 표현이며, 이를 가능케 하는 하나님의 미래적 약속의 표현이다.

현실에 맞설 용기 없는 희망은 고난으로부터 도피하기 쉬우며 비현실적인 낙관론으로 전락될 위험이 있다. 희망 없는 현실 비판 역시 오히려 파괴적인 비관론에 빠질 수 있다. 하나님의 전능에 대한 신앙고백이 현실성을 갖는 이유는 하나님의 전능을 미래적 약속으로 이해할 뿐 아니라 고통에 굴하지 않는 용기를 추동케 하는 힘의 상징으로 이해하기 때문이다.[20]

---

20) 몰트만은 신앙의 힘을 기독교적 약속의 희망과 연관시켰다. 위르겐 몰트만/이신건, 『희망의 신학』(서울: 대한기독교서회, 2010)을 참조: "'죽음의 위협을 받음'과 '허무에 굴복함', 이것은 보편적인 실존 경험과 세계 경험이다. '희망을 바라봄', 이것은 분명히 신학이 이 문제를 수용하고 이를 약속된 하나님의 미래를 향해 세우는 방식이다"(109). 이에 반해 라너와 틸리히는 신앙을 비존재의 위협에 굴하지 않고 맞서는 용기로 이해한다: Karl Rahner, "Glaube als Mut", in: Ders., *Schriften zur Theologie.* Bd. XIII (Zürich/Einsiedeln/Köln 1978), 252~268; Paul Tillich, "The Courage to Be" (1952), in: Paul Tillich, *Main Works/Hauptwerke,* Bd. 5 (Berlin/New York: De Gruyter- Evangelisches Verlagswerk GmbH, 1988), 141~230: 틸리히는 존재론적 용기를 "절대 신앙"과 연결시킨다. 그에 따르면, 존재론적 용기인 절대 신앙은 유한한

6. 하나님의 전능과 삶의 개방성

하나님의 전능을 종말론적 가능성으로, 현실에 맞서는 신앙적 용기와 상관관계에 놓여 있는 아직 오지 않은 미래에 대한 희망의 약속으로 이해할 때, 하나님의 전능은 고난당하는 자에게 창조와 구원의 현실을 수여한다. 파괴적 고통으로 인해 삶의 위기에 직면한 자에게 형이상학적으로 이해된 전능의 결정론적 체계와 합목적론적 체계는 전적으로 붕괴된다. 하나님의 전능은 결정론적으로 이해되어 삶의 현실을 그 안에 구겨넣는 블랙홀이 되어서는 안 된다.

형이상학의 하나님은 불변하며 영원한 예지와 예정 아래 모든 것을 계획하고 실행한다는 점에서 전능하다. 하지만 이런 의미의 전능의 실현은 부조리한 고통을 당하는 당사자에겐 괴기하고, 이해할 수 없는 파괴적인 폭력으로 경험될 수밖에 없다. 왜냐하면 이렇게 이해된 형이상학의 전능자는 세계의 고통 이면에서 모든 것을 조정하는 보이지 않는 손이며, 인간에게 가해진 모든 고통의 원인자이기 때문이다.

그러나 기독교 신앙이 고백하는 하나님의 전능은 그런 사변적 절대력(絕對力)이 아니다. 전능은 막연히 모든 것을 좌지우지하는 추상적인 힘이 아니다.[21] 오히려 하나님의 전능은 새로운 현실의 **창조**와 구체적인 삶의

존재를 무한히 초월해 있는 존재 자체와 분리되어 있다는 사실을 인정하면서도 존재의 힘이 현존한다는 사실을 수용하는 역설적 성격을 내포하고 있다 "이 힘에 사로잡힌 자는 자기 자신을 긍정할 수 있다. 왜냐하면 그는 존재 자체의 힘에 의해 그가 긍정되었다는 사실을 알기 때문이다."(221)

21) Emil Brunner, *Die christliche Lehre von Gott. Dogmatik* Band I (Zürich: Theologischer Verlag, 4. Aufl., 1972), 253: "라틴어 '전능'(omnipotentia)은 신학의 사변적인 특징으로 받아들여졌다. 우리가 곧 보게 되겠지만, 계시는 전능에 대해 아무것도 가르치지 않는다. 성서적 사유는 만유에 대한 하나님의 힘을 의미하지만, 전능의 사상은 하나님이 모든 것을 할 수 있다는 추상적인 것을 의미한다." 더 나아가

구원과 연결되어 이해되어야 한다. 하나님의 창조적이며 구원적인 힘은 삶의 현실을 파괴하는 엄청난 혼돈의 힘들을 전제로 하며, 하나님의 힘이 고통 가운데 있는 자에게 카오스적 현실을 꿰뚫고 새로운 삶의 현실을 창조함으로써, 우리는 하나님의 전능을 고백할 수 있다.

기독교의 창조신앙은 전통적으로 하나님의 창조를 무로부터의 창조라고 말해 왔다. 그러나 성서는 하나님의 창조와 관련하여 주변적 상황을 혼돈과 공허, 어둠과 깊음으로 묘사하고 있다. 그래서 과정신학에서 무로부터의 창조 대신에 혼돈으로부터의 창조를 주장하는 것이 의미 있게 들린다. 그러나 하나님의 창조를 고난당하는 자의 삶의 현실과 연관시킬 때, 하나님의 창조는 곧 무의 파괴적 힘으로부터의 구원을 의미하며, 무로부터의 창조와 혼돈으로부터의 창조는 실존적으로 다른 것이 아니다.

부조리한 고통에 직면하여 인간은 모든 것을 삼키는 무의 심연을 경험한다. 여기서 창조의 신앙은 무로부터 세상을 창조하신 하나님의 전능의 가능성을 포기하지 않고 희망함을 의미한다. 이때 하나님의 창조는 과거가 아니라 미래의 약속과 연결되며 새로움의 사건을 의미한다.[22] 따라서 전능은 기존의 세계를 지탱하던 형이상학적 힘이 아니라, 새로운 삶을 창조하는 구원의 가능성과 결부되며 절망과 좌절로 닫혀버린 세계의 빗장을 열어 놓는 아직 실현되지 않은 구체적인 미래적 힘을 의미한다.

브루너는 하나님의 사랑 때문에 하나님의 힘이 제약을 받게 된다고 말한다. "이러한 제약성은 스스로 설정한 자유로운 제약성이며, 독립적인 것을 자기 곁에 두고자 하시는 하나님의 의지, 곧 하나님의 사랑에서 나온 제약성이다"(256).

22) 김균진,『기독교 신학』II (서울: 연세대학교 출판부, 2009), 90: "성서가 묘사하는 소위 태초의 세계는 과거에 있었던 것에 대한 서술이 아니라, 지금의 세계가 지향해야 할 미래의 세계에 대한 약속과 지시의 성격을 가진다. (…) 그것은 과거의 것을 이야기하는 것 같지만, 사실상 미래의 <새로운 것>(Novum)을 이야기한다. 즉 미래의 새로운 현실을 과거의 형태로 이야기하며 그것을 약속한다."(90~91)

물론 고난의 현실 속에서, 곧 무의미의 심연 속에서 하나님의 전능은 새로운 삶의 가능성과 더불어 심각하게 의심받는다. 하나님의 전능은 과거와 현재의 사태를 통해 확인되거나 증명될 수 없다. 오히려 하나님은 현실적으로 무력한 듯 보인다. 그러나 하나님의 창조적 힘에 대한 희망 속에서 현재는 삶의 마지막이 아니며, 미래는 현재의 연장이 아니다. 파괴된 삶은 하나님의 창조적 힘에 의해 무의미성과 유의미성 사이에 놓이게 된다. 그리고 하나님의 창조의 힘과 더불어 삶의 의미성이 실험에 놓이게 된다. 고통에 직면하여 하나님의 전능을 묻는 질문은 곧 새로운 삶의 창조 가능성과 구원 가능성에 대한 질문이다. 이 질문은 전적으로 하나님 자신의 다가옴에 근거한 희망의 물음에 속한다. 하나님의 힘은 닫힌 결정론적 세계를 새로운 가능성의 미래로 개방하는 힘이며, 비존재의 위협을 극복하며, 아직 오지 않은 존재의 바다에 발을 내딛게 하는 용기의 근원이다.[23]

따라서 하나님의 전능에 대한 기독교의 신앙고백은 저 과거에 대한 회상에 기인하거나 형이상학적 사변에 근거한 것이 아니라, 지금 여기서 삶의 위기로부터의 탈출과 관련된 구원의 사건으로 실험되고 있다. 부조리한 세계의 고통에 신음하는 자는 파괴된 과거의 세계로부터의 구원을 희망한다. 성서는 이 희망에 대한 응답으로 역사 속에 침투해 들어오시

---

23) Emil Brunner, *Das Ewige als Zukunft und Gegenwart* (München/Hamburg: Siebenstern Taschenbuch Verlag, 1965): 브루너에 따르면, 기독교적 희망은 인간이 만들어 낼 수 있는 미래에 대한 소원이나 진보에 대한 신앙과 구분되며, 그런 점에서 "희망과 희망 사이를 구분해야 한다"(12). 그는 "지금 현존하는 것에서부터 자라나는 장래(das Futurum)"와 "초월로부터 다가오는 희망의 실현"으로서의 "미래"(Zu-kunft)를 구분한다(26). 브루너의 이 책은 원래 Zwingli Verlag에서 1953년에 출판되었다. 이후 인간적 희망과 하나님의 약속에 근거한 희망을 뚜렷하게 구분하며 기독교 신앙과 신학에 약속과 희망이라는 키워드를 불어넣은 작품으로는 위르겐 몰트만의 『희망의 신학』(1964)을 들 수 있다.

는 하나님의 창조와 구원의 사건을 증언한다. 하나님의 전능에 대한 신앙은 모든 불의와 부정과 죽음과 고통과 무의미에 종지부를 찍을 하나님의 약속에 대한 희망이며, 현실의 왜곡과 부정에 결코 굴복하지 않고자 하는 신앙 의지의 표현이다.

특히 요한계시록에 전능하신 하나님에 대한 고백이 집중되어 있는 것은 바로 이와 같은 맥락에서 이해되어야 할 것이다. 삶을 파괴하는 힘에 직면한 자들은 파괴적 힘들에 굴복하든지 아니면 이를 극복할 구원의 미래를 열어 줄 새 창조의 하나님을 희망한다. 파괴적인 힘의 강도가 클수록, 고통과 악의 그림자가 짙을수록, 새로운 미래를 열어 줄 하나님의 힘에 대한 희망 또한 더욱 커질 수밖에 없다. 삶을 전멸시키는 어두운 힘에 대항하여 하나님의 전능에 의지하는 희망은 또한 무의미와 부조리에 대한 끊임없는 저항이다. 하나님의 전능에 대한 희망은 새로운 삶의 가능성을 향한 **삶의 실험**(experimentum vitae)을 감행한다. 전능에 대한 신앙과 희망은 이런 점에서 실존적이며 실천적인 고백이다.

7. 전능과 고난의 극복

전능하신 하나님은 역사의 현실 속에서 단순히 고통의 제거가 아니라, 고난의 극복을 가능케 하는 근거가 된다. 신앙과 관련해서는 고통 그 자체가 문제가 아니라, 무엇보다도 그 고통으로 인해 야기되는 삶의 무의미, 패배, 좌절, 무력함이 문제다.

틸리히의 표현에 따르면, 존재의 힘이신 하나님에 대한 신앙은 고통의 제거가 아니라 **고통을 짊어지고 살아가는 용기**를 준다. 삶과 희망을 반 토막 내버린 고통을 망각하거나 잘라 내기보다는 오히려 그 고통의 상처와 아픔을 여전히 품어 안으면서도 새로운 시작점에 설 수 있게 하는 것, 그것이 바로 신앙의 용기다. 삶에 가하는 고통의 파괴적 힘에 좌절하지 않고, 이러한 고통의 상황을 삶의 종국으로 생각하지 않고, 오히려 고통의 질문을 통해 새로운 삶의 가능성을 엿보며 삶의 고통을 스스로 짊어지고 일어설 수 있는 힘은 유한성을 무한히 초월해 있는 하나님의 전능에 대한 신앙적 용기에서 비롯된다. 전능하신 하나님에 대한 신앙은 "지금도 계시고 전에도 계셨고 앞으로도 오실 분"(계시 1:8)에 대한 신앙이기 때문이다. 현재의 고통을 삶의 종지부로 삼지 않고 앞으로 오실 분의 미래 속에 편입시킬 수 있는 실존적 용기는 전능하신 하나님에 대한 신앙과 상관관계에 있다.

하나님의 전능에 대한 신앙은 우리가 살아가는 세상에서 고통의 완전한 제거 가능성 또는 고통으로부터의 완전한 해방을 꿈꾸게 하는 것이 아니다. 오히려 고난을 감내하며 딛고 일어서서 살아가는 삶을 추동한다. 오늘날 기술과 의료의 전능성에 의존하여 고통 없는 삶, 죽음 없는 삶에 대해 언급하며 이를 꿈꾸고 있지만, 이것은 하나님의 전능에 대한 신앙과는 무관하다. 하나님의 전능에 대한 신앙은 고통당하는 삶을 부정하는 것이 아니라 오히려 이를 전제하며, 고통의 파괴적인 힘에 저항하며 지속적으로 삶을 살아갈 수 있도록 용기와 힘을 불어넣는다.

다시 말하면 하나님의 창조적·구원적 힘에 대한 신앙은 고난의 흔적을 몸에 지니면서도 **그럼에도** 고난에 굴하지 않고 당당히 살아갈 수 있는 삶의 용기를 의미한다. 하나님의 전능에 대한 신앙은 다음과 같이 말하게 한다. "내가 약할 그 때에 오히려 내가 강하기 때문입니다."(고후 12: 10) 따라서 하나님의 전능에 대한 신앙은 물리적 힘과 정치적 권력에 대한 숭배와는 전혀 무관하다. 이 신앙의 역설 속에서 그는 자신의 약함을 자랑한다.(고후 11:30; 12:5) 왜냐하면 그는 하나님의 전능을 통해 자신의 힘을 강화하는 것이 아니라, 자신의 약함을 짊어질 용기를 얻기 때문이다.

제3장
고난과 신학의 문제

고난의 질문, 특히 어떤 형태로든 정당화될 수 없는 고통은 하나님 질문을 야기한다. 따라서 고통과 악에 직면하여 그동안 자명하던 신학적 전제들이 파괴될 때, 우리는 새롭게 **하나님 사유**의 가능성을 묻게 된다.

두 가지를 기도할 수 있습니다. 죽는 것은 무조건 안 된다고, 그건 저주나 다름없고, 하나님께 버림받은 것이 되기 때문에 죽는다는 것은 제외하고, 무조건 살려 달라고, 살아야 한다고 기도할 수 있습니다. 그러나 죽음 앞에서도 담대하게 해달라고도 기도할 수 있습니다. 우리의 죽음은 끝이 아니고 그리스도 예수 안에서 얻은 구원의 일부이기도 합니다. 두 가지 기도 중 어느 것으로 기도할 수만도 없습니다. 두 가지 다 기도해야 합니다.

그러나 아직 젊은 나이고, 곁에서 고통스럽게 딸의 투병을 지키시는 부모님도 계시고, 해야 할 일들이 남아 있다면, 하나님께서 왜 살리셔야 하는지, 살아서 무엇을 해야 하는지를 꿈꾸십시오. 그리고 믿음으로 기도합시다. 다만 죽음의 공포에 떨면서 기도하지는 맙시다. 오늘 OOO 자매에게 조심스럽게 건넨 말씀입니다.

생사를 넘나드는 말기 환자에게 죽을 준비를 말하는 것은 어려운 이야기입니다. 그러나 목사가 해야 할 말 중에는 죽음을 앞둔 사람들에게 나눌 말도 분명 있습니다. 저는 여전히 OOO 자매를 위해 기도합니다. 두 가지 다 놓고 말입니다. 다음에 맑은 정신이 있을 때, 그때는 꿈이 무언지, 무엇을 하고 싶은지 말해 달라고, 듣고 싶다고, 그것이 숙제라고 남기고 돌아섰습니다. OOO 자매는 지난 주부터 심방하고, 돌아보는 우리 교회의 특별한 새 가족입니다. 서른아홉의 나이, 사회적으로도 성공한 사람이고, 사랑받던 소중한 딸이었습니다. 남다른 총기와 영민함으로 자랑이었고, 기쁨이었던 귀한 딸입니다. 암과의 투병을 시작한 지 오랜 시간이 지났고, 다른 곳에 전이된 암 때문에 고통당하고 있는 자매입니다. 병원 치료와 투병생활로 교회도 없이, 말기 암의 고통 가운데 돌보는 목회자도 없음에 안타까워하던 지인의 소개로 만나게 된 자매입니다. 그리고 냉큼 우리 교회 교인이라고 받아들인 내 양이기도 합니다.

병원에서 주는 약 다 끊고 기도원에 가서 기도하면 낫는다는 말을 한 사람들이 있었습니다. 그렇게 하는 것이 믿음인 줄 알고 병원에서 기도원으로 갔었습니다. 기도해야 한다고, 선교해야 한다고 하는 사람들 속에서 30일만 채우면 신유의 역사가 나타나리라는 말을 믿고 있었습니다. 그런데 가족과 친지들이 더 이상 볼 수 없을 만큼 참혹해져 있었고, 그 손에 이끌려 다시 병원에 가서 큰 수술을 받을 수밖에 없었던 자매입니다. 여전히 그 30일에서 3일을 못 채운 것이 믿음이 없어서 그런 것이 아닐까, 그래서 병이 낫지 못하는 것은 아닌지 두려워 떨고 있는 어리고 여린 자매입니다. 참 밉습니다. 이렇게 하면 이렇게 된다는 이상한 도식으로 삶의 가장 큰 문제 앞에서 어려워하는 사람들을 현혹하는 사람들이 집사님이란 이름으로, 목사님이란 이름으로 주의 권능을 행하듯 하는 사람들, 기도원이라는 이름으로 포장된, 로또 복권보다 더 어려웠다는 OOOO 기도원이란 게 있다고 말하는, 그 사람들에게 속아 또 다른 고통을 당하는 사람들과 그 가족들 앞에서 할 말이 없습니다. 내가 죄인인 듯합니다.

수술로 도려낸 상처보다, 항암치료의 상처와 고통보다, 믿음이란 말로, 성령의 역사란 말로 찢어진, 낫지 못함이 믿음 없음이라서 사경을 헤매면서도 회개해야 된다고 믿게 해버린 악한 사람들이 참 밉습니다. 매일 병원에

갈 때마다 미안해서 할 말이 없습니다.

내 잘못이 아니라고 변명할 수 있습니다. 그러나 아무도 책임지지 않는, 그래서 회개를 더해야 한다고 믿어버린 자매 앞에서 할 말이 없습니다. 우리를 궁휼히 여기실 그분밖에는 기댈 곳이 없습니다. 그 마음이 자꾸 사무쳐서, 미안하고, 마음 저립니다. 아무래도 주께서 오셔야 할 듯합니다. 모자란 목사가 할 말 앞에서 난처함보다는, 머리카락 쏟아낸 예쁘기만 한 딸이 지독한 항암제의 고통 속에 몸부림치는 모습을 봐야 하는 아버지를 위해서라도, 지치고 지쳐서 도무지 걷지도 못하고, 종종거리는 것이 습관이 된 노모를 위해서라도, 암과 싸워야 할 때 복음이란 명찰을 달고 강도처럼 다가온 사람들에게 속았던 자매의 눈물과 탄식 앞에서 실은 이 말이 하고 싶은 겁니다. 주여, 오시옵소서.[1]

고통에 직면하여 우리는 고통의 제거와 고통의 원인에 대한 해명을 시도한다. 이에 걸맞게 기존의 신학은 이를 위해 인과응보를 신학화한 일종의 죄-벌의 메커니즘을 활용한다. 이와 더불어 인과율적, 목적론적 메커니즘을 작동시켜 알 수 없는 고통의 이유를 해명하고자 한다. 이때 하나님은 모든 고통의 배후에 있는 존재로 그려진다.[2] 기존의 신정론에서

---

[1] 이 글은 필자의 친구 목사가 동기 홈페이지에 올린 글을 허락을 받아 약간 다듬어 올린 글이다.

[2] 이러한 생각은 신앙인에게 보편적이라 할 수 있다. 박완서, 『한 말씀만 하소서』(서울: 솔, 1994)에도 생생하게 나타난다. "내가 받은 벌은 내 그런 교만의 대가였을까. 하느님이 가장 싫어하시는 게 교만이라니 나는 엄중하지만 마땅한 벌을 받은 것이었다. (…) 내가 교만의 대가로 이렇듯 비참해지고 고통받는 것은 당연하다고 치자. 그럼 내 아들은 뭔가. 창창한 나이에 죽임을 당하는 건 가장 잔인한 최악의 벌이거늘. 그 애가 무슨 죄가 있다고 그런 벌을 받는단 말인가. 이 에미에게 죽음보다 무서운 벌을 주는 데 이용하려고 그 아이를 그토록 준수하고 사랑 깊은 아이로 점지하셨더란 말인가. 하느님이란 그럴 수도 있는 분인가"(25~26).

우리가 발견했던 것도 바로 이런 것이었다. "악은 어디에서 유래하는가? 하나님은 왜 고통을 허락하시는가?"

고전적 신정론의 해답과 고전 유신론은 고통의 문제를 인과적 연관 속에서 해명하고, 그 탈출구를 또한 인과적 연관 속에서 제시하려고 하며, 다음과 같이 말한다. "고통에는 분명한 원인과 이유가 있다. 그것은 더 큰 선을 향한 수단이 되기도 한다." 이때 앞선 고난상황은 뒤에 일어날 더 큰 선에 의해 **보상**된다. 그래서 많은 목회자들이 그들의 목회 현장에서 고통의 의미와 목적, 그에 대한 보상에 대해 종종 이야기하곤 한다.[3]

하지만 정작 이유 없는 고난, 까닭 없는 고통의 상황이 우리에게 닥쳐올 때, 우리는 이러한 인과적 연관 속에서 해석하고 해명하는 모든 신정론에 반기를 들지 않을 수 없다. 근본적으로 이유를 알 수 없는 고통과 악의 부조리에 직면하여 신학은 무엇을 말할 수 있을까? 기존의 형이상학적 신학의 근거와 원인을 묻는 물음은 이유를 알 수 없는 고통과 악의 부조리에 직면하여 고통스런 삶의 현실을 그저 덮어버리는 형이상학적 사변만을 생산해 왔기에 이제 우리 삶의 현실을 있는 그대로 끌어안을 수 있는 새로운 신학적 패러다임이 요구된다.

인간이 당하는 다양한 고통과 관련해서 성서는 그 원인을 일의적으로 그리고 일관되게 제시하지 않는다. 물론 다른 사람의 범죄로 인해 당면해야 하는 고통이 있다. 또는 자신의 잘못으로 인해 자신이 받아야 할 고통도 있을 것이다. 고통을 통해 성숙해질 수 있는 경우도 있고, 지금의 고통이 더 큰 선을 위해 용인되어야 할 때도 있다. 하지만 어떠한 정당한 이

---

3) 이와 관련해서 자신의 목회 현장의 경험들을 서술하면서 도무지 의미와 목적, 보상을 찾을 수 없는 고통이 있음을 솔직하게 인정하며 그 속에서 하나님에 대한 새로운 사유를 그려 주고 있는 랍비 헤럴드 쿠쉬너의 작품은 시사하는 바가 크다. 헤럴드 쿠쉬너/김하범 옮김, 『왜? 착한 사람에게 나쁜 일이 일어날까?』(서울: 도서출판 창, 2000)를 참조 바람.

유를 찾는다 해도 결코 정당화될 수 없으며, 그 누구에게도 추천할 수 없는 고통과 아픔이 있다.

그럼에도 형이상학적 신학은 하나의 정합적인 체계 안에서 모든 경우의 고통과 악을 규명하고 그 원인을 해명하고자 한다. 신학은 형이상학적 정합성을 위해 상호모순적인 것들을 모두 배제해야 할 것인가? 아니면 "말할 수 없는 것들에 대해서는 침묵해야만 한다."는 비트겐슈타인의 잘 알려진 경구를 따라 침묵을 신학적 답변으로 삼아야 할 것인가? 정당화될 수 없는 고난에 직면하여 우리는 어떻게 하나님에 대해 말할 수 있는가? 고난 가운데 있는 자에게 하나님은 도대체 누구인가?

기독교 신학의 학문적 독특성은 하나님에 대한 언설의 체계성이나 정합성에서 찾을 것이 아니다. 게르하르트 에벨링(Gerhard Ebeling)은 형이상학적 정합성 때문에 기독교적 신론의 신비가 훼손되어서는 안 된다는 점을 분명히 한다.

형이상학적 신론에서 특징적인 것은 신의 단순성을 그것의 근본적인 존재론적 규정으로 삼는다는 점이다. 신의 단순성은 이미 언급했듯이 유한한 존재에 해당되는 모든 존재구별성(Seinsdistinktionen)으로부터 신의 자유를 의미한다. 이처럼 신은 사실적으로 그 자신 안에 논리적 모순이 없다. 신의 전적인 단순성과 무(無)구별성을 고려할 때, 그러한 가능성은 전혀 없다. 이것은 신의 불변성(immutabilitas)과 연결되어 있다. 그는 전적으로 불변한다. 그러므로 그는 자명하게 또한 고난받을 수 없다(impassibilis). 그가 실제로 모든 고난으로부터 자유로울 뿐 아니라, 자신의 존재의 모든 약화(弱化)로부터 자유롭다. 모든 것이 그에게 가능하다고 하더라도, 이렇게 되는 것은 그에겐 불가능하다. 왜냐하면 그것은 논리적인 모순에 해당되기 때문이다. 모순율에서 신의 전능은 한계를 발견한다. 그러나 기독교적 신론은 신적 존재의 전적인 단순성에도 불구하고 이러한 형이상학적 단초

를 통해 하나님 안에 있는 모순적인 긴장의 계기를 고려하지 못하게 할 순
없다. 이 모순적인 긴장의 계기는 성서적 하나님 이해로부터 쇄도한다. 그
렇지 않고서는 그것은 기독교적 신론일 수 없다. 기독교적 신론을 정당하
게 사유할 때 저런 형이상학적 공리 때문에 무엇보다도 신과 신 사이의 모
순을 허용하는 것이 어렵게 되었다. 하지만 어떤 관점에서는 실제적인 긴
장을 약화하거나 부분적으로 숨겨버린 것은 올바르지 못하다.

　기독교적 신론은…… 모순의 신비를 자신의 핵심으로 그 자신 안에 수
용하는 것이 필요하다. 이런 모순은 언어적으로 해결될 수 없고 사상적으
로 꿰뚫는다 해도 다만 표현을 달리 하는 수밖에 없다. 삼위일체 교리는 이
에 대한 의미심장한 표식이다.4)

　그러나 우리는 **신과 신 사이의 모순**을 철학적 신론과 성서의 하나님 이
해 사이의 모순으로 이해하며, 여기서 한 걸음 전진하여 철학적 신론과
성서의 하나님 이해를 화해시키고자 하지 않으며, 오히려 한 걸음 뒤로
물러나 철학적 신론과의 결별을 선언한다. 철학적 신론과의 결별을 선언
할 때, 우리는 엄밀한 의미에서 기독교적 신론의 기초를 예수 그리스도
의 삶의 전(全) 역사를 통해 자신을 드러낸 하나님에게서 찾을 수 있다.
　예수 그리스도의 아버지 하나님은 아들 예수와 함께 고난당하신 하
나님이며, 그 안에서 무력하신 하나님이다. 하지만 다른 한편 신앙은
십자가의 고난에서 무력한 하나님이 예수를 다시 일으키신 부활의 하
나님이라고 증언한다. 신과 신 사이의 모순은 이제 철학적 신론과 성서
의 하나님 사이의 모순만이 아니라, **십자가의 하나님과 부활의 하나님 사이
의 모순**으로 첨예화된다. 기독교 신앙은 이 모순을 있는 그대로 수용하

---

4) Gerhard Ebeling, *Dogmatik des christlichen Glaubens*, Bd. 1 (Tübingen: J.C.B.
　Mohr, 3. Aufl., 1987), 172.

는 용기다.

파울 알트하우스(Paul Althaus)는 하나님의 섭리와 관련해서 기독교 신앙의 모호성에 대해 언급하며, 이를 불가피한 것으로 받아들여야 한다고 주장한다.

> 이런 〈일원론적〉 관점을 가지고 우리는 〈하나님의 통치〉를 항상 〈현재적이며〉, 저항이 없는 것으로 고백한다. 그러나 이와는 달리 실재에 대한 〈이원론적〉 견해는 하나님의 통치를 여전히 투쟁하고 있는, 〈오고 있는 것〉으로 알고 있다. 일원론은 신적 통치의 현재 안에서의 안녕(Ruhe)을 뜻하고, 이원론은 하나님의 통치의 도래를 향한 극도의 〈긴장〉을 뜻한다. 두 가지 모두가 다 같이 신앙의 세계 이해에 속한다.[5]

여기서 우리는 필립 헤프너(Philip Hefner)와 그리핀(David Griffin) 사이의 논쟁을 잠시 생각해 볼 필요가 있다. 헤프너는 과정신학자 그리핀이 악의 문제와 관련해서 하나님과 세계의 이원론을 전개하며, 기존의 전능의 개념을 포기한 것과 관련해서 신정론의 문제는 힘의 문제가 아니라, 일원론의 문제라고 주장한다. 즉 헤프너는 일원론의 포기는 다름 아닌

---

5) Paul Althaus, *Grundriss der Dogmatik* (Gütersloh: Carl Bertelsmann Verlag, 5. Aufl., 1959), 142; 이와 유사하게 W. Elert, *Der christliche Glaube. Grundlinien der lutherischen Dogmatik* (Hamburg: Furche-Verlag, 5. Aufl., 1960), S 274: "하나님의 활동을 역사의 사실 자체로부터 이해하는 것은 불가능하다. 다만 율법의 견지에서 이해하든지 아니면 복음의 견지에서 이해할 수 있을 뿐이다. 이것을 주의하지 못한 것이 옛 교의학적 교설의 결함이다. 섭리론을 직접적으로 창조론과 연결시킴으로써 어느 정도 율법과 복음 너머에 있는 관점을 얻고자 시도했던 것이다. 그것은 불가능하다. 오히려 역사 속에 있는 하나님의 활동은 이편에 있는 자의 관점에서는 저편에 있는 자의 관점과 다르게 보인다는 사실을 분명히 해야만 한다. 그리고 나서야 신적인 섭리에 대한 신앙이 무엇을 의미하는지 말할 수 있다."

유대-기독교 신학의 전통에서는 하나님에 대한 포기를 의미하기 때문에
비록 일원론이 신정론과 연관해서 신의 전능을 주장하고, 모든 만물의
근원으로서 신을 상정함으로써 악의 근원을 신에게 돌릴 수밖에 없는 난
점을 지닌다고 하더라도 일원론을 포기할 수는 없다고 말한다.6)

그러나 고통의 문제에 직면하여 신학의 새로운 방향 전환을 염두에 둘
때, 진정 문제는 바로 여기, 곧 기독교 신앙을 형이상학적 일원론에 결부
시키려는 원초적인 형이상학적 욕구에 있다. 기독교 신앙에 결부된 본래
적인 양극성을 일원론과 이원론과 같은 형이상학적 원리에 근거한 종교
철학을 통해 해소해서는 안 된다. 기독교 신앙은 하나님을 하늘과 땅의
창조자로 고백하지만, 동시에 악이 이미 이 땅의 역사와 함께 주어진 것
으로 이해한다.7) 성서에서의 악의 현존은 형이상학적 일원론과 이원론
의 문제가 아니라, 창조주 하나님께서 혼돈과 흑암이라는 파괴적이고 위
협적인 삶의 현실에 새로운 질서를 창조하실 수 있느냐는 **구원론적 물음**
과 연관된다.8)

---

6) Philip Hefner, "Is Theodicy a Question of Power?", *Journal of Religion* 59, no. 1
   (January 1979), 87~93; David Ray Griffin, *Evil Revisited: Responses and
   Reconsiderations* (Albany: State University of New York Press, 1991), 175~188.

7) Klaus Berger, *Wie kann Gott Leid und Katastrophen zulassen?* (Stuttgart: Quell
   Verlag, 1996), 36~43. 또한 Karl Löning/Erich Zenger, *Als Anfang schuf Gott.
   Biblische Schöpfungstheologien* (Düsseldorf: Patmos Verlag, 1997)에 따르면 무로부
   터의 창조(creatio ex nihilo)를 마카비2서 7장 28절과 지혜서 11장 17절에 의존해서
   해석하는 것은 부당하다(19). 고대 근동의 세계상에서는 창조 이전에 아무것도 존재
   하지 않는 상태를 생각하지 않았으며, 창세기 1장 2절에 묘사된 창조 이전의 네 가지
   요소, 혼돈(Tohuwabohu), 흑암(Finsternis), 깊음(Urmeer), 물(Wasser)은 파괴적이고
   위협적인 요소들로서 하나님의 창조 행위에 의해 제거되거나 제압되고 선한 피조물
   로 가득 메워지거나 변화된다(29~31).

8) 구약성서에서 창조가 야웨의 구원사역으로 이해되어야 한다는 주장에 대해서는 G.
   von Rad, *Theologie des Alten Testament*, Bd. 1 (München: Chr. Kaiser, 1960, 10.

알트하우스의 지적처럼 성서 속에 나타난 일원론적이며 이원론적인 섭리 신앙의 긴장을 형이상학적 체계 안에서 논리적 일관성으로 마름질 해서는 안 된다. 우리는 고난의 현실에서 하나님 질문을 제기하는 신정론적 **질문**은 간직하지만, 하나님과 악을 형이상학적 근원의 문제로 삼는 신정론적 **답변**을 거부하며 오히려 아직 드러나지 않은 고난의 **의미**를 캐묻고자 한다.

여기서 제기되는 질문은 왜 이 세상에 악이 있느냐도 아니고 악의 현존에 직면하여 하나님의 정당성을 묻는 질문도 아니다. 오히려 고통당하는 생명들을 구원하실 하나님은 누구시냐 하는 물음이다. 또한 형이상학의 관점에서 고통을 정당화시키는 의미 부여가 중요한 것이 아니라, 까닭 없는 고통 때문에 반 토막 난 삶에 희망과 용기를 다시금 일으켜 세울 새로운 가능성, 곧 삶의 새로운 의미를 찾는 것이 중요하다.

한국 신학사에서 그 누구보다도 고난의 의미를 철저히 캐물었던 함석헌 선생의 말도 이런 점에서 되새겨 볼 필요가 있다.

> 고난의 짐을 지는 것은 우리가 잘못해서냐? 하나님이 그렇게 만든 것이냐? …… 하나님이 그렇게 예정을 했다고 하면 그것은 미신이다. 반대로, 그것은 다 우리 잘못이라고 하면 독단이다. 비과학적이다. 하나님도 없고 우리 죄라는 것도 없다고 하면 그것은 억지다. 사람이 아니다. 설명할 수 없다. 그것을 설명하자는 것이 목적이 아니다. 우리가 말하는 것은 뜻이 있다는 말뿐이다.[9]

Aufl., 1992), 149~167; 또한 Karl Löning/Erich Zenger, *Als Anfang schuf Gott. Biblische Schöpfungstheologien*, 16: "성서적 창조신앙과 성서적 구원신앙은 동전의 양면처럼 결합되어 있다."

9) 함석헌, 『뜻으로 읽는 한국역사』 (파주: 한길사, 2007), 477~478. 함석헌은 한국 역사를 세계사에 유래를 찾아볼 수 없는 수난의 역사로 규정하고 그 참혹한 고난의 의미를

여기서 당면한 고난의 의미를 캐묻는다는 것은 아직 발굴되지 않은 의미, 아직 알 수 없는 의미를 찾아 나섬을 의미한다. 이때 발굴되어야 할 **고난의 의미**는 이미 주어져 있는 것이 아니다. 고난의 의미는 과거의 책 속에 있는 것이 아니라, 아직 오지 않은 미래의 현실에 놓여 있다. 우리가 말하는 고난의 의미는 고난의 원인이나 유래를 의미하는 것이 아니다. 또한 형이상학적으로 앞서 정초된 목적(telos)에 부합하게 내재된 의미도 아니다. 이것은 단순히 과거적인 것 속에 내재되어 있는 현실도 아니며, 현실태 속에 잠들어 있는 가능태도 아니다. 기존의 부조리한 현실을 한꺼번에 부정하고 반전시킬 소위 종말론적 전체성 안에 놓여 있는 해석학적 열쇠도 아니다. 이 모든 기존의 시도들은 거대한 인과적 연관성 속에서 현재의 아픔과 고통을 미래적으로 **보상**하려는 시도들일 뿐이다.

우리가 발견해야 할 고난의 의미는 과거와 현재의 인과적 연관에 갇혀 있지 않은 하나님의 미래로부터 다가오는 예측할 수 없는 가능성을 뜻한다. 따라서 우리가 말하는 고난의 의미는 실제로 고난 속에 이미 내재되어 있는 의미가 아니라, 현재의 고통을 품고 이겨 내게 할 미래적 삶의 가능성이며, 이와 더불어 개방될 초월적 의미를 뜻한다. 이러한 미래적 삶의 가능성에서 주어지는 의미는 인과적 연쇄를 통해 연역될 수 있는 것이 아니라 인과적 연쇄를 넘어서는 새로운 삶의 의미가 될 것이다. 따라

캐내고자 한다. 어떤 의미에서는 신정론적 물음을 제기하고 있지만, 그는 고난의 유래나 출처가 아니라 고난당하는 당사자가 스스로 깨쳐 발견해야 하는 고난의 의미를 묻는다는 점에서 서구적 신정론을 넘어선다. 한길사에서 다시 간행한 이 책은, 고난과 하나님의 관계에 대해 한국 사상사에 중대한 초석으로 여겨질 그의 글을 다시 간행한 것이다. 원본은 일제강점기인 1933년 12월 31일부터 1934년 1월 4일까지 강연했던 것을 이후 잡지 「성서조선」 1934년 2월호부터 1935년 12월호에 실렸던 "성서적 입장에서 본 조선역사"이다. 철학자 김상봉은 자신의 독특한 '슬픔의 해석학'이란 관점에서 함석헌의 고난 이해를 철학적으로 조명하였다. 김상봉, 『나르시스의 꿈』(서울: 한길사, 2002), 제3부, 특히 311~340을 참조 바람.

서 여기서 말하는 고난의 의미는 고난의 발생적 원인과 이유도 아니며, 그에 대한 보상도 아니다. 오히려 **새로운 삶을 추동하는 힘**이다.[10]

이처럼 깊은 고난의 수렁 속에서 던져지는 삶의 의미에 대한 질문은 인과적 연결고리와 합목적적 세계상에 상응하는 신학을 넘어 새로운 하

---

10) 여기서 우리는 욥기의 마지막 부분에 나오는 축복(42장 10~16절)을 인과적 연관성에서 해명하려는 모든 시도들을 거부한다. 이 부분을 앞선 고난에 대한 하나님의 보상으로 이해할 때, 하나님은 더욱 잔인한 존재가 될 수밖에 없다. 잃어버린 재산에 대한 보상은 가능할지 모르지만, 자식을 가슴에 묻어야 했던 욥의 고통이 어떻게 일곱 아들과 세 딸로 보상이 될 수 있겠는가? 우리가 만약 이 구절을 앞서 서술된 욥의 고난과 인과적으로 연관시키려고 한다면, 여전히 우리는 인과응보의 신학에서 벗어나지 못한 것이다. 그러나 욥기의 주제 중 하나는 인과응보의 신학에 대한 반기가 아니었던가? 그렇다면 욥기의 종결부는 무엇을 말하고 있는 것인가? 그것은 욥의 고난에 대한 하나님의 보상으로 해석되어선 안 된다. 오히려 욥기는 우리가 살아가는 이 땅에서 인과응보적 합리성과 정의가 붕괴되며, 이유를 알 수 없는 고난이 닥친다는 사실을 정직하게 그려 준다. 허물어진 합리성의 세계에 대한 희망과 더불어 좌절할 수밖에 없는 상황 속에서도 하나님은 새로운 삶의 가능성을 열어 주신다고 하는 것이 욥기의 마지막 구절들의 의미가 아닐까? 이 새로운 삶의 가능성은 보상적 차원에서 이해되어야 할 것이 아니라, 역설적 차원에서 이해되어야 한다. 욥은 고통의 상처를 여전히 가슴에 품고 있지만, 이제 먼지 속에 주저앉아 죽음을 기다리는 자가 아니라 자신의 삶을 끝까지 살아낼 용기를 얻게 된 것이다. 이유 없는 고통의 수렁을 경험하기 전의 욥의 삶과 새로운 삶의 가능성을 살고 있는 욥의 삶의 지평은 인과적 연관성으로 연결될 수 있는 동일한 삶의 차원이 아니다. 욥이 만난 하나님은 이제 더 이상 인과응보의 틀에 짜여 있는 좁은 의미의 정의의 하나님이 아니라, 세상의 부조리와 무의미를 부정하지 않고 그대로 직시하면서 그럼에도 이를 딛고 다시금 삶을 살아가게 하는 생명의 추동자로서의 하나님이시다. 구스따보 구띠에레스는『욥에 관하여 - 하느님 이야기와 무죄한 이들의 고통』(왜관: 분도출판사, 1996)에서 욥기의 마지막 구절들에 대해 언급하지 않지만, 적어도 욥이 인과응보의 하나님과 결별하고 무상(無償)적 사랑의 맥락 속에서 그를 다시 살리시는 하나님이심을 만났다고 역설한다. 또한 최형묵,『반전의 희망, 욥』(서울: 동연, 2009), 255~261에서도 욥의 결말을 보상의 논리로 해석하는 것에 반대하고 있다.

나님 이해를 요구하고 있다.

형이상학과 신학의 연관성은 매우 뿌리 깊어 신학은 곧 형이상학이며, 형이상학은 곧 신학이 되어버렸다.11) 형이상학은 존재에 대해 질문하며 존재하는 모든 것의 최종적인 원인과 근거를 추구하고, 이를 제1원인으로 상정하여 신이라는 이름을 붙인다.

그러나 이제 기독교 신학은 물리적 세계의 원인과 기원과 근거에 대한 이런 형이상학적 질문에서 해방되어야 하지 않을까? 기독교 신학에서 보다 시원적인 질문은 형이상학적 질문이 아니라 구원론적·종말론적 질문이지 않은가? 현재적 사태의 원인에 대한 분석을 넘어 아직 오지 않은 하나님의 구원적 미래의 실현을 추구해야 하지 않는가? 이제 기독교 신학의 하나님 질문은 이성적·합리적 현실에 상응하는 형이상학의 존재 질문과 결별해야 하지 않을까?

하나님에 대해 질문하는 것은 더 이상 만물의 최종적인 원인에 대한 형이상학적·사변적 질문이 아니라, 새로운 삶의 가능성에 대한 구원론적 질문으로 이해되어야 한다. 이때 하나님은 우리의 다양한 현실적 경험들의 정합성을 보증해 주는 존재의 근원이 아니라, 깨어진 현실적 틈새에서 새로운 삶의 가능성을 열어 주시는 **창조와 구원의 수여자**로 이해되어야 할 것이다. 새로운 삶의 가능성을 열어 줄 하나님은 저 과거적, 태곳적 만물의 근원이 아니라, 아직 오지 않은 미래와 함께 도래할 희망의 하나님으로 이해되어야 한다.12)

---

11) 고대 교리에서부터 현대 신학에 이르기까지 형이상학과 신학의 상관관계에 대한 비판적 개관은 Ulrich H. J. Körtner, "Metaphysik und Moderne. Zur Ortsbestimmung christlicher Theologie zwischen Mythos und Metaphysik", 225~244를 참조.

12) W. Kasper, "Gott und die Zukunft", in: Martin Hengel und Rudolf Reinhardt (Hg.), *Heute von Gott reden,* 7~24: 카스퍼는 희망의 하나님과 관련해서 출애굽기 3장 14절, 계시록 1장 4절과 8절, 4장 8절을 성서적 근거로 제시한다. 또한 예수 그리스도

몰트만이 그의 『희망의 신학』에서 말했듯이, "이 하나님을 우리 안이나 우리 위에 가질 수 없고 처음부터 항상 오직 우리 앞에서만 존재하시는 분"으로 생각해야 한다면,[13] 이 하나님은 제1원인, 곧 모든 만물의 근원과 시작이 아니라, 이렇게 형이상학적으로 정초된 세계의 깨어진 균열 사이로 예기치 못한 미래적 구원사건과 **함께** 오시는 분으로 경험될 수 있을 뿐이다.

우리가 하나님을 더 이상 제1원인이나 자기 원인(causa sui)이 아니라 새로운 구원의 현실을 약속하며 그와 더불어 오시는 분으로 이해한다면, 고통의 문제와 관련해서 우리는 더 이상 악의 본질과 원인을 형이상학적으로 물을 것이 아니라, 고통의 극복과 그것의 가능성을 하나님과 관련하여 물어야 할 것이다.[14] 예수 그리스도의 하나님은 자신의 행위에 대해 아무런 보상을 기대할 수 없는 이들에게 가까이 다가감으로써 율법적,

안에서 하나님은 죽은 자들을 부활시키는 분(로마서 4장 17절)으로 되며, 결국 바울은 로마서 15장 13절에서 "희망의 하나님"을 언급한다고 지적했다.

13) 위르겐 몰트만/이신건 옮김, 『희망의 신학』(서울: 대한기독교서회, 2010), 22.

14) 클라우스 베르거(K. Berger)도 자신의 책, *Wie kann Gott Leid und Katastrophen zulassen?*에서 악의 문제와 관련해서 악의 원인(Ursache)과 유래(Woher)를 묻는 질문이 아니라, 목적(Wozu)을 묻는 질문이 중요하다고 보았다(31~35). 이와 관련하여 그에 따르면 성서에 서술된 신의 '전능'은 "생명 없는 하나의 원리"(193)를 의미하지 않으며, 따라서 "성서는 사변적인 전능의 신학을 전개하는 것을 허락하지도 않는다"(201~202). 오히려 하나님의 전능은 구체적인 상황과 관련된 "하나님의 오심"(200)을 의미한다. 따라서 악의 형이상학적 근원을 신에게 찾으려는 태도는 합당하지 않다. 결론적으로 그는 이렇게 말한다: "성서에는 고통의 원인(Warum)에 대한 어떤 대답도 없다. 성서는 다만 그것의 목적(Wozu)에 대해 말할 뿐이다"(241). 그러나 우리는 여기서 고난의 목적을 형이상학적으로 정초된 텔로스(telos)로서의 목적과는 다르게 이해하고자 한다. 고난의 목적은 형이상학적 현실 이해의 틀 안에서 이미 정해져 있는 것이 아니라, 창조와 구원의 수여자이신 하나님의 선물로 지금 여기서 새롭게 주어지는 것이다.

종교적으로 이해되었던 인과적 연결고리를 해체해버렸다. 또한 그는 고통의 종교적 원인을 밝히려고 하기보다는 고통당하는 자를 위로하고 그를 치유하는 존재로 나타난다. 예수 그리스도와 함께 하나님은 세계의 원인이 아니라 새로운 삶의 가능성으로 다가오셨다.

이런 점에서 기독교 신앙의 하나님은 더 이상 세상의 근원과 근거, 원인과 아르케로 파악되지 않는다. 오히려 하나님은 **창조**와 **구원**의 신으로서 자신의 존재를 미래에 두며, 현실 속에 내포된 확정된 목표(telos)가 아니라 아직 오지 않은 미래를 개방하는 분이다. 따라서 이 하나님은 언제나 기존의 현실에 상응하는 존재가 아니라, 이를 의심케 하며 기존의 현실을 자신의 미래에 상응하도록 하시는 분이시다. 따라서 우리는 하나님의 미래적 가능성 안에서 현실을 의문시하지만, 부조리하고 무의미한 고통을 형이상학적으로 인가해 주진 않는다. 또한 고난이 제기하는 의문을 통해서 이미 정초된 신학적 해답으로 돌아가는 것이 아니라 언제나 새롭게 하나님 자신을 질문한다.[15]

가능성에 대한 물음, 그것은 곧 현재의 문을 두드리며 다가와 있는 미래를 향한 물음이지, 저 먼 과거나 저 먼 미래로 회귀하는 물음이 아니다. 우리는 고통과 악의 문제에 직면하여 기존의 형이상학적 신학과는 정반대로 미래적 가능성으로 하나님을 묻는 법을 배워야 할 것이다. 이때 미

---

15) Wolfgang Huber, "Theologie im Konflikt", *Konflikt und Konsens. Studien zur Ethik der Verantwortung* (München: Kaiser, 1990), 99~132: "신 개념 안에서 이런 변화에 직면해서 볼 때, 신정론의 질문이 기독교 전승사의 틀 안에서 구성되었다고 하는 것은 결코 우연이 아니다. 그러나 이런 틀 안에서 어떤 확정적인 대답도 발견할 수 없다는 점도 마찬가지로 우연이 아니다. 이미 주어진 모든 대답들은 오히려 그 자체에서 새로운 질문을 야기한다. 신정론의 문제는 그 자신 너머를 지시한다. 바로 그렇기 때문에 신정론의 문제는 신앙의 운동에 귀속될 수 있다. 신앙은 신에 대한 우리의 대답을 종결지우는 어떤 대답이 아니며, 오히려 우리의 신 질문과 더불어 가질 수 있는 어떤 경험이기 때문이다"(132).

래적 가능성으로 희망되는 하나님의 힘은 현재의 모든 파괴적인 것을 극복하는 힘, 반(反)생명적인 것을 생명의 충만으로 창조하는 힘이며, 그러나 아직 성취되지 않은 힘이다. 따라서 하나님에 대한 물음도 곧 불가능한 것을 가능케 하는 하나님의 가능성에 대한 물음이 될 것이다. 물론 고통의 현실 속에 있는 자에게는 이 하나님은 여전히 힘없는 존재로 경험된다.16)

하지만 기독교 신앙이 하나님의 무력함을 곧 하나님의 사랑으로 경험한다면, 그리고 하나님의 함께 고통당하시는 이 사랑을 아직 오지 않은 미래적 힘의 선취로 이해한다면, 고통당하는 자는 현실의 부조리에 좌절할 것이 아니라 오지 않은 미래를 향한 희망의 손짓에 동참하게 될 것이다.

하나님의 미래적 가능성으로 인해 고통당하는 자는 고통과 악의 파멸적인 힘에 짓눌린 삶의 암흑 속에서도 일어설 힘을 얻을 수 있을 것이다. 하나님으로 인해 우리의 삶에는 여전히 아직 밟아 보지 못한 새로운 가능성의 지평이 남아 있기 때문이다. 그러나 하나님의 미래적 가능성에 대한 근거는 현실 속에서 찾을 수 있는 것도 아니며, 세계의 합목적성 속에서 낙관적으로 전망되는 것도 아니다. 따라서 이 하나님의 미래적 가능성은 현실과 인과적 연관성 안에 포착되어서는 안 되며, 하나님 자신의 미래로부터 오는 전적인 새로운 가능성으로 이해되어야 한다.

---

16) Alfred Jäger, "Der Gott der Zukunft - die Zukunft der Erde", in I. Abbt/A. Jäger (Hg.), *Weltoffenheit des christlichen Glaubens* (FS F. Buri) (Bern/Tübingen 1987), 51~64: "십자가의 하나님은 우선적으로 무력한 하나님이다. 그는 자신을 죽음의 무력함에 가차 없이 내맡긴다. 예수의 십자가 위에는 이러한 사건을 이제 다시 그렇게 진지하게 여기지 않는 승리감의 도취된 하나님-아버지가 서 있는 것이 아니다. 하나님 사건으로서의 십자가 사건 안에 그리고 이와 함께 도래하는 하나님의 무력함이 역사적으로 경험가능하게 된다. (…) 미래의 하나님은 아직 전능자, 언제나 현존하는 자, 영원 안에 통치하는 자가 아니다"(56).

우리는 하나님의 현실적 무력함과 가능적 전능을 연결시켜 주는 메타포를 오직 그리스도의 **십자가**와 **부활**에서 찾을 수 있다. 현실의 틈새를 꿰뚫고 들어오는 하나님의 가능적 미래의 빛에서만 우리는 전능한 하나님을 고백한다. 따라서 하나님의 힘은 현실 속에서 고난당하는 자와 함께 고통받는 사랑으로 나타나며, 하나님의 사랑은 미래적 가능성 안에서 고난당하는 자를 일으키실 창조와 구원의 힘으로 희망된다.[17]

기독교 신학은 고난에 직면하여 신에 대한 질문을 가지고 신의 존재와 속성과 악의 현존이라고 하는 트릴레마의 사변적 안개 속으로 들어가지만은 않는다. 오히려 기독교 신학은 신의 존재와 행위 속에서 진지하게 고난의 현실을 목도하며, 고난의 자리에서 하나님에 대한 질문이 제기되며, 동시에 새롭게 하나님을 경험해야 하는 자리로 인식한다. 더 나아가 예수 그리스도의 하나님이 고난과 무관한 존재가 아니라 고난 속으로 침투해 들어오시며, 고난받는 자신의 백성과 함께 고통받으며 함께 일어서게 하시는 분이라면, 신약성서의 증언대로 자신의 아들과 함께 고통받으며 그 안에서 고난당하는 자와 연대하는 자신의 사랑을 드러내시는 분이라면, 기독교 신앙은 고통당하는 자의 고통에 함께 참여함으로써 하나님께 다가간다. 그리스도의 고난 속에 계시된 하나님의 사랑을 의지하는 기독교 신앙은 타자의 고통에 대한 공감적 참여를 통해 하나님이 가까이

---

17) 여기서도 예수의 십자가와 부활은 인과응보적 보상의 관계로, 고난과 그에 뒤따른 축복의 관계로 이해해서는 안 된다. 예수의 십자가는 하나님의 아들조차 십자가에 매달려야 하는 부조리하고 무의미한 세계의 현실을 그대로 드러낸다. 예수의 십자가에서 악의 잔인함이 그대로 폭로되었다는 표현은 옳다. 예수의 부활은 예수가 당한 고난에 대한 인과적 보상이 아니라, 하나님이 추방당한 세계 안으로 하나님 자신이 몰고 오실 새로운 삶의 미래적 가능성을 지시한다. 또한 예수의 십자가는 가까이 다가온 하나님의 미래적 가능성을 자신의 삶을 통해 구현하고 성취하고자 한 예수의 삶의 귀결이다.

계심을 경험한다.

또한 기독교 신앙은 현실 속으로 침투해 들어오실 하나님의 미래적 가능성 때문에 현실과 끊임없이 투쟁한다. 유신론적으로나 무신론적으로 규정된 모든 승리주의, 확정주의, 결정론에 대한 투쟁이다. 하나님의 미래를 희망하는 기독교 신앙은 본래 **투쟁하는 신앙**이다. 이때 신앙은 현실적인 확증을 통해 섣불리 주어진 확신에 귀착하는 것이 아니라, 현실의 부조리를 직시하며 기존의 현실에 대한 체계를 끊임없이 의심하고 의문시하며, 현실 너머에서 현실 안으로 개방될 새로운 차원의 현실을 희망한다. 그런 점에서 신앙은 아직 해명되지 못한 고난의 의미에 대한 집요한 물음이며, 이해할 수 없는 고통의 심연 속에서의 견딤과 인내이며 새로운 세계에 대한 기다림이다.

신앙하는 자는 견디는 자이며 견디는 자는 무의미의 확정 속으로 좌절해 들어가지 않는다. 그는 모든 확정주의에 대항한다. 과거와 현재의 형이상학적 근거를 의문시하는 고통의 절규야말로 진정으로 아직 오지 않은 하나님의 미래를 향한 부르짖음이며, 하나님과 가장 가까이 있는 자의 질문인지도 모른다. 따라서 하나님은 현실세계에 상응하는 존재도 아니며, 현실세계의 토대도 아니다. 오히려 신앙의 하나님은 고통의 부르짖음이 찢어 놓은 현실의 틈새를 통해 새로운 미래를 창조하고 우리를 구원하실 분이시다.

지나간 고통에 숨겨진 의미의 해명이 중요한 것이 아니라, 이 하나님과 더불어 고난의 굴곡에서 헤쳐 나와 새로운 삶의 현실을 맞이할 힘과 용기를 얻게 되는 것이 중요하다. 설령 욥처럼 지나간 고통의 의미가 해명되지 않는다 하더라도 좌절하거나 낙망하지 않고, 새로운 삶의 현실을 열어 주시는 하나님과 더불어 일어나 희망찬 걸음을 하는 것이 중요하다. 막연히 고난 자체에 의미가 있는 것이 아니라 고난을 딛고 일어서게 함으로써 하나님은 고난의 삶에 의미를 불어넣어 주신다. 이때 하나님은 단순히 고난의 의미를 해석하는 분이 아니라 고난을 극복하게 하시며, 파괴적인 고난상황 속에서도 새로운 삶을 **시작**하게 하시는 분이시다. 하나님은 고통과 악에 짓눌려 닫혀버린 삶의 철문을 파쇄하며 끊임없이 새로운 삶의 가능성을 열어 주신다.

부록

부록 1

시대의 아픔과 기독교 영성*

1. 들어가는 말: 부조리한 고통

영국의 시인 T. S. 엘리어트가 쓴 5부 433행의 긴 시 〈황무지〉의 제1부 '죽은 자의 매장'을 여는 첫 소절을 우리는 잘 알고 있다. '4월은 가장 잔인한 달.' 왜 그런가? 시인은 "죽은 땅에서 라일락을 키워내고, 추억과 욕정이 뒤섞고, 잠든 뿌리를 봄비로 깨운다"고 말한다. 이 시를 통해 그는 제1차 세계대전 이후 황폐화된 서구의 정신 세계를 지적하고 있었다고 한다.

제1차 세계대전 이후 인간중심주의에 토대를 둔 유토피아가 타이타닉과 함께 추락해 버린 서구의 정신 세계만 '가장 잔인한 달'을 맞이한 것이 아니라, 현재를 살아가는 우리에게도 4월은 언제나 잔인한 달로 느껴지는 것은 역사의 우연일까?

예수의 처절한 십자가 죽음에서 절정에 달하는 사순절이 대개 4월을 지나갈 뿐 아니라, 나치와 히틀러에 항거했던 독일의 천재 신학자 디트리히 본회퍼 목사도 1945년 4월 9일 교수형으로 세상을 떠났다. 미국의 흑인해방 운동을 전개했고 후에 노벨 평화상을 수상한 마르틴 루터 킹

---

* 본 논문은 2015년 서울신학대학교 기독교영성연구소에서 발행하는 「삶과 영성」에 게재했던 것이다.

목사도 1968년 4월 4일 암살당했다.

　역사에 한 획을 그었던 인물들이 4월에 목숨을 잃었을 뿐 아니라, 우리나라의 현대사에서도 4월은 역시 아픔의 시간으로 기억된다. 먼저 4.19혁명을 생각하지 않을 수 없다. 1960년 2월 28일 대구에서 야당의 부통령 후보 연설이 예정되어 있었는데, 이승만과 자유당 정부는 이를 방해하고자 고교생들의 일요일 등교를 강행하였고, 이에 반발한 고교생들의 자발적 시위참여로 2.28민주학생의거가 일어났다. 그해 3월 15일에 치러진 선거에서의 부정에 항거하는 시위가 마산에서 일어났으며, 서울에서도 시민과 대학생이 한데 어우러져 부정선거를 규탄했다. 4월 11일, 3.15 부정선거 규탄시위에 참여했다가 27일 동안 행방불명되었던 마산상고 1학년 김주열 학생의 시체가 최루탄이 왼쪽 눈에서 뒷머리까지 파고 들어가 박혀있는 채로 바다에서 발견되어 시민들의 분노가 다시 폭발했다. 4월 18일 고려대 학생들이 평화로운 시위를 마치고 귀가하던 중에 정치깡패들의 무차별적 테러에 의해 크게 부상을 입었고, 부정부패, 부정선거, 사건의 은폐, 폭력행사 등에 분개한 시민들이 4월 19일 이른 아침부터 가두시위를 벌였다. 그날 오후 3시, 정부는 계엄령을 선포하고 시민을 향해 무차별 발포를 개시했다. 4월 25일 대학교수 300여 명은 시국선언문을 낭독하고 정권 퇴진을 요구하며 국회까지 행진했고, 결국 4월 26일 이승만 대통령이 하야(下野)함으로써 4.19혁명은 일단락되었다. 이후 대한민국 정국은 5.16 군사 쿠데타로 인해 다시 군부독재의 길로 접어들었기 때문에, 60년의 4.19혁명은 다시 80년 광주의 5.18민주화운동으로 이어질 수밖에 없었으며, 4.19혁명은 '민주혁명의 효시'이자 '미완의 혁명'으로 불린다.

　2014년 4월 16일은 우리에게 또 하나의 잊힐 수 없는 4월의 아픔으로 남았다. 4월 15일 저녁 9시 인천여객터미널에서 출발해 제주도로 향하던 세월호에는 단원고 학생 325명, 교사 14명, 선원 26명 등 총 459명의 승객이 타고 있었다. 아침 8시 48분 경 진도 해안의 맹골수도에서 급격한 변침과 더불어 배가 기울기 시작했고, 선실 안에서는 '가만히 있으라.'는 안내방송이 반복적으로 전해진다. 사고 연락을 받은 해경 경비정이 출동했지만, 세월호 기관장과 기관부원 7명이 가장 먼저 해경 구조선을 타고 탈출했고, 이준석 선장도 배와 승객을 버리고 탈출했다. 하지만 해경은 선체 진입을 시도하지 않은 채 배 주변만을 맴돌았다. 일부 언론에서는 '전원 구조'라는 오보를 내기도 했다. 하지만 제대로 구조가 이뤄지지 못하고 있는 상태에서 배는 완전히 침몰했다. 대통령은 24차례 보고를 받았지만 아무런 조치도 내리지 않다가 오후 5시 15분이 되어서야 중앙대책본부를 방문하여 '단 한 명의 인명 피해도 발생하지 않도록 하라.'는 알맹이 없는 내용을 내뱉는다. 도대체 7시간 동안 대통령은 어디서 뭘 하고 있다 뒤늦게 나타나 이런 얼토당토 않는 말을 내던지는가. '대통령의 사생활은 밝힐 수 없다'는 또 하나의 해괴망측한 궤변에서 우리는 대한민국 대통령의 공무집행이 실은 한 사람의 사생활에 지나지 않았다는 사실을 감지하게 된다. 이와 더불어 분명해진 것은 세월호의 선장과 마찬가지로 대한민국호의 선장도 무책임하긴 마찬가지라는 사실이다. 낡은 선박을 부실하게 증·개축한 세월호처럼 대한민국도 제대로, 꼼꼼하게 손을 봐야 할 부분이 한두 군데가 아님이 명백해졌다. 결국 침몰 전까지 172명이 구조되었지만, 10시 30분 침몰 이후 해경은 단 한 명도 구조하지 못했고, 세월호는 깊은 바다에 잠기고 말았다. 2015년 4월 현재 희생자 295명 실종자 9명이며, 이들 중 250명은 단원고 학생들로 집계되고 있다.

세월호 참사가 남긴 상처는 무엇인가? 세월호는 무엇보다도 도대체 국가가 무엇인가를 묻게 만든다. 침몰 이후 단 한 사람도 구조하지 못한 국가, 사태 파악도 못하고 우왕좌왕했던 국가에 우리는 도대체 무얼 기대할 수 있는가 하는 물음이다. 국민을 걱정하고 보호해야 할 국가를 도

리어 국민이 걱정해야 하는 시점에서 국가의 기능과 역할이 무엇인지 되묻지 않을 수 없다.[1]

어떤 이는 인간의 삶이란 원래 그런 것이라고 말한다. 복불복이니 재수가 없어 그렇다느니 에둘러 표현하는 이런 말들 속에는 인간의 삶이란 원래 부조리하다는 운명론적 색채가 놓여 있다. 그렇다면, 우리는 이러한 부조리, 이러한 고통, 이러한 악에 대해 그저 무덤덤하게 용인해야 하는 것일까? 인간의 삶에 가해지는 고통들에 대해 우리는 아무런 저항도, 항거도 없이 그저 '신의 뜻'으로 수용해야 한다는 것일까?

알베르 카뮈의 작품 '시지프의 신화'는 삶의 부조리를 잘 그려내고 있다. 시지프(그리스 신화에 나오는 시시포스 Sisyphos의 불어명)라는 인물을 통해 형상화된 행복을 향한 인간의 욕망과 열정은 결코 아무것도 성취하지 못하는 형벌 속으로 추락하고 만다. 삶에 대한 열정이 불타오를수록 형벌의 깊이는 더 깊어진다. 시지프는 삶에 대한 열정 때문에 신의 노여움을 받아, 바위를 산꼭대기까지 굴려 올려야 하는 형벌을 받았다. 하지만 산꼭대기에 올려놓은 바위는 다시 굴러 떨어진다. "무용하고 희망 없는 노동보다 더 끔찍한 형벌은 없다."[2]

카뮈의 말대로 인간은 의식이 깨어있는 존재이기에 인간의 삶은 더욱 부조리하다. 지구에서 수백만 광년 떨어진 저 우주 저편에서 일어나는 초신성의 폭발은 그것이 파괴적이라는 의미에서 악이라고 명할 수 있을지 모르지만, 그렇다고 그것이 고통(苦痛)이 되지는 않는다. 사자의 발톱에 붙잡혀 한 끼 저녁식사꺼리가 되어버린 토끼는 비록 아픔을 느낄지 모르지만, 그것이 과연 자신의 삶에 대한 탄식과 괴로움으로까지 이어질

---

1) 이충진, 『세월호는 우리에게 무엇인가』 (서울: 이학사, 2015)에서 대한민국은 무엇인가에 대해 '특정 집단의 이익을 위한 국가'라고 결론짓는다(30).
2) 알베르 카뮈/김화영 옮김, 『시지프 신화』 (서울: 책세상, 2013), 183.

지는 모를 일이다. 어쩌면 부조리는 정신적 괴로움과 육체적 고통을 의식하고 있는 인간의 삶에만 주어지는 가혹한 형벌일 것이다.[3]

온 우주가 창조주 하나님에 의해 아름답게 창조되었음을 고백하는 기독교 신앙은 이미 선한 창조와 더불어 자리매김하고 있는 부조리한 인간의 삶을 간과하지 않았다. 선악을 알게 하는 나무와 뱀으로 상징되는 삶의 조건들은 인간이 자신을 의식하는 현실적 존재가 되려고 하는 순간에 이미 내재해 있었고, 이들로 인해 의식적인 현실 존재가 되어 버린 인간은 낙원으로부터 추방당한 실존이 되어야 했다. 인간에게 주어진 삶이란 인간 자신이 실로 그 자신이 되고자 하는 실존의 몸부림이며, 이 과정에서 인간은 자기 자신과 괴리될 뿐 아니라 형제와 가족과 이웃과도 멀어져만 가는 왜곡된 자신을 획득하게 된다. 과연 실존하는 인간이 이러한 삶의 부조리를 극복하는 길은 어디에 있을까?

하지만 앞에서 언급한 우리 시대의 아픔은 삶에 내재해 있는 이런 부조리와는 어느 정도 그 성격이 다른 것처럼 보인다. 인간이 태어나면서 견뎌야 하는 실존의 부조리도 우리 시대의 문제이지만, 다른 한편 실존의 유한성이니 죽음이니 소외니 하는 말들로 표현되는 것과는 다른 의미의 부조리가 우리 사회 깊숙이 침투해 있다. 다름 아닌 유한성 아래 놓여 있는 인간의 삶을 보다 구조적으로 억압하고 고통스럽게 만드는 악이 그것이다. 이것을 우리는 사회적 악 또는 구조적 악이라고 부른다. 예컨대, 앞서 언급했던 대한민국의 현대사에 나타난 아픔은 부조리한 인간 실존의 문제이면서도 부정과 부패로 점철된 사회적 구조 속에서 일어난 악이라 할 수 있다. 이것은 모든 인간이 당연히 감내해야 하는 일이 아니라 마땅히 떨치고 일어나야 하는 사건에 해당된다. 이런 사건은 모두에게 주어져야 한다는 당위성이 전혀 없는 만큼, 부조리 중에 부조리라 할 수 있

---

3) 손봉호, 『고통받는 인간』 (서울: 서울대학교출판부, 2008), 26이하 참조

다. 겪지 않아도 되는 사람들에게 닥친 부조리한 고통의 문제, 그것에 대해 우리는 무엇을 말할 수 있을까?

재앙과 참사, 그리고 우리 시대의 아픔은 기독교인에게 도전적이고 도발적인 질문을 던진다. 오래전부터 던졌던 형이상학적이고 신학적인 질문인 악의 본질과 기원에 대한 물음뿐 아니라, 보다 실제적이고 실천적인 질문으로 기독교인은 고통 중에 있는 자들에게 무엇을 어떻게 말해야 하는가에 이르기까지 우리 시대의 아픔은 신앙인으로 하여금 새로운 질문에 눈을 뜨게 만든다.

나는 이 글에서 이런 부조리한 악의 문제가 제기하는 고전적인 질문과 더불어 우리 시대의 기독교에 주어진 시급한 과제가 무엇인지를 생각해 보고자 한다. 먼저, 기독교 신앙과 신학이 고난과 악의 문제에 대해 가졌던 고전적인 태도와 해법들을 간략하게 살펴보고, 아우슈비츠와 세월호 참사 이후를 살아가는 우리 시대의 기독교 신앙에 요구되는 시급한 방향 설정이 무엇인지를 진단하고, 이에 상응하는 하나님 신앙의 길을 제언하고자 한다.

2. 고전 신정론의 대답 — 라이프니츠를 중심으로

악의 문제는 신학사의 난제 중 하나이다. 도대체 악은 어디서 오는가? 하나님이 우주만물의 창조주라면, 피조세계는 선하고 아름다울 수밖에 없는데, 도대체 악은 어디서 온 것일까? 선한 신과 악한 신을 가정하는 이원론적 세계관에서는 이 문제를 아무런 어려움 없이 해결할 수 있다. 하지만 기독교의 유일신 신앙은 창조주 하나님 외에 다른 어떤 신도 허용하지 않으며, 더구나 창조주와 동등한 위치에 있는 악한 신을 알지 못한다. 창조주와 구원자를 서로 다른 존재로 생각했던 영지주의의 이원론이나 마르시온주의는 기독교 신앙에서 이단으로 정죄받는다. 그렇다면 선하신 한 분 하나님으로부터 창조된 이 세상에 도대체 어떻게 악이 발생할 수 있는가? 악이란 무엇이며, 악은 어디서 오는가?

악의 본질과 기원에 대한 물음을 내려놓는다고 하더라도, 왜 하나님은 악을 제거하지 않는지, 왜 하나님은 악을 막지 않으셨는지 묻게 된다. 왜냐하면 기독교 신앙은 전능하시며 선하신 하나님을 고백하고 있기 때문이다. 악의 본질과 기원에 대한 물음이 악의 형이상학으로 전개된다면, 후자의 질문은 이와 더불어 하나님에 대한 질문으로서의 신학의 형이상학을 구성한다. 형이상학적 신학은 한편에서는 악의 존재를, 다른 한편에서는 신의 속성을 해명해야 하는 부담감을 안게 된다.

이와 관련된 고전적인 물음은 기원전 4/3세기의 정원의 철학자 에피쿠로스(B.C. 341-270)에게로 소급된다.[4] 그는 1) 하나님의 전능과 2) 하나님의 선함 그리고 3) 악의 현존이라는 세 명제 사이의 논리적인 모순, 곧 트릴레마를 제시하며 전통적인 유신론의 약점을 적실하게 꼬집었다. 에피쿠로스의 물음과 관련해서 논리적 탈출구는 크게 세 가지 측면에서 제시될 수 있다. 즉, 1) 전능을 제거하거나 그 의미를 변용하거나, 2) 선함을 제거하거나 그 의미를 변용하거나, 3) 악을 제거하거나 그 의미를 변용해야 한다. 전통적으로 기독교 신학이 취했던 방법은 악을 제거하거

---

4) "신은 악을 제거하시기를 원하지만 그렇게 할 수 없든지, 아니면 그렇게 할 수 있는데 하기를 원하지 않든지, 그것도 아니면 신은 악을 제거하실 수 없으며 그렇게 하기를 원하시지도 않든지, 아니면 그는 그렇게 할 수도 있으며 하시기를 원한다. 만약 그가 원하지만 할 수 없다면, 그는 약해서 신에 적합하지가 않다. 만약 그가 할 수 있고 하기를 원치 않는다면, 그는 질투하는 것이며 이는 또한 신에게 낯선 것이다. 만약 그가 원하지 않고 할 수도 없다면, 그는 질투하면서도 약하고 그래서 또한 신이 아니다. 하지만 만약 그가 신에게만 적합한 것을 원하고 할 수 있다면, 도대체 악은 어디서 오며 그는 왜 악을 제거하지 않는가?"(Lactantius, *De ira Dei*, 13, 20)

나 그 의미를 변용하는 것이었다. 신정론의 해법을 신학사나 철학사에서 살펴보면 전통적인 해법은 주로 악의 변용이라는 방법을 취해 왔고, 현대 신학에서는 적잖게 전능의 변용에 주목한다고 할 수 있다.

악의 변용에 관심을 기울였던 신정론의 역사는 아우구스티누스와 아퀴나스, 그리고 라이프니츠로 이어진다. 본 논문에서는 라이프니츠의 이론에 주목하면서 고전 신정론에 내재한 논리적인 장치들을 추적해 가고자 한다.

'신정론'이란 용어의 창시자인 라이프니츠에 따르면, 악은 도덕적 악(malum morale)과 물리적 악(malum physicum)으로 구분되며, 여기에 형이상학적 악(malum metaphysicum)이 덧붙여진다. 도덕적 악은 누군가에게 고통을 가하는 인간의 죄를 의미한다. 물리적 악은 인간이 당하는 고통을 뜻한다. 형이상학적 악은 인간과 세계의 불완전성을 의미한다.[5] 그런데 도덕적 악은 자유의지로 인해 일어나는 악이기 때문에 신에게 직접적인 책임을 돌릴 수 없으며, 물리적 악은 도덕악을 범한 인간에게 가하는 신의 정당한 징벌로 이해되었기 때문에 악이라고 할 수 없다.[6] 피조세계의 불완전성을 뜻하는 형이상학적 악은 무로부터 세상을 창조하신 신의 지혜와 최선의 결과로 이해된다. 다시 말하면, 형이상학적 악은 피조물의 근원적인 한계를 의미하며, 신이 피조세계를 자신과 동일하게 만들수는 없었기 때문에 피조세계에 부여해야만 했던 한계성을 의미한다.[7]

이처럼 라이프니츠가 이해한 것에 따르면 형이상학적 악과 물리적 악은 오늘날 우리가 문제 삼고 있는 심각한 의미에서의 악이 되지 않는다. 그에게 형이상학적 악이나 물리적 악은 신의 정의와 지혜로움에 따라 부

---

5) 고트프리트 빌헬름 라이프니츠/ 이근세 옮김, 『변신론』(서울: 아카넷, 2014), 166(제1부 21절).

6) 앞의 책, 168(제1부 23절).

7) 앞의 책, 175(제1부 21절).

여되거나 시행된 선함과 정의의 결과물에 지나지 않는다. 하지만 정말 인간에게 닥친 재난이 범죄에 대한 신의 정당한 징벌이라고 할 수 있는가? 체르노빌의 원전사고, 중국 쓰촨성의 대지진과 서남 아시아의 쓰나미, 일본 후쿠시마의 원전사고, 그리고 세월호 참사, 아이티 대지진과 네팔의 대지진을 신의 정당한 징벌이라고 해야 옳은가? 특히 우리는 어린 아이의 죽음과 같이 무고한 자의 죽음을 주목할 때, 고통이 신의 징벌이라고 판단하는 것이 얼마나 잔인하며 또한 어처구니없는 관념인지 알 수 있다. 만약 고통을 범죄에 대한 신의 정당한 징벌로 파악한다면, 욥의 고통도 인과응보적 논리 안에서 이해되어야 한다. 하지만 욥기는 오히려 인과응보에 기초한 신학적 판단을 고발하고 있는 것이 아닌가? 더 나아가 이런 식의 논리에 따르면 예수의 죽음도 그를 십자가에 매달았던 유대 지도자들의 관점에 부합하게 신에 의한 정당한 처벌로 이해되어야 한다. 모든 고통이 신의 징벌이라는 이러한 신학적 판단은 십자가에 달려 죽은 예수를 하나님이 주와 그리스도가 되게 하셨다(행 2:36)는 초기 기독교의 신앙고백에 따라 더 이상 유지될 수 없는 관념이 되었다.

신에 대한 라이프니츠의 이러한 변증은 사실 새로울 것이 없었다. 이미 그는 아우구스티누스나 아퀴나스와 같은 신학자들의 전통을 결론적으로는 그대로 답습하고 있는 셈이다. 중세 신학의 전통은 인간의 범죄는 자유의지의 왜곡에 의해 일어난다고 본 반면, 자연적 재앙이나 질병과 같이 겉보기에 자유의지와는 무관하게 발생하는 고통에 대해서는 신의 징벌로 이해했다. 물론 오늘날도 이러한 생각을 그대로 답습하는 사람들이 있다. 그들은 살아있는 현실을 자신들의 정형화된 신학적 사변 속에 구겨 넣고 있는 셈이다.

어쨌든 우리는 여기서 한 걸음 더 나아가 도덕적 악은 어떻게 이해할 수 있는지 물어볼 필요가 있다. 도덕적 악이 비록 자유의지의 왜곡에 의해 일어난다고 하더라도 신은 자유의지의 왜곡을 허용한 것이 아닌가?

라이프니츠에 따르면, 도덕적 악을 원천적으로 봉쇄하기 위해서는 인간에게 자유의지가 부여되지 않았어야 했다. 하지만 인간에게 자유의지가 부여되지 않았다면, 이는 도덕적 악을 행할 가능성을 지닌 인간을 창조하는 것보다 더 악한 일이 될 것이다. 신은 도덕적 악의 가능성을 허용했을 뿐 도덕적 악을 원했다는 것은 아니다.[8]

다시 말하면 신은 인간에게 자유의지를 허락했고, 자유의지는 선과 악을 선택할 자유를 뜻한다. 신은 인간이 자유의지를 가지고 선을 선택하기를 원하셨지, 악을 선택하라고 그에게 자유의지를 주신 것은 아니다. 하지만 인간은 그러한 신의 뜻과는 달리, 악을 선택했다는 것이다. 이쯤 되면 이런 질문도 던져볼 수 있다. 그렇다면 신은 왜 인간이 자유의지를 가지고 악을 선택할 것을 알지 못하셨는가? 모든 것을 예지하시는 신은 인간이 범죄할 줄을 모르고 계셨다는 것인가? 범죄할 줄을 모르셨다면 그것은 모든 것을 예지하는 신의 속성에 부합하지 않는다. 아우구스티누스나 아퀴나스뿐 아니라 라이프니츠도 신의 예지를 부정하지 않는다. 그들은 신이 인간이 범죄할 줄을 알고 계셨다고 말한다.

사람들은 모든 피조물과 자신들의 행동에서 실재적인 것은 신으로부터 기인하기 때문에, 죄 자체에서의 모든 실재성 또는 행위의 실체라고 불리는 것은 신의 산출이라고 논박한다. 이로부터 그들은 신이 죄의 물리적 원일 뿐 아니라 또한 도덕적 원인이라는 결론을 도출해내고자 한다. 신은 매우 자유롭게 행동하며, 어떤 일과 그것이 가져올 수 있는 결과에 대한 완전한 인식 없이는 아무것도 하지 않기 때문이다.[9]

---

8) 고트프리트 빌헬름 라이프니츠/ 이근세 옮김, 『변신론』, 168(제1부 23절과 24절).
9) 앞의 책, 144-145(제1부 3절).

간추려 말하면 다음과 같다.

> …신의 허용 없이 일어나는 일은 아무것도 없기 때문에 신을 비난하고 도
> 덕적 원인으로 간주하기에 충분하다고 사람들은 재차 말할 것이다.10)

이에 대한 라이프니츠의 대답은 이렇다. 첫째, 죄 없는 세계보다 현재
의 세계가 더 최상의 세계라고 말한다.11) 그 근거는 무엇인가? 악이 현
존하는 지금의 세계가 죄 없는 세계보다 더 최상의 세계라는 낙관은 경
험적 근거를 갖지 않는다. 오히려 그 근거는 신앙적이다. 즉, 이 세상을
만드신 분은 가장 지혜로우시며, 가장 선하신 분이기 때문에, 그분이 만
드신 세상은 최상의 세계이며, 따라서 그분이 만들지 않은 죄 없는 세계
보다 그분이 만드신 현존의 세계가 더 최상의 세계일 수밖에 없다고 역
설한다.

그렇다면 그는 여기서 합리적 논증을 포기하고 신앙고백적 주장을 하
고 있는가? 라이프니츠 자신은 그렇게 생각하지 않았다. 그는 자신의 이
러한 신앙고백이 철저히 이성적이며 합리적이라고 생각한다. 왜냐하면
라이프니츠에게 신은 가장 합리적인 존재이기 때문이다. 또한 신이 만든
세계도 합리적이며 모든 것이 조화롭게 이뤄진 세계라는 것이다. 그래서
설령 이 세상에 악이 있다고 하더라도, 그것은 이성적인 신이 만드신 합
리적인 세계를 파괴하는 악이 아니라, 오히려 이 세계를 더욱 아름답게
꾸미는 장식에 불과하다고 본다. 우리는 이를 미학적 신정론이라 부른
다.12)

---

10) 앞의 책, 145(제1부 4절).
11) 앞의 책, 153(제1부 10절): "죄도 없고 불행도 없는 세계를 상상할 수 있고 그런 세계
    에 대한 소설이나 유토피아, 세바람베스 같은 것들을 만들어낼 수 있는 것은 사실이
    다. 그러나 이러한 세계도 선에서 우리의 세계보다 매우 뒤떨어진다."

그렇다면, 인간의 범죄도 신이 만드신 최상의 세계를 장식하기 위해 기획된 것인가? 라이프니츠의 대답은 '그렇다'이다. 이를 그는 가톨릭교회가 부활절 전날 부르는 찬송가를 인용하며 일깨워준다.

오, 아담의 죄는 진정 필요했구나./ 그리스도의 죽음이 그 죄를 사했으니./ 오, 축복의 죄(felix culpa)여,/ 이토록 위대한 구세주를 오시게 할 만하구나.13)

다시 말하면, 라이프니츠에게 인간의 범죄는 오히려 위대한 구세주, 즉 가장 위대한 선함을 불러오는데 사용되었다는 것이다.

여기서 한걸음 더 나아가 그는 이제 인간의 범죄가 신의 예지에도 불구하고 순전히 자발적으로 일어났으며, 신이 강제한 것은 아니라고 말한다. 그에 따르면 신의 예지와 인간의 자유는 대립되지 않는다. 물론 신이 예지했다면 반드시 그렇게 될 수밖에 없다는 점을 그도 인정한다. 하지만 그럼에도 "예견된 것이 필연적"인 것은 아니라고 말한다. 결과로 봐서는 필연적이지만, 그 일이 일어나기 전에는 여전히 가능성으로만 있다고 주장한다. 이를 그는 "가정적 필연성"이라고 말한다.14)

라이프니츠의 말을 풀어보면 이렇다. A는 오른쪽 길과 왼쪽 길 중에 선택할 수 있는데, 신은 그가 오른쪽 길을 갈 것을 알고 계셨다. 결과적으로 A는 오른쪽 길로 간다. 하지만 신이 미리 알고 계셨다는 것과 그가 오른쪽 길로 갔다는 결과 사이에는 어떤 강제성이 놓여 있는 것이 아니다. A는 분명 왼쪽 길을 갈 수도 있었다. 하지만 그는 오른쪽 길을 자유롭게

---

12) 앞의 책, 155(제1부 12절).
13) 앞의 책.
14) 앞의 책, 179(제1부 37).

선택했을 뿐이다. 신은 다만 그가 그렇게 할 것은 미리 알고 계셨을 뿐이다.[15]

신의 예지와 인간의 자유의지를 양립 가능한 것으로 보려는 시도는 이미 아우구스티누스나 아퀴나스에게서 분명하게 나타난다.[16] 아우구스티누스나 아퀴나스, 그리고 라이프니츠는 신의 예지와 인간의 자유의지의 양립가능성을 옹호함으로써 인간의 범죄에 대한 책임을 신에게 돌리지 않으려고 한다. 즉, 신은 인간이 죄를 범할 것을 알고만 계셨지, 죄를 범하도록 강제하지 않으셨고, 인간은 여전히 자유로운 선택을 통해 죄를 범했을 뿐이라고 본다.[17]

결국 고전 신정론은 인간의 범죄에 대해서도 신은 책임이 없으며, 물리적 악에 대해서도 신은 책임이 없다고 진단한다. 더 나아가 라이프니츠에게서 뚜렷하게 등장하듯이 세상에서 경험되는 고통은 가시 돋친 악이라 말할 수 없으며, 오히려 선을 이루는 수단이나 장식품에 불과하다. 고전 신정론은 이렇게 웅변하고 있다. 세상은 아름답기만 하다. 세상에는 물론 고통이 있지만 이 고통은 선을 더욱 갈망하게 만들며, 세상의 선을 더욱 인식하게 만든다. 이토록 아름답고 선한 세상을 만드신 하나님을 찬양하라. 고전 유신론의 지지자들에게 세상은 조화롭고 질서정연하며, 약간의 균열이 있지만 오히려 그것 때문에 더 아름답게 비춰질 곳이다.

---

15) 앞의 책, 184(제1부 43).

16) 특히 이에 대해서는 우리말로 번역된 아우구스티누스의 『자유의지론』(성염 역주, 왜관: 분도출판사, 2006) 참조.

17) 하지만 나는 신의 예지와 피조물의 자유의지 사이의 양립가능성 주장을 궤변으로 생각한다. 신의 예지는 결정론으로 귀결될 수밖에 없다. 라이프니츠의 결정론에 대해서는 박제철, 『라이프니츠의 형이상학』(서울: 서강대학교 출판부, 2013), 제8장 결정론 참고.

하지만 그들의 낙관론은 오늘날도 여전히 지탱될 수 있는가? 지진으로 수천 명이 하루아침에 목숨을 잃게 되는 이 세상을 아름답다고 찬양할 수 있는가. 어린 학생들이 속절없이 바다에 잠겨야만 했던 세월호 참사를 목도하면서 정부의 무능과 자본주의의 끝없는 욕망을 '복된 범죄'(felix culpa)라고 말할 수 있는가. 이런 낙관론은 성서 속에도 등장하는 피맺힌 울부짖음을 너무 쉽게 간과해 버리고 있는 것이 아닌가. 라이프니츠가 신정론(1710)을 출간한 이후 1755년 11월 1일, 25만 명의 인구가 밀집해 있던 가장 경건한 도시 리스본을 거대한 해일이 강타한다.[18] 이날의 대참사와 함께 유럽의 지성인들은 더 이상 고전 신정론이 제시하는 낙관론에 머물러 있을 수 없었다. 제2차 세계대전과 6백만의 유태인 학살을 목도하면서 고전 신정론에서 자맥질하던 기존의 유신론에 깊은 좌절을 경험해야만 했고 소위 '아우슈비츠 이후의 신학'을 제기하기 시작했다.[19] 이제 우리는 더 이상 서구 신학의 높은 봉우리에 우뚝 솟아 있던 고전 신정론에서 유유자적하며 세계를 관망할 수만은 없다. 왜냐하면 전 세계를 강타하는 부조리한 고난의 파도에 고전 신정론이라는 전망대는 완전히 쓸려가 버렸기 때문이다.

---

18) 토마스 롱/ 장혜영 옮김,『고통과 씨름하다』(서울: 새물결플러스, 2014), 23 이후 참조..

19) Richard Rubenstein, *After Auschwitz* (Indianapolis,NewYork,&KansasCity: TheBobbs-Merrill Company, 1966); Hans Jonas, "Der Gottesbegriff nach Auschwitz. Eine jüdische Stimme", in *Philosophische Untersuchungen und metaphysische Vermutungen* (Frankfurt: Insel, 1992), 190-208; Jürgen Moltmann, *Umkehr zur Zukunft* (*M*ünchen: Kaiser, 1970).

3. 고전 신정론을 넘어 질문의 신정론으로

세월호 참사가 있던 해 2014년 12월 25일에 '세월호의 아픔을 함께하는 이 땅의 신학자들'이 작은 글을 모아 책을 출간했다. 거기에 다음과 같은 글이 실려 있다.

> 쿠어억! 거대한 물기둥을 토해내면서 침몰하던 그것, 그것은 단지 하나의 배에 불과한 것이 아니었다. 그것은 바로 대한민국 그것이었다. 우리 사회, 가치관, 삶의 방식, 정신 바로 그것이었다. 끝도 없이 쌓아올리려만 왔던 천박한 욕망의 덩어리, 단 한 번도 결박된 적이 없던 탐욕의 시스템이었다. (…) 다시 일상으로 돌아가라니? 어디로 가란 말인가? 욕망과 탐욕, 맘몸을 따르던 그때로 돌아가란 말인가? (…) 이제 우리에게는 돌아갈 일상이 없다. 삼백넷 소중한 생명들이 꺼져간 그날 이후 우리에겐 일상이란 없다.[20]

신정론의 문제에 흔히 답이 없다고 한다. 하지만 '신정론'이란 단어 자체의 뜻이 '신의 정당함에 대한 변론'이란 점을 고려하면, 신정론 자체는 고난과 악의 현실 앞에서 신의 정당함을 주장하는 답변이라고 할 수 있다. 그렇다 하더라도 여전히 많은 사람들이 신정론엔 답이 없다고 한다. 정당한 말이다. 앞서 주어진 답변들이 '우리 시대'에는 더 이상 정당한 답변이 될 수 없다는 점에서 그렇다. 그럼에도 또한 적지 않은 사람들이 주어진 신정론의 답변에 안주하며, 앵무새처럼 동어반복으로 신을 변호하려고 한다. 그들의 대답이 얼마나 많은 사람들에게 되레 가시가 되고 고

---

20) 세월호의 아픔을 함께하는 이 땅의 신학자들/ NCCK 세월호참사대책위원회, 『곁에 머물다』(서울: 대한기독교서회, 2014), 60-61.

통이 되는지를 반성해 보지 않은 채, 그들은 자신들이 알고 있는, 익히 들었던 답변에 머물러 있다.

고전 신정론은 항상 고통의 '원인'에 대해 답을 주고자 했다. 하지만 답변으로서의 신정론이 우리 시대엔 질문으로서의 신정론으로 되돌아온다. 즉, '신은 정당하다!'는 주장 대신에 '과연 신은 정당한가?'라는 물음이 제기된다. 고통과 사망의 어두운 세월을 살아가야 하는 우리가 고통당하는 아이들과 이웃들의 얼굴을 직시할 때, 이 물음을 포기할 수 없다. 물음은 곧 기도가 되고 현실을 넘어서고자 하는 저항이 된다. 물음 속에서 신정론은 이제 논리의 게임이 아니라 전인적 참여가 된다.

답변의 신정론은 서구 신학의 정점인 동시에 서구 신학의 임계점을 암시한다. 신학은 더 이상 사변적 논리가 될 수 없다. 하나님에 대한 학문으로서의 신학은 몸을 동반한 신학이 될 수밖에 없다. 신학을 수행하는 특정한 기관이 있다 하더라도, 그것은 더 이상 한부분이 아니라 말 그대로 온몸이 될 것이다. 온몸이 동반되지 않는, 온몸의 감수성과 감각이 꿈틀거리지 않는 신학은 몸으로 오신 하나님에 대한 학문일 수 없을 것이다. 몸으로 하는 신학은 시대의 아픔을 느껴야 하고, 함께 아파해야 하고, 함께 몸부림쳐야 한다. 답변의 신학은 사변으로 가능하지만, 질문의 신학은 이를 넘어선다. 그것이 루터가 말했던 기도와 묵상과 시련의 길을 걷는 신학이다.

이제 우리는 답변의 신정론에서 질문의 신정론으로 옮겨갈 수밖에 없다. 신정론의 문제에서 중요한 것은 답변이 아니라 질문이다. 주어진 답변들에 대한 철저한 의문과 해체를 통해, 우리시대의 아픔을 적나라하게 드러내고 그 아픔을 기도로 승화하며, 그 벌어진 틈새를 통해 새로운 사유의 길을 떠나는 모험이야말로, 우리 시대가 붙잡아야 할 신정론이다.

나는 우리 시대의 신앙은 이제 답변이 아니라 물음으로 존재한다고 믿는다. '하나님, 어디 계십니까? 하나님, 당신은 누구십니까?' 이 물음이야말로 매순간 신앙을 신앙되게 하는 질문일 뿐 아니라, 신앙 그 자체라고 할 수 있다. 하나님에 대한 물음, 하나님을 힘써 찾고자 하는 그 태도야말로 하나님 신앙이다. 신앙은 답변이 아니라 물음이며, 정착이 아니라 떠남이다. 신앙은 안전이 아니라 모험이다. 신앙은 이 시대를 마냥 긍정하기보다는 부분적으로 긍정하면서도 부정하고, 부정하면서도 초월한다. 시대와 따뜻한 포옹을 나누기 전에 비판과 의심의 눈초리로 이 시대의 어둠을 먼저 꿰뚫어 보아야 한다. 이때, 하나님은 이미 현존하는 모든 것의 존재의 근거가 아니라, 아직 존재하지 않는 것들의 창조적 발원지가 될 것이다.

진정 무신론자는 더 이상 신에 대해 묻지 않는다. 길들여진 종교인도 더 이상 감히 신에게 묻지 않을 것이다. 하지만 진정한 신앙인은 현실로부터 도피하여 완결된 안전한 대답 속에 자신의 보금자리를 찾지 않으며, 오히려 언제나 묻는다. 자신의 신념조차도 내던질 각오를 하면서. 그는 '갈 바를 알지 못하고 떠났던' 아브라함처럼 신앙의 용기와 모험 속에서 언제나 자신을 내던지며 묻는다. 하나님, 당신은 진정, 누구십니까?

4. 철학자들의 하나님에서 성서의 하나님으로

신에 대한 철학적 규정은 플라톤에게서 시작된다고 할 수 있다. 그는 신에 대해 다음과 같이 규정한다. 1) 신은 선하다. 2) 신은 불변한다.[21] 신의 선함은 모든 선함의 근원이 됨을 의미하며, 신의 불변성은 신의 완전성을 의미한다. 이러한 신에 대한 규정은 서양의 철학사에서 아리스토텔레스에게 계승되며, 훗날 기독교 신학의 하나님 개념에 중요한 요소로

---

21) Wilhelm Weischedel, *Der Gott der Philosophen Bd. I* (Darmstadt: WBG, 1971), 49.

자리하게 된다. 하지만 우리는 이러한 고전적 유신론을 비판적으로 극복하고자 한다.22)

4.1. 제1원인(prima causa)과의 작별

아리스토텔레스에 의하면 신은 부동의 원동자이며, 모든 운동하는 것들의 제1원인이다.23) 세상의 모든 것에는 원인이 있는데, 원인의 원인들을 소급해 가면 더 이상 원인을 갖지 않는 제1원인에 도달한다. 제1원인은 더 이상 원인을 갖지 않기 때문에 다른 무엇으로부터 영향을 받지 않지만 다른 것에 영향을 준다는 점에서, 부동의 원동자이다. 또한 신은 완전한 존재이기에 변화할 수 없다. 변화가 완전한 존재에게 일어난다는 것은 보다 못한 존재로 변화했음을 뜻하기 때문에, 완전한 존재는 변화할 수 없다. 신은 불변하는 존재이며, 모든 피조물들은 가변적 존재이다. 이처럼 신이 완전한 존재, 불변하는 존재, 아무런 영향을 받지 않는 제1원인으로 규정되면, 다음과 같은 문제가 발생한다. 신은 영향을 받을 수 없기에, 신은 더 이상 이 세상의 아픔에 함께 아파할 수가 없다. 이 세상에서 일어나는 일에 아무런 영향도 받지 않는 존재, 그러한 존재를 성서는 하나님이라고 부르지 않는다. 오히려 성서의 하나님은 이 세상의 그

---

22) 이와 관련하여 철학자 하이데거의 말을 곱씹어 볼 필요가 있다: "신학이 그리스도 신앙의 신학이든 철학의 신학이든, 이러한 신학을 그것의 근원적인 유래로부터 경험하고 있는 사람이라면, 그는 오늘날 사유의 영역에서 신에 대하여 침묵하는 것이 좋다. 그 까닭은, 형이상학의 존재-신론적 성격이 (앞으로의) 사유를 위해서는 의문스러운 것이 되었기 때문이다. 그것은 어떤 무신론적 근거에서가 아니라 오히려 어떤 사유의 경험으로부터 그런 것이다." 마르틴 하이데거/신상희 옮김, 『동일성과 차이』(서울: 민음사, 2000), 46-47.

23) 이러한 내용은 아리스토텔레스의 『형이상학』 1071b 5이하에 나온다. 여기서는 조대호 역해, 『아리스토텔레스의 형이상학』(서울: 문예출판사, 2011), 277 참조

고통을 보고 고통스런 부르짖음을 듣고 그 근심을 아는 분이다(출 3:7). 성서의 하나님은 철학자들의 제1원인처럼 옴짝달싹못하는 부동의 존재가 아니라, 이 세상의 아픔에 반응하며, 고난을 이겨낼 힘을 주시는 창조와 구원의 하나님이시다.

4.2. 결정론적 예정론과의 결별

불변하는 부동(不動)의 존재로서의 신은 시간에 연루되지 않는다. 시간이란 변화를 전제로 하기 때문이다. 따라서 신의 자리에는 시간이 존재하지 않는다. 신은 시간이 없는 영역, 곧 무시간성 속에 존재하며, 시작도 끝도 없다. 신의 영역은 무시간으로서의 영원이다. 신은 영원하고, 모든 피조물은 한시적 존재이다. 그렇다면 무시간성 속에서 거하는 신적 존재가 어떻게 세상과 관계할 수 있을까? 신은 이 세상의 가변적이고 한시적인 일에 어떻게 개입하는가? 이에 대한 해결책 중 하나가 신의 예정이다. 신은 영원 안에서 시간 속에 일어나는 모든 일을 앞서 예지하고 예정하신다. 무시간성으로서의 영원성 안에서 있는 신에게 모든 시간들은 영원한 현재로 정지되어 있다. 신은 그 안에서 모든 것들을 예정하셨고, 이 세상의 시작과 더불어 신에 의해 예정된 사건들은 신적 결의에 따라 예정된 대로 일어날 수밖에 없다.

이처럼 세상의 모든 일들이 영원 전부터 계획된 신의 예정에 의해 일어나는 일이라면, 우리에겐 진정한 의미에서 자유가 있을 수 없으며, 우리는 그저 꼭두각시 인형에 불과하거나 프로그램화된 기계에 불과하단 말인가. 진정 이 세상에 일어나는 악도 하나님의 예정에 의한 것이라면 악을 행하는 자들을 어찌 악인이라고 말할 수 있겠는가. 오히려 하나님의 도구라고 해야 하지 않은가.[24] 하지만 성서의 하나님은 세상만사를 한 치의 오차도 없이 정확하게 예정대로 일어나게 하시는 시계공이 아니다. 오히려 하나님 자신이 자신의 일을 후회하시며 뜻을 돌이키시기도 하신다. 대표적으로 창세기 6장에서 하나님은 사람 지으심을 한탄하시며, 요나서에서 하나님은 니느웨 백성의 회개하는 모습을 보고 뜻을 돌이키신다. 성서가 증언하는 하나님의 후회는 결정론적 예정론과 대립된다. 성서의 하나님은 결정론적으로 세상만사를 예정하시는 분이 아니라, 긍휼과 자비로움 안에서 세상과 상호 유동적인 관계를 맺고 계신다.

4.3. 고통에 무능한 신과의 결별

고대신학은 하나님은 병들 수 없고, 아플 수 없고, 죽을 수 없다는 확고한 신념 속에서 예수의 십자가 사건을 이해하고자 했다. 성부 하나님은 고통당할 수 없으며 죽을 수 없다. 그렇다면 성자 하나님은 과연 고통당할 수 있는가? 이 질문에 대해, 고통당하는 부분은 예수의 신성이 아니라 인성이었다고 답해진다. 하지만 한 인격 안에서 인성은 고통당하는데, 신성은 멀쩡한 그런 일은 가능할까? 이런 상태를 온전한 한 인격으로 생각할 수 있을까?

이에 대한 대안으로 현대신학자 몰트만은 십자가 사건을 삼위일체론적 관점에서 이해한다. 몰트만에게도 성부 하나님은 죽을 수 없다. 십자가에 못 박혀 죽은 것은 아들 예수 그리스도이지 성부 하나님이 아니다. 하지만 아들의 죽음을 목도한 아버지 하나님은 아들보다 더 깊은 의미에서 죽음의 고통을 맛보며, 죽음을 경험하신다.[25] 비록 하나님이 죽지는

---

24) 칼뱅은 예정론에 입각하여 심지어 "도둑과 살인자 및 다른 행악자들이 다 하나님의 섭리의 도구"라고 표현한다: 존 칼빈/김종흡 외 옮김, 『기독교강요 - 상』(서울: 생명의 말씀사, 1988), 313.

25) 위르겐 몰트만/김균진 옮김, 『십자가에 달리신 하나님』 (천안: 한국신학연구소, 1979) 참조

않지만, 하나님이 아들의 죽음 안에서 죽음을 경험하신다는 생각은 온 인류의 부조리한 고난 안에 하나님이 임재하신다는 생각을 가능하게 만든다. 하나님은 고난의 반대편에 계신 것이 아니라 고난의 상황 안에 함께 계신다.

4.4. 사랑의 하나님

성서는 분명하게 말한다. 하나님은 사랑이시다(요1서 4:8, 16). 사랑이신 하나님은 부동의 원동자가 아니라, 세상의 아픔에 참여하신다. 그 분은 세상의 모든 일들을 옴짝달싹 못하게 결정해 놓으신 것이 아니라, 어떤 일이 있더라도 세상을 끝까지 사랑하기로 결심하신 분이다. 하나님의 영원한 사랑의 결정 안에서 세상은 하나님과 상호적 관계 속에 놓여 있다. 하나님은 세상에 자율성을 부여하시지만 하나님과의 관계 단절을 허용하지 않으신다. 하지만 세상은 자신의 자율성을 극대화하여 심지어 창조주에게 대립각을 세운다. 그럼에도 하나님은 세상을 버리지 않으시고 품으신다. 이것이 그리스도 안에서 분명하고 결정적으로 드러난 세상을 향한 하나님의 사랑의 예정이다. 이처럼 하나님은 세상의 고통에 무감각하거나 스스로 아파할 수 없는 존재가 아니라, 자신의 아들을 십자가에 못박고 자신에게 대항한 세상에 대해 자신의 사랑을 포기하지 않음으로써 스스로 고통을 감내하신다. 뿐만 아니라 하나님은 그리스도 안에서 보여주신 그 사랑 안에서 이 세상의 부조리한 폭력에 의해 희생당하는 모든 자들의 아픔과 슬픔에 동참하신다. 결국, 하나님께서 그들의 눈에서 모든 눈물을 닦아주실 것임을 신앙은 희망한다(계 21:4).

5. 시대의 아픔과 우리 시대의 영성

고전 유신론의 하나님에 대한 개념을 넘어 성서가 증언하는 사랑의 하나님을 현실적이고 구체적으로 사유할 때, 시대의 아픔 속에서 기독교인으로서 시급해야 할 일이 무엇인가를 또한 말할 수 있다. 오늘 우리 시대에 필요한 영성은 무엇인가?

5.1. 침묵과 경청의 영성

신학은 하나님에 대한 언설로서 말로 하는 작업이다. 신학자는 분명하게 말해야 하고 설교자는 강단에서 확신에 찬 목소리로 말해야 한다. 하지만 고통당하는 자 앞에서 신학은 무슨 말을 할 수 있을까? 제3자의 입장에서, 객관적으로, 이론적으로 내뱉은 신학자의 언설은 고통당하는 자의 얼굴 앞에서 수치스럽게 된다. 깊은 고통의 신음을 앓고 있는 자는 누군가로부터 듣기 보다는 들어줄 누군가를 필요로 한다. 자신의 신음소리를 들어주길 바랄 뿐이다.[26]

욥의 고난과 그의 친구들을 생각해 보자. 욥의 처음 세 친구는 욥과 함께 깊이 통곡하며 아무런 말도 하지 않았다.[27] 이 침묵을 깨뜨린 자는 욥

---

26) "내 하나님이여 내 하나님이여, 어찌 나를 버리셨나이까. 어찌 나를 멀리하여 돕지 아니하시오며 내 신음 소리를 듣지 아니하시나이까."(시 22:1)

27) "그 때에 욥의 친구 세 사람이 이 모든 재앙이 그에게 내렸다 함을 듣고 각각 자기 지역에서부터 이르렀으니 곧 데만 사람 엘리바스와 수아 사람 빌닷과 나아마 사람 소발이라. 그들이 욥을 위문하고 위로하려 하여 서로 약속하고 오더니 눈을 들어 멀리 보매 그가 욥인줄 알기 어렵게 되었으므로 그들이 일제히 소리 질러 울며 각각 자기의 겉옷을 찢고 하늘을 향하여 티끌을 날려 자기 머리에 뿌리고 밤낮 칠 일 동안 그와 함께 땅에 앉았으나 욥의 고통이 심함을 보므로 그에게 한마디도 말하는 자가 없었더라."(욥 2:11-13)

의 친구들이 아니라 사실 욥 자신이었다. 욥은 "나에게는 평온도 없고 안일도 없고 휴식도 없고 다만 불안만이 있다"(욥 3:26)고 절규한다. 그가 물음을 제기한 것이 아니다. 그는 고통과 절망을 토로하고 있을 뿐이다. 하지만 욥의 통곡을 듣고 그들의 친구들은 자신들이 신의 변호사로도 된 듯이 나서서 욥에게 답변을 하고자 했다. 이로 인해 욥의 고통은 더욱 배가 되고, 위로받아야할 욥은 범죄자 취급을 당한다. 친구들은 욥의 상한 '얼굴'을 보고 말하지 않았다.[28] 욥은 하나님과 변론하고자 하지만(13:3) 친구들이 나서서 그와 논쟁을 벌이게 된다. 욥은 결국 이렇게 말한다. "너희는 잠잠하고 나를 버려두어 말하게 하라. 무슨 일이 닥치든지 내가 당하리라"(13:13). 고통당하는 자 앞에서 우리는 침묵해야 하며, 고통당하는 자의 말이 허공을 떠돌지 않도록 경청하는 자가 되어야 한다. 고난과 관련하여 우리는 침묵과 경청의 영성에 대해 말하지 않을 수 없다. 어떤 이는 언어가 인간의 고유성에 속한다고 하지만, 실제로 침묵과 경청이 인간에게 고유한 특징일 것이다. 동물들은 도무지 침묵하거나 경청할 줄 모른다. 인간만이 영적인 깊이에서 침묵하고 경청할 수 있다.

물론 나는 여기서 고통당하는 자의 신음을 침묵으로 돌리거나 고통당하는 자의 부르짖음에 대해 무덤덤하게 묵묵부답으로 응대하는 그런 류의 과묵함을 말하는 것이 아니다. 침묵의 영성은 무엇보다도 하나님의 신비 앞에서의 침묵을 의미한다. 이 침묵은 그동안 너무 많이, 너무 허황되게 떠들었던 자기 자신에 대한 깊은 숙고와 회개를 동반한다. 동시에 내가 내뱉은 말로 인해 더 깊이 상처받을 수밖에 없었던 고통의 당사자들 앞에서의 회개를 의미한다. 모든 말은 침묵을 전제하고, 침묵으로 시

---

28) 욥의 말을 들어보라. '낙심한 자가 비록 전능자를 경외하지 않더라도 그의 친구로부터 동정을 받는다'(욥 6:14) 하지만 '너희는 고아를 제비 뽑으며 너희 친구를 팔아 넘기는구나. 이제 원하건대 너희는 내게로 얼굴을 돌리라. 내가 너희를 대면하여 결코 거짓말하지 아니하리라. 너희는 돌이켜 행악자가 되지 말라'(6:27 이하).

작하여 침묵으로 돌아간다. 더구나 신학적 언설은 언제나 그 깊이에서 침묵을 기반으로 하고 있다. 하나님에 대한 인간의 말보다 하나님의 침묵이 더 분명하고 또렷한 메시지를 줄 것이라는 기반 위에서만 신학은 가능하다.

5.2. 기억과 공감의 영성

기억은 약자의 가장 강한 무기이다. 과거는 기억에 의해 보전되며 이해되고 재해석된다. 악은 자신의 흔적을 재빨리 지워 망각하게 함으로써 다시금 악에 빠져들게 만든다. 하지만 기억의 영성은 악의 이러한 교묘한 술책을 간파하고 자신을 증인으로 세운다. 악의 망각에 대항하여 증인으로 자신을 세우는 일은 분명 위험한 일이다. 예수의 제자들은 이를 알았고 모두 줄행랑을 쳤다. 하지만 멀리서라도 지켜보고 있던 여인들 덕분에 예수의 수난전승은 오늘날 우리에게도 전달될 수 있다. 예수의 삶과 그의 죽음에 대한 "위험한 기억"은 결국 예수의 부활로 이어졌고, 오늘날 곳곳에서 예수의 생명으로 악에 저항할 수 있는 가장 강한 무기가 되고 있다.

기억은 단순히 과거의 복원만을 의미하지 않는다. 우리는 슬픔의 사건을 기억함으로써 눈물 흘리는 자들과 본질적으로 우리가 '하나'임을 새삼 깨닫게 되는 것이다. 아픔의 기억은 아파하는 사람의 얼굴을 통해 나 자신을 보게 하고, 나와 아파하는 자가 서로 남남이 아님을 알게 한다. 여기서 기억의 영성은 곧 공감의 영성으로 이어진다. 이때, 기억의 영성의 초점은 과거의 어떤 일이 아니라 그 사건 안에 놓여 있는 사람에게로 향한다. 애통하는 사람을 놓쳐버린 기억은 또 다시 애통의 재생산을 가져올지도 모른다. 하지만 아파하는 자를 향한 기억은 아파하는 자와의 공감에 이르고 보다 인간적인 세상을 향한 도약을 가능케 한다.[29]

5.3. 저항과 실천의 영성

침몰 직전에 세월호에는 '가만히 있으라'는 안내방송을 울려 퍼졌다. 이제, 가만히 있으라는 요구는 세월호가 아니라 세월호를 기억하고자 하는 이 땅의 양심 있는 자들의 귓가에도 들려온다. 그만 울어라. 그만 슬퍼하라. 그리고 '희생자들이 원하는 가족의 모습으로 돌아가라'. 이 모든 말들은 콘크리트처럼 딱딱하게 굳어버린 심장의 소리일 뿐 아니라 진정 위로의 말이 무엇인지를 알지 못하는 무지한 자의 폭언이다.[30] 하지만 이러한 무감정의 악령들은 슬픔과 위로의 몸짓으로 자신들을 변장하고 나타나, 진실을 되살리고자 하는 양심의 운동을 짓눌러 버린다. 특정 집단의 이익을 위한 법과 질서가 당연히 해체되어야 하지만, 마치 생명의 꿈틀거림이 보편적인 법과 질서에 대한 파괴인 것 인양 선전한다. 하지만 모든 생명은 가만히 있을 수 없다. 더구나 부조리한 고통의 희생자들은 부조리한 고통의 근원에 저항하며, 부조리한 희생을 통해서 도리어 악을 폭로한다.

"선으로 악을 이겨라"(롬 12:21). 성서는 악에 직면하여 가만히 있으라고 말하지 않는다. 부르짖어야 한다고 말한다. 더 나아가 대항해서 싸워야한다고 말한다. 저항은 행동을 요구한다. 기도가 곧 노동이라는 베네딕트 수도회의 표어를 우리 시대는 다음과 같이 말할 수 있을 것이다. 기

---

29) 케임브리지 대학교의 정신병리학 교수인 사이먼 배런코언은 형이상학적인 악의 개념 대신에 '공감의 침식'이란 용어를 사용하자고 말한다. 그에게 공감의 부재는 곧 악의 주요 원인이다: 홍승효 옮김, 『공감제로』(서울: 사이언스북스, 2011) 참조

30) 상처의 극복은 오랜 시간을 요하며, 자신의 힘으로 일궈내는 것이지, 다른 사람에 의해 강요될 수 있는 것이 아니다. 그런데 언제든 찾아오라고 했던 그가 제대로 한번 만나주지도 않았으면서, 이제 일상으로 돌아가라고 말한다. 무슨 권리로 아픈 사람에게 이제 그만 울라고 할 수 있는가?

도가 곧 행동이고 행동이 곧 기도이다. 행동 없는 기도는 공허하고, 기도 없는 행동은 맹목적이다. 왜냐하면 본질적으로 기도는 자신의 소원을 비는 것이 아니라, 하나님의 뜻이 하늘에서와 같이 이 땅에서도 이루어지기를 추구하기 때문이다(마 6:10). 아파하는 사람과 함께 아파하며, 그 아픔을 기억하는 것에서 악을 폭로하고 악에 대항하는 저항의 영성에 주어진 분명한 지침은 '선으로 악을 이겨라'이다. 선으로 악을 이긴다는 것은 계란으로 바위치기를 뜻하지 않는다. 거대하고 교묘한 악에 맞서 분명하고 단호하게 행동해야 함을 뜻할 뿐 아니라, 악으로 미끄러져 들어가지 않도록 선에 깊이 뿌리박는 철저함을 요구한다. 악에 대항하는 것 자체가 선이며, 이 선이 왜곡되지 않도록 선함을 유지하기 위해서는 무엇보다도 마음의 평정과 행동의 간결함이 요구된다.

5.4. 결론을 대신하여: 예수의 영성

앞에서 언급한 침묵과 경청의 영성, 기억과 공감의 영성, 저항과 실천의 영성은 사실 예수의 영성으로 요약된다. 그리스도인이란 예수의 정신으로 살아가는 사람이다. 예수의 정신, 예수의 영, 예수의 얼로 살아가는 자가 곧 그리스도인이다. 예수는 당대의 버림받은 이방의 땅 갈릴리에서 경제적으로, 정치적으로, 종교적으로 버림받은 자들에게 '하나님 나라가 왔다'는 메시지를 선포하셨다. 그는 고통당하는 자들이 부르짖는 소리를 가로막지 않았고, 그들의 탄식소리에 귀 기울였다. 그는 사람들이 무엇을 원하는지 먼저 물었고 즐겨 들었다. 세리와 죄인의 친구가 되어 버림받은 자들 편이 되어줄 뿐 아니라 그들 안으로 들어갔다. 그는 먼저 듣지 않고 일방적으로 강요하거나 외부자의 입장에서 판단하지 않았다. 그는 버림받은 무리들과 함께 했고 그들과 함께 종교와 정치의 모순이 점철된 예루살렘으로 돌진했는데, 자신의 죽음을 예감했지만 비굴하지 않았고 도망치지 않았고 도리어 당당하게 앞장 서 걸어갔다(막 10:32). 끝내 십자가에서 버림받음을 통해 모든 버림받은 자들과 같이 되었고 악의 잔인함을 폭로했다. 하지만 초기의 신앙공동체는 사람들로부터 버려진 예수에게서, 역설적으로 선으로 악을 이긴 하나님의 아들을 보았고(막 15:39), 사람들이 저주하며 십자가에 못 박아 죽인 그 예수를 '하나님이 주와 그리스도가 되게 하셨다'(행 2:36)며 선의 승리를 선언했다. 예수를 뒤따르는 공동체는 집집마다 모여 그의 희생을 기억하며, 떡을 떼며, 그분의 고난에 동참하며, 고난의 길이 승리의 길임을 고백했다.

예수의 시대(눅 13:1-5 참조)나 우리 시대나 여전히 부조리한 시대적 아픔이 존재한다. 이 앞에서 우리는 형이상학적인 사변을 통해 고통의 원인을 해명하거나 고통당하는 자의 잘못들을 들춰내서 그들을 질책하려는 태도를 수정해야 할 것이다. 질문의 방향은 이제 나 자신에게로 향한다. 왜 이런 일이 일어났는가에서 내가 그들에게 무엇이 되어야 하는가를 물어야 한다. 예수의 물음은 이것이다. "누가 강도 만난 자의 이웃이 되겠느냐"(눅 10:36).

고난이 제기하는 질문들*

사랑하는 친구야!

어머니 장례식에서 맥이 풀려 있던 너의 모습을 본 지 어언 20년이 훌쩍 넘었네. 네가 누구보다 사랑했고 또 너를 누구보다 사랑했던 어머니를 더 이상 이 땅에서 볼 수 없다는 사실 때문에 힘들어 했던 것을 기억한다. 그때부터 넌 고통, 고난, 악이라는 주제에 대해 예민하게 반응했고, 항상 이러한 문제에 대해 얘기를 나누고 싶어 했지. 하지만 내가 아는 한, 너를 괴롭히는 문제는 어머니의 갑작스런 죽음, 그것만은 아니었어. 널 찾아와 위로하는 사랑하는 교우들의 말 때문에 오히려 너는 더 큰 좌절과 회의를 느꼈다고 말했어. 그분들은 널 위로한답시고 이렇게들 말했었지. "모든 일엔 하나님의 뜻이 있으니 너무 슬퍼하지 마." "하나님이 데려가셨는데 뭘 슬퍼할 필요가 없잖아." 그리고는 어떤 분은 하나님의 뜻이 무엇인지 분명하게 밝히기도 했었지. "가족들의 구원을 위해 하나님이 어머니를 데려가신 거야. 이제 봐. 가족 모두가 하나님께 돌아오게 될 거야." 널 위로한답시고 한 말들이 네게 도리어 깊은 상처가 되었구나. 그런데 우리는 도대체 이런 말들을 어디서 배운 것일까?

그때 넌 내게 이렇게 되물었단다. "과연 하나님의 뜻이라는 것이 있을

---

* 아래의 글은 가상의 친구와 고난과 신앙을 주제로 주고받은 편지 형식의 글이다. 2013년 2월부터 다음해 1월까지 「활천」에 연재했던 글이다.

까? 하나님께서 너무나 소중한 어머니를 이렇게 일찍 데려가시려고 계획을 세우신다는 것을 난 도저히 믿을 수가 없어. 하나님에겐 다른 방법이 없었단 말인가? 꼭 이런 방법으로만 가족을 구원시켜야 한단 말이야? 난 그런 식으로 하나님을 도무지 믿을 수가 없어. 적어도 내가 믿어왔던 전능하신 하나님이 그런 방법 밖에 생각을 못하시다니⋯."

너의 비명에 가까운 한탄을 들으며, 나 또한 하나님께 물음을 던질 수밖에 없었다. '하나님, 왜 우리는 전혀 예기치 못한, 아니 아무런 유익 없는 고통을 당하며 살아야 하는 것인가요? 전능하신 하나님께서 고통 없는 세상을 창조하셨다면 더 좋지 않았을까요? 전능하신 하나님은 왜 살려달라는 기도를 듣지 않으셨나요? 왜 추락하는 이들의 발을 받쳐주지 않으셨나요? 하나님은 선하시다면서 왜 이렇게 큰 고통을 주시는 것인가요?'

사랑하는 친구야,
세월의 흐름만큼 신앙과 삶에 대한 우리의 생각도 성숙해졌으면 좋았겠지. 하지만 넌 고통이 제기하는 하나님과 삶에 대한 의문 때문에 신앙에 대해 우호적이지만 거리를 둔 비판자가 되었고, 고통은 몸에 박힌 가시처럼 여전히 너를 괴롭히고 있었구나. 엊그제 네가 질문했던 것은 결국 이런 거였어. '대지진과 쓰나미와 같은 거대한 자연재앙과 사회적 약자에게 가해지는 폭력과 그들의 희생에 대해 과연 기독교 신앙은 무슨 대답을 줄 수 있을까?' '예수 안 믿으니까 그렇게 된 거야'라는 유명목사님들의 답변은 네가 쓴웃음을 지었듯이 이미 사회적으로 웃음거리가 되었을 뿐 아니라, 우리가 잘 알고 있는 믿음의 식구들에게도 그런 재앙이 닥친다는 점에서 받아들이기 어려워. 우리는 남의 고통에 대해서는 설령 이러쿵저러쿵 이유를 찾아댈 순 있지만, 실상 자신의 고통에 대해선 아무런 답변도 찾지 못할 때가 많아.

하지만 친구야, 그렇다고 고통에 대한 침묵이 신앙을 지켜주는 것은 아닐 거야. 남의 고통은 추상화할 수 있지만, 내가 고통당하고 있다는 생생한 사실이야말로 '무신론의 초석'이라고 할 수 있듯이, 고통은 신앙을 파괴해 버리기도 하지. 또한 고통에 대한 깊은 침묵 가운데서도 우리는 또한 절규하며 치열하게 찾고 있다고 말해야 솔직하겠지. 고통의 의미에 대해, 그리고 삶의 의미에 대해 말이야. 고통과 삶의 의미에 대한 물음은 신앙인에겐 곧 삶을 구원하실 하나님의 존재에 대한 물음으로까지 이어지고 말지.

오랜만에 글로 너를 만나 반가웠지만 네가 던진 고통이란 화제(話題) 앞에, 솔직히 말해 20년 전과 마찬가지로 나는 무력감을 느낀단다. 물론 나는 그때보다는 훨씬 더 많은 대답들을 알고 있어. 위대한 신학자들이 우리 앞에 쏟아낸 훌륭한 대답들을 말이야. 논리적으로 치밀하게 다듬어져 있는 신학의 대답들이 '우호적 비판가'인 네게 과연 얼마나 공감을 불러일으킬 수 있을지, 또한 고통당하는 자들에게 위로와 치유의 힘을 제공할 수 있을지 현재로선 알 수가 없다. 고통의 문제와 관련해서 쏟아져 나온 많은 답변들이 아무리 논리적으로 아름답게 빛나는 대답이라 해도, 그 대답들만으로 고통당하는 영혼의 깊은 상처를 어루만질 수 없다는 것을 나는 어느 정도 시인하고 있거든.

어쨌든 친구야, 나는 그동안 기독교 신학이 제시했던 몇 가지 답변들을 요약적으로 보여주려고 해. 그에 대한 날카로운 비판은 네게 맡길게. 다음엔 과연 모든 고통이 문제인지, 아니면 어떤 특정한 고통이 문제인지에 대해 생각해 보자꾸나.

너를 사랑하는 친구가

왜 고통이 기독교인에게 문제인가?

신학하는 친구에게

추운 겨울을 보내는 동안 그동안 튼실했던 나무들이 꺾이는 모습을 보는구나. 생명 있는 모든 것들이 인간과 마찬가지로 고통당하고 있다는 생각이 들었다. 물론 고통을 느낄 뿐 아니라 고통 때문에 심리적으로 정신적으로 괴로워하는 것은 인간만이 겪는 또 다른 고통의 측면이겠지만. 내가 던진 고통의 문제에 귀 기울여 주는 친구가 있다는 것만으로도 감사하고 행복하구나. 내가 만난 대다수의 기독교인들은 천편일률적으로 정해진 대답을 쏟아내기에 바빴거든. 그들의 이야기를 듣고 있자면 난 고통과 관련된 기독교의 통찰은 어딘지 모르게 빈약한 것이 아닌가 하는 의구심을 들었어. 오히려 고통에 대한 불교의 시야가 더 심오하다고 느껴져.

물론 두 종교는 전혀 다른 형이상학적 기초에 서 있기에 그럴 거라고 생각해. 너도 알다시피 불교는 궁극적 구원으로 해탈을 말하지. 해탈은 윤회의 사슬로부터의 해방이고, 이는 유한한 시간성으로부터의 탈출이라고 말할 수 있을 거야. 즉 불교에선 고통으로부터의 궁극적인 해방은 유한성에서 벗어남이라고 할 수 있어. 그런 점에서 우리가 여기서 고통을 당한다는 것은 지극히 당연한 것이고 유한한 인간이 짊어져야 할 업보라고 할 수 있을 거야. 또한 고통의 궁극적 원인도 초월적 존재에서 찾기보다는 아집에 사로잡힌 인간 자신에게 두고 있고.

물론 기독교도 어떤 점에선 유사하지. 궁극적으로 하나님 나라가 도래하기 전까지 우리는 모두 고통을 당할 테니까. 병들고, 늙어가고 죽는다는 것은 유한한 인간이 결코 피할 수 없는 삶의 십자가라고 할 수 있겠지. 하지만 내가 경험한 바로는 기독교인들 중에는 조그마한(?) 고통만 당해도 신에게 칭얼거리는 유약한 사람들이 많이 있더군. 자신이 당하는 고통의 원인을 쉽게 자기 자신에게서 찾을 수 있는데도 간혹 보면 하나님을 원망하는 모습을 보게 되거든. 왜 그런 걸까? 왜 기독교인은 내가 잘못해서 생기는 고통에 대해서도 하나님께 따져 묻는 걸까? 내 생각엔, 아마 이것과 기독교의 형이상학이 연관되는 듯 보여. 기독교에서는 인간사의 모든 일들이 하나님과 관련되어 있고, 하나님을 최종 원인으로 보고 있잖아. 그러니까 설령 그것이 나의 잘못이나 이웃의 잘못으로 일어난다고 해도, 거기에 하나님이 어떤 뜻이나 계획이 자리하고 있다고 생각할 뿐 아니라, 심지어 하나님 자신이 애당초 그것을 의도했다고 생각하는 것 같아. 사실 그런 제목의 책들이 많이 있잖아. '고통에도 뜻이 있다'라든가, '고통은 하나님의 은총', 또는 '하나님의 선물'이라든가.

하지만 말이야, 나로서는 정말 이해할 수 없는 게 있단다. 예컨대, 어린아이들이 당하는 고통, 유괴나 성범죄의 희생자가 되어 당하는 그런 고통의 시간들도 하나님의 뜻이나 계획, 심지어 의도와 관계한다고 말할 수 있을까? 어떻게 보면 별스럽지 않은 개인적 고통을 두고서 하나님에게 따져 묻는 이들을 보면, 600만의 유태인이 학살당한 홀로코스트도 하나님의 계획 속에서 일어난 일이라고 생각하는 것 같아.

신학하는 친구야!

정말 그렇게 생각해야 할까? 유괴와 성폭력으로 삶이 망신창이가 되어 버린 어린아이의 고통스런 눈물도 하나님이 원하고 계획하신 것이라고 봐야 돼? 역사 속에서 일어나는 여러 가지 사회적, 정치적, 국가적 폭력도 선하신 하나님이 원하셨던 것이라고 봐야 하나? 정말 신은 모든 일에 관여하며, 모든 일을 자신의 의도대로 이끌어 가고 계시다고 말해야 할까? 만약 그렇다면, 너무 잔인하다고 해야 하지 않을까? 세상이 악하면 악할수록 신의 계획은 너무 잔인하다고 해야 하지 않냐 말이지.

물론 기독교 신학은 오래 전부터 이와 비슷한 질문을 던져 왔겠지. 선하신 창조주가 만든 아름다운 세상에 왜 잔악한 고통이 있는지 말야. 신은 파라디아스에서 아담과 하와가 타락하는 것을 왜 막지 못하셨는지, 그리고 도대체 고통의 원인은 어디서 오는 것인지, 악은 창조된 것인지 하는 등등의 질문 말야.

난 여전히 기독교인이고 싶지만, 고통의 문제를 생각할 때마다 답답함을 금할 수 없단다. 네가 말했듯이 신학자들의 논리적인 답변이 실생활에 위로가 되진 않을지 모르지만, 논리적인 해명의 출구를 열어줄 수 있으면 좋겠구나. 창조주는 왜 고통을 허락하신 것일까? 도대체 악은 어디서 온 것일까? 현재의 고통도 과연 신의 의도 속에 있다고 해야 할 것인가? 나의 이런 두서없는 질문에 신학자들은 어떤 대답을 주고 있는지 다음 편지에서 기대하마.

멀리서 친구가

세 번째 편지

존재하는 모든 것은 아름답다?

사랑하는 친구에게

너도 아마 〈레미제라블〉을 봤겠지? 판틴 역을 맡은 앤 해서웨이(Anne Hathaway)가 이 영화의 백미라 할 수 있는 〈I dreamed a dream〉에서 이렇게 노래했지. "사람들은 친절하고 목소리는 부드러우며, 반겨주며, 사랑에 눈이 멀어 세상이 노래로 가득하고 노래가 흥분되는 그런 때가 있었다. 하지만 이 모든 것이 잘못되어 버린 날이 왔다. 사랑은 죽지 않고 신은 자비로울 거라고 꿈꿨지만 맹수들이 한밤중에 천둥처럼 부드러운 소리로 들이닥쳐 네 희망을 갈기갈기 찢어놓지."

아름다웠던 삶은 언제 그랬냐는 듯이 한밤의 꿈처럼 사라져 버리고 흉측하고 초라한 몰골로 우리를 응시하곤 하지. 네 말대로 그때, 신앙인들은 하나님을 향해 부르짖게 된단다. 도대체 왜 이런 악이 내게 닥쳤는지.

오늘날 우리가 알고 있는 악의 문제에 대한 거의 모든 신학적 답변들은 지금으로부터 약 1500년 전의 신학자인 아우구스티누스에게서 발견할 수 있단다. 고대에서 중세로 넘어오는 길목에서 아우구스티누스도 악의 문제와 씨름하고 있었어. 그는 악의 문제와 관련해서 크게 두 가지 질문을 제기했어. 하나는 악이 도대체 무엇이냐 하는 질문이고, 다른 하나는 악은 어디서 기원하느냐 하는 물음이었어. 네가 지적했듯이 기독교 신앙이 하나님을 모든 존재하는 것의 궁극적 원인으로 상정한다면, 당연히 악도 하나님에게서 기원하는 것으로 생각될 수 있을 거야. 아우구스티누스는 악의 본질, 즉 악이 무엇이냐 하는 물음을 던졌고, 악이 과연 하나님의 피조물인지를 묻고 있었던 거지. 결론부터 말하면, 악은 여타의 존재하는 실체와 같이 그렇게 존재하는 것이 아니며, 하나님의 피조물도 아니라는 것이 그의 대답이란다.

하나님이 창조주이시며, 그래서 모든 보이는 것과 보이지 않는 것들이 하나님의 피조물이기에 선하신 하나님이 만드신 모든 것들은 선하다고 봐야 하지 않겠니. 그러면 악도 하나님의 피조물이라고 해야 할까? 그럴 수 없지. 하나님의 피조물은 선해야 하니까. 그렇다면 하나님은 악을 창조하지 않으셨다는 거야. 그런데 우리는 악을 경험하지. 존재하는 모든 것이 선하다면, 악은 존재하지 않는다고 해야 할까? 존재하지 않는 악을 우리는 어떻게 경험하는 걸까? 이에 대한 아우구스티누스의 대답은 악은 존재가 아니라 존재가 결핍된 상태, 곧 선인 존재의 결핍이라고 말한단다.

예를 들어보자. 양말은 특정한 섬유로 만들어져 있어. 양말을 선이라고 하자. 양말을 구성하는 섬유도 선이라고 하자. 그런데 양말에 구멍이 생겼어. 구멍이 생겼으니, 거기에 양말을 구성하는 섬유가 없지. 섬유가 결핍된 상태가 생긴 거야. 바로 이런 결핍의 상태가 바로 악이야. 구멍엔 양말이 있니 없니? 없지. 그러니까 악은 존재하지 않는 거라고 말할 수도 있겠지. 아니면 악은 존재하는 것과는 다른 방식으로 있다고 할 수 있을 거야. 악은 양말이 온전할 때, 곧 존재의 온전한 상태에서는 없는 셈이야. 즉, 악은 존재가 결핍됨으로써 비로소 생기는 것이지. 존재의 결핍이라는 상태로 말이야. 아우구스티누스는 이렇게 해서, 존재하는 것은 악이 아니며, 악은 하나님의 피조물이 아니라는 답을 준단다. 즉, 하나님은 악의 창조자가 아니라는 말이야.

우리 주위를 돌아보자. 하늘을 수놓고 있는 아름다운 별들과 하늘을 향해 기도하는 듯 쑥쑥 자라 올라가는 나무, 우리의 숨구멍을 터주는 시원한 바람, 장엄하고 웅장한 산과 숲, 그 사이의 길, 이 모든 자연세계는 그 자체로 아름답다고 해야 하지 않을까? 신앙의 눈에서 보면, 이 모든 것은 하나님이 우리에게 주신 아름답고 선한 선물이라고 할 수 있을 거야. 적어도 우리 눈앞에 펼쳐진 아름다운 피조세계가 맹수로 변해 우리의 꿈들을 산산조각내기 전까지, 우리가 살고 있는 이 세상이 아름답다는 사실을 부정하긴 어렵지 않을까? 그 무엇도 그 자체로는 악이라고 하기 어렵다는 게 아우구스티누스의 생각이 아니었을까? 다만, 이 존재하는 것들이 결핍되어 버린 상태가 우리에겐 고통과 악으로 경험된다고 본 것이지. 하늘을 수놓아야할 아름다운 별들이 그 아름다움을 잃어버릴 때, 숲의 나무들이 자신의 존재를 잃어버릴 때, 시원한 바람이 어느 순간 사라져 버릴 때, 우리는 악을 경험하게 된다고 할 수 있지 않을까?

이처럼 악은 하나님으로부터 주어진 것이 아니라 오히려 주어진 것이 결핍될 때 발생한다고 본다면, 우리는 악의 기원을 마냥 하나님께만 돌릴 순 없을 거야. 또한 악을 존재의 결핍이라고 한다면, 악은 결코 존재를 이길 수 없겠지. 만약 악이 존재를 완전히 결핍시켜 버린다면, 구멍이 양말을 완전히 삼켜버린다면, 구멍도 없다고 할 수 있으니, 악도 소멸되어 버리지. 아우구스티누스는 존재의 결핍인 악은 아무리 해도 결코 존재를 이길 수 없다고, 기껏해야 양말에 난 구멍에 불과할 뿐이라고 말하고 있는 게 아닐까. 비록 맹수처럼 우리의 삶을 망가뜨린다 해도, 아직 망가질 삶이 있는 한 악은 결코 승리하지 못할 거라고.

두 번째로 그러면 하나님이 악을 만들지도 않았는데, 악은 어디서 생겨났을까? 아우구스티누스는 기독교인이 되기 전엔 마니교의 이원론으로부터 대답을 얻었단다. 즉, 선한 신과 악한 신이 있고 세상은 이 두 신의 투쟁의 장이라고 본 거야. 하지만 그는 만일 그렇다면, 이렇게 양분된 신은 결코 완전한 존재도, 전능한 존재도 될 수 없다는 생각했고, 신은 진정 완전한 존재여야 하기에 이렇게 두 신으로 양분될 수 없다는 판단에 도달했어. 결국 그는 기독교의 하나님은 무로부터 만물을 창조해 내신 전능하신 하나님이며, 이러한 신을 경배하는 기독교여야 말로 참된 종교라고 생각했어.

그런데 문제는 그렇다면 과연 악은 어디서 어떻게 생겨나느냐는 것이지. 악의 본질과 관련된 물음에서 악은 신의 피조물이 아니며 존재를 부여받은 실체가 아니라, 존재(선)의 결핍이라고 대답했어. 그렇다면 어떻게 존재의 결핍이 일어나고 악이 발생하느냐는 물음을 또 던질 수가 있겠지. 여기에 대한 아우구스티누스의 답변은 악은 자유의지의 왜곡으로 인해 발생한다는 거야. 하나님께서 만드신 모든 피조물은 선하지. 그 피조물 중에 자유의지를 가지고 있는 인간과 천사도 물론 선하다. 뿐만 아니라 그들이 가진 자유의지도 선한 거야. 하지만 자유의지를 가진 피조물은 그 선한 자유의지로 죄를 범한다는 거야. 여기서 죄를 범한다는 것은 자기보다 못한 존재를 사랑한다는 걸 의미해.

아우구스티누스의 생각에 따르면 존재하는 것들 간에 일종의 등급이 있다고 할 수 있어. 식물은 동물보다 하위의 존재이고, 인간은 동물보다 상위의 존재라고 할 수 있지. 그리고 인간은 자기보다 상위의 존재, 즉 최상의 존재이신 하나님보다 아래에 놓여 있어. 존재의 등급이 더 높을수록 '더 많이 존재한다'고 표현하곤 하지. 예를 들면 하나님은 100점 만점에 100점으로 존재하지. 그래서 하나님을 '가장 현실적인 존재'(ens realissimum)라고 표현하지. 그에 비하면 우리 인간은 80점으로, 동물은 50점으로 존재한다고 생각해 보자. 80점이 100점을 추구하고 사모하는 것은 존재의 질서에 부합하는 일이지. 하지만 50점을 사랑하고 추구한다면 어떻게 되겠니? 어떤 존재든지 상위의 존재를 추구하고 갈망해야 한다는 게 존재의 규율인데, 자유의지를 가진 인간이 최상의 존재이신 하나님 대신에 자기보다 못한 존재를 숭배함으로써 존재의 질서를 깨뜨려 버리게 된 것이지. 그게 바로 인간의 범죄이고 악의 기원이라고 본 거야.

선한 자유의지를 가진 인간이 어떻게 범죄할 수 있냐고 물을 수도 있겠지. 즉, 자유의지가 타락하게 된 원인이 무엇이냐고 물을 수 있을 텐데, 아우구스티누스의 답변은 한결같아. 자유의지의 근원은 자유의지라고. 즉, 자유의지가 잘못된 것을 선택하게 되는 이유는 자유의지 자신에게 있지, 그 밖의 무엇에 있다고 할 수 없다는 거야. 예컨대, 내가 잘못된 친구를 사귀게 되어 나쁜 일을 저질렀다고 해. 나쁜 짓을 하게 된 조건이 내 밖에 있다고 하지만, 결국 그 일을 저지른 것은 내 자신이고, 나의 의지가 행한 결과라고 할 수 있지. 유혹이 밖에서 온다고 해도, 결국 그 유혹에 굴복하고 잘못에 가담하도록 결정한 것은 의지의 소산이라는 말이지. 이렇게 해서 아우구스티누스는 의지의 근원은 의지뿐이라고 말해.

이렇게 악이 자유의지의 타락으로 인해 발생하게 되었다면, 하나님은 이 악에 대해 무엇을 하셔야 할까? 선하신 하나님은 악을 벌하셔야 하지 않을까? 범죄한 영혼에게 하나님은 재앙을 내리시지. 이 재앙을 우리는 고통으로 받으면서 악이라고 말할지 모르지만, 아우구스티누스의 생각은 달라. 이건 범죄한 자에게 주는 정당한 벌이기 때문에 악이 아니라, 정의로운 처사요 곧 선이라고 해야 한다는 거야. 이 세상에 일어나는 수많은 재난과 질병을 아우구스티누스는 선하신 하나님이 범죄한 자들에게 내리는 정당한 벌로 생각할 수 있다고 본 거야. 이것과 관련된 여러 가지 의문은 일단 잠시 접어두기로 하자. 다만 아우구스티누스가 주장했던 점에 좀 더 집중해 보자.

악으로서의 죄가 인간의 자유의지에서 파생했다고 한다면, 역으로 죄에 대한 책임을 개개인이 무겁게 짊어질 수밖에 없다는 말이 되겠지. 우리에게 당면한 고통과 나로 인해 파생된 고통을 우리나라 사람들은 너무 쉽게 타인의 잘못이나 조상의 탓, 또는 사주팔자나 운명으로 돌리는데 익숙하지 않은지 몰라. 아우구스티누스가 옳다면, 그건 내 잘못으로 비롯된, 내가 짊어져야 할 고통인 것이지. 어쩌면 아우구스티누스는 이것을 강조하고 싶었던 것일지도 몰라. 나에게 당면한 고통을 운명의 탓으로 돌리지 말라고. 또 내가 남에게 가한 고통에 대해서는 반드시 내가 책임을 져야 한다고. 판틴의 〈I dreamed a dream〉을 한 번 더 듣고 싶구나. 우리 각자에게 삶이 너무 무겁지 않기를 기도하면서.

널 사랑하는 신학하는 친구가

네 번째 편지

자연악과 사회악의 책임은 누가 져야 하는가?

신학하는 친구에게

엊그제 아내와 같이 시골마을로 여행을 다녀왔단다. 번잡한 도시생활에서 잠시 떠나 마음의 여유를 갖고 싶어서였지. 재래시장에서 향토음식뿐 아니라 모처럼 훈훈한 인간미도 맛볼 수 있었어. 좁다란 골목에선 우리 아들 또래의 꼬마 아이들이 즐겁게 뛰놀고 있더구나. 저 아이들의 얼굴에 누구도 지울 수 없는 행복의 미소가 늘 가득했으면 하고 조용히 기도를 드리게 되더라.

마냥 즐겁게 뛰노는 아이들을 보고 돌아오는 길에 문득 이름 모를 아이들이 생각나더군. 먼 나라에 사는 아이들 말야. 특히 낙후된 환경에서 태어나 마땅히 받아야 할 교육을 받지 못하고 살아가는 아이들, 어리지만 외부적인 압력에 못 이겨 심지어 군사훈련까지 받고 총을 들고 다니는 아이들, 지독한 가난에 힘겨워하는 아이들, 이 아이들은 도대체 무슨 죄를 지어 벌을 받고 있는 걸까?

네가 지난번에 보낸 편지에서 아우구스티누스는 고통의 원인을 자유의지의 탓으로 돌렸고, 자유의지로 인해 발생한 악에 대한 정당한 처벌에 대해 하나님이 벌을 내리신다고 했지. 하나님의 정당성을 옹호하려는 신학자의 입장은 이해되지만, 죄와 벌의 관계가 항상 정당한 것 같지만은 않은 것 같은데, 단순히 그렇게 이야기할 수 있을지 모르겠어. 정말 세상이 그렇게만 돌아간다면야 무슨 문제가 있겠니?

하지만 친구야, 어린아이들이 당하는 이런 고통은 그들 자신의 잘못이 아니라, 이런 환경을 만들어 버린 어른들의 잘못 때문이 아니겠니? 또한 어쩌면 이들을 지독한 가난으로 밀어 넣은 홍수나 폭염과 같은 자연환경의 탓으로 돌릴 수도 있지 않겠니?

비단 먼 나라의 아이들만이 아니라, 우리나라의 아이들 중에도 정말 부모를 잘못 만나 이유 없이 구타당하고 학대받으며 늦은 밤에 술심부름이나 하는 아이들이 얼마나 많을까? 이 아이들이 무슨 죄가 있어 이런 고통에 내몰려야 하느냔 말이지. 이것도 이들의 죄 때문일까? 이런 불우한 환경 속에서 이들을 진주처럼 만드시고자 하시는 하나님의 예지하심 때문일까?

홍수나 가뭄 때문에 삶의 터전을 잃어버리거나 떠나야 하는 상황에서 인간의 잘못을 논한다는 것은 너무 가혹한 일이 아닐까? 이런 자연적 악에는 선인과 악인이 따로 구분되지도 않는단 말이지. 태풍이나 지진에 큰 피해를 당하는 교회들도 있잖아. 그 사람들이 기도하지 않아서, 혹은 그 교회의 구성원 중에 누군가가 지은 죄 때문에 하나님이 그것에 상응하는 벌을 내리신다고 봐야 되는 걸까? 글쎄, 신학적으로는 정당할지 모르겠지만 현실적으로는 말이 안 된다고 봐.

좀 있으면 무더운 여름이 시작될 텐데, 친구야 정말 세상은 선하게 창조된 것이라고 말할 수 있겠니? 매년 여름이면 엄청난 강풍과 강수를 몰고 오는 태풍 때문에 얼마나 많은 사람들이 이재민이 되며, 심지어 목숨을 잃기까지 하잖아.

더 나아가 이런 자연적 악도 하나님의 선한 섭리 안에서 계획된 것이라고 할 수 있을까? 내가 어렸을 때 할머니는 이런 말씀을 종종 하시더구나. '하나님이 도술을 부려 바람도 불게 하고 비도 오게 하신다.' 바람은 불어야 하고 비도 와야 하지만, 이것 때문에 많은 사람들이 목숨까지 잃게 되는 상황에서도 과연 하나님의 '도술'을 긍정하고 찬양할 수 있을까?

물론 태풍이 주는 유익도 있을 거야. 바다 환경에 도움을 준다고 하는 사람도 있더구나. 하지만 난, 그렇다고 해서 더 강한 태풍이 불게 해 달라고 기도하고 싶진 않아. 이번 여름엔 제발 태풍 때문에 농작물에 피해가 가거나 선박이 파손되고 선원들이 고립되거나 정전사태로 공포에 떠는 일이 없기를 기도할 뿐이야.

친구야, 태풍의 진로도, 자연적 재난도 하나님이 예정하신 것이라 할 수 있을까 사뭇 궁금해진다. 신학자나 목회자들이 예정이나 계획이나 섭리라는 말을 종종 하는데, 이런 구체적인 재난들도 염두에 두면서 그런 말씀을 하는지 모르겠구나.

혹시 올 여름에 해변에서 우연이라도 마주치게 되면, 우리의 의문을 모두 품어 안을 수 있는 더 넓은 지평선을 함께 바라보면서 못다 한 이야기를 나눠 보자구나.

우문현답을 기대하며
널 사랑하는 친구가

다섯 번째 편지

예지, 예정 그리고 자유

사랑하는 친구야!

이번 여름엔 가족들이랑 휴가라도 즐길 수 있을지 모르겠구나. 일에 쫓기다시피 살아가는 우리 현대인에게 잠깐이나마 주어지는 휴가는 무더운 여름 시원한 팥빙수처럼 반가운 것인데, 그것마저도 북새통 속에서 치러야 하니 휴가가 아닐 때도 있더구나. 그래도 가족들이랑 며칠이라도 맘 편히 함께 보낼 수 있다는 게 고맙고 감사한 일이다. 자주 난 그런 생각을 해. 서로의 얼굴을 반기는 가족이 있다는 것이 얼마나 고마운지 말야. 잠든 가족들의 얼굴을 보면서 나도 모르게 흐뭇한 미소로 감사기도를 드릴 때가 있단다.

평소에 아들 녀석이랑 잠자리에 들기 전에 이런저런 이야기를 나눈단다. 이제 고작 초등학교 3학년밖에 안 된 꼬마지만 기발한 질문으로 날 깜짝깜짝 놀라게 하지. 마치 자기가 꼬마 철학자나 된 것처럼 한껏 우쭐거리면서 앞뒤가 잘 맞지 않는 말을 꾸며내는 것을 보면 우습기도 하고 기특하기도 하단다. 한 번은 녀석이 엄마랑 아빠가 만나기 전에 자기는 도대체 어디에 있었냐고 묻더구나. 어릴 때, 애니메이션 〈라이온 킹〉을 보여주면서 다소 무거운 이야기를 했었단다. '언젠가는 아빠 사자 무파사처럼 아빠도 네 곁을 떠나야 한다. 그게 인생이라는 거야. 우리에게 주어진 시간이 그리 많지 않으니, 서로 사랑하며 지내자!' 그런데 이번엔 녀석이 출생의 신비에 대해 허를 찌르는 질문을 하네. 아마 나도 어릴 때, 그런 질문을 종종 던지긴 했었는데 내 질문을 들어줄 사람은 없었던 것 같아.

그러고 보면 우리가 살아가는 삶의 과정도 그렇지만 출생과 죽음 이 모든 것이 신비 안에 놓여 있는 것 같아. 알 수 없는 삶의 신비에 우리는 신앙의 이름으로 간략한 답변을 붙여 놓는 것일지도 몰라. 물론 모든 것을 다 파헤쳐 드러내는 것이 아니라 또 다른 생각의 물꼬를 틀게 하는 답변이겠지만 말야. 아들 녀석의 답변에 난 이렇게 답했단다. '엄마 아빠가 만나기 전에 넌 하나님의 품에 있었단다. 하나님께서 엄마와 아빠에게 너를 선물로 주신거야. 가족이란 울타리에서 행복을 꽃피워보라고.'

목사로서 내가 할 수 있는 최선의 대답은 이것밖에 없더구나. 물론 이러한 대답은 수학적 정답처럼 무시간적인 것도 아니고 생물학적 답변처럼 검증할 수 있는 것도 아니겠지. 오히려 이러한 신앙의 답변은 우리의 삶을 되돌아보게 하는 성격을 지닌 것 같아. '과연 나는 자녀를 하나님께 받은 선물로 잘 돌보고 있는지?' 하는 또 다른 물음을 스스로에게 던지게 하지.

물론 즐겁고 기쁜 일에 대해서는 이처럼 하나님의 계획이나 예정에 대해 말하기가 쉽지만, 네가 지난번 편지에서 던진 질문처럼 삶의 어두운 부분도 하나님이 예정하신 것이라고 말하기가 쉽지는 않을 거야. 더 나아가 만약 모든 일을 하나님께서 예정하신 것이라면, 도대체 인간에게 자유가 있다고 할 수 있냐는 물음도 가능하지. 하나님께서 모든 것을 예정하셔서, 어떤 사람이 악한 일을 할 것도 예정하셨다면, 악한 일을 하는 당사자에게 과연 그 행동에 대한 책임을 물을 수 있느냐 하는 물음도 제기될 수 있겠지.

이처럼 하나님의 예정과 인간의 자유는 양립될 수 없는 것으로 보이지만, 신학자 아우구스티누스나 아퀴나스는 이 둘이 아무런 모순 없이 양립가능하다고 주장하고 있어. 이들은 하나님의 예정은 강제적인 것이 아니라, 앞서 일어날 일을 미리 알고 계셨을 뿐이라는 측면을 강조하지. 아들 녀석이 내게 와서 이렇게 물어. '아빠, 나 지금 뭘 할까?' 이 질문을 듣는 순간, 난 직감적으로 녀석이 TV를 보고 싶어 한다는 걸 알아. 그래서 이렇게 답변해. '네가 하고 싶은 걸 해!' 난 아들에게 자유롭게 선택할 수 있도록 했지만, 아들을 너무나 잘 알고 있기 때문에, 이 타이밍에서 녀석이 TV를 볼 것을 알고 있는 거야.

이처럼 아우구스티누스나 아퀴나스도 하나님의 예지를 강조하면서 인간의 자유를 인정하고 있어. 인간에 의해 일어나는 악한 일들은 하나님이 시켜서 한 일이 아니라, 다만 하나님은 인간의 본성을 잘 아시기에 그런 일이 일어날 줄을 미리 알고 계셨다고 보는 거야. 물리세계와 연관해서도 마찬가지란다. 하나님께서는 인간만이 아니라 미시세계의 사물들에게도 자유를 허락하셨고 그들의 자유로운 판단과 결과를 하나님은 앞서 알고 계셨다고. 하지만 하나님은 물리세계에서 일어나는 이 세상의 재앙을 의도하지 않으셨기에 그 책임을 하나님께 물어서는 안 되며 그러한 사태들은 사물들의 자유와 우연에 기인한 것이라고 보는 거지.

물론 비판적인 관점에서 보면 더 따져 물어볼 것들이 많아. 이 편지에서 그걸 다 다루는 것은 적합하지 않은 것 같다. 다음에 만나서 차라도 나누면서 이야기 하자구나.

다만, 이러한 신학적 답변은 우리 삶을 되돌아보게 하는 차원이 있어. 하나님께서 모든 것을 다 아신다는 신학적 답변은 또 다른 측면에서는 삶에 대한 우리의 자세를 되돌아보게 하지. 오랜 세월 단절되었던 우리의 대화가 이렇게 진행되는 것도 하나님의 섭리 속에 있는 것 아닐까? 이런 생각을 하게 되면 난 감사하고 고마울 뿐이야. 너와 나누는 대화뿐 아니라 우리의 우정도 그분 안에서 영원하길 기도한단다.

너의 영원한 친구가

하나님이 남의 고통까지도 예지하고 예정하신다고?

신학하는 친구에게

여전히 무더위가 기승을 부리고 있구나. 올 여름은 유달리 빨리 시작하더니 여느 때와 마찬가지로 그 끝을 알 수 없구나. 앞서 보낸 편지에서 예상한대로 올해도 기상이변으로 인해 세계 곳곳에서 큰 어려움을 겪는 사람들이 많았단다. 그러고 보면 노환으로 누워 있다가 가족들이 보는 앞에서 유명(幽明)을 달리하는 것은 정말 큰 복인지도 모르겠다. 아무런 준비도 없이 갑작스럽게 재난을 당해 고통당하고 세상을 떠나는 사람들도 있으니 말야. 세상을 떠난 사람도 안됐지만, 남겨진 사람들의 당혹감과 슬픔과 아픔은 이루 헤아릴 수가 없단다. 그들은 도대체 무슨 죄가 있어 이토록 비참하게 죽어야 하고 또 이유 없는 고통에 슬퍼해야 한단 말인가.

갑자기 슈퍼맨이 생각난다. 내 기억이 맞는다면 어릴 적 보았던 영화 '슈퍼맨'에서는 슈퍼맨이 지구를 거꾸로 돌더니 시간을 멈추게 하고는 구조를 기다리는 사람들을 구출해 내더구나. 하나님께서도 '도술을 부려' 비와 바람을 멈추게 하실 수는 없었는지. 이미 일어난 과거를 되돌려 없던 일로 하실 수는 없는지. 고통당하는 자의 눈물을 닦아 주시는 하나님께서 이들이 고통당하지 않게 미리 손을 쓸 수는 없으셨는지.

그런데 친구야, 이 모든 것이 다 예정된 것이라고 할 수 있을까? 그러면서도 하나님께는 그 책임이 없다고 할 수 있을까? 지난번 보낸 너의 편지를 내가 오독하지 않았다면 신학자 아우구스티누스와 아퀴나스는 하나님의 예정과 인간의 자유의지가 양립 가능한 것으로 주장했다. 물론 그들의 통찰력이 전통적인 신학과 신앙의 단단한 초석이 된 것은 알겠지만 그들의 현실감각은 참으로 어처구니없다는 생각이 들어. 내가 너무 회의적인가? 아니면 그들의 신앙이 너무 비현실적인가?

도대체 어떻게 예정과 자유가 모두 긍정될 수 있을까? 이 세상의 모든 일이 하나님이 써 놓은 각본대로 진행된다면, 결국 이 세상의 일은 예정하신 것과는 '다르게 될 자유'가 없지 않느냐는 거야. 연극배우가 각본대로 말도 하고 행동도 해야 한다면, 이 배우에겐 어떤 자유가 있을까? 물론 배우는 각본대로 '할 자유'와 '그렇게 안 할 자유'를 가지고 있겠지. 하지만 그가 각본대로 하지 않으면 그의 자유로운 행동 때문에 연극은 원래 의도대로 진행되지 않을 테고, 그렇다면 다른 모든 배우들도 그에 맞게 어느 정도 자신들의 각본을 바꿔야 할 거고, 그렇게 되면 이 연극은 각본을 구성한 작가의 의도와 지시에서 벗어나게 되겠지. 이런 일은 우리 일상에선 충분히 가능한 일이지.

하지만 하나님께도, 전지전능하신 하나님께도 이런 일이 일어날 수 있냐는 거야. 모든 것을 다 아시고 그 의지대로 하시는 하나님께서 구성한 연극을 배우들이 임의로 바꾸는 것이 가능하냐는 거지. 예정하신 일이 일어나지 않는다면, 그것은 '전지전능한 자'의 예정일 수 없으며, 우리의 예측과 별반 다른 일이 아닐 테니까. 하나님이 모든 것을 다 아시고 결정하신다면 결국 인간에겐 형식적 자유밖에 없는 거 아닐까? 인간이 이것 또는 저것을 선택할 수 있는 실질적 자유는 결단코 어디서도 찾을 수 없다는 거지.

그런데 예정을 주장하는 신학자들의 견해를 생각하다 보니 더 속상하고 곤란한 문제가 있어. 하나님께서 고통까지도 예정하신다는 사실이야.

정말 하나님은 자신이 만든 피조세계에 고통과 악을 허용하실 뿐 아니라 누가 어떻게 고통을 당할 것인지를 예지하고 예정해 놓는단 말인가. 자신이 만드신 피조물에게 고통을 가하시는 그런 하나님을 우리는 과연 선하신 하나님이라고 찬양할 수 있겠는가. 하나님의 예지와 예정에서 이끌어져 나오는 이런 논리적인 귀결을 나는 결코 용인하기가 어렵구나. 더구나 20세기에 일어난 아우슈비츠와 같은 끔찍한 악도 하나님이 예정하셨다고 말하는 것은 하나님에 대한 모독이 될 수도 있지 않겠니?

신학에 대해 잘 모르지만 적어도 현실감을 가지고 있다면, 오늘날의 신학자는 아우구스티누스나 아퀴나스와는 다른 현실적인 답변을 제시해야 하지 않을까 하는 기대를 가져본다. 20세기에 일어난 수많은 악을 목도한 오늘날의 신학자들도 단순히 고전적인 답변을 반복하고만 있는지 아니면 이와는 다른 새로운 답변을 제시하고 있는지 자못 궁금해지는구나.

넓은 우주의 신비를 우리가 다 알 수 없는 것 같이 하나님의 신비로운 섭리에 대해 인간이 얼마나 잘 알 수 있겠냐 만은, 적어도 우리가 알고 있는 하나님이 무고한 자들에게 고통과 죽음을 가하는 그런 가학적인 존재만은 아니었으면 좋겠구나. 예전에 교회에서 같이 자주 불렀던 찬양 '좋으신 하나님, 참 좋으신 우리 하나님'이 문득 생각나는구나.

신학하는 친구가 있어 이런 질문도 망설임 없이 내뱉을 수 있어 좋다. 다음 편지를 손꼽아 기다리마. 너의 사랑스런 가족들에게도 안부를 전해다오.

널 사랑하는 친구가

하나님의 섭리와 피조세계의 자유

사랑하는 친구에게

올 여름도 여느 때와 다름없이 뜨거운 태양만큼이나 무거운 마음을 지닐 수밖에 없구나. 불어난 빗물과 강물에 대책 없이 쓰러지고 무너진 가로수와 도로, 건물을 보며 우리는 양가적 감정에 빠져들게 된다. 자연의 웅장함과 더불어 그 괴팍함도 함께 생각하게 되는구나. 단시간에 쏟아진 폭우로 인해 까닭 없이 목숨을 잃어야 했던 사람들을 생각하면 저 알 수 없는 자연의 잔악함을 입에 담지 않을 수 없구나.

하지만 너도 직시하다시피, 신앙은 자연의 창조주이시며 보존자이신 하나님을 고백하고 있다. 창조주 하나님에 대한 신앙의 고백과 이토록 파괴적인 자연의 괴팍함이 어떻게 조화를 이룰 수 있을까?

기독교 신학은 오래 전부터 예지(praescientia)와 예정(praedestinatio)이라는 개념을 통해 하나님께서 세상을 돌보시는 섭리(providentia)에 대해 말해 왔다. 이러한 관념은 영원하신 하나님께서는 시간의 흐름 안에 매 순간 새롭게 개입하기보다는 영원 전부터 세상에 일어날 모든 일을 미리 정해 놓으셨다는 예정론과 자연스럽게 연결된다. 시간의 흐름 속에 있는 모든 피조물들은 끊임없이 변화하게 되고 언젠가는 사멸하게 될 운명에 처해 있는 반면, 하나님은 사멸적 피조물과 전적으로 다르시며 영원 속에서 영존하시며 어떤 변화도 겪지 않는다고 보았지. 영원 속에 거하시는 하나님에게 세상의 모든 시간들, 과거와 현재와 미래는 항상 그분의 눈앞에 현존하는 현재일 뿐이라고 본 거야. 여기서 영원은 시간의 연장이 아니라 시간의 소멸 또는 시간의 정지라고나 할까. 우리에게 있는 과거와 현재와 미래라는 시간을 구성하는 사건들과 과정들은 하나님의 관점에서 보면 그분의 눈앞에 있는 영원한 현재일 뿐이지. 이렇게 하나님은 영원 안에서 모든 시간들 보다 앞서 모든 시간적 사건들을 계획하고 작정하셨다는 거야. 그리고 하나님은 그분의 영원한 예정 안에서 시간과 더불어 세상을 창조하셨다고 보는 거야.

기독교 신학은 이를 통해 세상사에 대한 하나님의 주권과 섭리를 강하게 긍정하고 있는 거야. 하지만 오늘날 이러한 예정론의 극단은 현실적으로 받아들이기가 만만치 않아. 자칫 예정론은 숙명론이나 결정론으로 귀결되고 현실적으로 경험되는 피조물의 자유를 말하기 어렵게 만들어 버리거든. 더 나아가 하나님께서 세상을 창조한 사건을 마치 시계공이 한 치의 오차도 없이 제 시각을 가리키는 시계를 제작한 일 정도로 생각하게 해. 하나님은 자신의 계획대로 정확히 움직이는 세상이라는 기계를 만들었다는 식으로 말이야. 물론 그때는 인간도 꼭두각시 인형에 불과하게 돼 버려. 이처럼 하나님께서 영원 전부터 세상의 모든 일을 계획하고 예정하여 지금의 세상사가 영원 전에 프로그램화된 것의 단순한 실행에 불과하다면, 거기엔 자유도 없거니와 하나님의 사랑도 말하기가 어려운 게 아닐까. 사랑은 적어도 사랑의 대상이 자유롭게 그 사랑에 반응할 수 있는 자유를 전제로 할 때만 의미를 지닐 수 있으니까 말야.

더 나아가 하나님을 단순히 영원 전에 세상이라는 시계를 만든 정밀한 시계공 정도로만 생각한다면, 이제 하나님은 인간과 피조물의 역사에 대해 뒷짐을 지고 계셔야만 할 거야. 가장 완전하신 하나님께서 가장 완벽한 자신의 계획 속에서 세상을 창조하셨다면 세상의 역사 또한 가장 완벽한 것이어야 할 테니까. 완전한 존재가 자신이 세운 완벽한 계획을 나중에 수정한다는 것은 자신의 완전성에 모순적일 수밖에 없을 거야. 그러니 이 세상에 일어나는 그 어떤 일에 대해서도 완전한 존재는 뒷짐을 지고 흐뭇하게 그저 지켜 볼 수밖에 없어야 하고, 인간은 이 세상에 일어나는 아무리 비참하고 잔악한 사건도 신적 예정 속에서 완벽하게 계획된 일들로 수용해야만 한다는 논리적인 귀결에 도달하게 되지.

친구야, 난 지금 2000년 기독교 신학의 역사를 관통해 온 예지와 예정의 관념에 내포된 모순점을 드러내고 있어. 앞에서 언급했듯이 예지와 예정은 기독교 신학사에서 하나님의 초월성과 주권을 담지한 중요한 개념이었단다. 뿐만 아니라 신앙인의 입장에서는 현실의 그 어떠한 어려움도 돌파해 나갈 수 있는 하나님의 신실함에 대한 근거가 되기도 했지.

하지만 친구야, 기계적이고 숙명론적으로 이해된 예정론에서 벗어나지 않으면, 우리는 굽힐 수 없는 현실로서 경험되고 있는 인간과 피조세계의 생생한 자유도 부정해야 하고 더 나아가 피조물을 향한 하나님의 사랑에 대해서도 말할 수 없게 되지 않을까? 더 나아가 우리가 믿는 하나님을 '살아계신' 하나님이라고 고백하기도 어렵게 될 거야.

이제 우리는 전혀 새롭게 신학적 사유를 훈련해야 할 때가 온 거야. 예정을 부정한다면 하나님의 섭리도 부정하는 것일까? 기계론적인 예정의 개념 없이 하나님의 섭리에 대해 말할 수는 없을까? 피조세계의 자유를 무한히 인정하며 용인하시는 하나님은 과연 어떻게 세상을 섭리하실까? 오늘날 경험되는 괴팍한 자연악과 잔악한 도덕악을 염두에 둘 때, 우리들은 더 이상 태연하게 이렇게 말하고 있을 수만은 없을 거야. '침수와 산사태로 생명을 잃게 되는 저런 사건도 영원 전부터 계획하신 하나님의 예정 아래 일어난 일이다.'

그렇다면 친구야 어떻게 기계론적인 예정의 관념 없이 하나님의 섭리를 말할 수 있을까? 개신교 정통주의에 따르면 섭리는 하나님의 창조와 연결되어 있어. 하나님의 창조는 크게 세 가지로 구분되어 있어. 첫째는 태초의 창조(creatio originalis)이고, 둘째는 계속되는 창조(creatio continua) 그리고 마지막으로 새로운 창조(creatio nova)를 말해. 즉, 하나님께서 세상과 관계하시는 방식은 창조라는 말로 구술될 수 있어. 하나님은 세상을 창조하셨고, 그 피조된 세상을 지금도 보존하시고 돌보시며 이끌어 가시며, 역사의 종국엔 새 하늘과 새 땅을 창조하실 창조의 하나님이시다. 이 창조의 거대한 스펙트럼 안에 섭리는 계속되는 창조로 자리하고 있어.

예정에 대한 강박관념을 조금만 옆으로 치우고 나면, 우리는 하나님께서 세상을 하나의 거대한 기계로 만드신 것이 아니라 생생하게 살아있는 세계로 만드셨다는 것을 알 수가 있을 거야. 사랑이신 삼위일체 하나님은 그 사랑의 사귐 안에서 세상의 창조를 결의하셨고, 그분의 창조세계가 그분의 본성을 닮아 생생하고 자유로운 피조물이 되도록 하셨지. 즉, 하나님은 창조와 더불어 피조세계에 자유를 허락하셨다. 피조물에게 부여한 자유가 없다면, 하나님의 창조는 기계제작과 다를 바가 없겠지. 그렇다면 애프터서비스가 필요할지 모르겠지만, 진정한 의미에서 돌봄, 곧 섭리도 필요가 없겠지.

하지만 사랑이신 하나님은 피조세계에 자유를 부여하셨고, 하나님을 닮아 그 자유 안에서 서로 사랑하도록 하셨단다. 하나님께서 피조세계에 자유를 부여하셨다는 것은 다른 한편에선 하나님께서 자신의 절대적인 권한을 스스로 제한하셨다는 것을 의미하기도 해. 기독교 신학은 빌립보서 2장 5절 이하의 말씀을 따라, 이를 케노시스, 즉 자기비움이라고 표현한단다. 다시 말하면 하나님의 창조는 단순히 하나님의 놀라운 힘의 과시가 아니라, 피조세계를 사랑하기 위한 하나님의 자기비움의 사건으로 이해되어야 해.

이를 어쩌면 감히 아이를 낳고 기르기로 결심하는 부부에 비유할 수 있을까. 아이를 낳게 되면 여러 가지 곤란하고 힘든 일이 뒤따르겠지만 서로에 대한 사랑 안에서 아이를 낳고 기르기로 작정한 부부처럼, 삼위일체 하나님께서는 사귐의 사랑 안에서 세상을 창조하셨고, 자기 자신을 비워 피조세계에 자유와 생명을 부여하셨어. 아이가 태어나면 이제 그 아이는 비록 내가 낳았지만 내 마음대로 할 수 있는 나의 장난감이 되어서는 안 되고, 그 아이 스스로 뭔가를 할 수 있는 자립적인 인격이 되어야 하듯이, 하나님은 사랑 안에서 세상을 창조하심으로써 세상을 자신과 구분되는 자유로운 피조물이 되게 하셨어.

이제 세상은 자유로운 존재로서 스스로 자신을 만들어 나갈 수 있어. 그것이 하나님이 부여하신 사랑의 자유니까. 그 과정 속에서 피조물들은 그 사랑의 자유 안에서 하나님을 닮아 서로를 사랑하며 서로에게 부여된 자유를 존중하며, 서로를 독립된 개체로서 인정하고 사귐을 가질 수 있지. 하지만 성서가 이야기해 주듯이 인간은 하나님이 부여하신 자유를 남용하며 하나님과의 구분을 넘어 하나님으로부터의 분리를, 심지어는 하나님께 대한 적대감을 드러내고, 자신의 자유를 확장하기 위해 다른 피조물들의 자유까지도 파괴하지. 자유로운 사랑 안에서 공존하고 공생하기 보다는 자유의 파괴적인 남용 속에서 자기 자신만의 생존을 주장하는 독존적 존재가 되어 버린 거야. 이렇게 해서 자유도, 생명도, 사랑도 그 길을 잃어버린단다.

하지만 하나님은 이 모든 일을 자신의 책임으로 끌어안으시며, 피조세계를 향한 자신의 사랑을 포기하지 않으신다. 요한복음 3장 16절이 핵심적으로 증언하듯이 하나님은 세상의 구원을 위해 독생자를 보내셨고, 그 아들을 향한 아버지의 사랑과 아버지를 향한 아들의 순종 안에서 창조주 하나님과 피조세계의 관계를 다시 한 번 밝히 보여주셨어. 생명의 길, 진리의 길을 밝히 드러내신 거야. 그것을 성서는 한마디로 사랑의 길이라고 말해. 그리스도께서 죽임에 넘겨지기까지 보여주신 십자가의 길 말야. 세상은 하나님을 버렸지만, 하나님은 세상에 대한 자신의 사랑을 거두지 않으시는 거야. 이처럼 하나님이 세상을 다스리는 섭리의 방식은 곧 사랑인 거야. 하나님은 피조물에게 부여된 자유를 강탈하시는 분이 아니라 오히려 자유를 잃어버린 자들에게 진정한 자유를 선사하며 진정한 생명의 길을 촉구하고 자기 비움의 사랑 안에서 세상을 돌보고 이끌어 가시는 분이야.

그렇다면, 이 세상에 일어나는 온갖 고난의 사건들을 단순히 하나님의 탓으로 돌리는 행위는 어쩌면 이 세상에 부여된 자유를 또 한 번 부정하거나 왜곡하는 일이 될지도 몰라. 물론 하나님은 당신이 사랑하시는 이 세상의 일에 대해 결코 뒷짐을 지거나 무책임한 자세로 계신 분은 아니지. 그 분은 피조세계의 자유를 파괴하지 않는 범위에서 끊임없이 세상을 돌보시며 이끌어 가신다고 믿어. 우리가 진정한 자유를 깨닫게 될 때, 우리는 그분의 사랑의 깊이도 진정 깨닫게 되겠지.

아들 녀석이 같이 놀자고 날 부른다. 아들 녀석이 언젠가 진정으로 자유롭고 독립된 인격으로 설 때, 그동안 녀석에게 쏟아 부었던 내 사랑도 진정 열매를 거두게 될 거야. 사랑은 느리지만 가장 확실한 길이라고 믿어. 잘 지내고 내 글이 네게 조금이나 도움이 되면 좋겠다.

널 보고픈 신학하는 친구가

하나님은 왜 고통을 막지 않으시고 허용하시는 것일까?

신학하는 친구에게

길고 무더웠던 여름이 지나가고 소리 없이 가을이 성큼 다가와 그 끝자락에 서게 되는구나. 밤이 아무리 깊어도 새벽이 오듯이 올해 유난히도 더웠던 여름도 그렇게 지나가고 마는 것을 보니 계절도 정해진 때에 맞춰 서서히 변해가기 마련인가 보다. 아마 우리 인간이 이 세상을 살아가면서 겪게 되는 고통의 시간도 항상 그대로 멈춰 있는 것만은 아니리라 생각한다. 시간이 지남에 따라 조금씩 고통의 강도도 사그라질 것이며 예전에 포착하지 못했던 고통의 의미도 경우에 따라서는 도드라지지 않을까 하는 생각이 들기도 해. 세월이 약이라는 말이 있듯이 잊히지 않을 고통도 시간이 지남에 따라 기억 속에서 흐릿해지고 그때의 상처도 아물게 되리라는 것은 굳이 성서의 가르침이 아니라도 우리가 삶 속에서 경험하는 평범한 진리에 속하는 것이겠지. 흔히들 '다 지나갈 것이다'라고 하잖아.

고통이 머물러 있지 않고 언젠가는 지나갈 것은 자명하지만 신앙인인 우리에겐 하나님은 왜 고통을 '허락'하셨는지 여전히 물음을 던질 수밖에 없구나. 지난번 편지에서 네가 말했던 것처럼 하나님은 고통을 예정하시는 분이 아니라고 생각해. 물론 우리는 세상만사가 하나님의 예정 아래 있다고 종종 들어왔기에 고통도 예정된 것이라고 생각했던 거야. 하지만 생각 있는 신앙인들과 마찬가지로 나 역시도 아우슈비츠와 같은 끔찍하고 사악한 고통을 하나님이 예정하고 실행하셨다는 것을 받아들이긴 무척이나 어렵다.

그런데 예정과 섭리를 분리시켜서 생각한다면 이렇게 말할 수 있겠지. 하나님이 고통을 예정하신 것은 아니지만 그럼에도 섭리하신다. 하지만 이때 섭리란 무슨 뜻인지, 섭리하시는 하나님은 왜 고통을 미리 막지는 않으셨는지, 비록 그분이 예정하신 것은 아니라고 하더라도 고통을 허용하고 계신 것은 아닌지 하는 의문이 드는구나. 전능하신 하나님이 사랑하는 자녀에게 닥쳐온 어처구니없는 고통을 미리 예방하실 수는 없었는지, 또 왜 그러한 고통을 그저 허용하셨는지 의문이 들 수밖에 없어.

대개 목사님들은 하나님께서 다 뜻이 있어서 이러한 고통을 허용하셨다고 말씀하시는데, 도대체 무슨 뜻이 있었다는 건지. 물론 고통이 때로는 우리에게 예견치 않은 유익을 가져다주기도 하고 더 큰 깨달음을 주기도 해. 하지만 어떤 고통은 정말이지 허용되지 않고 하나님께서 미리 차단하셨어도 되지 않나 하는 생각이 들거든. 우리가 욥기를 읽으면 욥의 고통이 하나님에 의해 허용된 것처럼 보이는데 욥은 왜 자신에게 이러한 고통이 닥치는지 도무지 알 수 없어 하나님께 대답을 요구하잖아. 그런데 하나님의 대답을 가만히 읽어보면 욥의 질문에 대한 직접적인 대답은 아닌 것 같아. 하지만 욥기의 말미는 욥이 거대한 축복을 받았다는 내용으로 끝나기 때문에 어떤 목사님들이 결국 하나님은 욥에게 더 큰 축복을 주기 위해 고통을 허용하셨다고 말씀하시기도 해. 그런데 친구야 그게 정말 말이 되는 것일까? 사랑하는 가족을 다 잃어버리고 재산을 다 날려버리고 자신의 삶 전체를 다 잃었는데 나중에 또 새로운 가족과 재산이 생겼다고 해서 이전의 것이 보상 되냐는 거지. 병 주고 약 주는 식도 아니고 그게 하나님이 고통을 허용하신 뜻이라니 나로서는 이해하기가 어렵구나.

　독실한 신앙인이면서 철학교수였던 월터스토프도 스위스에서 유학하던 아들이 등반사고로 목숨을 잃었을 때 모든 위로를 거부하지 않았던가. 그는 또 이렇게 물었단다. '왜 하나님은 내 아들이 추락할 때 붙잡아 주시지 않았는가?' 소설가 박완서도 창창한 아들의 죽음을 두고 '한 말씀만 하소서'라고 기도하면서 설령 자신이 죄가 커서 아들이 벌을 받는다고 하더라도 왜 하필이면 자신이 아니라 아들이냐고 묻지 않더냐. 그러면서 하나님이 그것밖에 안 되는 분이냐고 통곡하는 글을 보게 된다.

　친구야 모든 고통을 하나님이 다 예정해 놓으신 것은 아니라 하더라도 하나님은 왜 고통을 허용하시는지, 왜 고통이 닥칠 때 그것을 없애거나 미리 막지 않으시는지, 도대체 하나님은 고통이 우리에게 일어날 때 어디서 무엇을 하시는지 그것이 알고 싶구나.

　가을을 넘어 겨울로 가는 문턱에 있는 듯하다. 차가운 동장군이 기승을 부리기 전에 세상이 좀 더 따뜻한 온기를 내뿜을 수 있으면 좋으련만. 늘 행복하고 평온한 삶이기를 기도한다.

사랑하는 친구가

하나님은 고난 중에 피할 길을 여신다

사랑하는 친구야!

어느덧 겨울의 찬바람이 뺨을 스쳐 지나가는구나. 그동안 우리들이 주고받은 편지글도 제법 소복하게 쌓였구나. 하지만 여전히 우리를 둘러싼 고난의 문제는 수수께끼와 같이 여겨진다. 삶은 고통이란 문제 때문에 더욱 신비로 남겨져 있는 듯하다. 지나간 2천 년의 세월 동안 신학자들은 신정론의 문제에 대한 해답을 나름대로 제시해 왔단다.

아우구스티누스나 아퀴나스 같은 위대한 신학자들은 한편에서는 '자유의지 신정론'이란 것을 제시했단다. 즉, 세상에 고통이 있는 이유는 인간의 죄 때문이라는 거지. 물론 하나님이 주신 자유의지 자체는 선하지만 자유의지를 남용한 것은 인간의 잘못이고, 그 범죄의 결과로 하나님은 징벌로서 고통을 주신다는 거야. 오늘날엔 자유의지 신정론을 더 발전시켜 '자유 과정 신정론'을 전개하는 신학자들도 있어. 이들은 인간의 의지만이 자유로운 것이 아니라 세상을 구성하는 물질의 작은 단위들도 자유롭게 운동하게끔 되어 있다고 보는 거야. 인간이 자유로운 의지를 가지고 있고, 그 자유의지를 남용한 결과로 범죄하고, 그 범죄에 상응하는 정의로운 처벌로서 고통이 하나님께로부터 인간에게 주어진다고 한다면 고통과 악의 기원을 하나님께로 돌릴 수가 없듯이, 마찬가지로 하나님이 만드신 피조세계 자체가 자유로운 운동 속에 있다고 한다면 자유로운 운동의 결과로 발생하는 세상사 중에서 악의 문제를 하나님의 탓으로 돌릴 수는 없다고 보는 거야. 자유의지와 마찬가지로 사물들의 자유로운 운동 속엔 소위 자기결정권이라는 것이 내포되어 있다고 보니까.

또한 위대한 신학자들은 '미학적 신정론'을 전개하기도 해. 하나님은 고통과 악이라는 혐오스러운 것을 통해 세상 전체를 아름답게 꾸미신다고 보는 거야. 마치 아름다운 선율 속에 담겨 있는 불협화음처럼 그 자체로는 아름답지 않지만 그로 인해 전체의 선율이 더욱 빛나게 되듯이, 우리가 경험하는 고통은 우리의 삶 전체를 오히려 빛나게 하고 세상 전체를 더욱 아름답게 만들기도 한다고 해. 고대 원형 경기장에서 검투사들이 서로 싸우고 찌르는 잔악한 경기로 인해 관중 전체가 오히려 열광하고 희열을 느끼듯이 세상사의 작은 고통은 세상 전체를 더욱 기쁨과 환희로 가득하게 만든다는 역설을 전개하기도 해.

이와 유사하게 '교육적 신정론'을 말할 수도 있겠지. 즉, 하나님은 고통과 악을 우리에게 허락하셔서 우리를 더욱 성숙한 인간이 되게 하신다는 거야. 마치 어린아이를 넘어지지 않도록 항상 붙잡고 다니면 결국 그 아이는 스스로 걷는 법을 배울 수 없게 되지만, 자주 넘어지고 다치면 그만큼 더 일찍 걷는 법을 배울 수 있듯이 고통 속에서 우리는 오히려 배우고 자라가게 된다는 거야. 아이들을 호되게 교육하던 고대사회에서 하나님의 매질이 인간의 성숙을 가져온다는 생각은 자연스러운 일상의 반영이었겠지.

신정론(theodicy)이라는 단어는 원래 라이프니츠라는 사람이 하나님의 선함과 지혜로움을 변호하고자 선택한 단어였어. 그는 하나님이 선하시고 지혜로우신 분이기에 그분이 만든 세상 또한 선하고 합리적이라고 보았어. 물론 그렇다고 악이 전혀 없다고 말하지 않았지. 하지만 그는 세상에 존재하는 악이 존재하더라도 악이 존재하지 않는 세상보다 악이 존재하는 이 세상이 더 좋은 세상이라는 낙관론을 전개하지. 그의 추론에 따르면 하나님은 지금과는 다른 세계를 창조하실 수도 있었어. 하지만 하나님은 선하시기에 자신의 성품에 걸맞게 가장 선한 세상을 창조하시고자 하셨다는 거야. 그런데 가장 선한 세상이라도 하나님처럼 완전한 세상이면 안 돼. 그러면 하나님 자신과 같은 온전한 존재가 하나 더 생기는 셈이니까 그건 신적 존재가 둘이 되는 일이니 불가능하다는 거야. 이를 제외하고 하나님은 가장 좋은 세상을 만드신 것인데 그게 바로 이 세상이라는 거지. 비록 이 세상에 악이 있지만 가장 좋은 세상이라고 말해야 되는 신학적 근거를 선하신 하나님에게 둔 셈이지. 하지만 이런 순환논법은 오늘날 악의 잔악성을 경험하는 우리 시대엔 소통 불가능한 독단에 지나지 않겠지.

사랑하는 친구야!

위에서 소개한 신정론은 나름의 논리와 성서적, 신학적 근거를 가지고 있지만 아무래도 고통당하는 당사자의 눈물을 닦아주진 못하는 것 같아. 어쩌면 신의 선함을 말하고자 하는 이러한 합리적 신정론의 논법은 고통 중에 슬퍼하고 있는 사람에겐 잔인하고 차가운 말장난처럼 여겨질 뿐이겠지.

하지만 고통 중에 있는 사람에게 진정 필요한 것은 뭐겠니? 위로가 아닐까. 나중에 욥의 친구들이 입을 열어 멋지고 장황하게 설교했던 변론들보다 그들이 고통 중에 있는 욥에게 다가와 처음 일주일간 보여줬던 그 침묵이야말로 오히려 욥에게 진정한 위로가 되지 않았을까?

새로운 신정론을 구상해 보려는 신학자들도 있지만 또 다른 일군의 신학자들은 오히려 하나님에 대한 변론인 신정론을 포기하고 고통 중에 있는 당사자를 위로하는 일에 앞장서고자 하지. 이들은 하나님께서 아들 예수 그리스도와 함께 십자가에서 당하신 고난에 주목해. '나의 하나님, 나의 하나님, 왜 나를 버리시나이까?'라는 하나님의 아들 예수 그리스도의 처절한 절규에 하나님은 아무런 대답도 하지 않으셨지만 깊은 침묵 속에서 그 아들의 고통을 함께 짊어지셨다고 보는 거야. 마치 자식의 죽음을 목도해야 하는 아버지는 자식의 죽음보다 더 큰 고통을 겪게 되는 것처럼 하나님은 아들 예수 그리스도 안에서 죽음의 고통을 당하셨다는 거지. 침묵 속에서 함께 하는 고통이야말로 아들 예수 그리스도 안에서 인류를 향한 하나님의 사랑이며 하나님은 고통과는 무관한 존재나 고통을 가하는 존재가 아니라 우리의 고통에 함께 아파하는 분으로 자신을 드러내신다는 거야.

고통당하는 자를 더 아프게 하는 것은 아무런 위안 없이 버려지는 고통이겠지. 아무도 돌보는 사람이 없는 고통이야말로 적어도 우리 그리스도인들이 끝장낼 수 있는 고통이 아닐까. 그리스도 안에서 인류의 고통 안에 함께 거하시는 하나님을 신앙하는 그리스도인은 고통의 이유와 원인을 이리저리 꿰맞추기보다는 이제 고통당하는 자와 함께 함으로써 고통을 극복할 수 있는 힘을 북돋워줄 수 있기 때문이지.

기존의 신정론을 합리적 신정론이라고 한다면 신앙인에겐 비록 삶의 수수께끼를 모조리 해명할 순 없다고 하더라도 하나님 신앙을 통해 삶의 위기와 고난을 극복하는 신앙의 신정론이 놓여 있단다. 물론 하나님은 우리의 성숙을 위해 때론 고난을 허락하시기도 하겠지만 모든 고통이 하나님께로부터 온다고 말하기는 어렵지 않을까 해. 우리의 삶에는 누구에게도 추천할 수 없는 고통, 무의미하고 쓸모없는 고통이 분명 있어. 우리는 이런 고통의 출처가 어딘지, 고통의 이유가 무엇인지 알 수 없어.

하지만 하나님은 우리가 고통 중에 있을 때 피할 길을 마련하신다는 사실 또한 기억할 필요가 있어. 고난당하는 자는 말할 수 없는 고통 속에서 절망하고 그 절망이 삶을 끝장낼 수도 있겠지. 하지만 하나님은 고난 중에도 새로운 시작을 열어주신다고 믿어. 그분은 창조의 하나님으로 흑암과 공허 속에서 빛을 창조하셨듯이 삶의 위기로 인해 전망이 보이지 않아 좌절하는 가운데서 새로운 길을 여신다는 게 신앙의 고백이야.

그리스도의 십자가는 이 세상에 무의미하고 부조리한 고통이 존재함을 적나라하게 보여주지. 하나님께 온전히 순종하는 삶을 살아간 그분의 아들조차도 이 땅에선 무자비한 폭력의 희생자가 될 수 있는 세상의 부조리를 모조리 폭로하고 있지. 하지만 하나님은 아들의 아픔을 아파하면서 그 안에서 새로운 시작을 창조하시는 거야. 우리의 절망이 곧바로 하나님의 절망이 되는 것은 아냐. 오히려 하나님께서 우리를 추동하시며 새로운 일을 시작하시기에 우리도 또한 예기치 못한 삶에 대한 희망을 품게 되지. 죽은 자를 일으키시는 부활의 하나님에 대한 신앙은 사방으로 옥여싸는 고난을 딛고 일어설 희망을 가져다준단다.

사랑하는 친구야!

신학은 이제 고난에 대한 합리적인 해명보다는 삶의 현실에 희망을 불어넣는 하나님을 노래하고 있단다. 고난의 본질과 출처는 여전히 수수께끼로 남겠지만 '숨 쉬는 한 희망한다'는 격언은 기독교 신앙 안에서 여전히 유효하다고 믿어. 새로운 삶을 열어놓으실 하나님께서 너와 나 사이에 영원히 계시길 기도한다. 새해가 밝았다. 올 한 해에는 평안하고 건강하길.

널 위해 기도하는 친구가

참고문헌

갓시, J. D./유석성 · 김성복 옮김. 『디트리히 본회퍼의 신학』. 서울: 대한기독교서회,
    2006.

강영안. "악에 대한 형이상학적 성찰 — <악의 형이상학>은 어떻게 가능한가?" in 한국
    정신문화연구원 철학 종교 연구실 편. 『악이란 무엇인가』. 서울: 창, 1992.

강영안. 『타인의 얼굴 — 레비나스의 철학』. 서울: 문학과지성사, 2005.

구띠에레스, G. 『욥에 관하여 — 하느님 이야기와 무죄한 이들의 고통』. 왜관: 분도출
    판사, 1996.

그리핀, D./이세형 옮김. 『과정신정론』. 서울: 이문출판사, 2007.

김국태. "라이프니츠의 모나드형이상학". 「철학과현실」 17 (1993), 105-122.

김균진. 『기독교 신학』 I. 서울: 연세대학교 출판부, 2009.

김균진. 『기독교 신학』 II. 서울: 연세대학교 출판부, 2009.

김상봉. 『나르시스의 꿈』. 서울: 한길사, 2002.

김영한. "열린 유신론에 대한 비판적 성찰". 「한국기독교신학논총」 65(2009),
    181-204.

김용성. 『하나님 이성의 법정에 서다』. 서울: 한들, 2010.

김재진. "칼빈과 루터신학 유사성에 관한 일고(一考) — 노예(속박)된 의지와 선택의
    자유를 중심으로". 「한국개혁신학」 27 (2010), 187-215.

김종국. "신이 떠난 세계의 도덕성". 「철학」 59 (1999), 299-321.

남경희. "악에 대한 사회철학적 이해 — 선과 악의 사회성". in 한국정신문화연구원 철
    학 종교 연구실 편. 『악이란 무엇인가』. 서울: 도서출판 창, 1992.

도스토예프스키, F./김학수 옮김. 『카라마조프네 형제들』 제I권. 서울: 삼성출판사, 13
    판, 1986.

라이프니츠, G. W./배선복 편역 및 주. 『철학자의 고백』. 울산: UUP, 2002.

라이프니츠, W./윤선구 옮김. 『형이상학 논고』. 서울: 아카넷, 2010.

라크르와, M./김장호 옮김. 『악』. 서울: 영림카디널, 2000.

로제, B./이형기 옮김. 『루터 연구 입문』. 서울: 크리스챤다이제스트, 1993.

루이스 C. S./이종태 옮김. 『고통의 문제』. 서울: 홍성사, 2002.

루터, L./이장식 옮김. "노예의지론". in 지원용 편집. 『루터 선집. 제6권 — 교회의 개
    혁자(II)』. 서울: 컨콜디아사, 1982, 31-321.

맥그라스, A./최재건 옮김. 『종교개혁사상』. 서울: 기독교문서선교회, 2006.

모노, J./조현수 옮김.『우연과 필연』. 서울: 궁리, 2010.

몰트만, J./김균진 옮김.『과학과 지혜. 자연과학과 신학의 대화를 위하여』. 서울: 대한
기독교서회, 2003.

몰트만, J./김균진 옮김.『삼위일체와 하나님의 나라』. 서울: 대한기독교서회, 1982.

몰트만, J./김균진 옮김.『십자가에 달리신 하나님』. 서울: 한국신학연구소, 1990.

몰트만, J./김균진 옮김.『창조 안에 계신 하느님』. 서울: 한국신학연구소, 1987.

몰트만, J./김균진. 김명용 옮김.『예수 그리스도의 길』. 서울: 대한기독교서회, 1990.

몰트만, J./이신건 옮김.『오늘 우리에게 그리스도는 누구신가?』. 서울: 대한기독교서
회, 2004.

몰트만, J./이신건 옮김.『희망의 신학』. 서울: 대한기독교서회, 2010.

몰트만, J./이신건. 이석규. 박영식 옮김.『몰트만 자서전』. 서울: 대한기독교서회,
2011.

문창옥.『화이트헤드 과정철학의 이해』. 서울: 통나무, 2002.

바이셰델, W./최상욱 옮김.『철학자들의 신』. 서울: 동문선, 2003.

박영식. "루터의 신정론".「한국조직신학논총」32 (2012), 149-177.

박영식. "칸트의 신정론과 신학".「한국기독교신학논총」58 (2008), 115-130.

박영식. "하나님의 섭리와 인간의 자유".「한국기독교신학논총」65 (2009), 159-179.

박완서.『한 말씀만 하소서』. 서울: 솔, 1994.

박원빈. "에마뉘엘 레비나스와 임마누엘 칸트를 중심으로 본 신정론의 비판과 타자윤
리로의 전환".「사회와 철학」15 (2008), 113-140.

박원빈.『레비나스와 기독교』. 서울: 북코리아, 2010.

박제철. "라이프니츠 철학의 결정론적 성격 — 가능세계와 개체의 통세계적 동일성".
「철학」98 (2009), 81-107.

밴뷰런, P./최인식 옮김.『이스라엘의 예수 교회의 예수를 만나다』. 부천: 예루살렘아
카데미, 2010.

본회퍼, D./손규태, 정지련 옮김.『저항과 복종 — 옥중서간』. 서울: 대한기독교서회,
2010.

볼테르/이봉지 옮김.『캉디드 혹은 낙관주의』. 파주: 열린책들, 2009.

부케티츠, F./박종대 옮김.『자연의 재앙, 인간』. 서울: 시아출판사, 2004.

선한용.『시간과 영원』. 서울: 대한기독교서회, 2002.

손규태. "지구화시대의 예수 . 민족 . 민중".「신학사상」136 (2007/봄), 7-20.

손달익. 조용석 편역.『웨스트민스터 신앙고백 1647』. 서울: 한들, 2010.

손봉호.『고통받는 인간』. 서울: 서울대학교출판부, 2008.

손호현.『아름다움과 악. 2권 — 아우구스티누스의 미학과 신정론』. 서울: 한들출판
사, 2009.

손호현.『하나님, 왜 악이 세상에 존재합니까? ― 화이트헤드의 신정론』. 서울: 열린서
    원, 2005.
스태나드, R. 엮음/이창희 옮김.『21세기의 신과 과학 그리고 인간』. 서울: 두레, 2002.
신옥수. "몰트만의 창조 이해에 나타난 '하나님의 케노시스'".「한국조직신학논총」27
    (2010), 79-109.
심광섭.『신학으로 가는 길』. 천안: 한국신학연구소, 1996.
아도르노, Th./홍승용 옮김.『부정변증법』. 서울: 한길사, 1999.
아우구스티누스, A./성염 역주.『신국론』제1권~제22권. 왜관: 분도출판사, 2004.
아우구스티누스, A./성염 역주.『자유의지론』. 왜관: 분도출판사, 1998.
아우구스티누스, A./성염 역주.『참된 종교』. 왜관: 분도출판사, 1989.
아퀴나스, Th./김율 옮김.『신앙의 근거들』. 서울: 철학과현실사, 2005.
아퀴나스, Th./김율 옮김.『자연의 원리들』. 서울: 철학과현실사, 2005.
아퀴나스, Th./박승찬 옮김.『신학요강』. 파주: 나남, 2008.
아퀴나스, Th./정의채 옮김.『신학대전』. 서울: 바오로딸, 1985ff.
안셀름./공성철 옮김.『프로스로기온』. 서울: 한들출판사, 2005.
알트하우스, P./구영철 옮김.『마르틴 루터의 신학』. 서울: 성광문화사, 1994.
엘더스, L./박승찬 옮김.『토마스 아퀴나스의 형이상학』. 서울: 가톨릭출판사, 2003.
예레미아스, J./채홍식 옮김.『하나님의 후회』. 서울: 대한기독교서회, 2002.
오성현.『바르트와 슐라이어마허 ― 바르트의 초기(1909~1930)를 중심으로』. 서울:
    아카넷, 2008.
요나스, H./김종국. 소병철 옮김.『물질 · 정신 · 창조 ― 우주의 기원과 진화에 관한 철
    학적 성찰』. 서울: 철학과현실사, 2007.
월터스토프, N./권수경 옮김.『아버지의 통곡』. 서울: 양무리 서원, 1992.
위젤, E./김범경 옮김.『엘리제르의 고백. 밤, 새벽 그리고 낮』. 서울: 이조출판, 1986.
윙크, W./한성수 옮김.『사탄의 체제와 예수의 비폭력』. 서울: 한국기독교연구소,
    2004.
유장환. "폴 틸리히의 신학방법에 대한 연구".「한국조직신학논총」43 (2006),
    115-144.
윤선구. "라이프니츠에 있어서 의지의 자유와 단자론".「철학」52 (1997), 147-184.
윤철호. "악의 기원과 극복에 대한 신학적 고찰".「한국조직신학논총」30 (2011),
    279-304.
이상명. "라이프니츠: 변신론과 인간의 자유".「철학」106 (2011), 51-75.
이신건.『어린이 신학』. 서울: 한들, 1998.
이오갑. "칼빈의 하나님은 유명론적인가?"「한국기독교신학논총」64(2009), 53-73.
이오갑.『칼뱅의 신과 세계』. 서울: 대한기독교서회, 2010.

이용주. "Wolfhart Pannenberg의 삼위일체신학적 창조론".「한국조직신학논총」31 (2011), 351-393.

장왕식. "화이트헤드 철학과 기독교". in 한국화이트헤드학회 편집위원회.「화이트헤드와 현대」. 고양: 동과서, 2002, 313-342.

전철. "존 폴킹혼의 Active Information 연구".「한국기독교신학논총」62 (2009), 269-287.

정희성. "상실의 관점에서 읽는 욥기 — 목회상담적 연구".「한국기독교신학논총」70 (2010), 337-359.

조대호.「아리스토텔레스의 형이상학」. 서울: 문예출판사, 2011.

질송, E./강영계 옮김.「중세철학입문」. 서울: 서광사, 1983.

최인식. "폴 틸리히의 신학방법론: 철학과 신학의 상관성 연구".「조직신학논총」1 (1995), 7-42.

최인식.「유대교 산책」. 부천: 예루살렘아카데미, 2008.

최종호. "악의 문제와 그 극복을 위한 신학적 고찰".「한국조직신학논총」28 (2010), 281-309.

최형묵.「반전의 희망, 욥」. 서울: 동연, 2009.

칸트, I./백종현 옮김.「순수이성비판 2」. 서울: 아카넷, 2006.

칼빈, J./김종흡. 신복윤. 이종성. 한철하 옮김.「기독교 강요—상」. 서울: 생명의말씀사, 1988.

칼빈, J./양낙홍 옮김.「기독교 강요」— 1536년 초판. 서울: 크리스챤다이제스트, 1988.

캅, J./그리핀, D./류기종 옮김.「과정신학」. 서울: 황소와소나무, 2002.

쿠쉬너, H./김하범 옮김.「왜? 착한 사람에게 나쁜 일이 일어날까?」. 서울: 도서출판 창, 2000.

파인버그, J. 외 3인 공저/이미선 옮김.「예정과 자유의지」. 서울: 부흥과개혁사, 2010.

포이어바흐, L./김쾌상 옮김.「기독교의 본질」. 서울: 까치, 1992.

폴킹혼, J./이정배 옮김.「과학시대의 신론」. 파주: 동명사, 1998.

프로이트, S./이윤기 옮김.「종교의 기원」. 파주: 열린책들, 2006.

플란팅가, A./이태하 옮김.「신과 타자의 정신들」. 서울: 살림, 2004.

피퍼, J./김진태 옮김.「중세 스콜라 철학 — 신앙과 이성 사이의 조화와 갈등」. 서울: 가톨릭대학교출판부, 2003.

하이데거, M./신상희 옮김.「동일성과 차이」. 서울: 민음사, 2000.

하트숀, Ch./홍기석. 임인영 옮김.「하나님은 어떤 분이신가」. 서울: 한들, 1995.

함석헌.「뜻으로 본 한국역사」. 파주: 한길사, 2007.

호트, J./구자현 옮김.「과학과 종교, 상생의 길을 거다」. 서울: 코기토, 2003.

화이트헤드, A. N./오영환 옮김. 『과정과 실재』. 서울: 민음사, 2003.

화이트헤드, A. N./정강길 옮김. 『형성과정에 있는 종교』. 서울: 동과서, 2003.

힉, J./김장생 옮김. 『신과 인간 그리고 악의 종교철학적 이해』. 파주: 열린책들, 2007.

Althaus, P. *Grundriss der Dogmatik*. Gütersloh: Carl Bertelsmann Verlag, 5. Aufl., 1959.

Barth, H-M. *Dogmatik im Kontext der Weltreligionen. Ein Lehrbuch*. Gütersloh: Gütersloher Verlag, 2001.

Barth, K. *Dogmatik im Grundriß*. München: Chr. Kaiser Verlag, 1947.

Barth, K. *Kirchliche Dogmatik II/1.(1940)* Zürich: Theologischer Verlag, 7. Aufl., 1987.

Barth, K. *Kirchliche Dogmatik III/1.(1945)* Zürich: Theologische Verlag Zürich, 5. Aufl., 1988.

Barth, K. *Kirchliche Dogmatik III/3.(1950)* Zürich: Theologischer Verlag Zürich, 3. Aufl., 1979.

Bauke-Ruegg, J. "Gottes Gerechtigkeit? Hinweise zur Theodizeeproblematik". *Zeitschrift für Theologie und Kirche* 102 (2005), 333-351.

Bauke-Ruegg, J. "Was heißt: Ich glaube an den allmächtigen Gott?". *Zeitschrift für Theologie und Kirche* 97 (2000), 46-79.

Bauke-Ruegg, J. *Die Allmacht Gottes*. Berlin/New York: Walter de Gruyter, 1998.

Bayer, O. *Theologie. Handbuch Systematischer Theologie Bd. 1* Gütersloh: Gütersloher Verlagshaus, 1994.

Berger, K. *Wie kann Gott Leid und Katastrophen zulassen?* Stuttgart: Quell Verlag, 1996.

Bocherdt, H. H. und Merz, G. (Hg.). *Daß der freie Wille nichts sei. Antwort D. Martin Luthers an Erasmus von Rotterdam*. München: Kaiser, 3. Auflage, 1983.

Boff, L. *Cry of the Earth, Cry of the Poor*. tr. by Berryman, Ph. New York: Orbis Books, 1997.

Bonhoeffer, D. *Widerstand und Ergebung*. München: Kaiser, 1970.

Brown, S. "The seventeenth-century intellectual background". in Jolley, N. (ed.). *The Cambridge Companion to Leibniz*. Cambridge: Cambridge University Press, 1995, 43-66.

Brunner, E. *Das Ewige als Zukunft und Gegenwart*. München/Hamburg: Siebenstern Taschenbuch Verlag, 1965.

Brunner, E. *Die christliche Lehre von Gott. Dogmatik. Band I*. Zürich: Theologischer Verlag, 4. Aufl., 1972.

Büchner, G. *Dantons Tod.* Stuttgart: Reclam, 1997.

Bultmann, R. "Die Frage der natürlichen Offenbarung". in *Glauben und Verstehen Bd. 2.* Tübingen: J.C.B. Mohr, 6. Aufl., 1993, 79-104.

Bultmann, R. "Welchen Sinn hat es, von Gott zu reden?" in *Glauben und Verstehen Bd. 1.* Tübingen: J.C.B. Mohr, 9. Aufl., 1993, 26-37.

Casper, B. "Das Fragen nach Gott und der ≫Gott der Philosophen≪". in Strocka, V. M. (Hg.). *Fragen nach Gott.* Frankfurt: Knecht, 1996, 59-80.

Cobb, J. B./Griffin, D. R. *Process Theology.* Philadelphia: The Westminster Press, 1976.

Crüsemaann, F./Theismann, U. (Hg.). *Ich glaube an den Gott Israels.* Güterloh: Chr. Kaiser/Gütersloher Verlagshaus, 1998.

Dalferth, I. D. *Leiden und Böses. Vom schwierigen Umgang mit Widersinnigem.* Leipzig: Evangelische Verlagsanstalt, 2006.

Davies, B. *The Thought of Thomas Aquinas.* Oxford: Clarendon Press, 1992.

Davis, S. T. (ed.). *Encountering evil: live options in theodicy.* Atlanta: John Knox Press, 1981.

Dietrich, W./Link, Chr. *Die dunklen Seiten Gottes Bd. 1: Willkür und Gewalt.* Neukirchen-Vluyn: Neukirchener, 4. Aufl., 2002.

Dietrich, W./Link, Chr. *Die dunklen Seiten Gottes Bd. 2: Allmacht und Ohnmacht.* Neukirchen-Vluyn: Neukirchener, 2. Aufl., 2004.

Duke, J. O./Streetman, R. F. (ed.). *Barth and Schleiermacher: Beyond the Impasse?* Philadelphia: Fortress Press, 1988.

Ebeling, G. *Dogmatik des christlichen Glaubens. Bd. 1* Tübingen: J.C.B. Mohr, 3. Aufl., 1987.

Ebeling, G. *Luther. Einführung in sein Denken.* Tübingen: J.C.B. Mohr, 1964.

Elert, W. *Der christliche Glaube. Grundlinien der lutherischen Dogmatik.* Hamburg: Furche-Verlag, 5. Aufl., 1960.

Erasmus von Rotterdam. *Vom freien Willen.* verdeutscht von Schumacher, O. Göttingen: Vandenhoeck & Ruprecht, 1956.

Feil, E. *Die Theologie Dietrich Bonhoeffers: Hermeneutik, Christologie, Weltverständnis.* München: Chr. Kaiser, 4. Aufl., 1991.

Feldmeier, R. "Nicht Übermacht noch Impotenz. Zum biblischen Ursprung des Allmachtsbekenntnisses". in: Ritter, W. H./Feldmeier, R./Schoberth, W./Altner, G. (Hrsg.). *Der Allmächtige. Annährung an ein umstrittenes Gottesprädikat.* Göttingen: Vandenhoeck & Ruprecht, 1997, 13-42.

Geyer, C.-F. "Das <Jahrhundert der Theodizee>". *Kant-Studien*. 73 (1982), 393-405.

Geyer, C.-F. "Das Übel und die Allmacht Gottes", in: Nüchtern, M. (Hg.). *Warum lä ßt Gott das zu? Kritik der Allmacht Gottes in Religion und Philosophie*. Frankfurt: Otto Lembeck, 1995, 36-61.

Geyer, C.-F. *Die Theodizee. Diskurs, Dokumentation, Transformation*. Stuttgart: Steiner Franz Verlag, 1992.

Gilson, É. *God and Philosophy*. New Haven: Yale University, 1941.

Gogarten, F. *Luthers Theologie*. Tübingen: J.C.B. Mohr, 1967.

Greenberg, S. "Leibniz on King: Freedom and the Project of the Theodicy". *Studia Leibnitiana* Bd. XI, Heft 2 (2008), 205-222.

Griffin, D. *Evil Revisited: Responses and Reconsiderations*. Albany: State University of New York Press, 1991.

Groß, W./Kuschel, K-J. *"Ich schaffe Finsternis und Unheil!" Ist Gott verantwortlich für das Übel?* Mainz: Grünewald, 2. Aufl., 1995.

Hahn, A./Hahn, G. L. (Hg.). *Bibliothek der Symbole und Glaubensregeln der Alten Kirche*. Hildesheim: Georg Olms Verlagsbuchhandlung, 1962.

Häring, H. *Das Problem des Bösen in der Theologie*. Darmstadt: WBG, 1985.

Hefner, Ph. "Is Theodicy a Question of Power?" *Journal of Religion* 59 (1979), 87-93.

Hegel, G. W. F. *Die Vernunft in der Geschichte*. hrsg. von Hoffmeister, J. Hamburg: Verlag von Felix Meiner, 1955.

Hegel, G. W. F. *Glauben und Wissen*(1802). in: *Werke in zwanzig Bänden*. Bd. 2. Frankfurt a. M: Vittorio Klostermann, 1970, 287-433.

Huber, W. "Theologie im Konflikt". in: *Konflikt und Konsens. Studien zur Ethik der Verantwortung*. München: Kaiser, 1990, 99-132.

Jaeger, W. *Die Theologie der frühen griechischen Denker*. Stuttgart: Kohlhammer, 1953.

Jäger, A. "Der Gott der Zukunft - die Zukunft der Erde". in: Abbt, I./Jäger, A. (Hg.). *Weltoffenheit des christlichen Glaubens*. Bern/Tübingen 1987, 51-64.

Jäger, A. *Mut zur Theologie. Eine Einführung*. Gütersloh: Gütersloher Verlag, 1983.

Joest, W. *Dogmatik Bd. 1. Die Wirklichkeit Gottes*. Göttingen: Vandenhoeck & Ruprecht, 4. Aufl., 1995.

Jolley, N. (ed.). *The Cambridge Companion to Leibniz*. Cambridge: Cambridge University Press, 1995.

Jonas, H. "Der Gottesbegriff nach Auschwitz. Eine jüdische Stimme". in: *Philosophische Untersuchungen und metaphysische Vermutungen*.

Frankfurt: Insel, 1992, 190-208.

Jüngel, E. *Gott als Geheimnis der Welt*. Tübingen: Mohr Siebeck, 7. Aufl., 2001.

Kant, I. "Über das Misslingen aller philosophischen Versuche in der Theodicee"(1791). in: *Akademische Ausgabe von Immanuel Kants Gesammelten Werken Bd. VIII*. Berlin 1900ff, 251-271.

Kasper, W. "Gott und die Zukunft". in: Hengel, M. und Reinhardt, R. (Hg.). *Heute von Gott reden*. München: Chr. Kaiser Verlag, 1977, 7-24.

Kenny, A. "Die Definition der Allmacht". in: Jäger, Chr. (Hg.). *Analytische Religionsphilosophie*. Stuttgart: UTB, 1998, 218-226.

Kettling, S. "Vom unfreien Willen". in: Heimbucher, K. (Hrsg.). *Luther und der Pietismus*. Giesen/Basel: Brunnen Verlag, 1983.

Körtner, U. H. J. "Metaphysik und Moderne. Zur Ortsbestimmung christlicher Theologie zwischen Mythos und Metaphysik". *Neue Zeitschrift für Systematische Theologie* 41 (1999), 225-244.

Kreiner, A. *Gott im Leiden. Zur Stichhaltigkeit der Theodizee-Argumente*. Freiburg/Basel/Wien: Herder, 2005.

Krüger, G. *Grundfragen der Philosophie. Geschichte, Wahrheit, Wissenschaft*. Frankfurt am Main: Vittorio Klostermann, 2. Aufl., 1965.

Lau, F. (Hg.). *Der Glaube der Reformatoren. Luther Zwingli Calvin*. Bremen: Carl Schünemann, 1964.

Leibniz, G. W. *Die Theodizee*. übers. von J. H. von Kirchmann. in: *Philosophische Bibliothek* Bd. 71, Leipzig: Verlag von Felix Meiner, 1879.

Leibniz, G. W. "Über die Freiheit". übers. von Buchenau, A. in: *Philosophische Werke, Bd. II*. Leipzig: Verlag von Felix Meiner, 1906, 497-504.

Leibniz, G. W. *Die Theodicee*. übers. von Buchenau, A. *Philosophische Werke Bd. IV*. in: *Philosophische Bibliothek* Bd. 71. Leipzig: Verlag von Felix Meiner, 1925.

Levinas, E. "Useless Suffering". trans. Smith, Michael B. and Harshav, B. *Entre nous: Thinking-of-the-Other*. New York: Columbia University Press, 1998, 91–101.

Lohrbächer, A. (Hg.). *Shoa. Schweigen ist unmöglich*. Stuttgart: Kohlhammer, 1999.

Löning, K./Zenger, E. *Als Anfang schuf Gott. Biblische Schöpfungstheologien*. Düsseldorf: Patmos Verlag, 1997.

Lübbe, H. "Theodizee als Haeresie". in: Oemueller, W. (Hg.). *Kolloquien zur Gegenwartsphilosophie, Bd. 3, 'Leiden'*. Paderborn: Schoenig Verlag, 1986,

167-176.

MacGregor, G. *He who Lets Us Be: A Theology of Love.* New York: Seabury Press, 1975.

Mackie, J. L. *Das Wunder des Theismus. Argumente für und gegen die Existenz Gottes.* Stuttgart: Reclam, 1985.

Mackie, J. L. "Evil and Omnipotence". in Rowe, W. L. (ed.). *God and the Problem of Evil* Malden/Oxford: Blackwell Publishers, 2001, 77-90.

Marquard, F. W. *Von Elend und Heimsuchung der Theologie. Prolegomena zur Dogmatik.* München: Chr. Kaiser, 1982.

Marquard, O. "Bemerkungen zur Theodizee". in: Oelmüller, W. (Hg.). *Leiden.* Paderborn/ München/ Wien/Zürich 1986, 213-218.

Metz, J. B. "Im Angesicht der Juden. Christliche Theologie nach Auschwitz". *Concilium* 20 (1984), 382-389.

Moltmann, J. "Der Allmächtige". in: Walter, R. (Hg.). *Die hundert Namen Gottes. Tore zum letzten Geheimnis.* Freiburg/Basel/Wien 1985, 43-50.

Moltmann, J. "Gott im Kreuz". in: *Umkehr zur Zukunft.* München: Chr. Kaiser, 1970, 133-147.

Moltmann, J. *Der gekreuzigte Gott. Das Kreuz Christi als Grund und Kritik christlicher Theologie.* München: Chr. Kaiser, 1972.

Moltmann, J. *Gott in der Schöpfung. Ökologische Schöpfungslehre.* München: Chr. Kaiser Verlag, 1985.

Moltmann, J. *Theologie der Hoffnung.* München: Kaiser, 8. Aufl., 1969.

Moltmann, J. *Trinität und Reich Gottes.* Gütersloh: Gütersloher Verlagshaus, 3. Aufl., 1994.

Neuhaus, G. *Theodizee-Abbruch oder Anstoß des Glaubens.* Herder: Freiburg/Basel/Wien, 2. Aufl, 1994.

Nietzsche, F. *Die fröhliche Wissenschaft.* in: *Werke in vier Bänden. Bd. 4.* Salzburg: Das Bergland-Buch, 1985.

Obermann, H. A. "Martin Luther: Zwischen Mittelalter und Neuzeit". in: *Die Reformation. Von Wittenberg nach Genf.* Göttingen: Vandenhoeck & Ruprecht, 1986.

Oelmüller, W. (Hrsg.). *Theodizee - Gott vor Gericht.* München: Fink, 1990.

Pannenberg, W. "Der Gott der Hoffnung". in: *Grundfragen systematischen Theologie.* Göttingen: Vandenhoeck & Ruprecht, 1967, 387-398.

Pannenberg, W. "Die Aufnahme des philosophischen Gottesbegriffs als dogmatisches Problem der frühchristlichen Theologie". in: *Grundfragen systematischen Theologie*. Göttingen: Vandenhoeck & Ruprecht, 1967, 296-346.

Pannenberg, W. *Glaube und Wirklichkeit. Kleine Beiträge zum christlichen Denken*. München: Chr. Kaiser, 1975.

Pannenberg, W. *Systematische Theologie Bd. I*. Göttingen: Vandenhoeck & Ruprecht, 1988.

Pannenberg, W. *Systematische Theologie Bd. II*. Göttingen: Vandenhoeck & Ruprecht, 1991.

Pannenberg, W. *Systematische Theologie Bd. III*. Göttingen: Vandenhoeck & Ruprecht, 1993.

Pannenberg, W. *Wissenschaftstheorie und Theologie*. Frankfurt: Suhrkamp, 1973.

Pannenberg, W./Rendtorff, R./Rendtorff, T./Wilkens, U. *Offenbarung als Geschichte*. Göttingen: Vandenhoeck & Ruprecht, 1961.

Park, Y-S. "Theodizeefrage und Gottesfrage". *Korea Journal of Christian Studies* 54 (2007), 89-104.

Perl, C. J. (Hg.). *Aurelius Augustinus: Dreiundachtzig verschiedene Fragen - De Diversis Quaestionibus Octoginta Tribus*. Paderborn: Schöningh, 1972.

Pike, N. "Divine Omniscience and Voluntary Action". *Philosophical Review* 74(1965), 27-46.

Plantinga, A. *God, freedom, and evil*. Grand Rapids: Eerdmans, 1974.

Pöhlmann, H. G. *Der Atheismus oder der Streit um Gott*. Gütersloh 1977.

Rahner, K. "Glaube als Mut". in: *Schriften zur Theologie. Bd. XIII* Zürich/Einsiedeln/Köln 1978, 252-268.

Rahner, K. *Karl Rahner im Gespräch*. hg., von Imhoff, P./Biallowons, U. H. München: Kösel, 1982.

Rendtorff, R. *Theologie des Alten Testaments. Ein kanonischer Entwurf. Bd. 1*. Neukirchen-Vluyn: Neukirchener, 1999.

Richter, H. E. *Der Gotteskomplex*. Hamburg: Rowohlt, 1979.

Rowe, W. L. "The Problem of Evil and Some Varieties of Atheism". Eds. Geivett, R. D./Sweetman, B., *Contemporary Perspectives on Religious Epistemology*. New York/Oxford: Oxford University, 1992, 33-42.

Rubenstein, R. "Tod-Gottes-Theologie und Judentum"(1966). in: Ben-Chorin, S. und Lenzen, V. (Hrsg.). *Jüdische Theologie im 20. Jahrhundert*. München/Zürich: Piper, 1988, 272-288.

Schindler, A. (Hg.). *Monotheismus als politisches Problem? Erik Peterson und die Kritik der politischen Theologie*. Gütersloh: Gütersloher Verlagshaus, 1978.

Schiwy, G. *Abschied vom allmächtigen Gott*. München: Kösel, 1995.

Schleiermacher, F. *Der christliche Glaube* (1830/31). Berlin/New York: Walter de Gruyter, 1999.

Schmid, H. *Die Dogmatik der evangelisch-lutherischen Kirche*. Gütersloh: Verlag von C. Bertelsmann, 7. Aufl., 1893.

Schmidt, W. H. "Alttestamentliches Reden von Gott. Elemente biblischer Theologie". *Communio Viatorum* XLV (2003), 94-116.

Schmidt-Leukel, P. *Grundkurs Fundamentaltheologie*. München: Don Bosco Verlag, 1999.

Schneider, Th. (Hg.). *Handbuch der Dogmatik. Bd. 1*. Düsseldorf: Patmos, 3. Aufl., 2006.

Schulte, Ch. "Zweckwidiriges in der Erfahrung. Zur Genese des Misslingen aller philosophischen Versuche in der Theodizee bei Kant". *Kant-Studien*. 82 (1991), 371-396.

Sölle, D. *Atheistisch an Gott glauben*. Olten und Freiburg im Breisgau: Walter-Verlag, 1968.

Sölle, D. *Es muß doch mehr als alles geben. Nachdenken über Gott*. Hamburg: Hoffmann und Kampe, 1992.

Sparn, W. *Leiden- Erfahrung und Denken. Materialien zum Theodizeeproblem*. München: Chr. Kaiser Verlag, 1980.

Stein. "saddaj". in: *Theologisches Wörterbuch zum Alten Testament Bd. VII*. Stuttgart/Berlin/Köln: Kohlhammer, 1993, 1078-1104.

Stöhr, J. "Allmacht (Omnipotenz) Gottes". in: Joachim, R. (Hrsg.). *Historisches Wörterbuch der Philosophie. Bd. 1*. Basel/Stuttgart: Schwabe&Co Verlag, 1971, 193-194.

Surin, K. *Theology and the problem of evil*. New York: Basil Blackwell, 1986.

Swinburne, R. *Providence and the Problem of Evil*. Oxford: Clarendon Press, 1998.

Swinburne, R. *The Christian God*. Oxford: Clarendon Press, 1994.

Tillich, P. "Eschatologie und Geschichte". in: *Gesammelte Werke VI*. Stuttgart: Evangelisches Verlagswerk, 1963, 72-82.

Tillich, P. "Love, Power, Justice". in: *Main Works/Hauptwerke, vol. 3*. Berlin/New York: De Gruyter, 1998, 583-650.

Tillich, P. "The Courage to Be", in: *Main Works/Hauptwerke, vol. 5*. Berlin/New

York: De Gruyter, 1988, 141-230.

Tillich, P. *Systematic Theology Bd. I.* Chicago: The University of Chicago, 1951.

Tillich, P. *Systematische Theologie.* Berlin: Walter de Gruyter, Bd. I-II, 8. Aufl., 1984;
Bd. III, 4. Aufl., 1984.

Van den Brink, G. "Allmacht". in: *Religion in der Geschichte und Gegenwart. Bd. 1.*
Tübingen: Mohr Siebe, 4. Aufl., 1998, 319-320.

Von Loewenich, W. *Luthers theologia crucis.* Bielefeld: Luther-Verlag, 6. Aufl.,
1982.

Von Rad, G. *Theologie des Alten Testament. Bd. 1.* München: Chr. Kaiser, 10. Aufl.,
1992.

Weischedel, W. *Der Gott der Philosophen Bd. 1.* Darmstadt: WGB, 1971.

찾아보기